国家教材建设重点研究基地"高等学校人工智能教材研究"重点成果

河南省"十四五"普通高等教育规划教材

人工智能与未来

主　编　王红梅　陈建辉

副主编　孙新德　陈勇斌　吴　宁　齐兵辉

中国教育出版传媒集团

高等教育出版社·北京

内容提要

本书是河南省"十四五"普通高等教育规划教材,是一本集理论与实践、有趣与有用相结合的人工智能通识课教材。本书分为四个部分:第一部分人工智能起源,包括第1章从手工计算到自动计算,第2章从自动计算到智能计算;第二部分人工智能要素,包括第3章数据,第4章算法,第5章算力;第三部分人工智能应用,包括第6章自然语言处理,第7章生成式人工智能,第8章计算机视觉,第9章具身智能,第10章智能驾驶;第四部分人工智能未来,包括第11章未来技术,第12章未来伦理。

本书以人工智能应用为背景,以人工智能应用中虚拟人物小智遇到的各种问题为驱动,从读者的角度出发,构建读者容易接触到的问题、场景和案例,降低读者学习的难度,提高学习兴趣。同时,本书还注重理论与实践的结合,通过丰富的案例分析,帮助读者理解人工智能技术的实际应用和价值,为未来的学习和工作打下坚实的基础。

本书适合作为高等院校非计算机专业人工智能通识课的教材或计算机专业人工智能导论的教材,也可以作为想了解人工智能初级理论和应用的读者的参考书。

图书在版编目(CIP)数据

人工智能与未来 / 王红梅,陈建辉主编;孙新德等
副主编. -- 北京 : 高等教育出版社,2025. 9. -- ISBN
978-7-04-065344-1

Ⅰ. TP18

中国国家版本馆CIP数据核字第2025V2C600号

Rengong Zhineng yu Weilai

策划编辑	武林晓	责任编辑	武林晓	特约编辑	李成都	封面设计	张 志
版式设计	李彩丽	责任绘图	杨伟露	责任校对	马鑫蕊	责任印制	张益豪

出版发行	高等教育出版社	网 址	http://www.hep.edu.cn
社 址	北京市西城区德外大街4号		http://www.hep.com.cn
邮政编码	100120	网上订购	http://www.hepmall.com.cn
印 刷	三河市宏图印务有限公司		http://www.hepmall.com
开 本	787 mm×1092 mm 1/16		http://www.hepmall.cn
印 张	23.25		
字 数	490千字	版 次	2025年9月第1版
购书热线	010-58581118	印 次	2025年9月第1次印刷
咨询电话	400-810-0598	定 价	57.00元

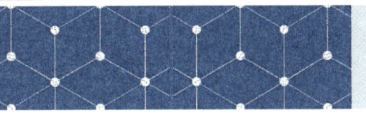

人工智能与未来

主　编　王红梅　陈建辉
副主编　孙新德　陈勇斌
　　　　吴　宁　齐兵辉

1　计算机访问 http://abooks.hep.com.cn/188282，或手机微信扫描下方二维码进入新形态教材网。

2　注册并登录后，计算机端进入"个人中心"，单击"绑定防伪码"，输入图书封底防伪码（20位密码，刮开涂层可见），完成课程绑定；或手机端单击"扫码"按钮，使用"扫码绑图书"功能，完成课程绑定。

3　在"个人中心"→"我的学习"或"我的图书"中选择本书，开始学习。

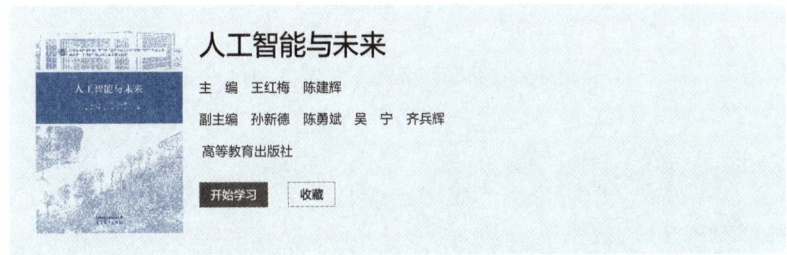

　　受硬件限制，部分内容可能无法在手机端显示，请按照提示通过计算机访问学习。

　　如有使用问题，请直接在页面单击答疑图标进行咨询。

新一代人工智能通识系列教材编委会

秘书长

吴　飞（浙江大学）　　　　　　王　康（高等教育出版社）

孙凌云（浙江大学）

副秘书长

杨　洋（浙江大学）　　　　　　况　琨（浙江大学）

丛书序

2017 年国务院印发的《新一代人工智能发展规划》指出：人工智能的迅速发展将深刻改变人类社会生活、改变世界。新一代人工智能是引领这一轮科技革命、产业变革和社会发展的战略性技术，具有溢出带动性很强的头雁效应。

科技发展的事实已经表明，重大科技问题的突破，新理论乃至新学科的创生，常常是不同学科理论交叉融合的结果。利用不同学科之间依存的内在逻辑关系，在学科之间相互渗透、交叉和综合，往往可打开科学知识生产的前沿。

类似电力等通用目的技术，人工智能也具备"至小有内，至大无外"的与各种学科交叉的潜力，无论是从人工智能角度解决科学挑战和工程难题（AI for Science，如利用人工智能预测蛋白质序列的三维空间结构），还是从科学的角度优化人工智能（Science for AI，如从统计物理规律角度优化神经网络模型），未来的重大突破将越来越多地源自这种交叉领域的工作。

当前人工智能正在改变以数据观测为核心的实验科学和以发现物理世界基本原理为核心的理论科学，人工智能参与到基础学科和工程技术的生成假设、设计实验、计算结果、解释机理过程中，重新定义对科学和工程等领域中规律探索的手段，以计算方式合理应用科学定律来系统化地解决现实中复杂问题，犹如"水与电"一样让万千普通人用它创造出善意涟漪，迸发新意迭出和价值分享的知识力量。

人工智能、教育先行、人才为本。以科技创新催生新产业、新模式、新动能，推动从人工智能到"人工智能 +"的历史性跃升，形成以人工智能为引擎的新质生产力，需要大批了解人工智能、使用人工智能、创新人工智能的时代人才。

为促进人工智能人才培养，国家新一代人工智能战略咨询委员会和高等教育出版社于 2018 年 3 月成立了"新一代人工智能系列教材"编委会。"新一代人工智能系列教材"已出版了包含人工智能基础理论、算法模型、技术系统、硬件芯片和伦理安全以及"智能 +"学科交叉及实践等内容的 26 本理论技术教材和 11

本实践教材，形成了衔接前沿、涵盖完整、交叉融合的，而且具有中国特色的人工智能一流教材体系。

2024 年 11 月，高等教育出版社和国家教材建设重点研究基地（高等学校人工智能教材研究）对新一代人工智能系列教材编委会扩容，聘请我担任编委会主任，吴澄院士、郑南宁院士、高文院士、陈纯院士、戴琼海院士、郑庆华院士和阳化冰副总编辑担任编委会副主任，并联合浙江大学出版社共同面向全国高校教师组织编写"有专业高度、显学理深度、含人文温度"的"新一代人工智能通识系列教材"，开启有组织的人工智能通识教育和"人工智能＋"专业人才培养教材建设的新篇章。

教材建设是国家走向一流之大计，是高质量人才自主培养体系建设之基石。我希望"新一代人工智能通识系列教材"出版能够为人工智能各类型人才培养做出应有贡献，推进教育、科技、人才"三位一体"协同融合发展。

衷心感谢编委会成员、教材作者、出版社编辑等为"新一代人工智能通识系列教材"出版所付出的时间和精力。

一 前 言

　　为主动迎接新一轮科技革命和产业变革，更好地培养具有人工智能意识和思维、具备人工智能知识与能力的高素质复合型创新人才，本书作者所在高校面向2024级全体本科新生开设了人工智能通识课，成为全国首批大规模开设人工智能通识课的高校之一。课程组通过近一年的实践和探索，在课程设计、课程资源建设、课程理论与实践教学、课程优化调整等方面积累了很好的经验，取得了良好的教学效果，并得到了社会的普遍认可。为了把这种经验分享出去，为国内同类高校开设人工智能通识课提供基本参考，我们在课程教学经验积累的基础上，引入国内外人工智能最新发展技术及应用案例，编写了本书。

　　本书的内容包括四个部分：人工智能起源、人工智能要素、人工智能应用和人工智能未来，如图所示。

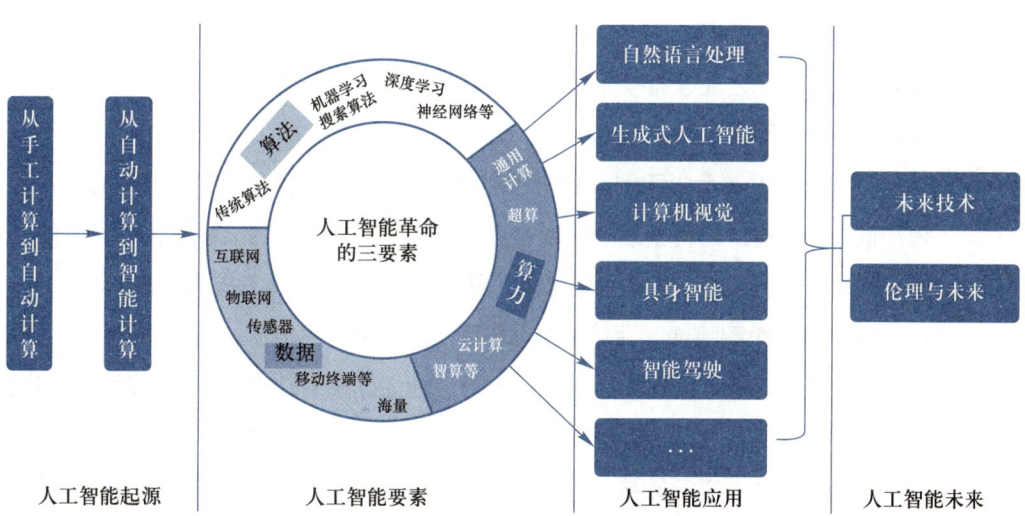

　　设置这四个部分作为通识课程的内容有以下几个原因。

　　（1）把人工智能的故事讲精彩。让学生对人工智能是怎么来的、怎么发展的有个清晰的认识，知道它过去和现在是怎么回事，才能更好地预测它的将来，可谓懂史知未来。

（2）把人工智能的三个要素讲清楚，即把驱动人工智能发展的三驾马车——数据、算法和算力讲清楚。

（3）把人工智能技术应用好。对于人工智能通识课的教学目标来说，人工智能的应用部分应该是重点，包括人工智能的基础应用：自然语言处理；最广泛和最成熟的应用：计算机视觉；当下火爆的应用：生成式人工智能；另外人工智能要通往通用人工智能必须具备行动力：具身智能以及具身智能的典型代表智能驾驶。

（4）做好拥抱人工智能的准备。随着技术的不断进步，我们讨论了未来可能的发展趋势、需要研究的热门问题，还有人类在使用人工智能时可能遇到的伦理和道德问题。

通过这四部分内容的设计，我们期望能够为读者展现人工智能的技术、应用与发展全貌，让读者能够了解人工智能技术，掌握人工智能应用，养成人工智能思维，面对人工智能不但能知其然也知其所以然，这样才能够知晓人工智能的边界，对未来不恐惧、不怀疑，在现在主动拥抱人工智能，拥抱这个时代，也拥抱在这个时代中的自己。

本书有以下特色。

（1）问题＋案例双轮驱动。案例贯穿全书，每个知识点都是由问题引导的，根据需要解决的问题来引入相关内容，然后再用案例的实现探索问题的解决过程。

（2）有趣＋有用相结合。作为通识教材，人工智能涉及的内容较多，尽可能做到有趣和有用，让读者读起来既轻松易懂，又能学到真正有用的东西，帮助学生在专业上有所提升。

（3）巧妙设计育人案例。每一章都紧密结合教材内容，润物无声地把育人元素加进去，通过讲述科学家的故事、大国工程、知名企业的大事件，还有各种科学小常识，不仅让本书变得更有趣味，更能传递为党育人、为国育才的内涵。

（4）虚拟小智陪伴学习。本书虚构了一个人物角色小智，并以小智在人工智能应用中遇到的各种问题为起点展开学习，把他探索问题的过程和读者学习的过程融为一体。

孙新德撰写了本书的第 1 章、第 2 章和第 3 章，陈勇斌撰写了第 4 章和第 6 章，齐兵辉撰写了第 5 章和第 12 章，王红梅撰写了第 7 章和第 8 章，吴宁撰写了第 9 章和第 10 章，陈建辉撰写了第 11 章。王红梅负责全书的统稿。

采用或引用本书的学校可以把本课程对应的示范包（超星学习通示范包"人

工智能与未来")导入自己已有课程或新建课程中，也可以以 MOOC（学银在线课程"人工智能与未来"）的形式来使用本课程的线上资源。本书为新形态教材，配套资源丰富，包括教学课件、微视频。程序源代码、教学大纲、电子教案、题库等，可在高等教育出版社数字课程网站下载。另外本书配套的实践教材《人工智能与未来实践教程》中有详细的实践教学内容、实践指导手册和实践指导视频。

本书在河南省高等教育教学改革研究与实践重点项目（项目编号［2024SJGLX0149］）和河南省高等教育教学改革研究与实践项目（研究生教育类）（项目编号［2023SJGLX019Y］和［2023SJGLX325Y］）研究的基础上，探索出一套人工智能赋能创新人才的方法，并把这些项目的研究成果应用于指导本书的编写工作。

由于作者水平有限，书中难免有不足之处，如有问题可以联系作者，邮箱为7349091@qq.com。

作　者
2025 年 3 月

目　录

第 6 章 自然语言处理 / 175

第 7 章　生成式人工智能　　　　　　　　/ 201

* 第 11 章　未来技术　　　　　　　　　　　　　　/ 319

第1章
从手工计算到自动计算

教学课件

电子教案

程序源代码

题库

教学大纲和
教学日历

　　"计算"是人类社会发展的重要推动力和关键要素，我们每天都离不开"计算"，任何时间和地点都在"计算"，但计算的形式、层次差异巨大。从人类文明发展的历史长河来看，计算经历了从手工计算、自动计算到智能计算的发展历程。本章将介绍自动计算的产生和现代社会最重要的计算工具——计算机的有关知识。

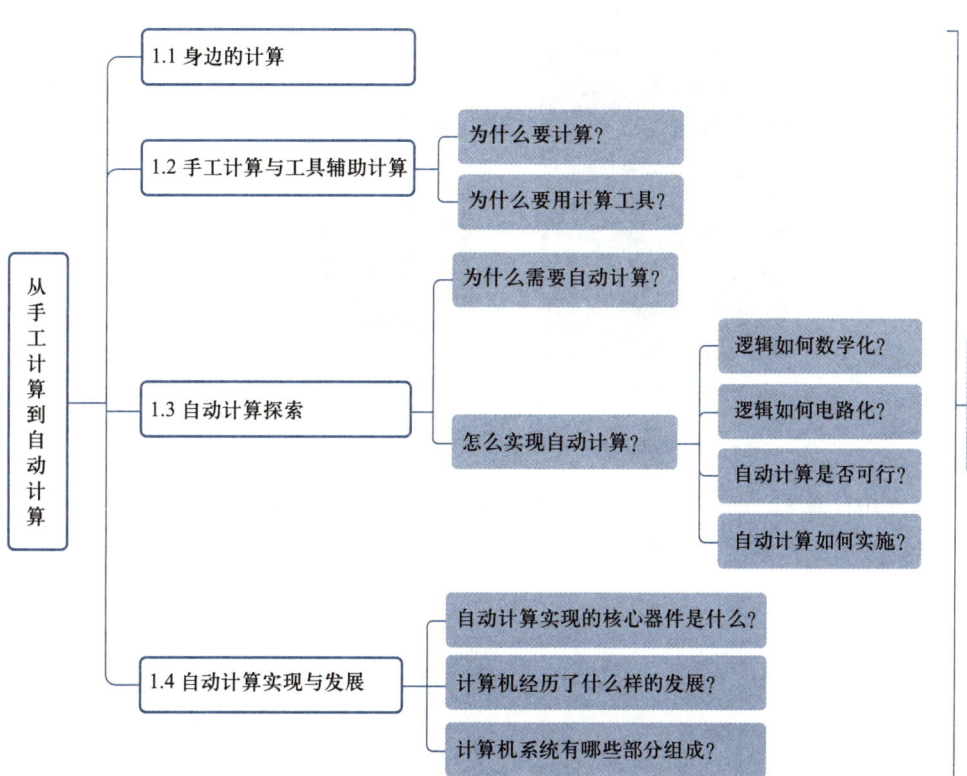

从手工计算到自动计算

- 1.1 身边的计算
- 1.2 手工计算与工具辅助计算
  - 为什么要计算？
  - 为什么要用计算工具？
- 1.3 自动计算探索
  - 为什么需要自动计算？
  - 怎么实现自动计算？
    - 逻辑如何数学化？
    - 逻辑如何电路化？
    - 自动计算是否可行？
    - 自动计算如何实施？
- 1.4 自动计算实现与发展
  - 自动计算实现的核心器件是什么？
  - 计算机经历了什么样的发展？
  - 计算机系统有哪些部分组成？

解决的问题

1.1   身边的计算

"计算"是我们的一项能力,也是我们最熟悉的事情之一。我们幼年就开始进行"心算",如图 1.1.1 所示。

图 1.1.1   少儿在心算

遇到复杂计算任务时,我们常需要借助工具,如图 1.1.2 所示。

(a) 使用黑板列算式　　　(b) 借助计算器计算

图 1.1.2   工具辅助计算

当我们使用计算机工作或者娱乐时,伴随的是自动计算,如图 1.1.3 所示;当我们乘坐自动驾驶汽车或者使用文生视频时,借助的是智能计算,如图 1.1.4 所示。

(a) 使用计算机办公   (b) 使用手机娱乐

图 1.1.3 自动计算

(a) 智能汽车——萝卜快跑   (b) Sora的文生视频

图 1.1.4 智能计算

计算伴随人类历史的发展，计算伴随我们一生，计算伴随我们每天的工作、学习和生活。可是，什么是计算？计算又是怎么产生和发展的呢？

1.2 手工计算与工具辅助计算

我们今天所说的"计算"是从"计数"开始的。人们数人头、数牛羊、数星星等，当人类开始计数后，才逐渐形成了数量的概念。随着人类文明的进步，人们不但需要计数，还需要进行数的分类、汇总、拆分等操作，这时候计数就发展成为计算。计算的实质是从输入到输出的变换过程。计算是人类智慧的标志，是人生存发展的基本技能。

对于简单的计算，人可以凭借自身器官完成，例如大脑、手等，这便是手工计算。当人们需要占卜，当人们需要勘察风水，当人们遇到了巨量数据需要提高计算效率时，人类自身能力便难以直接胜任，于是发明了各种计算工具来帮助自己完成计算。

最早最简单的辅助计算工具可能是石块、贝壳、兽骨等人们熟悉的固态物件，如图1.2.1 所示。

(a) 贝壳计数

(b) 石块计数

(c) 骨头计数

图 1.2.1　早期用作计算工具的贝壳、石块、兽骨

　　绳子算是远古时期比较高级的辅助计算工具。我国古代文献《周易·系辞》记载，"上古结绳而治"，如图 1.2.2 所示。这种记录方式在语言产生以后、文字出现之前的漫长时期内被使用。在一些部落里，为了把本部落的风俗传统、传说和重大事件记录下来，流传下去，便用不同粗细的绳子在上面结成不同距离的结，每种结法、距离大小以及绳子粗细表示不同的意思，由专人（一般是酋长和巫师）遵循一定规则记录，并代代相传。古埃及、古波斯等古代文明中也都有关于结绳记事的记载。但不管是使用石块，还是使用绳子，计算效率和计算能力都是很低的。

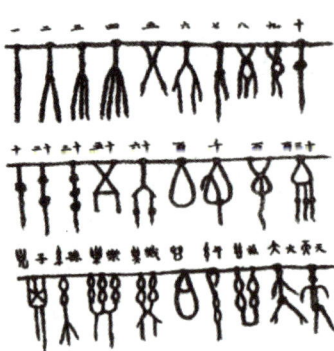

图 1.2.2　结绳记事

　　随着人类生产生活实践的不断深入，有新的计算工具不断被发明出来。最有名的就要数咱们中国商周时期出现的算筹了。古代的算筹实际上是一根根同样长短和粗细的小棍子，可用竹子、木头、兽骨、象牙等材料做成。小棍子不同的排列表示不同的数字，从而帮助人们进行计算，如图 1.2.3 所示。我国数学家祖冲之计算圆周率时使用的工具就是算筹。

算筹正数										
	0	1	2	3	4	5	6	7	8	9
竖式	○	|	||	|||	||||	|||||	⊤	⊤	⊤	⊤
横式	○	—	=	≡	≣	≣	⊥	⊥	⊥	⊥

负数										
	−0	−1	−2	−3	−4	−5	−6	−7	−8	−9
竖式	∅									

图 1.2.3 古代计算使用的算筹

使用算筹计算的缺点是使用不方便，比如计算时需要慢慢摆放。后来，人们发明了更好的计算工具——算盘，如图 1.2.4 所示。算盘可能在我国汉代萌芽，在南北朝时期定型。算盘的出现是人类文明的巨大进步，不仅提高了计算效率，还引入了进位计数，使计算量大大提高。使用算盘时需要配合一套口诀，这套口诀就好比计算机的软件一样重要。算盘本身还可以存储数字，使用起来很方便。

图 1.2.4 算盘

随着近代工业革命的到来，人们对计算的要求越来越高，不仅要进行基本的算术运算，还需要开展差分、微分、积分等运算，于是多种计算器被研究出来。知名的且达到机械计算最高成就的当属查尔斯·巴贝奇 1822 年发明制作的差分机，如图 1.2.5 所示。差分机能处理 3 个不同的 5 位数，计算精度达到 6 位小数，可快速演算出多种函数表。巴贝奇从构思到制成差分机，耗费了整整十年时间。1834 年他还设计出了以蒸汽机为动力的"分析机"，可惜没有制作完成。

应用需求是推动科技发展的重要因素之一。为了满足社会发展的应用需求，计算工具不断改进发展，最终

图 1.2.5 巴贝奇的差分机

诞生了自动计算机。自动计算机是人类文明发展的产物，是科技发展的结晶。

1.3　自动计算探索

随着近代工业化完成，人类文明进入到机械化、电气化时代。生产生活中的重体力活，人们可以借助各种机械机器来完成，人们出行则可以借助汽车、火车、轮船、飞机等交通工具日行千里。机械与机器的使用，最大限度地代替人们完成各种类型的重体力劳动，人们的手、脚等得到充分解放。但是对于"计算"这一脑力劳动，依然需要人们"亲力亲为"，亟待解放。

"人脑＋机械工具"的计算模式所提供的算力已经不能满足时代需要，急需一种计算能力强大、效率高且无须人工操作的计算新模式。社会发展迫切需要能自动计算的机器。为此，先辈科学家们进行了艰苦卓绝的探索。

1.3.1　逻辑数学化

1. 逻辑问题描述

逻辑一般是指思维的规律和规则。思维是意识活动，是人类特有的。人们进行计算一定伴随着思维和逻辑，也就是说，人的计算是人类按照逻辑进行思维的结果。要想让机器像人一样会计算，机器就应该具备逻辑思维能力。所以，探索自动计算就要从逻辑的表示开始。

传统上，逻辑只用语言文字表达。如著名的三段论：

（1）所有人都是要死的。

（2）苏格拉底是人。

（3）所以，苏格拉底是要死的。

那么能否用数学方法表示逻辑呢？

2. 逻辑数学化方法

德国数学家莱布尼茨（Leibniz）较早提出用数学方法来描述和处理思维。英国科学家乔治·布尔（George Boole）是这方面的集大成者。他在 1847 年出版的著作《逻辑的数学分析》（*The Mathematical Analysis of Logic*）中，对用数学方法表示和处理逻辑思维进行了系统介绍和论述，标志着逻辑代数的诞生。后人为了纪念布尔，就把这门学问称为布尔代数。

乔治·布尔提出，逻辑思维的基础是一个个的集合（set），逻辑的基本表现形式是命题与推理。命题表达的是集合之间的关系，其语义可用真（1）、假（0）表示，而推理可以用与（AND）、或（OR）、非（NOT）、异或（XOR）等逻辑运算符表示，具体规则如表 1.3.1~表 1.3.4 所示。

表 1.3.1　与（AND）运算基本规则

与（AND）运算	含义
0 AND 0= 0	两个假命题相与，结果为假
0 AND 1= 0	一个假命题和一个真命题相与，结果为假
1 AND 0= 0	一个真命题和一个假命题相与，结果为假
1 AND 1= 1	两个真命题相与，结果为真

表 1.3.2　或（OR）运算基本规则

或（OR）运算	含义
0 OR 0= 0	两个假命题相或，结果为假
0 OR 1= 1	一个假命题和一个真命题相或，结果为真
1 OR 0= 1	一个真命题和一个假命题相或，结果为真
1 OR 1= 1	两个真命题相或，结果为真

表 1.3.3　非（NOT）运算

非（NOT）运算	含义
NOT 0= 1	一个假命题的非为真
NOT 1= 0	一个真命题的非为假

表 1.3.4　异或（XOR）运算基本规则

异或（XOR）运算	含义
0 XOR 0= 0	两个假命题相异或，结果为假
0 XOR 1= 1	一个假命题和一个真命题相异或，结果为真
1 XOR 0= 1	一个真命题和一个假命题相异或，结果为真
1 XOR 1= 0	两个真命题相异或，结果为假

　　与运算强调的是参与运算的命题有假即为假、都真才为真，这适用于对条件要求比较苛刻的情况，而或运算强调的是参与运算的命题有真即为真、都假才为假，它更适用于条件比较宽松的情况。非运算就是对一个命题的否定，真命题的非为假，假命题的非为真。异或运算强调的是命题之间的差异，命题不同则为真、命题相同则为假。

不同集合之间可以进行交集、并集、子集等运算，如图 1.3.1 所示，A 与 B 的交集可以表示为 A ∩ B，A 与 B 的并集可以表示为 A ∪ B，B 是 A 的子集可以表示为 B ⊆ A。

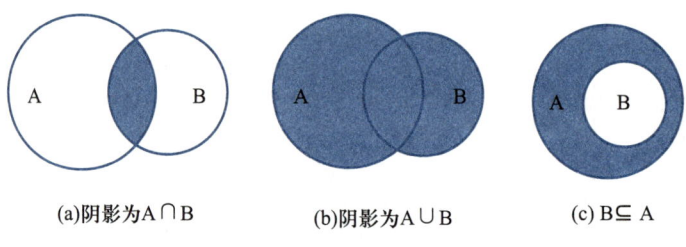

(a)阴影为A ∩ B　　　　(b)阴影为A ∪ B　　　　(c) B ⊆ A

图 1.3.1　集合的交集、并集、子集运算

3. 逻辑数学化举例

小智所在学校下学期准备开设 C 语言程序设计和 Python 语言程序设计两门课程供学生选修。小智很喜欢程序设计，决定同时选修两门课。

用布尔代数的方法把相关的集合、命题以及逻辑运算表示如下：

"选修 C 语言程序设计的学生"可以表示为集合 A。

"选修 Python 语言程序设计的学生"可以表示为集合 B。

"既选修 C 语言程序设计又选修 Python 语言程序设计的学生"则可以表示为 A ∩ B。

"小智选修了 C 语言程序设计"可以表示为命题 X。

"小智选修了 Python 语言程序设计"可以表示为命题 Y。

"小智既选修了 C 语言程序设计又选修了 Python 语言程序设计"可以表示为命题 Z。

命题 X、Y 与命题 Z 之间存在逻辑关系：X AND Y = Z。

可见，采用布尔代数的方法可以把我们人类用语言文字表达的逻辑完全用数学符号表达。

当人的逻辑可以用数学符号表示和运算时，让机器拥有逻辑、具备思维能力便有了数学基础。

1.3.2　逻辑电路化

微视频 1-2：
逻辑电路化

1938 年，香农（C. E. Shannon）将逻辑代数应用于开关电路，开创了逻辑电路的设计与应用。现代计算机是电子设备，包括了多种功能电路，例如触发器、寄存器、计数器、译码器、加法器等。这些功能电路都是使用基本的逻辑电路经过逻辑组合而成，再把这些功能电路进行集成，就组成了完整的计算机硬件系统。逻辑电路承载了人的逻辑，是人类思维活动的物化，是机器自动计算的物质基础。

基本的逻辑电路称为逻辑门。一个门可以接收一个或多个输入信号，经过逻辑运算生成一个输出信号。门电路通常处理二进制数，输入和输出只能是 0（对应低电平）或 1（对应高电平），基本的逻辑门包括与（AND）门、或（OR）门、非（NOT）门、异或（XOR）门等，如图 1.3.2 所示。

AND   OR   NOT   XOR

图 1.3.2   逻辑门的符号

与门是执行"与"运算的基本逻辑门电路。与门可有两个输入端，一个输出端。当两个输入同时为高电平（逻辑值为 1）时，输出才为高电平（逻辑值为 1），否则输出为低电平（逻辑值为 0），遵守表 1.3.1 的规则。

或门是执行"或"运算的基本逻辑门电路。或门可有两个输入端，一个输出端。当两个输入中有一个为高电平（逻辑值为 1）时，输出就为高电平（逻辑值为 1）；只有当所有的输入全为低电平时（逻辑值为 0），输出才为低电平（逻辑值为 0）；遵守表 1.3.2 的规则。

非门又称反相器，是执行"非"运算的基本逻辑门电路。非门有一个输入端和一个输出端。逻辑符号中输出端的圆圈代表反相的意思。当输入端为高电平（逻辑值为 1）时，输出就为低电平（逻辑值为 0），当输入端为低电平（逻辑值为 0）时，输出就为高电平（逻辑值为 1），遵守表 1.3.3 的规则。也就是说，非门的输入端和输出端的电平状态总是反相的。

异或门是执行异或运算的基本逻辑门电路。异或门有两个输入端，一个输出端。当两个输入都为高电平（逻辑值为 1）时或者都为低电平（逻辑值为 0）时，输出为低电平（逻辑值为 0）；当两个输入端一个为高电平（逻辑值为 1）、另一个为低电平（逻辑值为 0）时，输出为高电平（逻辑值为 1）；遵守表 1.3.4 的规则。

逻辑代数实现了逻辑的符号化、数学化，而逻辑电路则是把数学化的逻辑转化为物理实现。这样，实现机器自动计算又向前迈进了关键一步。

逻辑门电路可以由电子管实现，也可以由晶体管实现，还可以用集成电路实现。今天广泛使用的各种芯片，包括 CPU、GPU 等，都是运用超大规模集成电路技术做出来的逻辑电路器件。

1.3.3   机器自动计算可能性研究

社会需要功能强大的计算工具，人们迫切希望能有一种会自动计算的机器，能够实现自动执行各种可能的计算。这可能吗？最先给出肯定答案的是英国数学家阿兰·图灵（Alan Turing）。

1936 年阿兰·图灵发表了《论可计算数及其在判定问题上的应用》（"On Computable Numbers, with an Application to the Entscheidungs Problem"）的论文，不但证明了机器计

算是可行的，还给出了一个被后人称为图灵机的计算模型。

图灵的基本思想是利用机器来模拟人们用纸和笔进行数学运算的过程，他把这样的过程视为下列两种简单的动作：

（1）在纸上写上或擦除某个符号。

（2）把注意力从纸的一个位置移动到另一个位置。而在每个阶段，人要决定下一步的动作，依赖于此人当前所关注的纸上某个位置的符号和当前思维的状态。

为了模拟人的这种运算过程，图灵构造出一台假想的机器，该机器如图 1.3.3 所示，由以下几个部分组成：

（1）一条无限长的纸带，作为工作带。纸带被划分为一个接一个的小格子，每个格子上包含一个来自有限字母表的符号，字母表中有一个特殊的符号表示空白。

（2）一个读写头。该读写头可以在纸带上左右移动，它能读出当前所指的格子上的符号，并能改变当前格子上的符号。

（3）一套控制规则（控制器）。控制器在每个时刻处于一定的状态，当读写头从工作带上读出一个符号后，控制器就根据这个符号和当时的机器状态，指挥读写头进行读写或者移动，并决定是否改变机器状态。

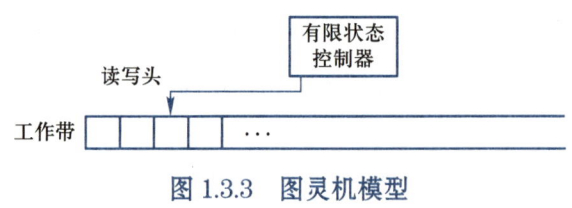

图 1.3.3　图灵机模型

注意这个机器的每一部分都是有限的，但有一个无限长的纸带。这种机器只是一个理想化的设备。图灵认为这样的一台机器就能模拟人类所能进行的任何计算过程，而且这个机器进行的计算是在自身的控制器控制下进行的，不需要人的参与，所以是一个自动机，由此证明设计一个装置进行自动计算是可能的。

图灵机只是一个计算模型，不够具体，不具有实施性。它的主要贡献在于肯定了机器自动计算的可能性，以及给出了可计算问题的判定标准，为机器自动计算奠定了理论基础，并为人类实现自动计算指明了努力的方向。

1.3.4　机器自动计算实施方案

设计并制造计算机以实现机器自动计算，一个关键因素是科学合理的方案。1945 年冯·诺依曼（von Neumann）与人一起通过对 ENIAC 计算机方案进行改进，提出了电子离散变量自动计算机方案（electronic discrete variable automatic computer，EDVAC）。这个方案的设计思想被后人誉为冯·诺依曼原理，据此设计制造的计算机称为冯·诺依曼计算机。

概括起来，冯·诺依曼原理包括三条重要内容：

（1）计算机应由运算器、控制器、存储器、输入设备和输出设备组成。

（2）计算机的运算采用二进制，程序和数据以二进制代码形式存放在存储器中，存放位置由地址确定。

（3）计算机在控制器控制下自动地从存储器中取出指令并加以执行。

冯·诺依曼提出的计算机方案比图灵机模型具体，具有可实施性。其核心是"程序存储"和"自动运行"的思想，是现代计算机发展的基础。今天面世的计算机绝大部分都是基于冯·诺依曼的思想，属于冯·诺依曼计算机。冯·诺依曼计算机结构如图 1.3.4 所示（空心线表示数据流，实心线表示控制流）。1952 年，首台冯·诺依曼机问世。

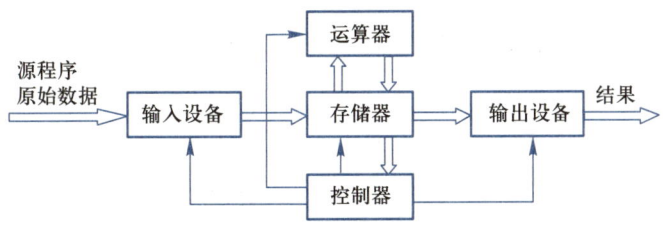

图 1.3.4　冯·诺依曼计算机结构

科学家故事：计算机之父冯·诺依曼

约翰·冯·诺依曼（John von Neumann）是美籍匈牙利人，数学家，现代计算机创始人之一，被称为计算机之父，见图 1.3.5。他 1913 年出生，6 岁能心算 8 位数除法，8 岁学会微积分，12 岁读懂了函数论。通过刻苦学习，在 17 岁发表了第一篇数学论文；22 岁就获得瑞士苏黎世联邦工业大学化学工程师文凭；一年后就取得了布达佩斯大学数学博士学位。1933 年担任普林斯顿高级研究院教授；1937 年当选为美国国家科学院院士；1954—1957 年担任导弹顾问委员会主席。1957 年逝世。

图 1.3.5　计算机之父
冯·诺依曼

冯·诺依曼一生致力于科学研究，在数学、计算机、物理、化学、博弈论等多个领域成绩卓著，是当之无愧的全才科学家。

1.4　自动计算实现与发展

在乔治·布尔、香农、阿兰·图灵、冯·诺依曼等一代代科学家探索的基础上，人类自动计算的梦想一步步变为现实。电子计算机是利用电子技术构造的自动计算装置，也是最成功和应用最广泛的自动计算机器。下面将详细介绍。

1.4.1　运算器

运算器是冯·诺依曼计算机的重要组成部分，承担着计算机的计算任务。而使用若干个前面介绍的逻辑门就可以构造出运算器。接下来以加法器为例说明运算器的组成和工作原理。

图 1.4.1 所示是一个带进位的加法器结构示意图。这个加法器主要由 2 个异或门、2 个与门、1 个或门构成。A 和 B 表示加法器的两个数据输入端，可以输入两个 1 位二进制数。"进位入"表示 A 和 B 相加时需要考虑的从低位来的进位数值，取 0 表示没有进位，取 1 表示有进位 1。"进位出"表示加法器产生的需要向高位进位的数值。"和"表示加法器求和后得到的结果。表 1.4.1 列出了 8 种可能的计算，也是该加法器可以实现的 8 种计算功能，这个表被称为加法器的真值表。

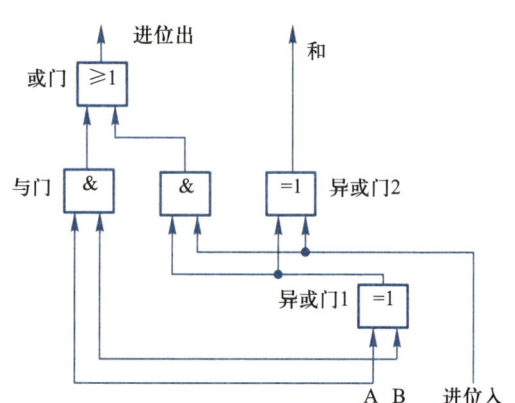

图 1.4.1　带进位的 1 位加法器

表 1.4.1　加法器真值表

输　　入			输　　出	
A	B	进位入	进位出	和
0	0	0	0	0
0	0	1	0	1
0	1	0	0	1
0	1	1	1	0
1	0	0	0	1
1	0	1	1	0
1	1	0	1	0
1	1	1	1	1

假如加法器的两个输入端 A、B 分别输入 1 和 0（A=1，B=0），进位入为 0（对应表 1.4.1 真值表第 5 行）。首先 A 和 B 输入到异或门 1 进行异或运算，得到数值 1 送入异或

门 2，然后异或门 2 把接收的 1 与从"进位入"传过来的 0 进行异或运算，得到数值 1 从"和"端口输出；与此同时，经过类似的过程，加法器的"进位出"端口产生数值 0，这样就通过逻辑电路实现了两个 1 位数的加法计算。

1.4.2　通用数字电子计算机

能运用数字电子信号实现自动计算的机器称为数字电子计算机。数字电子计算机中的数据和操作命令都用二进制数表示。数字电子计算机是最常见、应用最广的一种计算机。一台计算机如果能够应用于多种场合、解决多种问题，则称为通用计算机。今天广泛使用的各式各样的数字电子计算机是从电子管开始，一步一步发展而来的。

1. 电子管计算机

为了应对第二次世界大战的需要，在美国军方支持下，宾夕法尼亚大学以莫克利（J. W. Mauchly）和埃克特（J. P. Eckert）为首的研制小组，于 1946 年 2 月 14 日在美国宾夕法尼亚大学研制成功了世界上第一台通用计算机——电子数字积分计算机（electronic numerical integrator and computer，ENIAC），如图 1.4.2 所示。

ENIAC 长 30.48 m，宽 6 m，高 2.4 m，占地面积约 170 m^2，30 个操作台，重达 30 t，功率约 150 kW，造价 48 万美元。它包含了 17 468 个真空电子管，7 200 个水晶二极管，70 000 个电阻器，10 000 个电容器，1 500 个继电器，6 000 多个开关。每秒能进行 5 000 次加法运算（据测算，人最快的运算速度每秒仅为 5 次加法运算），每秒 400 次乘法运算，是使用继电器运转的机电式计算机的 1 000 倍、手工计算的 20 万倍。它还能进行平方和立方运算，计算正弦和余弦等三角函数的值及其他一些更复杂的运算。

图 1.4.2　世界上第一台通用电子数字计算机

以我们现在的眼光来看，这样的运算能力当然很微不足道。但在当时这可是很了不起的成就。原来计算一条弹道需要 20 多分钟，而使用 ENIAC 只要短短的 30 秒。ENIAC 的成功研制开创了计算机发展的新纪元，标志着自动计算时代的到来。

2. 晶体管计算机

电子管器件在运行时产生的热量较多，可靠性较差，运算速度不快，价格昂贵，体积庞大，这些都使计算机的发展受到限制。为了克服电子管的这些缺点，人们发明了晶体管。晶体管泛指基于半导体材料（主要是单晶硅）制作的一类电子器件，如图 1.4.3 所示。晶体管不仅能实现电子管的功能，又具有尺寸小、质量轻、寿命长、效率高、发热少、功耗低等优点，于是晶体管计算机很快就取代了电子管计算机。

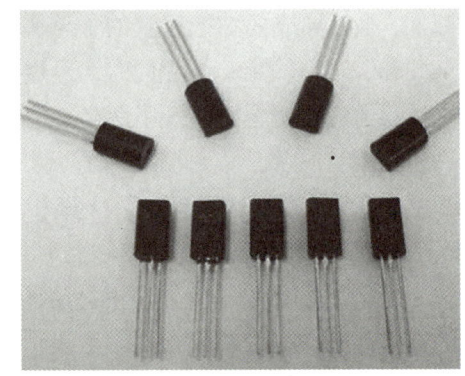

图 1.4.3　晶体管

中国第一台晶体管数字计算机（441–B 计算机）由原哈尔滨军事工程学院历时 4 年，于 1965 年 4 月 26 日研制成功，如图 1.4.4 所示。441–B 计算机字长 40 位，运算速度每秒 2 万次，内存大小为 8 192 字节（B）。这一晶体管计算机的出现标志着我国当时的计算机研制水平已经接近世界先进水平。

图 1.4.4　441–B 晶体管计算机

随着技术的进步，人们可以在一小块半导体晶片上做出一个电路中所需的晶体管、电阻、电容和电感等元器件并布线互连一起，然后封装成为具有某种功能的微型结构，这就是集成电路，如图 1.4.5 所示。集成电路与分离的晶体管相比，具有可靠性强、功耗低、性价比高、电路简单等优点，它一出现就成为计算机的首选，并逐渐取代了相互独立的元器件。

得益于半导体技术进步，集成电路的集成度和性能不断提高。由集成电路做成的计算机芯片性能也不断提高，进而推动计算机快速发展。微型机、大型机、巨型机、嵌入式计算机、笔记本电脑等各种机型不断涌现，计算机应用

图 1.4.5　集成电路

范围不断扩大。英特尔公司创始人之一戈登·摩尔（Gordon Moore）在 1965 年提出的一个观察性规律：当价格不变时，集成电路上可容纳的晶体管数目约每隔 18~24 个月便会增加一倍，意味着处理器的性能大约每两年提升一倍。这一规律被后人称为摩尔定律，一直发挥作用近 60 年。近几年，自动计算的内容发展为以智能计算为主，计算核心也从以 CPU（central processing unit，中央处理器）为主发展为以 GPU（graphics processing unit，图形处理单元）为主。英伟达公司首席执行官黄仁勋于是预测，GPU 将推动 AI 性能实现逐年翻倍。这一论断得到了广泛认可，被称为黄氏定律。

3. 计算机系统

我们日常开展自动计算都在通用数字电子计算平台上进行。一台通用数字电子计算机通常包括硬件和软件两部分。硬件系统和软件系统共同构成一个完整的计算机系统，两者相辅相成，缺一不可，如图 1.4.6 所示。

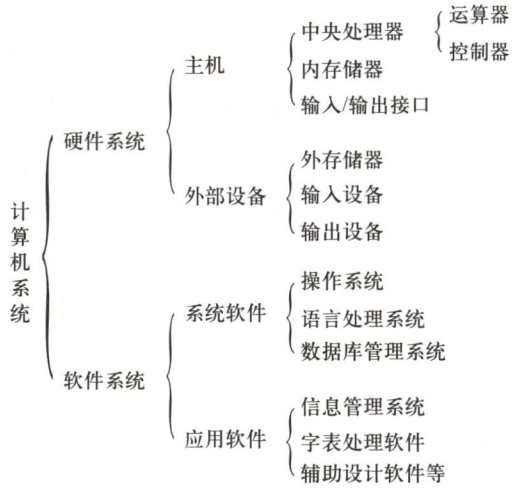

图 1.4.6　计算机系统

1）计算机硬件

计算机硬件是组成计算机的各种部件和设备的总称，是组成计算机的物理实体，是自动计算的物质基础。

计算机硬件系统包括运算器、控制器、存储器、输入设备和输出设备 5 个部分。运算器和控制器常常集成在一起，做成一个芯片，称为 CPU，在计算机系统中起着运算和控制作用。图 1.4.7 是国产型号为 3A6000 的龙芯 CPU。

CPU 的性能主要由其主频和核心数决定。麒麟 9020 是华为推出的新一代

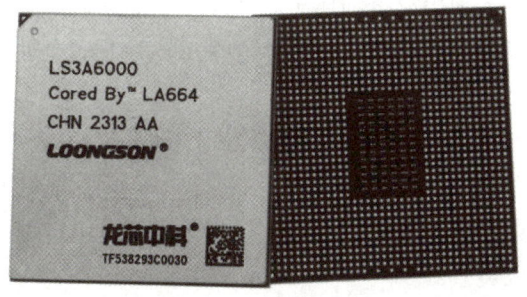

图 1.4.7　龙芯 3A6000

处理器，由 Mate 70 Pro/Pro+/RS 首发，包含 8 个核心，分别是 1 个 2.5 GHz 的大核，3 个 2.15 GHz 的中核，4 个 1.6 GHz 的小核，如图 1.4.8 所示。

存储器用来存储程序和数据。程序指定了计算机计算过程中需要执行的各种操作。数据则是计算操作的对象。存储器采用不同的技术制作，常见的有半导体存储器、磁盘存储器、光盘存储器等，每种存储器拥有不同的存储容量和速度，满足计算机的不同需要。现在通用电子计算机的存储器常常是一个系统，包括内存和外存。内存的速度高，可以直接与 CPU 交

图 1.4.8　麒麟 9020 CPU

换数据；外存的容量大，但速度相对较低，其存储的数据不能直接被 CPU 读取和处理。

输入设备的功能是采集数据并送入存储器。常见的输入设备有键盘、鼠标、触摸屏、手写板、麦克风、摄像头等，如图 1.4.9 所示。

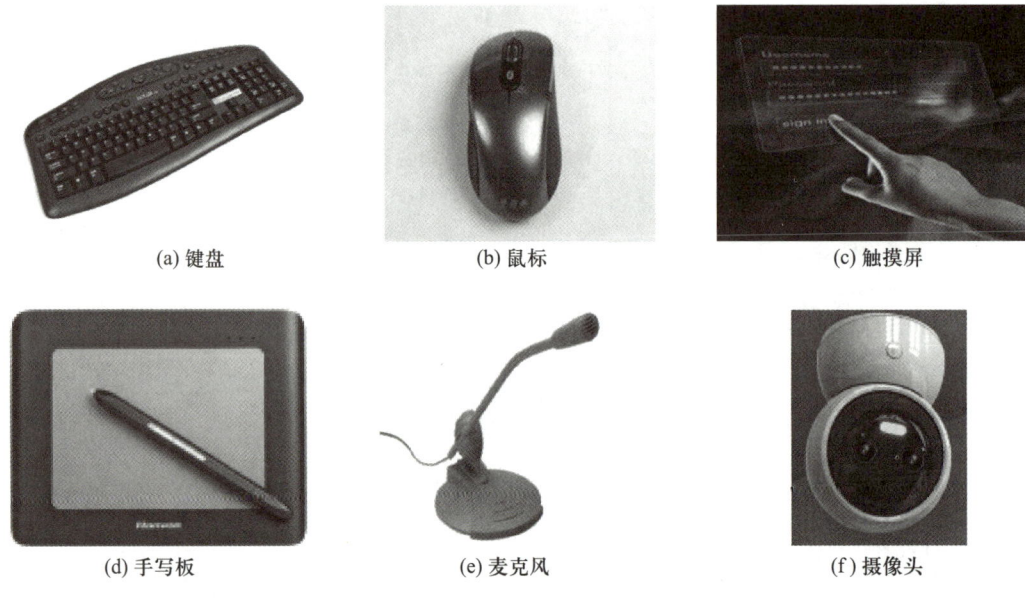

(a) 键盘　　　　　(b) 鼠标　　　　　(c) 触摸屏

(d) 手写板　　　　(e) 麦克风　　　　(f) 摄像头

图 1.4.9　常见输入设备

输出设备的作用是把计算机中存储的数据或者运算结果进行呈现，常见的输出设备有显示器、打印机、音箱等，如图 1.4.10 所示。

2）计算机软件

计算机软件包括程序和数据以及相关的文档，是计算机功能实现的关键，可以说没有软件计算机什么都干不了，也就无法进行自动计算。有了软件，人们可以不必过多地去了解计算机本身的结构与原理，可以方便灵活地使用计算机，从而使计算机有效地为人类服务。

计算机软件可分为系统软件和应用软件两大类。系统软件主要是对计算机系统进

(a) 显示器

(b) 打印机

(c) 音箱

图 1.4.10 常见输出设备

行管理以便计算机能够更好地工作。应用软件则是用于实现某种应用或解决一些具体问题。系统软件中最常见的是计算机操作系统、语言处理程序和数据库管理系统等。应用软件则异常丰富，种类繁多，可以分为用户为解决具体问题编写的程序和企业为方便用户解决问题而提供的应用软件包。

现代计算机之所以能够进行自动计算、完成各种各样的任务离不开计算机操作系统的支持。操作系统（operating system，OS）是一个控制和管理计算机系统软硬件资源，合理地组织计算机的工作流程，方便用户使用计算机的系统软件。

例如，为了运行一段程序，需要在内存中开辟一块空间存放这段程序，程序运行时需要从外界输入数据，程序运行结果需要显示或者打印或者存盘，这些过程的每一个环节都需要操作系统的管理和支持。

操作系统是直接控制计算机硬件的底层软件，其他软件都在操作系统的支持下工作。操作系统提供了用户与计算机交互的接口和界面。用户通过操作系统使用计算机，计算机又通过操作系统将信息反馈给用户。操作系统在整个计算机系统中的地位如图 1.4.11 所示。

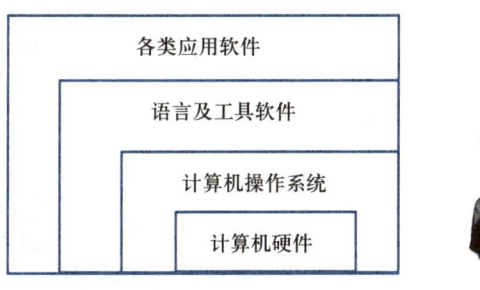

图 1.4.11 操作系统在计算机系统中的地位

常见的操作系统有 Windows、Linux、Android、iOS、HarmonyOS 等。Windows 主要用于个人计算机管理，其中 Windows Server 用于管理计算机网络服务器。Linux 是一个开源软件，通过改造可以用于多种类型的计算机系统。以智能手机为代表的移动智能设备的操作系统主要有 Android、iOS 和 Harmony OS。Harmony OS 是由我国华为公司推出一款高性能、多用途的操作系统，可以用于智能手机、智能汽车、物联网等各种场景。

计算机（手机）上用到的各种软件，比如 WPS、微信、抖音、12306 等应用程序，都是程序员设计制作出来的。程序员设计编写程序时使用的工具软件称为语言处理程序。语言处理程序不但支持程序员在其窗口中使用某种程序设计语言编写程序代码，还支持程序员在其窗口中调试运行程序。常用的程序设计语言有 Python、C、Java 等。

数据库是一个专门管理数据的系统。我们无论是进行银行存取钱、教务系统选课查成绩、手机上看新闻刷短视频，都离不开数据库的支持。开发、维护和管理数据库则需要数据库管理系统软件。常用的数据库管理系统软件有 Oracle Database、SQL Server、MySQL 等。

应用软件最为丰富。我们在计算机上做每一件事情，一般都要运行一个应用软件。手机上使用的各种 App 都是应用软件，计算机上安装的很多软件也是应用软件，典型代表就是 WPS 办公软件，它可以为文字处理、表格处理、幻灯片处理等任务提供相应支持。

1.4.3　计算机类型

通用电子计算机种类繁多，产品丰富，可以满足不同人群的各种应用需求，常见的有智能手机、平板电脑、笔记本电脑、台式机，不常见但是非常重要的有服务器、超级计算机。

图 1.4.12 所示是华为公司生产的一款笔记本电脑 MateBook，配置为 8 核 CPU、16 GB 内存、1 TB 硬盘。

图 1.4.13 所示是华为公司生产的 Mate 60 智能手机，拥有 12 GB+512 GB 的超大存储容量，支持北斗卫星通信。

图 1.4.14 所示是一款常见的台式计算机，由于性价比高，具有较好的安全性，广泛应用于办公室、家庭娱乐、游戏竞技等场所。

有一类计算机，我们经常使用却看不到，那就是嵌入式计算机。嵌入式计算机嵌入到家电、交通运输车辆、工业机床和国防武器等设备之中，对设备进行实时控制，保障设备在确定时间内完成特定任务，使这些设备表现出"自动化"和"智能化"特征。

图 1.4.12　笔记本电脑

互联网上的各类信息服务背后都需要服务器的支持。服务器（server）为网络用户提供资源和管理服务，往往都是高性能的计算机。图 1.4.15 所示是我国浪潮公司生产的一款自主可控的国产服务器，处理器主频为 2.2 GHz，64 核，内存容量达 512 GB。

还有一类计算机，其规模巨大、性能超强，

图 1.4.13　智能手机

称为超级计算机（super computer），也叫巨型计算机。超级计算机在大气海洋环境、天文地球物理、新能源新材料、生物医疗健康、工业设计制造、智慧城市、国防等需要海量计算任务的领域有着不可替代的应用，其发展被世界各国重视。我国从 20 世纪 80 年代开始了巨型计算机研制工作。进入 21 世纪，我国巨型的计算机技术研究和相关产业的发展日新月异，成绩卓著，目前拥有银河、天河、神威、曙光四个系列的超级计算机。中国的"天河二号"计算机在全球超级计算机 500 强榜单上获得 6 连冠以后，2016 年被使用中国自主芯片制造的"神威·太湖之光"摘取桂冠，如图 1.4.16 所示。

图 1.4.14　台式计算机

图 1.4.15　服务器

(a)"天河二号"超级计算机

(b)"神威·太湖之光"超级计算机

图 1.4.16　中国的超级计算机

科学家故事：中国巨型计算机之父金怡濂

　　金怡濂，中国工程院院士，中国高性能计算机领域著名专家，中国巨型计算机事业开拓者，"神威"超级计算机总设计师，有"中国巨型计算机之父"美誉，如图 1.4.17 所示。1929 年金怡濂出生于天津市的一个知识分子家庭；1935 年，进入天津耀华学校学习；1941 年，进入天津市耀华中学，在中学期间，培养了金怡濂的爱国情感和对理科的兴趣，对他后期事业的发展奠定了基础；1947—1951 年在清华大学电机系学习。

　　金怡濂大学毕业后，服从国家分配，被派往部队工

图 1.4.17　金怡濂院士

作。1956 年，他前往苏联科学院精密机械与计算技术研究所进修电子计算机技术；1958 年，回国后参加中国第一台大型电子计算机 104 机的研制工作；1991 年底，金怡濂团队成功研制出中国第一台 10 亿次并行巨型机系统。1992 年，国家并行计算机工程技术研究中心成立，金怡濂担任该中心的主任，开始了"神威"巨型机研制，并不断取得成功。2003 年 2 月，在第三届国家科学技术奖励大会上金怡濂获得国家最高科学技术奖。

思考与练习

1. 探索自动计算为什么从逻辑代数开始？

2. 除了电子计算机可以进行自动计算外，还有其他可以自动计算的装置吗？

3. 你的手机或者计算机中用到了"芯片"吗？如果用到了，你能查询其型号和厂家吗？

4. 一个外地人路过一个小镇，此时天色已晚，于是他便去投宿。当他来到一个十字路口时，他知道肯定仅有一条路是通向宾馆的，可是路口却没有任何标记，每个路口分别有一个小木牌。第一个木牌上写着："这条路上有宾馆"。第二个木牌上写着："这条路上没有宾馆"。第三个木牌上写着："那两个木牌有一个写的是事实，另一个是假的。相信我，我的话不会有错"。假如你是这个投宿人，根据第三个木牌的文字，你觉得有可能找到宾馆吗？

第2章
从自动计算到智能计算

今天，人工智能开始渗透到社会的各个领域，继蒸汽时代（第一次工业革命）、电气时代（第二次工业革命）和信息时代（第三次工业革命）之后，正在掀起一场"智能"革命，将人类社会的发展推到了一个新的阶段。著名未来学家雷·库兹韦尔甚至预言，到2030年，人类可能成为混合式机器人，进入进化的新阶段。人工智能正在推动人类社会进入一个全新的时代——智能时代（第四次工业革命）。

本章将重点介绍人工智能与智能计算相关内容，探讨智能计算的起源与发展。

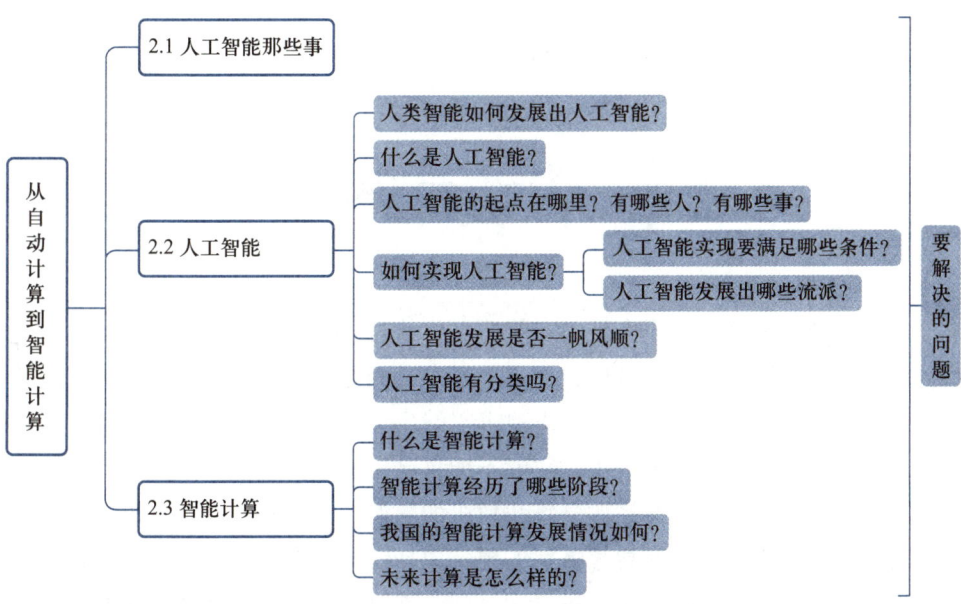

2.1　人工智能那些事

　　小智是在郑州上学的一名大学生，计划趁周末没课去趟北京，看望一位中学同学，顺便也逛逛北京。小智拿起手机，输入自己的指纹打开手机，如图 2.1.1（a）所示，登录铁路售票系统 12306 购买了周六上午的高铁票。周六上午 8 点，小智刷脸通过安检后进入高铁站乘车，如图 2.1.1（b）所示。两个半小时后，小智到达北京西站，于是拿出手机打开高德地图查看去同学那里的最佳路线。在地图导航指引下，小智顺利见到久别的同学，还一起看了天安门，度过了一个愉快的周末。在小智这次旅行中，哪些地方得到了人工智能的帮助？什么是人工智能？它是怎么产生的？它为什么会有那么强大的功能？下面将对这些问题一一解答。

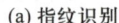

(a) 指纹识别　　　　　　　　(b) 人脸识别

图 2.1.1　旅行中的人工智能

2.2　人 工 智 能

　　人类是具有智慧的高级动物。人类不但能造出代替自己进行体力劳动的机器，还造出了代替自己进行计算的计算机。这样，人类通过自己的智慧充分解放自己，极大改善了自己的生存环境和生活品质。但是，人类追求美好生活的脚步不会停歇，比如，计算机进行自动计算时的数据需要我们提供，它能不能自己根据需要收集数据，而不再麻烦我们？它能不能根据我的心情自动播放一首我想听的歌？这就是希望像计算机这样的机器也要聪明起来，也要像人一样有智慧啊。试想，包括计算机在内的各种生产工具和生活用品，如汽车、机床、收割机、洗衣机、床、门、衣服等，都有了智慧，我们的生活将会多么美好啊。怎么做到呢？必须通过"人工智能"。

人工智能是人类智能发展的产物。要理解人工智能，首先必须理解人类智能。

2.2.1 从人类智能到人工智能

1. 人类智能

智能（intelligence），简单来说，就是智慧与能力。通常认为，只有高级动物中的人类才有智能。智能一般包括感知能力、记忆能力、学习能力、逻辑推理能力、语言表达能力等，相应的智能活动包括感知、记忆、思维、判断、交流等。

人类智能（human intelligence，HI）是人类最引以为傲的特质，是人类从自然界和动物世界里脱颖而出的利剑和铠甲，如今的人类文明从根本上可以说都是人类智能所创造的。每个人都拥有智能，这是我们的祖先经历几百万年进化而来的天赋。虽然目前我们还没能完全弄明白大脑的结构以及大脑产生意识的机理，但这并不妨碍我们从人类智能活动的轨迹来探寻人类智能的起源。

人类智能源于"劳动"，并且在不断"进化"。从出现的时间顺序来看，主要有三种形式的起源。

1）物态转化——制作和使用工具

在人类历史的早期阶段，物质转化的方式极为简单。最初，人类从基本且单一的物质形态开始转变。旧石器时代，人类将石块加工成尖锐或厚重的石斧，如图 2.2.1（a）所示，原始人类用它来攻击野兽；他们还会用石块将木棒削尖，用于挖掘植物的根部或作为保护自己的工具等。到了中石器时代，石器发展成了镶嵌工具，即在石斧上装上木制或骨制的把柄，这就使单一的物质形态转化为两种不同质的物质复合形态。在此基础上，又发展出石刀、石矛、石链等复合化工具，直到发明了弓箭，如图 2.2.1（b）所示。新石器时代，人类学会了在石器上凿孔，发明了石镰、石铲、石锄以及加工粮食的石臼、石柞等，如图 2.2.1（c）所示。

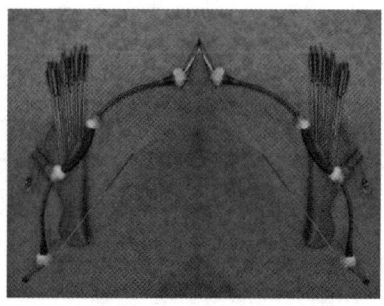

(a) 石斧　　　　　　　　(b) 弓箭　　　　　　　　(c) 石臼

图 2.2.1　包含人类智能的工具

这种低级而单一的物质形态的转化是人类具有智能的标记，是人类智能的起源，并且在其过程中又锻炼和改变着人脑，使人类智能进一步发展。

2）能量转化——控制和使用火

火是能量转化的一种形式。原始人类对"火"及自身的关系的认识也经历了一个过程：从对雷电引起的森林或草原的野火的恐惧，到学会用火来烧烤猎物以获得熟食，如图 2.2.2（a）所示，再到用火来御寒、照明、驱赶野兽。人工取火方法的掌握标志着火作为一种自然力真正被人们所利用。当"火"这种自然力开始为人所用时，也进一步促进了人体和大脑的发育。正如恩格斯所指出的"摩擦生火第一次使人支配了一种自然力，从而最终把人同动物界分开。"

对火的利用又令原始人类学会了烧制陶器，如图 2.2.2（b）所示，制陶技术使古代材料技术与材料加工技术得到了重大发展。它第一次使人类对材料的加工超出了仅仅改变材料几何形状的范围，开始改变着材料的物理、化学属性。此外，制陶技术的发展，又为以后冶金技术的产生奠定了基础，如图 2.2.2（c）所示。

(a) 火可以熟食　　　　　　　　(b) 火可以制陶　　　　　　　　(c) 火可以冶金

图 2.2.2　火的认识与应用——人类智慧的体现

3）信息转化——发明语言和文字

人们在利用物质形态和能量的转化过程中所创造的石斧、取火器具、陶器等生产工具、生产手段和物质成果，本身就内化着人与自然、人与人之间的关系和信息。它既是人们物质活动的手段，又是人们精神活动的手段；既是一种物质实体，又是一种信息的载体。因此，人们在从事物质形态和能量转化的同时，也伴随着信息的转化。

对信息的转化使人类创造了语言。人们在从事物质转化的过程中把共同的需要和共同的感受，以及内化在劳动过程和劳动成果中的人与人、人与自然的相互关系和信息，彼此不断地传授，以形成了某种"共识"，并以各种特定的音节表示不同的共识内容。

语言的出现使人类具备了从具体客观事物中总结、提取抽象出一般性概念的能力。人类因此能通过语言进行精确的描述、交流甚至学习。甚至，借助语言带来的思维方式转变，人类获得了"想象"的能力。

语言的产生是古人类进化的必然结果，它与人类大脑功能结构密切相关（我们今天知道的大脑中有着语言中枢）。正是因为这个脑结构的出现，人类的发展速度立刻呈现了爆发性的增长，我们也从偏安东非一隅的裸猿成了扩散到全世界的超级生态入侵物种。之后，建立在语言基础上的"想象共同体"出现了，人类的社会行为随之超越了灵长类本能的部落层面，一路向着更庞大、更复杂种群的趋势发展。这是一场人类的"认知革命"。

物质形态、能量和信息的转换和发端，既构成了人类智能的起源，又开创了人类智能活动对物质转化的整体雏形。自认知革命、农业革命和工业革命以来，几千年来人类的全部活动表明，人类认识自然、改造自然，其对象无非是三类最基本的东西：物质、能量、信息。迄今人类掌握的主要技术都同改造这三类东西有关，都是在材料技术（包括加工）、能源技术（包括动力技术）、信息技术（包括通信和控制）的基础上发展起来的。

随着这三个基本领域技术的不断发展，人类智能活动对物质的转化方式及转化成果也不断从对单一要素的转化走向对复合要素的转化。蒸汽机的制造和使用，是人类智能对物质（包括物质的形态、性质等）和能量两大要素的复合转化；电子计算机的制造和使用，则是对物质、能量和信息三大要素的综合转化。当今人们对人工智能的研究，可以说是人类正朝着将物质、能量、信息及人类智能四者合一的转化方向上迈进。

2. 人工智能

人工智能的目标是让机器具有智能，以拓展人的能力。什么是人工智能呢？人工智能（artificial intelligence，AI）是一门科学，是研究如何使计算机具有智能或如何利用计算机实现智能的理论、方法和技术，是一个涉及计算机科学、数学、生物学、心理学、神经科学、哲学和社会学等多学科的新兴交叉学科，如图2.2.3 所示。人工智能的研究目的是探寻人类智能本质、研制出具有类人智能的智能机器。研究内容主要是探索和开发能够模拟、延伸和扩展人类智能的理论、方法、技术及应用系统。

微视频 2-1：
人工智能

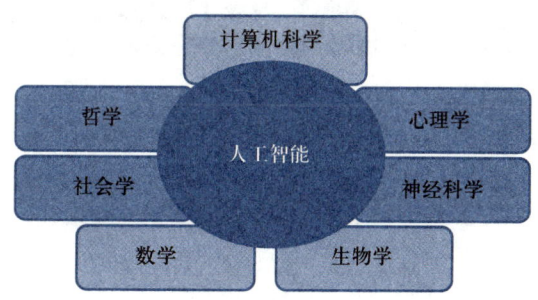

图 2.2.3　人工智能是一个交叉学科

我们日常看到的、感受到的、使用到的"智能"则是人工智能的研究成果，属于技术应用。

人工智能的表现形式有以下几种：

（1）会"看"：模式识别、图像识别、符号识别、行为识别等。

（2）会"说"：语音识别、语音合成、自然语言理解、人机对话、机器翻译等。

（3）会"动"：机器人、自动驾驶汽车、无人机等。

（4）会"想"：人机对弈、定理证明、医疗诊断等各种专家系统。

（5）会"学"：机器学习、知识表示、深度学习等。

而应用领域有智能制造、智慧教育、智能物流、智慧农业、智慧医疗、自动驾驶、智能机器人、智慧城市、智能安防等，人工智能应用领域正在迅速增加。

随着技术的发展，人工智能功能不断丰富、能力不断增强，正从弱人工智能发展为强人工智能，不断渗透到之前被认为是人类智能的专属领域，并且在这些领域展现出超越人类的能力。这是否意味着人工智能比人类智能更强呢？实际上，将人工智能与人类智能进行对比，这本来就是一个错误的想法，因为两者是完全不同的东西，即使有时候它们的功能会重叠。

关于人工智能与人类智能谁更强的问题，有人曾经做了一个有趣的类比：在一百多年前，我们看到天上有鸟在飞，然后大家就想，那我们能不能做一个东西让它飞起来，后来经过空气动力学研究，我们有了飞机。然而如果我们问，飞机到底有没有比鸟飞得更好，这其实可能很难说。飞机可能比鸟飞得更高、更远，但是没有鸟飞得灵活。但不管怎样，原来的目的已经达到了，我们获得了能够帮我们飞起来的工具。这个类比如图 2.2.4 所示。

人类智能(HI)　⟹　人工智能(AI)

图 2.2.4　飞机不与鸟比飞技，AI 不与人类比聪明

人工智能乃人类智慧之结晶，是人类智能的延伸，自其诞生、发展以至应用，人工智能最终可能孕育出辉煌的"机器"文明。

2.2.2　人工智能起源与图灵测试

古人就有关于人工智能的想象。中国古代便有"机器人偶"的记载，如《列子·汤问》中所述，偃师造了一个与真人外貌极其相像的偶人，可以曼声而歌、翩翩起舞，还可以有表情，使得周穆王都误以为它是真人，如图 2.2.5 所示。而在古希腊诗人荷马的

人之巧乃可与造化者同功乎？

图 2.2.5　偃师造人

长篇叙事诗《伊利亚特》中也有所描述：一个场景是天后赫拉命令天门自动开启；另一个场景是火神赫菲斯托斯用黄金"铸造"了两个能进行语言交流、洗衣做饭的机器女仆。这些描述说明，人类追求人类以外智能（人工智能）的努力从古代便已开始，不过只能停留在梦想阶段。

现代的人工智能，作为一门科学，是从阿兰·图灵的工作开始的。其实，图灵在 20 世纪 30 年代研究机器自动计算时就研究了机器思考问题。人类在计算时一定是要思考的，要进行归纳和演绎，如果造出的机器可以像人一样能进行自动计算，那么这个机器是不是也像人一样会思考，像人一样有思维活动、有智能呢？到了 20 世纪 50 年代，图灵就这个问题给出了答案。

1950 年，图灵在论文《计算机器和智能》（"*Computing Machinery and Intelligence*"）中肯定了人工智能的可能性，并给出了一个机器是否具有智能的测试标准——图灵测试。图灵测试是指测试者与被测试者（一个人和一台机器）在隔开的情况下，通过一些装置（如电传打字机）向被测试者随意提问。如果机器的回答有超过 30% 让测试者误以为是人类的回答，那么这台机器就通过了测试，并被认为具有人类智能，如图 2.2.6 所示（箭头方向表示提问和应答）。图灵的人工智能强调的是人类与计算机在结果（输出）上等价，不考虑内部过程是否相同。这种观点比较务实，有力地推动了人工智能领域的研究与发展。

微视频 2-2：
图灵测试使得
人类迈入人工
智能时代

计算机应答　　　　　真人提问　　　　　真人应答

图 2.2.6　图灵测试示意图

科学家故事：计算机科学之父和人工智能之父图灵

　　阿兰·图灵（Alan Turing, 1912—1954 年），是英国著名的数学家、逻辑学家，被誉为现代计算机科学之父和人工智能之父，如图 2.2.7 所示。图灵出生于英国伦敦，少年时期就展现出对数学的浓厚兴趣和卓越的数学能力。1931 年，他进入剑桥大学国王学院学习，并在 1934 年获得数学学士学位。随后，他前往美国普林斯顿大学攻读博士学位，研究领域包括逻辑学、代数和数论。1936 年，他证明了机器计算是可行的，还设计出了一个后人称为"图灵机"的计算模型，为现代计算机的发展奠定了理论基础。

图 2.2.7　阿兰·图灵

　　第二次世界大战打断了图灵的正常研究工作。1939 年秋，他应召到英国外交部通信处从事军事工作，主要是破译敌方密码。盟军运用图灵改进的机器 Bombe 成功破译了德军的恩尼格玛（Enigma）密码，对取得战争胜利起到了关键作用。后人普遍认为在图灵团队的协助下，第二次世界大战缩短了多达两年时间。电影《模仿游戏》就是根据这段故事拍摄的。

　　战后，他继续在计算机科学和人工智能领域进行研究，1950 年提出了著名的"图灵测试"，成为衡量机器智能的重要标准。

　　为了纪念图灵的贡献，计算机科学领域设立了"图灵奖"。图灵奖是计算机界最负盛名、最崇高的一个奖项，有"计算机界的诺贝尔奖"之称。中国科学院院士、计算机科学专家、清华大学教授姚期智 2000 年荣获图灵奖。

　　人工智能作为一个学术术语，首次出现是在 1956 年的达特茅斯会议上。1956 年 8 月，在美国汉诺斯小镇宁静的达特茅斯学院，约翰·麦卡锡（John McCarthy，1971 年获

图灵奖）、马文·明斯基（Marvin Minsky，1969 年获图灵奖）、克劳德·香农（Claude Shannon，信息论的创始人）、纳撒尼尔·罗切斯特（Nathaniel Rochester，IBM 701 计算机的首席设计师）等科学家聚在一起，讨论一个全新的主题：用机器来模仿人类学习以及其他方面的智能，如图 2.2.8 所示。

(a) 约翰·麦卡锡　　　　(b) 马文·明斯基　　　　(c) 克劳德·香农　　　(d) 纳撒尼尔·罗切斯特
(John McCarthy)　　(Marvin Lee Minsky)　　(Claude Shannon)　　(Nathaniel Rochester)

图 2.2.8　1956 年达特茅斯会议的四位组织者

会议足足开了两个月，虽然大家没有达成普遍共识，但提出了 7 个有意义的问题：

（1）自动计算机（automatic computers）。

（2）编程语言（programming languages）。

（3）神经网络（neural networks）。

（4）计算规模理论（theory of the size of a calculation）。

（5）自我改进（self-improvement）。

（6）抽象（abstractions）。

（7）随机性与创造性（randomness and creativity）。

这 7 个问题为人工智能研究提供了框架，并推动了多个领域的发展。尽管达特茅斯会议并未立即解决这些问题，但它为人工智能领域指明了方向，并激励了后续几十年的研究。这些问题至今仍然是人工智能研究的核心议题。

本次会议另外一个重要意义，就是为讨论的内容起了一个名字——人工智能。因此，1956 年也就被后人称为人工智能元年。

2.2.3　人工智能实现与发展

1. 人工智能实现

人工智能研究的目的就是造出智能机器来拓展人类智能，帮助人类改造自然，拓展生存空间，提高生活品质。要实现人工智能需要满足三个条件。

1）数据

数据是人工智能的基础。当前人工智能最基本的底层技术就是机器学习算法，而算法学习的对象是数据。数据是人工智能的燃料和动力，几乎所有的人工智能系统都需要利用大量数据进行训练，通过机器学习提高其能力。

当前人工智能大模型技术发展的一个现实问题就是数据的质和量不够。我们国家正在大力开展数据采集、存储、流通等基础设施建设。

2）算法

算法概念源于计算的方法和步骤，是计算机算法的简称。人工智能思想及其方案，必须转化成算法才能在计算机上实现，因此算法是人工智能的灵魂。人工智能的根本目的就是让机器具有人的智能，所以人工智能研究就是从模仿人开始的。到目前为止，比较成功的人工智能算法思想主要有三类，也称三个学派。

（1）符号主义学派。符号主义认为人工智能源于数理逻辑，注重知识表示和推理，旨在让机器像人一样理解和运用符号。符号主义的典型代表人物有约翰·麦卡锡、艾伦·纽厄尔（Allen Newell）、赫伯特·西蒙、马文·明斯基以及道格拉斯·莱纳特（Douglas Lenat）等。符号主义的成功应用就是专家系统。专家系统是一种模拟人类专家决策过程的人工智能系统，它集成了大量专业知识与经验，能够解决特定领域的复杂问题。

当前广泛应用的网上问诊应用就是医学专家系统。医学专家系统是一个可以与人友好交互的智能系统。它有一个包含丰富医学知识的知识库，拥有逻辑推理能力。所以，当它被告知病人的症状和病史信息后，就能推理出病人所犯疾病类型，给出诊断结论。例如，某人病史为健康，症状是体温 38 ℃、鼻塞，问医学专家系统自己得了什么病，专家系统首先在自己**知识库**中搜索出体温 38 ℃同时鼻塞的病例进行**归纳**，得出"体温 38 ℃同时鼻塞的病人都是犯流感"的结论，然后**演绎**出结论"该病人体温 38 ℃同时鼻塞必定得了流感"。

专家系统从 20 世纪 70 年代开始逐渐被人们接受，到 90 年代达到高峰。1997 年 5 月，名为"深蓝"（Deep Blue）的 IBM 超级计算机打败了国际象棋世界冠军卡斯帕罗夫（Garry Kasparov），轰动世界，如图 2.2.9 所示。"深蓝"是符号主义在博弈领域的一个典型应用案例。

图 2.2.9　卡斯帕罗夫对战"深蓝"

随后，专家系统的研究逐渐降温，主要是因为有以下几点不足之处：

① 知识获取困难。构建专家系统需要与领域专家合作，提取他们的知识和经验。然而，人类专家往往难以明确表达他们所使用的规则和知识，导致知识获取过程复杂且耗时。

② 推理效率问题。当遇到复杂问题时推理效率会变得十分低下。

③ 知识更新和维护困难。随着领域知识的不断更新，专家系统中的知识库也需要相应地进行更新。但是，知识库的维护通常需要专业知识，且过程烦琐。

④ 缺乏学习能力和适应性。逻辑推理专家系统通常不具备自主学习的能力，无法从新的数据中自动提取知识，因此在面对未知情况时可能无法做出有效推理。

（2）连接主义学派。连接主义也称神经网络学派，主张通过模拟人脑神经元的连接方式来实现人工智能，强调从大量的数据中学习并优化网络连接，以实现智能行为。连接主义的思想可以追溯到 20 世纪 40 年代，由生理学家麦卡洛克（McCulloch）和数理逻辑学家皮茨（Pitts）提出的 M-P 神经元模型。20 世纪 60 至 70 年代，连接主义尤其对感知机（perceptron）的研究出现过热潮，但由于当时理论模型、生物原型和技术条件的限制，研究在 70 年代后期至 80 年代初期陷入低潮。直到约翰·霍普菲尔德（John J. Hopfield）在 1982 年提出用硬件模拟神经网络，连接主义才重新抬头。1986 年，杰弗里·辛顿（Geoffrey Hinton）等人提出误差反向传播（error back propagation training），BP）算法，极大地推动了连接主义的发展。

2006 年杰弗里·辛顿提出基于多层神经网络的"深度学习"方法，并在语音识别、图像识别等领域取得了巨大成功。2016 年 3 月，Google 公司的 AlphaGo 战胜围棋职业九段棋手、世界冠军李世石，如图 2.2.10 所示。这是深度学习成功应用的典型代表。

图 2.2.10 李世石大战 AlphaGo（新华社资料图）

虽然连接主义借助深度学习取得了巨大成功，推动人工智能进入发展高潮，但"黑盒效应"给人们带来困扰，也给神经网络发展带来不安。"黑盒子"常指一个系统只能观察输入和输出、不能观察内部过程。比如，通过一个深度学习的神经网络系统识别一张人脸时，我们只知道对一张脸进行了拍照（输入一张照片），然后得到一个结论（输出一个字符串、图片、语音等），无法知道这个神经网络中哪些神经元参与了连接、对人脸识别做了多大贡献。这种无法解释的黑盒效应，可以造成对结论的不信任。

另外，深度学习依赖于大量数据和强大的算力，进而消耗巨大的能源，这也是一个相对不足的地方。

（3）行为主义学派。行为主义起源于控制论，也被称为"控制论的人工智能"。典型代表人物有阿兰·图灵、罗德尼·布鲁克斯（Rodney Brooks）、瓦伦丁·布赖滕贝格（Valentin Braitenberg）及约翰·霍兰德（John Holland）等。控制论思想在 20 世纪 40 到 50 年代成为时代思潮的重要组成部分，影响了早期的人工智能研究者。20 世纪 80 年代，随着机器人技术的兴起，行为主义应用到人工智能。研究者们让机器在与环境的交互中学习并优化行为，从而获得智能。行为主义成功用于机器人控制、自动驾驶等领域，例如大疆的无人机控制，华为的自动驾驶汽车控制。

行为主义的优点是对数据的依赖没有连接主义那么大，可以在实践中学习并成长，这在一些初始数据极难获取的应用场合非常重要。比如机器人要在未知环境中完成任务，不可能提前获取未知环境数据，机器人必须有在未知环境中主动获取数据并学习成长的能力。

人工智能算法的每个学派都有其独特的起源和发展历程，并在人工智能领域发挥了重要作用。随着技术的不断进步和应用需求的不断变化，三大学派之间的融合和交叉也越来越密切。近两年热门的生成式人工智能（GAI）就是符号主义和连接主义融合运用的结果。

三个学派的比较如表 2.2.1 所示。

表 2.2.1　三个学派的比较

算法思想	学习模式	学科基础	典型代表	优势	不足
符号主义	用规则教，注重逻辑推理	计算机科学	专家系统"深蓝"	与人类逻辑推理相似，解释性强	难以构建完备的知识规则库
连接主义	用数据学，注重人脑仿生	脑科学	AlphaGo	直接从数据中学	以深度学习为例——依赖于数据、解释性不强
行为主义	用问题引导，注重学习和反馈	控制论	自动驾驶	从经验中进行能力的持续学习	需要非穷举式搜索，因此需要更好的策略

3）算力

人工智能应用都是基于人工智能算法在自动计算平台上实现的，因此平台计算能力（算力）是人工智能实现与发展的关键。算力载体从早期的通用计算机发展为服务器集群，再发展为专门的智算系统，智能计算算力需求增长迅猛。当前，国家正在大力发展算力基础设施，启动"东数西算"工程，建设大批智能计算中心。

数据、算法和算力是人工智能发展的三要素，如图 2.2.11 所示，三者结合可以构造出各种各样的人工智能系统，来满足人们的生产、生活需要。

从传统逻辑到机器学习再到深度学习，算法的演变极大地提高了人工智能的应用范围和效率。当前人工智能的发展高度依赖海量的数据。由于大数据产业的发展，数据量呈现爆炸性增长态势，积累了海量、多维度数据，为深度学习提供了外部素材。算法的实现、海量数据的获取和存储以及计算能力的体现都离不开人工智能算力基础——芯片。具有超高运算能力、符合市场需求的 AI 芯片，是人工智能领域可持续发展的重要因素。算法、数据、算力这三个要素的持续发展和协同演进共同推动人工智能技术与应用的快速发展。

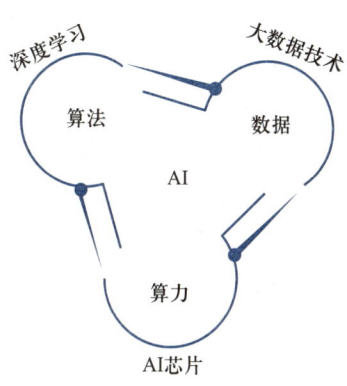

图 2.2.11　人工智能三要素

2. 人工智能发展历史

虽然人工智能这个词诞生在 1956 年，但相关的研究工作其实早就开始了。按照时间先后，人工智能发展可分为下面几个阶段。

（1）1940—1950 年。机器智能受到来自数学、心理学、工程学、经济学和政治学等领域学者的关注和重视。当时，人们已经研究出了人脑通过神经元电脉冲来工作的原理，并且神经学家沃伦·麦卡洛克和数学家沃尔特·皮茨合作提出了神经元模型，同时，自动计算机也已经研制成功并得到了应用。

（2）1950—1956 年。阿兰·图灵（Alan Turing）于 1950 年发表了一篇具有里程碑意义的论文《计算机器和智能》。该文论证了创造思考机器的可能性，标志着现代机器思维问题研究的开始。

重要事件：曼彻斯特大学的 Christopher Strachey 使用 Ferranti Mark 1 机器编写了一个跳棋程序，Dietrich Prinz 编写了一个国际象棋程序。

1956 年 8 月，达特茅斯会议提出"人工智能"这一概念，此后人工智能进入快速发展的 10 年。

（3）1956—1974 年。这一时期开展推理研究，提出有效的推理算法，应用于棋类等游戏中；开展自然语言研究，让计算机能够理解人的语言。在日本，早稻田大学于 1967 年启动了 WABOT 项目，并于 1972 年完成了世界上第一个全尺寸智能人形机器人 WABOT-1。

重要事件：1957 年弗兰克·罗森布拉特（Frank Rosenblatt）发明了感知机（perceptron）。感知机是神经网络典型结构，是构成复杂神经网络的基础。

（4）1974—1980 年。基于逻辑推理的专家系统开始应用。由于当时计算机技术的限制，很多研究迟迟不能得到预期的成果，AI 研究处于低潮。

（5）1980—1987 年。在 20 世纪 80 年代，世界各地的企业采用了称为"专家系统"

的人工智能程序，知识表达系统成为人工智能研究焦点。在这一时期，日本政府通过推动第五代计算机项目，积极资助了人工智能的发展。1982 年，物理学家约翰·霍普菲尔德（John Hopfield）发明了一种递归神经网络，推动了神经网络研究的复兴。1986 年，杰弗里·辛顿（Geoffrey Hinton）等人提出 BP 算法（back propagation algorithm，反向传播算法），极大地推动了连接主义的发展。杰弗里·辛顿因在人工智能领域的卓越成就，于 2018 年获得图灵奖，并于 2024 年与约翰·霍普菲尔德一起获得诺贝尔物理学奖，如图 2.2.12 所示。

图 2.2.12　杰弗里·辛顿——图灵奖和诺贝尔奖获得者

（6）1987—1993 年。基于符号主义的专家系统遇到了发展瓶颈。连接主义的理论和技术没有新的突破，AI 研究进入第二次低潮。

（7）1993—2011 年。互联网迅速发展，出现了"智能代理技术"。这个时期自然语言理解和翻译、数据挖掘、网络爬虫技术获得了较大的发展。得益于数据和算力的巨大进步，连接主义获得突破，成功应用。

里程碑的事件：1997 年，IBM 的"深蓝"超级计算机击败了当时的世界象棋冠军加里·卡斯帕罗夫（Garry Kasparov）。2005 年，斯坦福大学的机器人在一条没有走过的沙漠小路上自动驾驶 131 英里。

（8）2014 年左右，深度学习算法获得突破，再加上大数据技术支持，人工智能再次进入发展高潮。语音识别、人脸识别、自动驾驶等普遍进入实用化。长期作为图像处理使用的芯片 GPU 华丽变身为人工智能芯片。各地开始创建智算中心。而让人工智能明星化、让深度学习平民化的事件是 2016 年著名围棋棋手与 AlphaGo 的人机大战。之后，人工智能受到社会各层阶人们的热捧，人工智能发展迎来大爆发。

（9）人约从 2020 年开始，人工智能发展进入大模型阶段。2020 年，AI 从"小模型 + 判别式"转向"大模型 + 生成式"，从传统的人脸识别、目标检测、文本分类，升级到如今的文本生成、3D 数字人生成、图像生成、语音生成、视频生成。国外的大模型主要有 OpenAI 公司的 ChatGPT、Meta 公司的 Llama、Google 公司的 Gemini、xAI 公司的 Groq 等。国内的大模型主要有深度求索公司的 DeepSeek、字节跳动公司的豆包、智谱华章公司的智谱清言、月之暗面公司的 Kimi、阿里巴巴公司的通义千问、腾讯公司的混元、科大讯飞公司的讯飞星火、快手公司的可灵、百度公司的文心一言和华为公司的盘古等。

当前，人工智能在技术和应用领域上仍不断突破，有望很快实现自主智能系统和通用智能系统应用。

回顾人工智能发展历史，可以发现，人工智能的发展经历了三起两落，高潮与低谷交替出现，但总体是不断取得突破和发展的，如图 2.2.13 所示。

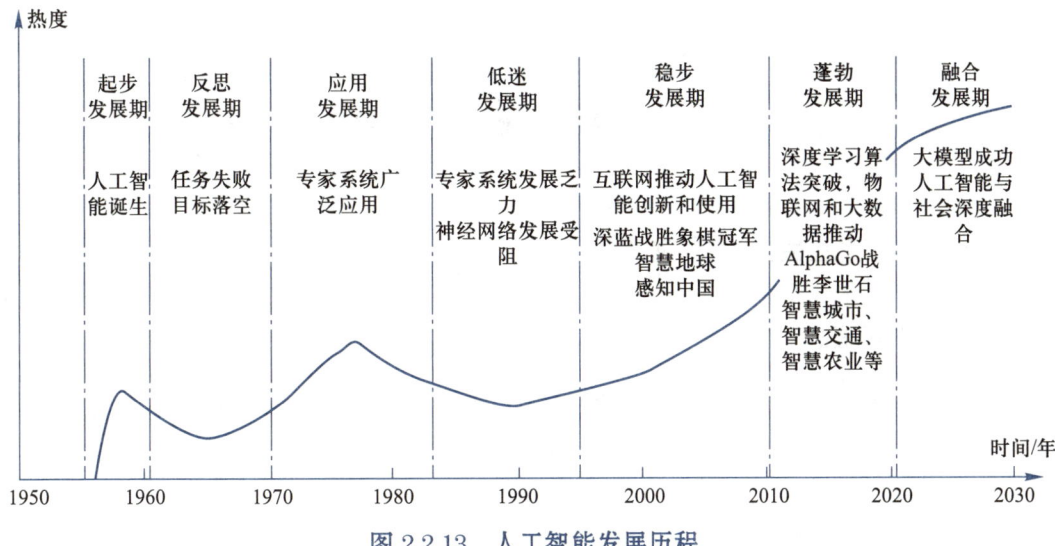

图 2.2.13 人工智能发展历程

3. 人工智能分类

人工智能一般可以分为弱人工智能、强人工智能和超人工智能三类，如图 2.2.14 所示。

（1）弱人工智能是目前最常见的一种人工智能，也被称为专用人工智能或受限人工智能。它只能执行特定的任务，比如语音识别、图像识别或自然语言处理等。虽然它在特定领域表现出色，但无法像人类一样进行复杂的思考或决策。

（2）强人工智能有与人类相似的智能水平，能够进行复杂的思考、决策和学习，能够处理多种任务。目前强人工智能还处在研究和开发阶段，尚未实现广泛应用。

（3）超人工智能是理论上的一种人工智能类型，其智能水平远远超过人类。超人工智能不仅能解决任何问题，还能进行创新和发明，甚至可能创造出新的文明。不过，超人工智能目前还只是一个设想，离实现还有很长的路要走。

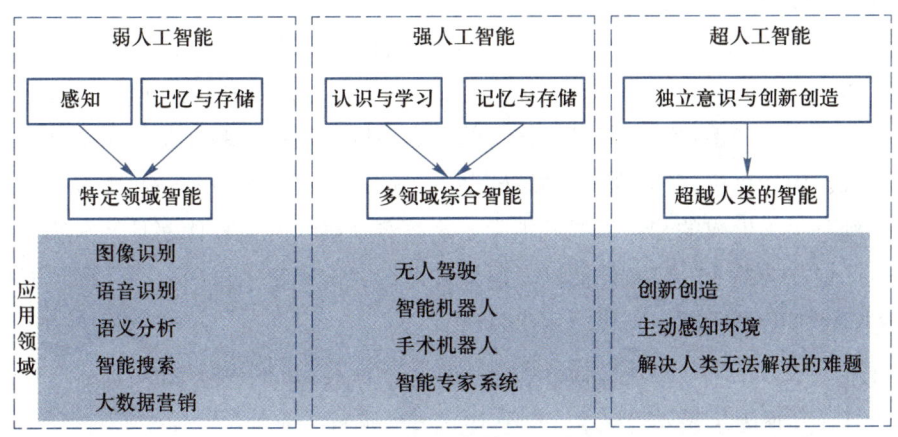

图 2.2.14 三类人工智能

2.3　智　能　计　算

2.3.1　智能社会需要智能计算

1. 智能计算概念

人工智能从理论进入实践的重要途径是运行计算机程序，也就是进行自动计算。因此，各种人工智能现象以及人工智能应用都是自动计算的结果。这些面向人工智能的自动计算，不同于之前的自动计算，可以专门称为智能计算。

传统的自动计算是一种通过预定义的规则和算法执行特定任务的计算方法。它依赖于明确的输入和输出关系，通常用于解决结构化问题。智能计算是一种模仿或扩展人类智能的计算方法，旨在解决复杂、不确定或非结构化的问题。它结合了机器学习、深度学习、大数据分析、自然语言处理、计算机视觉等技术，能够从数据中学习、推理和决策。

2. 智能计算发展阶段

智能计算包括人工智能技术及其计算载体，大致历经了 4 个阶段，分别为通用计算装置、逻辑推理专家系统、深度学习计算系统、大模型计算系统。

1）通用计算装置

智能计算的起点是 1946 年发明的通用自动计算装置——电子数字计算机。通用自动计算装置的出现，推动了人工智能概念在 1956 年的诞生，此后所有人工智能技术的发展都是建立在新一代计算设备与更强的计算能力之上的。

2）逻辑推理专家系统

智能计算发展的第二阶段是 1990 年开始出现的逻辑推理专家系统。E.A. 费根鲍姆（Edward Albert Feigenbaum）等符号智能学派的科学家以逻辑和推理能力自动化为主要目标，提出了应用知识符号进行逻辑推理的专家系统。人的先验知识以知识符号的形式进入计算机，使计算机能够在特定领域辅助人类进行一定的逻辑判断和决策，但专家系统严重依赖于手工生成的知识库或规则库。这类专家系统的典型代表是日本的五代机和我国 863 计划支持的 306 智能计算机主题，日本在逻辑专家系统中采取专用计算平台和Prolog 这样的知识推理语言完成应用级推理任务；我国采取了与日本不同的技术路线，以通用计算平台为基础，将智能任务转化为人工智能算法，将硬件和系统软件都接入通用计算平台，并催生了曙光、汉王、科大讯飞等一批骨干企业。

符号计算系统的局限性在于其爆炸的计算时空复杂度，即符号计算系统只能解决线性增长问题，对于高维复杂空间问题是无法求解的，从而限制了能够处理问题的大小。同时因为符号计算系统是基于知识规则建立的，我们又无法对所有的常识用穷举法来进行枚举，它的应用范围就受到了很大的限制。随着第二次 AI 寒冬的到来，第一代智能计算机逐渐退出历史舞台。

3）深度学习计算系统

直到 2014 年左右，智能计算进阶到第三阶段——深度学习计算系统。以杰弗里·辛顿等为代表的连接智能学派，以学习能力自动化为目标，发明了深度学习等新 AI 算法。通过深度神经元网络的自动学习，大幅提升了模型统计归纳的能力，并在模式识别等应用领域取得了巨大突破，使得在某些场景下的识别精度甚至超越了人类。以人脸识别为例，整个神经网络的训练过程相当于一个网络参数调整的过程，将大量的经过标注的人脸图片数据输入神经网络，然后进行网络间参数调整，让神经网络输出的结果的概率无限逼近真实结果。神经网络输出真实情况的概率越大，参数就越大，从而将知识和规则编码到网络参数中，这样只要数据足够多，就可以对各种大量的知识进行学习，通用性得到极大的提升。连接智能的应用更加广泛，包括语音识别、人脸识别、自动驾驶等。在计算载体方面，中国科学院计算技术研究所 2013 年提出了国际首个深度学习处理器架构，国际知名厂商英伟达持续发布了多款性能领先的通用 GPU 芯片，都是深度学习计算系统的典型代表。

4）大模型计算系统

智能计算发展的第四阶段是自 2020 年起出现的大模型计算系统。在人工智能大模型技术的推动下，智能计算达到了新的高度。大模型的特点是参数量大、训练数据量大、算力需求大。目前发展迅速、深受追捧的大语言模型，正在由单一功能向多功能进化。

大模型的出现带来了三个变革。一是技术上的规模定律（scaling law），即很多 AI 模型的精度在参数规模超过某个阈值后模型能力快速提升，其原因在科学界还不是非常清楚，有很大的争议。AI 模型的性能与模型参数规模、数据集大小、算力总量三个变量成"对数线性关系"，因此可以通过增大模型的规模来不断提高模型的性能。二是产业上算力需求爆炸式增长，千亿参数规模大模型的训练通常需要在数千乃至数万 GPU 卡上训练 2~3 个月时间，急剧增加的算力需求带动相关算力企业超高速发展，英伟达的市值超过两万亿美元，这对于芯片企业以前从来没有发生过。三是对劳动力市场产生显著影响，北京大学国家发展研究院与智联招聘联合发布的《AI 大模型对我国劳动力市场潜在影响研究》报告指出，受影响最大的 20 个职业中财会、销售、文书位于前列，需要与人打交道并提供服务的体力劳动型工作，如人力资源、行政、后勤等反而相对更安全。

3. 中国发展智能计算之路

人工智能是新质生产力，是产业升级、经济高质量发展的关键。中国的人工智能技术应当赋能各行各业，尤其是中小企业。因此，我国智能计算产业必须建立在新的数据空间基础设施之上，其中关键是我国应率先实现智能要素即数据、算力、算法的全面基础设施化。这项工作的意义堪比 20 世纪初美国推行的信息高速公路计划（即信息基础设施建设）对互联网产业产生的影响。

我国近年来前瞻性地布局了新型基础设施，在世界各国竞争中抢占了先机。

首先，在数据方面，我们由于使用人数多，国家信息化程度高，数据量全球第一，数据已成为国家战略信息资源。数据具有资源要素与价值加工两重属性，数据的资源要素属性包括生产、获取、传输、汇聚、流通、交易、权属、资产、安全等各个环节，我国应继续加大力度建设国家数据枢纽与数据流通基础设施。

其次，在算法方面，AI 大模型是构建在数据空间上的一种关键算法技术。以通用大模型为基座，构建大模型研发与应用的基础设施，支撑广大企业研发领域专用大模型，服务于机器人、无人驾驶、可穿戴设备、智能家居、智能安防等行业，覆盖常规应用。同时，以 DeepSeek 为代表的新型企业，不断创新算法和优化算法，也带来了新的机遇和可能。

最后，在算力方面，全国一体化算力网建设在推动算力的基础设施化上发挥了先导作用。算力基础设施化的中国方案，应在大幅度降低算力使用成本和使用门槛的同时，为最广范围覆盖人群提供高通量、高品质的智能服务。算力基础设施的中国方案需要具备"两低一高"：在供给侧，大幅度降低算力器件、算力设备、网络连接、数据获取、算法模型调用、电力消耗、运营维护、开发部署的总成本，让广大中小企业都消费得起高品质的算力服务，有积极性开发算力网应用；在消费侧，大幅度降低广大用户的算力使用门槛，面向大众的公共服务必须做到易获取、易使用，像水电一样即开即用，像编写网页一样轻松定制算力服务，开发算力网应用；在服务效率侧，中国的算力服务要实现低熵高通量，其中高通量是指在实现高并发度服务的同时，端到端服务的响应时间可满足率高，低熵是指在高并发负载中出现资源无序竞争的情况下，保障系统通量不急剧下降。

2.3.2　智能计算未来

在未来，"智能计算"将作为基本生产力出现，必将获得进一步发展。

1）数据

数据的量和质都将进一步提高；数据进一步共享，消除"数据孤岛"；数据安全得到进一步重视。

2）算法

算法将不断突破，有望解决模型可解释性、训练数据偏见和计算资源消耗等挑战。

3）算力

（1）从算力提高底层逻辑看，未来计算使用的运算核心（逻辑芯片）不但要速度高更要功耗低。目前硅基芯片已经接近技术极限，必须寻找替代方案。最有前途的应该是量子技术，世界各国都在强力布局，经科学家们不断努力，不断技术突破，距离成功越来越近。据人民网 2024 年 5 月 6 日报道，中国科学技术大学潘建伟、陆朝阳、陈明城教授等利用自主研发的基于等离子体跃迁型的超导高非简谐性光学谐振器阵列，实现了光子间的非线性相互作用，并进一步在此系统中构建出作用于光子的等效磁场以构造人工规范场，在国际上首次实现了光子的分数量子反常霍尔态（相关成果以长文的形式于北京时间 5 月 3 日发表在国际学术期刊《科学》上）。此成果为人造可寻址、单点位独立控制、可编程系统提供了新方法。

另一个比较有前途的方向是生物技术，我们可以利用蛋白质、核酸等生物大分子构建计算机系统。生物计算机是全球高科技领域最具活力和发展潜力的一项研究，该种计算机涉及多学科领域，包括计算机科学、脑科学、分子生物学、生物物理、生物工程、电子工程等有关学科，这是一个极具有挑战性的领域。

（2）从算力供给组成结构看，端、边、云融合是必然趋势。以手机为代表的端侧设备智能化承担一部分本地计算任务。在互联网的边缘节点，如移动基站、区域网络节点等位置部署性能相对较低但能处理简单需求的边缘服务器，可有效节省网络带宽和中心算力。端、边、云都嵌入 AI；动态分配算力和任务，达到计算成本、计算效率综合最优。

（3）从算力供给形式看，应该是算力网。将来，人人都要智能计算，随时随地都可能需要智能计算，所以算力也必须无处不在、无时不在。

（4）从经济效益看，算力应当是低价位的，让大家都能用得起、用得上。算力应当网络化，就像电力网一样，算力生产部门充分利用资源优势降低算力生产成本，算力供应部门不断优化算力网络布局，科学调度，确保算力有求必应且安全可靠供给，让算力无处不在，极大方便用户使用。

思考与练习

1. 对于人工智能，算力、算法和数据，哪个更重要？

2. 古代人想拥有机器人，但只能在梦中实现，是因为古代人比现代人笨吗？

3. 人工智能的发展对人类智能有什么影响？是促进了人类智能的发展，还是破坏了人类智能的发展？

4. 机器为什么会思考？机器为什么可以有智能？

第3章
数　据

今天是一个数据时代，并且是大数据时代。我们每天不但在使用着数据，也在生产着数据。正是数据推动了人工智能的发展，正是数据把我们推入智能社会。那么，什么是数据呢？数据为何那么重要，我们又该怎么采集、存储、管理和使用数据呢？本章将进行详细介绍。

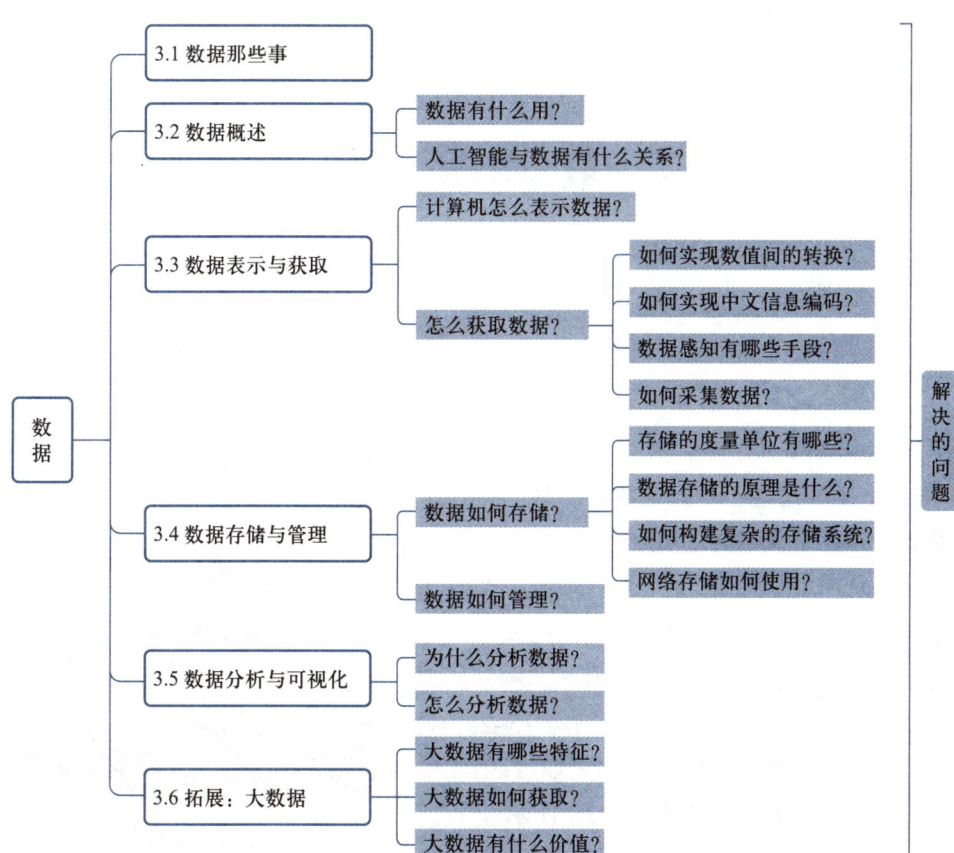

3.1　数据那些事

　　小智是今年刚入学的大学生，发现大学和高中最不同的地方是对分数没有那么关注了，当然要说最关注分数的时刻，无疑是高考结束后的那段时间。小智回忆，考试结束后，立刻依据从互联网上搜集的参考答案信息进行了分数预估，包括单科分数和总分，并参照历年的高考数据来预测自己的排名及可能的院校和专业选择，随后便开始了对高考成绩的耐心等待。经过一段漫长的等待期，高考成绩终于揭晓。出人意料的是，小智的考试实际成绩与他预估的成绩几乎完全一致。

　　接下来，小智开始为填报志愿做准备，他通过互联网查找收集了有关学校的录取数据，参加了高校报考咨询会，还收集阅读了高校专业特色和行业发展的一些资料，评估了自己对专业的爱好和选择，最后制定了一个科学的志愿填报方案。

　　9 月，小智怀着激动的心情，进入心仪的学校，开始了丰富多彩的大学生活。在从高考结束到高考志愿填报这段时间内，小智收集、整理和分析了大量的数据来支持自己的高考估分和志愿填报工作，你可能会问，到底什么是数据？数据有哪些种类？又该如何存储和管理数据呢？下面将详细介绍。

3.2　数　据　概　述

3.2.1　数据概念

1. 数据的概念

　　自从人类有了文字和数字，数据就开始产生了。在人类历史长河中，数据扮演了文明记录和信息交换等角色。今天，数据与我们每一个人都如影随形，大家都习惯了"用数据说话"。

　　数据（data）是对客观事物的性质、状态以及相互关系的描述，这种描述其表现形式可以是文字、数字、图形、图像、音频、视频等各种形式。例如，表示成绩的数字"87"，表示天气的"晴、15~25 ℃、东南风 3~5 级"，表示机器狗的图片（如图 3.2.1 所示），表示学生信息的数据表（如表 3.2.1 所示）。

图 3.2.1　图像数据

表 3.2.1　学生信息表

序号	学号	姓名	专业
1	2510601	小智	大数据管理
2	2510602	周翔	国际贸易
3	2510603	未来	自动化

2. 数据的度量单位

今天，我们在计算机和人工智能中用到的数据都是由二进制数构成的。所以，数据的最小单位就是一个 0 或者一个 1。一个 0 或者一个 1 称为 1 位，也叫 1 比特（bit，b）。因此，数据度量的基本单位就是比特或者位。

比比特大的单位有字节（byte，B）、千字节（KB）、兆字节（MB）、吉字节（GB）等。它们之间的关系是：

1 B=8 b，1 KB =1 024 b，1 MB=1 024 KB，1 GB=1 024 MB。

微视频 3-1：数据的度量单位

为满足大数据和人工智能应用需求，我们还会用到更大的数据量单位，具体如下：

1 TB（trillion byte 太字节，万亿字节）= 1 024 GB；

1 PB（peta byte 拍字节，千万亿字节）= 1 024 TB；

1 EB（exa byte 艾字节，百亿亿字节）= 1 024 PB；

1 ZB（zetta byte 泽字节，十万亿亿字节）= 1 024 EB；

1 YB（yotta byte 尧字节，一亿亿亿字节）= 1 024 ZB；

1 BB（bronto byte 一千亿亿亿字节）= 1 024 YB。

一首 MP3 歌曲的数据量大约为 5 MB。一部电影的数据量大约为 1 GB。据 IDC 发布《数据时代 2025》的报告显示，预计全球每年产生的数据将从 2018 年的 33 ZB 增长到 175 ZB。

3.2.2　数据与人工智能

智能时代，数据从信息载体蝶变为智能燃料。就像石油可以驱动汽车行驶一样，数据驱动人工智能算法快速运行，可以实现分析、预测、决策等各种目的。不管是在机器学习、深度学习系统，还是大模型系统，都是以海量的、高质量的数据作为训练对象，来不断提高人工智能系统的性能。打败李世石的 AlphaGo 用了 3 000 万盘比赛的棋局作为训练数据。ChatGPT 的最初版本大约用了 3 000 亿个单词，570 GB 训练数据。文心一言用了约 5 TB 训练数据。

应该说，数据无处不在：如在智能安防中，智能系统需要及时对各种摄像头获取的数据进行计算处理，以便及时识别捕捉到一些现象并及时响应；在网络舆情监控系统中，智能系统需要及时对互联网上产生和流动的数据进行计算分析，发现舆情变化，从而做出响应；在自动驾驶系统中，智能系统实时获取车辆周边环境数据信息，及时计算处理，使车辆实时感知环境及时做出反应。

人工智能的所有应用都是通过对数据的智能计算实现的，所以数据是人工智能的基本要素。

3.2.3　数据是现代社会的基础性资源

随着互联网、大数据、云计算、人工智能、区块链等数字技术的发展，数据作为关键生产要素价值凸现，深入渗透到经济社会各领域全过程，数据已经成为当今社会的基础性资源。

世界著名的咨询机构麦肯锡公司在 2011 年就发布报告认为：数据已经成为可以与物质资料和人力资本相提并论的生产要素。2019 年，中共中央第十九届中央委员会第四次全体会议通过的《中共中央关于坚持和完善中国特色社会主义制度，推进国家治理体系和治理能力现代化若干重大问题的决定》中，首次将数据列为生产要素之一。

今天我国大力提倡发展数字经济。数字经济的核心就是数据，更确切地说，是大数据。借助于大数据，未来数字经济的竞争，将不再是劳动生产率的竞争，而是知识生产率的竞争。

随着数据交易市场的不断发展，截至 2024 年，全国共计有 58 家数据交易中心。这些数据交易中心不仅为数据交易提供了规范化的平台，还标志着数字经济时代开启了全新的交易模式。郑州数据交易中于 2018 年成立。自 2024 年开始，四川等省把数据资源视为一种资产纳入财务报表。

3.3　数据表示与获取

数据是财富，数据是实现人工智能的基础。我们怎么获取想要的数据呢？我们可以借助设备进行采集，比如录音笔、摄像头、键盘、鼠标、扫描仪等各种采集设备；还可以进行收集，比如从网上下载、利用"爬虫"抓取；还可以购买。如果计算机要进行自动计算，它将怎么得到计算所需数据呢？如果一个智能系统要进行智能计算，它又怎么得到所需数据呢？现在的计算机或者智能系统都是电子系统，它们运行时需要的数据都只能是二进制形式的。针对不同数据类型和应用场景，系统可以通过数值转换、信息编码、感知采集等方法得到所需二进制数据。

3.3.1 数制转换

人们使用的数据有不同的特性。有的数据具有数值属性，比如整型数 985，实型数 3.14，这类数据称为数值型数据。首先必须把这些数据通过数制转换变成二进制数，计算机系统才能对它进行计算处理。而有的数据没有数值属性，不能比较大小，只包含信息，如"专业""人工智能"，这类数据称为非数值型数据，非数值型数据在表示成二进制数时采用信息编码的方法。

微视频 3-2：
数制转换

1. 进位计数制

你知道数字 **1342** 是多大吗？**显然，我们都知道它是**"1 千 3 百 4 十 2"。为什么表示这么大呢？因为 1342 中的 4 个数字符号（1，3，4，2），因其位置不同而有不同的权重（如图 3.3.1），1 在千位代表 1 000，3 在百位代表 300，4 在十位代表 40，2 在个位代表 2。这就是进位计数制。各位数码加权求和就可以得到这个数：

$$1 \times 10^3 + 3 \times 10^2 + 4 \times 10^1 + 2 \times 10^0 = 1\,342$$

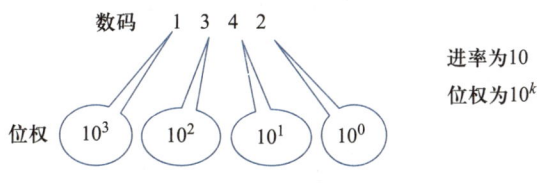

图 3.3.1　数中的数码与位权

在计算机中常用的进位计数制有二进制、十进制、八进制、十六进制等。

1）十进制

十进制有 0，1，2，…，9 共计 10 个数字符号，基数 $R=10$，位权为 10^k（k 为整数），进位规则是满十进一。

2）二进制

二进制有 0，1 共计 2 个数字符号，基数 $R=2$，位权为 2^k，进位规则是满二进一。

二进制数 0 和 1 可以表示数量，例如，0 代表没有，1 代表有一个。同时，0 和 1 也可以表示两个对立的状态，比如：在第 1 章我们曾经用 0 表示命题为假，用 1 表示命题为真；在逻辑电路中用 0 表示低电平、1 表示高电平；用 0 表示正数、1 表示负数；以及 0 表示好、1 表示坏；0 表示灯泡灭、1 表示灯泡亮；等等。

3）八进制

八进制有 0，1，2，…，7 共计 8 个数字符号，基数 $R=8$，位权为 8^k，进位规则是满八进一。

4）十六进制

十六进制有 0，1，…，9，A，B，C，D，E，F 共计 16 个数字符号（A~F 对应十进制的 10~15），基数 R 为 16，位权为 16^k，进位规则是满十六进一。

2. 数制转换方法

千百年来人们形成了以十进制数来表示数据的习惯。而现代计算机都是沿袭冯·诺依曼的基本思想，即数据和程序都表示为二进制数。所以，如果想用计算机对人们生产实践和日常生活中的数据进行计算，就需要把十进制数转换成二进制数。

不同数制之间的数进行转换必须遵循一定的转换原则。把一个十进制数转换成二进制数的方法是整数部分与小数部分分开进行。整数部分采用"除 2 取余，逆序排列"的方法：整数除以 2 得到一个商和余数，再用商除以 2 再得到商和余数，如此进行，直到商为 0 时止，然后把先得到的余数作为二进制数的低位有效位，后得到的余数作为二进制数的高位有效位，依次排列起来。小数部分采用"乘 2 取整，顺序排列"法：用 2 乘以十进制小数，可以得到积，将积的整数部分取出，再用 2 乘以余下的小数部分，又得到一个积，再将积的整数部分取出，如此进行，直到积中的小数部分为零，或者达到所要求的精度为止，然后把取出的整数部分按顺序排列起来，先取的整数作为二进制小数的高位有效位，后取的整数作为低位有效位。

【例 3-1】 将十进制数 $[13.562]_{10}$ 转换成保留六位小数的二进制数。

解：先将整数部分用"除以 2 取余法"转换成二进制数：$[13]_{10}=[1101]_2$。

计算过程如图 3.3.2 所示。

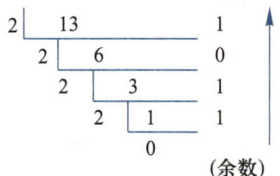

图 3.3.2　十进制转换为二进制的整数部分处理方法

再用"乘以 2 取整法"，将纯小数部分转换成二进制数：$[0.562]_{10}=\lfloor 0.100011 \rfloor_2$。

计算过程如图 3.3.3 所示。

$$0.562×2=1.124 \quad 1（取出积的整数部分）$$
$$0.124×2=0.248 \quad 0（取出积的整数部分）$$
$$0.248×2=0.496 \quad 0（取出积的整数部分）$$
$$0.496×2=0.992 \quad 0（取出积的整数部分）$$
$$0.992×2=1.984 \quad 1（取出积的整数部分）$$
$$0.984×2=1.968 \quad 1（取出积的整数部分）$$

图 3.3.3　十进制转换为二进制的小数部分处理方法

最后将所得结果合并成相应的二进制数：$[13.562]_{10}=[1101.100011]_2$

说明：本题中把 0.562 变成二进制数时只取 6 位，因为认为这样精度已经足够了。

如果想把计算中的数值型数据输出显示，则通常需要把二进制数转换成十进制数。把二进制数转换成十进制数常采用"数码加权求和"的方法。

例如把（11001.101）$_2$ 转换成十进制数的过程为：

$$（11001.101）_2 = 1 \times 2^4 + 1 \times 2^3 + 0 \times 2^2 + 0 \times 2^1 + 1 \times 2^0$$
$$+ 1 \times 2^{-1} + 0 \times 2^{-2} + 1 \times 2^{-3}$$
$$= （25.625）_{10}$$

3.3.2 信息编码

非数值型数据在计算机中使用更多，比如文字处理、表格处理、图形制作、语言理解、艺术设计等，都主要针对非数值型数据。非数值型数据可以通过信息编码方法转换成二进制数。

微视频 3-3：信息编码

所谓信息编码就是用特定的代码体系（可以是二进制数，也可以是其他进制数或特定符号组合）代表一个对象（可以是实体，也可以是属性）。比如，世界上只有两种人：男人和女人，那么用 0 代表女人、1 代表男人就是信息编码。我们每个人都有一个身份证号，身份证号也是一种信息编码。

信息编码这个词，初听起来很陌生，其实生活中应用非常广泛，如学生都有学号，学号实际上就是一个典型的信息编码的例子，如学号"2507010325"的编码信息如表 3.3.1 所示。

表 3.3.1 学号 2507010325 的信息编码含义

	年份	学院	专业	班级	序号
编码	25	07	01	03	25
代表意义	2025 级	信息学院	大数据专业	3 班	顺序号

像你看到的那样，这个学号用了 10 位，其中学院用了 2 位，为什么呢？那是因为考虑一个学校的学院数量可能超过 10 个但不超过 100 个，如果用 1 位就不够表示，用 3 位则浪费了。

本例是基于十进制数的信息编码，二进制数的信息编码思想方法与此类似，不过是用一串二进制数表示对象。如表 3.3.2 所示，是用 2 位二进制数对一年四季的编码表示。

表 3.3.2 二进制数编码表示一年四季

编码	代表意义
00	春季
01	夏季
10	秋季
11	冬季

这里为什么用 2 位二进制数呢？观察可以发现，2 位二进制数有 4 个不同的组合 00、01、10、11，恰好表示春、夏、秋、冬 4 季。推而广之，使用一个 n 位二进制数进行编码，最多可以表示 2^n 个对象。

下面介绍在计算机中常见的两种信息编码：字符编码和汉字编码。

1. 字符编码

计算机中用得最多的符号数据是字符（英文符号）。用户使用输入设备（例如键盘）把字符输入计算机，计算机对字符进行处理，处理后的结果再以字符的形式输出到显示屏或打印机等输出设备上。

字符数据包括各种运算符号、关系符号、货币符号、控制符号、英文字母和阿拉伯数字等。这些字符数据在输入到计算机之前，必须先进行编码，通常用二进制数来表示。字符编码方案有多种，但使用最广泛的是 ASCII 码（American Standard Code for Information Interchange）。ASCII 码是美国国家信息交换标准字符码，后来被采纳为一种国际通用的信息交换标准码。

ASCII 码表由 10 个阿拉伯数符、52 个英文大写和小写字母、32 个符号及 34 个计算机通用控制符组成，共有 128 个元素，所以用二进制编码表示时需用 7 位二进制数。7 位二进制数编码共有从 0000000 到 1111111 的 128 个码组，恰好可用来表示 128 个不同的字符。

在 ASCII 码表中查找某符号编码的方式是：先查列（高三位 $d_6d_5d_4$），后查行（低四位 $d_3d_2d_1d_0$），然后按从左到右的书写顺序拼接而成，例如字母 "A" 的码是 1000001，字母 "B" 的码为 1000010，如表 3.3.3 所示。

表 3.3.3　基本 ASCII 码字符表

$d_3d_2d_1d_0$ ＼ $d_6d_5d_4$	000	001	010	011	100	101	110	111
0000	NUL	DLE	SP	0	@	P	`	p
0001	SOH	DC1	!	1	A	Q	a	q
0010	STX	DC2	"	2	B	R	b	r
0011	ETX	DC3	#	3	C	S	c	s
0100	EOT	DC4	$	4	D	T	d	t
0101	ENQ	NAK	%	5	E	U	e	u
0110	ACK	SYN	&	6	F	V	f	v
0111	BEL	ETB	'	7	G	W	g	w
1000	BS	CAN	(	8	H	X	h	x

续表

$d_3d_2d_1d_0$ \ $d_6d_5d_4$	000	001	010	011	100	101	110	111
1001	HT	EM	)	9	I	Y	i	y
1010	LF	SUB	*	:	J	Z	j	z
1011	VT	ESC	+	;	K	[	k	{
1100	FF	FS	,	<	L	\	l	|
1101	CR	GS	-	=	M	]	m	}
1110	SO	RS	.	>	N	^	n	~
1111	SI	US	/	?	O	＿	o	DEL

虽然 ASCII 码是 7 位，但是字节（8 位）已成为计算机系统中常用的基本单位，因此计算机存储 ASCII 码时仍分配 1 字节的空间，低位对齐，最高位（第 8 位）置 0。如字母"A"的 ASCII 码是 01000001，字母"B"的 ASCII 码为 01000010。

常用的标准键盘都是根据 ASCII 码制作的，所以当我们敲击键盘上的一个按键时就会产生一个对应的 ASCII 码，这个码通过键盘接口送入计算机内。

2. 汉字编码

英文由 26 个字母组成，加上其他控制字符，使用一个字节表示就够了。而汉字是象形文字，要一个一个表示出来，数量就非常多了，其编码过程也比英文复杂得多。

汉字编码出现较晚，必须考虑与 ASCII 码的兼容，还要考虑汉字的复杂性以及汉语言的文化特点。我们今天能够方便地使用计算机对汉字进行信息处理，包括文字编排、语音识别、机器翻译等，要归功于科学家们的卓越贡献。汉字编码方案在计算机中的处理通常包含 4 种——输入码、交换码、机内码、输出码，如图 3.3.4 所示。

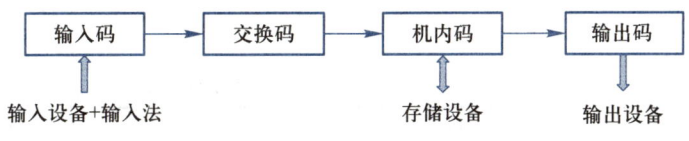

图 3.3.4 汉字编码流程

1）输入码

输入码是为了通过标准键盘把汉字输入计算机而设计的一种编码。我们输入英文时，想输入什么字符便按下什么键，直接就产生了字符码。而想输入汉字时，还需要在标准键盘上加装输入法软件。常用的输入法软件有微软输入法、迅飞输入法、搜狗输入法、QQ 输入法等，使用不同的输入法输入同一个汉字时，输入编码一般是不同的。

例如，使用拼音输入法输入汉字"保"的方法是：首先打开输入法软件，然后使用键盘输入"bao",再在输入法提供的选词条中选择汉字(如图 3.3.5 所示)即完成汉字"保"的输入编码。

图 3.3.5　从词条中选字

2)交换码

采用不同的输入法可以有不同的输入编码,但是我们想要的汉字是唯一的,所以,必须把不同的输入编码统一映射到唯一的二进制数。一个汉字所对应的唯一的二进制数就是汉字交换码。汉字交换码采用的是中国国标码。国家标准局 1980 年颁布《信息交换用汉字编码字符集　基本集》(GB 2312—80)规定了标准汉字编码,简称国标码。国标 GB 2312—80 规定用两字节(16 位)的二进制数表示一个汉字,共为 6 763 个常用汉字规定了二进制编码。比如汉字"保"的 GB 2312 码是 3123H(H 说明 3123 为十六进制数,对应的二进制数为 00110001 00100011)。

3)机内码

汉字交换码只是汉字的编码,并不是汉字在计算机内部的表示。机内码才是汉字在计算机内的编码,它与交换码一一对应,但结构不同。

一台计算机既要处理汉字,又要处理英文,所以必须能区别汉字字符和英文字符。英文字符的机内码是最高位为 0 的 8 位 ASCII 码。为了区分,把交换码每个字节的最高位置为 1,其余位不变,如表 3.3.4 所示是"保"的交换码到机内码的转换。过程是这样的:

第一步:通过标准键盘实现汉字输入编码。

第二步:然后把输入码映射为 16 位的交换码(例如 3123H),并将其转换为二进制形式。

第三步:把交换码的二进制的每个字节的最高位置为 1,得到汉字的机内码(例如 B1A3)。

表 3.3.4　"保"的交换码到内码的转换

	高 8 位	低 8 位
交换码十六进制	31	23
交换码二进制	0011 0001	0010 0011
二进制的每个字节的最高位置为 1	1011 0001	1010 0011
机内码的十六进制	B1	A3

这样就得到了汉字机内码,即实现汉字到二进制数的转换,然后就可以对这个汉字进行存储、计算等处理了。

4）输出码

如果想看看存储器中存了哪些汉字，或者想看一看汉字处理的效果，就需要使用输出设备来输出汉字。用于输出汉字的二进制数串就是输出码，也叫字形码。怎么由二进制数生成汉字呢？

汉字在输出设备（显示器或者打印机）是以图形方式显示的。计算机不能直接用汉字机内码驱动输出设备生成汉字。科学家们根据人类视觉特征和计算机图像学技术设计出汉字字形码。在计算机系统中，一个汉字机内码对应一个字形码，一个字形码可以驱动输出设备显示出一个漂亮的汉字。汉字字形码通过对一个汉字进行二维采样得到，如图 3.3.6 所示，每一个点（图中的方格）有两个状态，分别用 0 和 1 表示（方格呈白色用 0 表示，呈蓝色用 1 表示），即每一个采样点对应 1 位数据（一个 0 或者一个 1），共计 16×16 个采样点，这样一个汉字就可以用一个长 256 位的二进制数串表示。

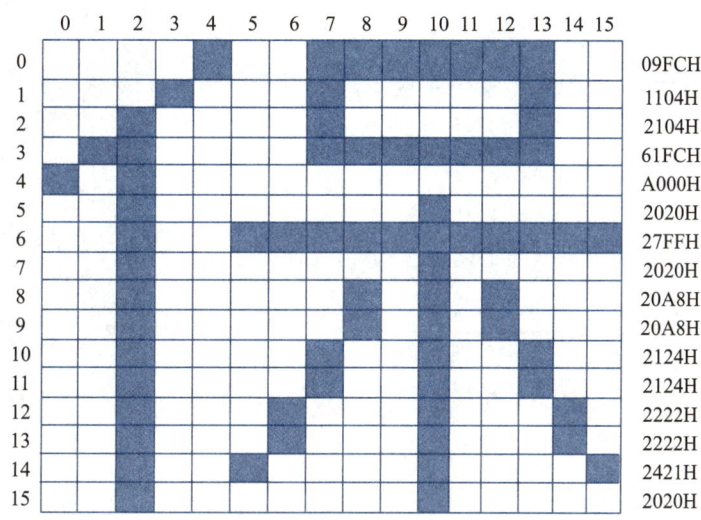

图 3.3.6　16×16 点阵采样

根据图 3.3.6 中的图形可以判断出这个 16×16 的点阵显示的是汉字"保"，所以"保"字的字形码就是这个 256 位的二进制数串（每一行的二进制数以十六进制形式表示在行的右端，比如第一行为 0000100111111100，表示为十六进制是 09FCH）。

在实际应用中，工程师为每一个常用汉字设计出字形码并存储在一个库中，这个库，称为汉字字库，如方正字库就是一个常见的汉字字库。字形码位数越多，对应的点阵就越密集，呈现的字形就越逼真、越美观。一台计算机只能显示或者打印其字库中存在的汉字。

计算机显示一个汉字的过程是：首先根据汉字机内码找到该汉字的字形码在字库中的地址，然后根据地址读取该汉字的字形码，再把字形码交给输出设备，输出设备根据字形码信息显示出对应的汉字。比如使用喷墨打印机打印"保"字时，计算机先把"保"的字形码交给打印机，然后打印机根据字形码信息驱动打印头；打印头得到字形码的某位数据后进行识别判断，如果这位数据是 1 就使用喷头在纸上某位置喷一滴墨水，如果是 0 就不喷墨水；结束后喷头移动到下一位置并根据字形码的下一位数据信息决定喷墨或者不喷墨；这样把字形码中的数据位遍历以后就打印出汉字"保"了。

一个完整的汉字信息处理总伴随着从输入码到机内码、再由机内码到字形码的转换。随着计算机中文信息处理的普及应用，原来的国标 GB 2312 不够用了。于是，1995 年国家颁布了 GBK 方案，收录汉字 2 万多个，2000 年国家又颁布了 GB 18030 方案，后经进一步完善，最终收录汉字超过 8 万（已经不仅限传统汉字，还包含了一些少数民族文字），彻底解决了邮政、户政、金融、地理信息系统等迫切需要的特殊人名、地名所用汉字的问题，也为汉字研究、古籍整理等领域提供了统一的信息平台。

科学家故事：汉字激光照排技术创始人王选

王选（1937—2006 年），1958 年毕业于北京大学数学系，是计算机文字信息处理专家，计算机汉字激光照排技术创始人，国家最高科学技术奖获得者，中国科学院院士、中国工程院院士、北京大学计算机研究所原所长，如图 3.3.7 所示。

王选从 20 世纪 70 年代作为技术总负责人，领导中国计算机汉字激光照排系统和电子出版系统的研制工作，经过近十年的奋斗终获成功，首次实现把汉字搬入计算机并通过激光照排精准输出。为此，王选被称为"当代毕昇"，1987 年获国家科技进步奖一等奖。

图 3.3.7　科学家王选

王选从 20 世纪 80 年代开始进行科研成果转化与应用推广，成功创立北大方正集团，闯出了一条产学研一体化的成功道路。2001 年荣获国家最高科学技术奖。

微视频 3-4：感知与数据采集 1

微视频 3-5：感知与数据采集 2

3.3.3　感知与数据采集

人工智能的一个重要方面就是智能感知。智能系统通过传感器感知外部世界，也就是把外部世界变成智能系统能处理的数据，然后对数据进行计算，得到外部信息，进而对周围环境做出及时反应。这种依靠感知设备自动获取数据的过程就叫数据采集。如果需要图像数据，可以使用照相机、摄像机、摄像头等图像传感设备进行数据采集；如果需要声音数据，可以使用麦克风、声卡等声音设备进行数据采集；如果需要位置、距离等数据，可以使用超声、雷达、卫星定位器等测距设备进行数据采集；如果需要温度、湿度、压力、高度等数据可以使用相应的传感设备进行数据采集。图 3.3.8 所示为常用的感知和数据采集设备。下面以声音、图像数据采集为例介绍其二进制数据的获取方法。

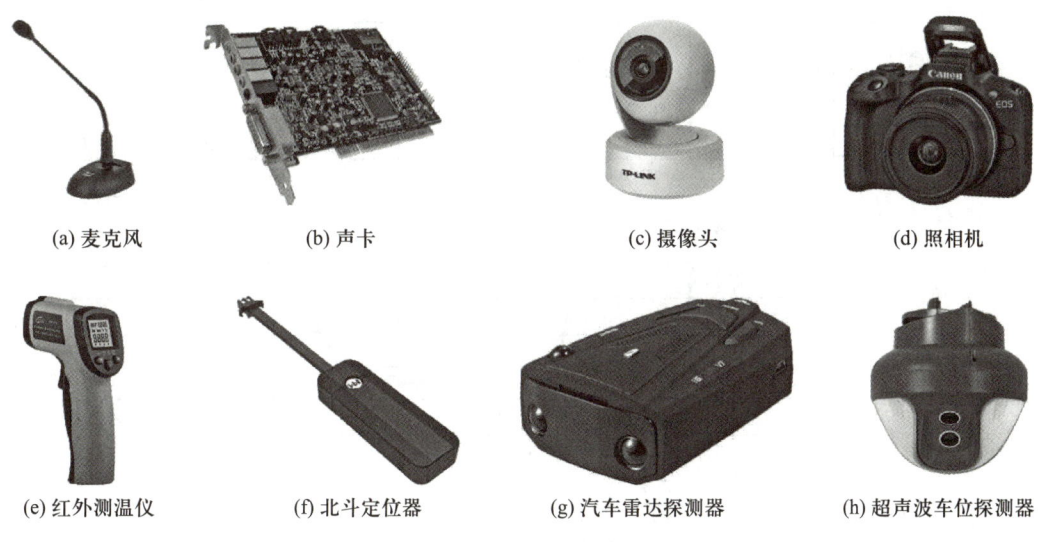

(a) 麦克风　　　　　(b) 声卡　　　　　(c) 摄像头　　　　　(d) 照相机

(e) 红外测温仪　　　(f) 北斗定位器　　　(g) 汽车雷达探测器　　(h) 超声波车位探测器

图 3.3.8　**常用的感知与数据采集设备**

1. 声音编码

　　声音是指由物体振动产生的声波并通过介质传播被人或动物听觉器官所感知的现象。最初发出振动的物体叫声源。人耳可识别声音的频率范围是 20 Hz~20 kHz，语音信号频率范围是 300 Hz~3.4 kHz。声音是人们沟通交流的重要形式。语言能力是人类智能的重要体现。

　　如果想让机器像人一样有"听觉"能力，可以听见听懂我们说话，首先要通过数据采集把声音变成数据，然后运行有关程序对声音数据进行处理。如果想让机器会说话、会唱歌，也需要有声音数据。那么，怎么得到声音数据呢？

　　使用麦克风、声卡和相关软件就可以把声音转换成二进制数据。这个过程通常包括声电转换、采样、量化和编码等阶段（如图 3.3.9 所示）。

　　声音通过声电转换器（比如麦克风）后转换成模拟信号（一条随时间变化的曲线，图3.3.9 中的蓝色曲线）。声波曲线的幅度表示声音在该时刻的强度，声波频率表示音调。

　　接下来就要对模拟信号采样。采样就是记录某时刻的声波幅度值（蓝色曲线的纵坐标）。为了得到完整的声波曲线，必须每隔一段时间采样 1 次。单位时间内采样的次数称为采样频率。采样频率越高误差越小，不过得到的数据量就会越大。实际应用中，采样率一般在 8 kHz 到 48 kHz 之间，有些追求高质量音质的场合采样率可达到 192 kHz。

　　"保持"就是维持当前采样值不变直到下次采样，目的是方便后续的量化、编码操作。"量化"是把样值取整以便用二进制数表示。最后把量化得到的整数使用二进制数编码表示（图 3.3.9 的纵坐标），就得到了声音数据，实现了模拟信号的数字化。编码用的二进制数位越多误差越小。实际中用到的编码位数有 8 位、16 位、24 位几种情况。

　　如果一段语音时长 60 秒，采用 44 kHz 采样率，编码位数是 24，那么这段语音将转换成约 7.55 MB 数据。这个数据量还是很大的，存储和传输都不太方便，实际应用中常

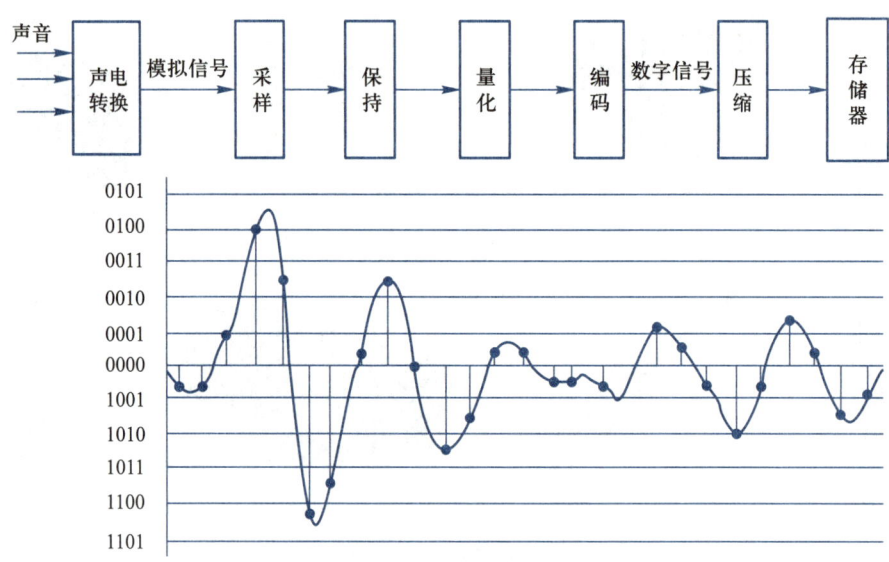

图 3.3.9　**声音数据采集过程**

常要对其进行压缩。

在计算机系统中，声音的编码过程是使用一个称为声卡的设备自动完成的。声卡是多媒体计算机的标配。现在声卡一般不再单独出现，而是集成在其他设备当中，例如台式机系统、笔记本电脑、手机等，其声卡一般都集成于主板之中。

声音编码数据是以一定的格式存储于计算机存储器的，这种存储格式称为声音文件格式。常见的声音文件格式有 WAV、MP3、WMA 等。不同的文件格式，其存储方式不同，其应用领域也各不相同。直接采集而来的声音文件一般都比较大，为了节省存储空间或者传输带宽，使用时常常要对其压缩，压缩比可能很高，如几十比一。WAV 通常是无损压缩格式，MP3 和 WMA 是有损压缩格式。

2. 图像编码

图像是人类视觉对自然景物的客观反映，是人类认识世界的重要源泉。据统计，一个人获取的信息大约有 75% 来自视觉。"图"是物体反射或透射光的分布，"像"是人的视觉系统所接受的图在人脑中所形成的印象或认识。照片、绘画、剪贴画、地图、书法作品、传真、卫星云图、影视画面、X 光片、脑电图、心电图等都是图像。

如果想让机器像人一样有"视觉"能力，能够看见、看懂世界万物，就需要通过数据采集把"景物"变成图像数据，然后运行程序对图像数据进行处理。如果想让机器会画画、会修图、会给我们展示图片、会播放视频，就少不了图像数据。那么，怎么获得图像数据呢？

使用相机、摄像头等图像传感设备可以把"景物"转换成二进制数据，其过程一般包括光电转换、采样、量化、编码等步骤，如图 3.3.10 所示。

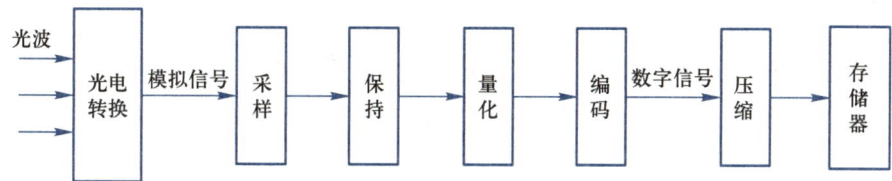

图 3.3.10　图像数据采集过程

因为视场景物是二维的，所以这里的"光电转换"通常使用光电二极管平面阵列来实现。每一个光电二极管接收场景中的小区域光照，然后把光能转化为电信号，进行量化、编码得到一个二进制数，就得到图像中一个采样点的值。

这样采集到的图像就由若干个采样点组成。每个采样点被称为一个像素。采样值称为像素值。所以我们常说数字图像是由像素（像素可以理解为一个个的小点）构成的，如图 3.3.11 所示，像素值通常采用十进制数表示。一幅图像的总像素数决定了其分辨率。分辨率越高，像素就越密集，图像质量就越高，看起来就会清晰逼真。计算机显示器显示图像的分辨率一般为 1 280×768 像素，现代照相机的图像分辨率一般在数百万像素至数千万像素。

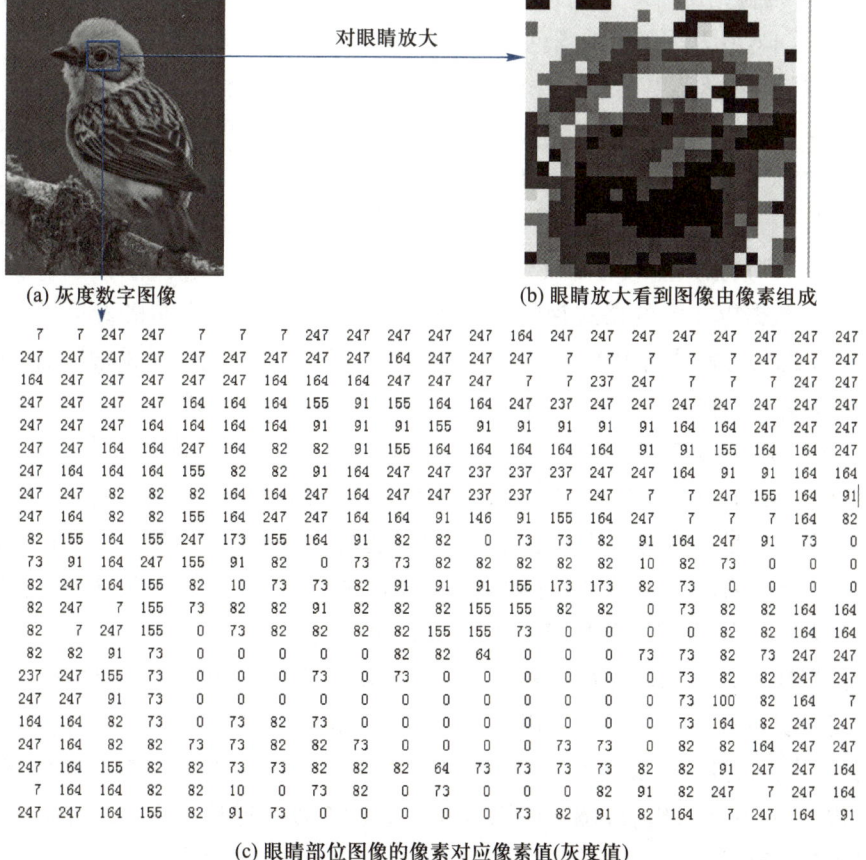

(a) 灰度数字图像　　　　　　　　　　(b) 眼睛放大看到图像由像素组成

(c) 眼睛部位图像的像素对应像素值(灰度值)

图 3.3.11　像素组成数字图像

每一个光电二极管流出的电信号再经过采样、保持、量化、编码，变成二进制数，得到一个像素的值。这个像素值大小代表感光强弱，称为灰度值。直接由这些灰度值构成的图像称为灰度图像，如图 3.3.11（a）所示。灰度图像的像素一般采用 8 位二进制数编码。

我们人的视觉不仅能看黑白图像，还能看彩色图像。彩色图像不但蕴含了更加丰富的信息，还可以使我们赏心悦目。

人为什么可以看到颜色？研究发现人的视网膜不但能感受光的强度，还能感受光的频率。颜色是对到达视网膜的各种频率的光的感觉。进一步研究发现，人类的视网膜有三种颜色感光锥细胞，分别对应红（Red）、绿（Green）、蓝（Blue）三原色，人眼可以感觉的所有颜色都由这三种颜色混合而成。因此，计算机和人工智能中的彩色图像常叫RGB 图像。

为了得到彩色图像，就要用特殊的光电二极管对场景的同一个区域分别产生出红光、绿光、蓝光强度的三个电信号。这样一个像素就有 R、G、B 三个值，每一个值分别编码表示为二进制数。表示颜色值的二进制数位数称为图像的色深度。色深度位数越多，图像所能表现的色彩也愈多，图像就更加鲜艳逼真。彩色图像中的所谓真彩色，是指色深度为 24 位，R、G、B 的每个数值都用 8 位二进制数表示，每个数值的范围是0~255，能表示 1 670 万种以上的颜色。

一幅图像包含的像素数乘以色深度就是该幅图像含有的全部二进制编码数量，即图像的信息编码。图像的信息码，即对应图像的数据量，通常是很大的，例如，一张普通图片分辨率 $1\,836 \times 3\,264$，色深度为 24 位，其大小约为 $1\,836 \times 3\,264 \times 24\,b = 143\,824\,896\,b \approx 17.15\,MB$。为了便于存储、传输等，常常要对图像数据进行压缩，如果把这张图片压缩为 JPEG 格式，则其数据量只有 2.61 MB。

图像编码数据以一定的格式存储于计算机存储器中，这种存储格式叫图像文件格式。常见的图像文件格式有 BMP、JPEG、GIF、PNG 等。BMP 是一种未被压缩的图像文件格式，常称为位图格式。JPEG、GIF、PNG 则是常见的压缩格式。

视频（video）是动态的图像，即视频信息由许多幅单一的画面构成。每幅画面称为一帧。当以每秒超过 24 帧的速度播放时，根据视觉暂留原理，人眼便无法辨别单幅的静态画面，看上去是平滑连续的视觉效果，这样连续的画面称为视频。谈到视频，很容易让人想起电视，实际上视频技术最早就是为了电视系统而发展的。最初的电视视频是模拟的，今天广泛出现在计算机及互联网中的视频都是数字的。

计算机视频来自摄像机等视频采集设备。视频质量可以用帧率和采样深度来描述。帧率是指每秒钟捕获的画面数，常用每秒多少帧来表示，单位为 fps，帧每秒。采样深度是指每帧图像所包含的颜色数。例如，对某一视频信号进行采集时，帧率是 30fps，每幅图像由 16×16 像素构成，采样深度为 8 位，则 1 秒钟这种视频的二进制编码数据量为 61 440 B（60 KB）。

视频也是以文件的形式保存和使用的。常见的视频文件格式有 AVI、WMA、RMVB、

MP4 等。

人工智能系统都是以计算机为核心的电子系统，基本原理决定了其只能识别和处理二进制数据。面对花花世界，智能系统会接触到各种各样的数据，比如数字、字符、声音、图像、温度、压力、位置、形态、情感等，这些都可以通过数制转换、信息编码、感知采集等方法转变成二进制数据。数制转换、信息编码、感知采集是三种基本的数据获取方法，每一个想学习人工智能和应用人工智能的人，都应该熟悉和理解这些基本的数据获取方法。

3.4 数据存储与管理

数据必须要存储，这一方面源于自动计算基本原理要求，另一方面源于人们拥有和收藏数据的需求。对存储的数据还需要进行管理，加强数据管理，不但可以提高数据的可用性，也可以提高数据安全性。比如，我们从网上收集的资料是不是要存起来？我们的账户密码太多，存入计算机是不是比记到自己脑子里更安全？我们计算机中的资料越积越多，怎么让这些资料井然有序、易于查找和使用呢？下面我们就来学习数据的存储与管理方法。

3.4.1 数据存储

1. 存储器

数据是存放在存储器中的。常用的存储器有内存条、U 盘、存储卡、硬盘、固态硬盘等，如图 3.4.1 所示。不同存储器有不同的性能特点，在计算机系统中起不同的作用。

存储器的基本性能指标有容量和速度。存储器容量是指存储器最多可以存放的数据量，以字节（B）为单位，目前常用硬盘容量往往以 TB 为单位。存储器的速度是指每秒钟可以向存储器写入或者从存储器读出的数据量，以每秒多少字节（B/s）为单位，高速 U 盘的传输速度可达 GB/s 级。

2. 数据存储原理

计算机中的数据都是二进制的，是由 0 和 1 构成的。存储数据就是存储这些 0 和 1。

怎么存储一个二进制的 0 或者 1 呢？因为 0 和 1 只是抽象的符号，不能像存放衣服、存放书籍那样直接存储，只能采用"表示"的方式。理论上讲，只要具有两种明显且稳定的物理状态的物质都可以用来表示 0 和 1，也就是说都可以存储二进制数据，用

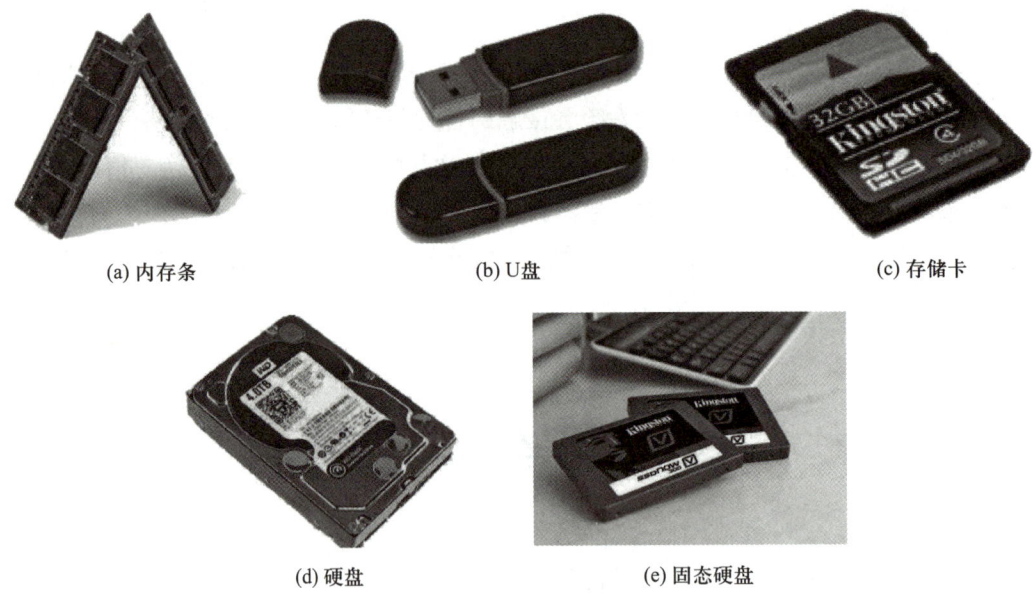

(a) 内存条　　　　　　　　(b) U盘　　　　　　　　(c) 存储卡

(d) 硬盘　　　　　　　　(e) 固态硬盘

图 3.4.1　常用的存储器

来制作存储器。

例如人们基于电路输出电平高低或电流有无，设计制作了半导体存储器。图 3.4.2 所示的电容器电路，当给电容充电时（k_1 闭合，k_2 断开），电容中就会积满电荷，没有充电时（k_1 断开，k_2 断开）电容中就没有电荷；如果用电容有电荷表示 1，无电荷表示 0，则电容就是一个存储器。当需要存储数据 1 时就给电容充电，当需要存储数据 0 时就不充电。当从电容存储器中读数据时只要检测电容器是否有电流流出即可，图 3.4.2 中的电表可用来检测电流，k_1 断开、k_2 闭合时，存放 1 的电容器充满了电荷，可以放电，于是电表检测到电流，表示从存储器中读到了数据 1；存放 0 的电容器没有电荷，不能放电，电表检测不到电流，说明读到了数据 0。

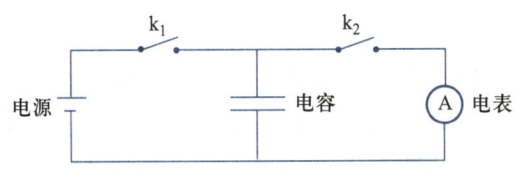

图 3.4.2　电容可以存储 "1" 或 "0"

一个电容与充放电电路一起就可以组成一个实用的存储器。不过这样的存储器容量很小，只能存放 1 位数据。如果采用集成电路技术，把很多这样的电路单元集成到一个半导体晶片上，就能制造出大容量、高速度的半导体存储器。半导体存储器应用十分广泛，日常使用的内存条、存储卡、U 盘等都是半导体存储器。

类似的道理，人们利用材料的磁特性制成了磁盘存储器，利用材料的光学特性制成了光盘存储器，正在研究利用微观粒子的量子特性制作量子存储器。不同类型的存储器，有不同的特性，可以满足不同的应用需要。

科技前沿：量子存储新突破

2024年5月，中国科学技术大学潘建伟团队首次采用单光子干涉在独立存储节点间建立量子纠缠，并以此为基础构建了国际首个基于量子纠缠的城域三节点量子网络，使得现实量子纠缠网络的距离由以往的几十米整整提升了三个数量级至几十千米，具备了实现城域网的条件。相关成果于2024年5月发表在了国际顶尖学术期刊《自然》上。

量子纠缠网络的核心是量子存储器。有了量子存储器，两个临近节点之间可以先形成量子纠缠，存储起来，第三个节点也和量子存储器形成量子纠缠，完成纠缠交换，依此类推，直到量子存储器不能读取为止。这样一个量子纠缠网络增加节点的难度是对数级，而量子存储器的寿命和操作精确度决定了量子纠缠网络的规模。

---

3. 本地存储系统

现代计算机系统中常常用到多种类型的存储器，并且常把多种存储器构成一个存储系统，来满足计算机系统对数据存储和传输的不同容量、速度、成本的需求，如图3.4.3所示。

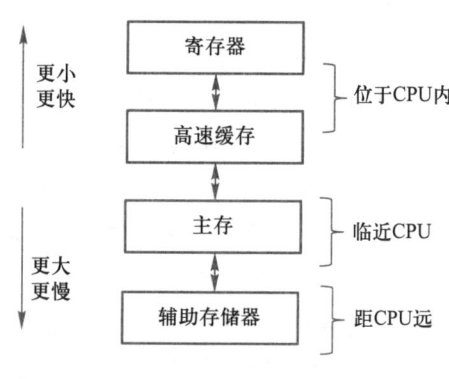

图 3.4.3 **存储系统组成**

CPU 作为计算机的计算和控制中心，性能提高非常快，单个存储器不能有效满足 CPU 的需要。人们发明了多种存储器分工协作的解决方案。把速度极高、容量较小的寄存器集成于 CPU 内，紧挨着运算器和控制器，极大提高程序执行速度。在 CPU 与主存之间加上高速缓存（有时为了提高计算机性能使用了 L1、L2、L3 三级缓存）。缓存相对寄存器速度有所下降、容量大幅度提高，可以存放程序和执行程序所需数据。主存（俗称内存条）一般由动态随机访问存储器承担，容量大、速度高，可以存放计算机工作需要的多种程序和数据，等待 CPU 随时访问。一些计算机暂时不用而又很有价值的数据和程序（一般数量巨大），就存放在辅助存储器（常用的有硬盘、U 盘等）。对辅存的要求是：容量大、速度够用，并且尽量降低存储成本。当需要运行辅存上的程序或者访问辅存上的数据时，可以通过计算机操作系统把这些程序和数据调入主存，供 CPU 使用。

在计算机中还有内存与外存的说法。内存是指能够直接被计算机 CPU 访问的存储器，速度高，容量比较小。高速缓存和主存都属于内存。外存是指 CPU 不能直接访问但可以通过内存访问的存储器，具有容量大、速度较低的特点。二级存储属于外存。内存对计算机的运行速度影响很大。

4. 远程存储系统

随着互联网的发展，人们上网越来越方便的同时，使用网络的成本也在不断降低，于是就出现了以计算机网络为平台的网络存储和云存储。这种存储相当于是一种数据托管，数据拥有者负责数据的使用，数据的存储管理则交给专业人士去完成，这样数据的使用方便性和安全性都得到提高，深受人们欢迎。国内互联网巨头公司阿里巴巴、腾讯、百度等，以及国外的 Facebook、Google、Amazon 等公司，都在多地建起了自己的大规模数据中心，提供网络存储服务。

1）网络存储与云存储概念

网络存储就是一些互联服务公司，利用自己服务器的存储空间为用户提供存储服务，例如各种电子邮箱可以长久存储邮件，甚至可以上传文件。QQ 和微信也可以存文件。

云存储（cloud storage）是一种基于互联网的在线存储，是一种新的数据存储模式。需要数据存储托管的人，向数据托管公司购买或租赁存储空间来满足数据存储的需求。数据托管公司根据客户的需求，在后端准备虚拟化的存储资源，并将其以存储资源池（storage pool）的方式提供给客户。客户可通过 Web 服务应用程序接口（application programming interface，API），或是通过 Web 化的用户界面来访问存储资源池，就像自己拥有的本地存储器一样使用。因为云存储是基于云计算的，所以一个存储资源池的资源也可能分布在众多的服务器主机上。用户只用放心使用存储服务，不必关心数据具体存在哪儿，记住是存在"云"上即可。"云"是一个比喻的说法，一般是指系统后端，难以看见，这让人产生虚无之感，因此被称为"云"。

2）云存储的实例

百度网盘是百度推出的一项云存储服务，可提供文件存储、文件共享、备份等服务。目前已实现多端同步：支持手机、平板、计算机等多种设备的文件实时同步，确保用户随时随地都能访问到最新文件。

如果你想使用百度云存储，可以下载百度网盘客户端，安装注册以后就可登录使用了。百度网盘个人用户界面如图 3.4.4 所示。在此窗口中，用户可以轻松将自己的文件上传到网盘上，并可跨终端随时随地查看、下载和分享。

北京金山办公软件股份有限公司的 WPS Office 也提供有云存储服务，WPS 用户可以免费使用一定量的云储存空间。图 3.4.5 是 WPS 云存储界面。它的优点是不但能管理文件，还可以编辑文档，且云服务和 WPS 集成，不需要单独安排云服务客户端。

图 3.4.4 百度网盘界面

图 3.4.5 WPS 的云存储服务

3.4.2 数据管理

1. 数据结构化

大量的二进制 0 和 1 存放在存储器中，如果不进行结构化组织，就不能被识别和读取，就失去了价值。比如我们大学图书馆有百万册图书，如果不分类、不上架，胡乱堆在一起，就会因为找不到而无法借阅，那么这些图书就失去了它应有的价值。

怎么做才能快速找到和识别我们存放的数据呢？

一个简单有效的做法就是把存储器的存储空间分成若干个存储单元。一个存储单元分配一个编号，称之为单元地址，如图 3.4.6 所示。知道了数据存放的单元地址，就可以根据地址找到自己所存的数据。这与我们根据教室编号可以轻松找到上课教室的道理一样。

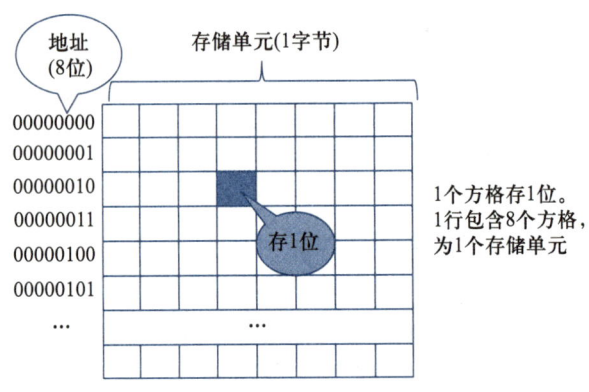

图 3.4.6　存储器结构示意图

存储单元应该多大呢？显然至少应该能存得下 1 位数据。为了方便，常常规定存储单元的容量为 8 位（即 1 字节），可以存放 8 个二进制的 0 和 1。

我们知道一个英文字符，比如"A"，是用 8 位二进制数表示的，一个汉字如"保"是用 16 位二进制数表示的，所以存储它们时，存储表示它们的二进制数即可。如果使用图 3.4.6 所示的存储器来存储，字符 A 恰好可以存放在一个存储单元中，可是一个汉字不能存放于一个存储单元，需要占用两个存储单元。所以，人们引入"数据类型"概念来解决这种待存数据大小与存储单元大小不一致的问题。也就是说在使用存储器时，我们首先要告诉计算机需要存储的数据属于哪一类，例如，告诉计算机将要存储 1 个英文字符，于是计算机就给我们分配 1 个存储单元，并且这个存储单元地址就是字符存储的地址；如果告诉计算机将要存储 1 个汉字，计算机就给我们分配两个存储单元并且把第一个存储单元地址作为这个汉字的存储地址。常用的数据类型还包括整型、浮点型等，每一种数据类型都有一个确定的存储格式，可以确保存储的数据不但能找到，而且不会出错。

对于一首歌、一幅图、一张表、一部小说等这样的数据集又该如何存储呢？

这些数据集都是由若干数据元素组成的。在存储这些数据集时，不但要考虑数据类型，还要考虑数据元素之间的逻辑关系和空间位置关系。例如，表 3.4.1 所示的成绩表数据从左至右关系明确，即先姓名后成绩再名次，上下关系也是确定的，即按照序号排序，小号在上，大号在下。在存储时必须把这些数据之间的关系一并存储，否则读取时就不能正确理解数据，导致数据就不能正确输出显示。

显然，数据集存储起来比较复杂。于是，人们就引入了"文件"的概念来存储管理数据。一个数据集被定义为一个文件，每一个文件都有一个文件名。文件名规定文件的存储位置和存储格式。定义文件和管理文件是计算机操作系统的基本功能。

表 3.4.1 成 绩 表

序号	姓名	成绩	名次
1	小明	89	2
2	小红	65	3
3	小熊	97	1

计算机操作系统规定：文件名是存取文件的依据，文件名通常由主文件名和扩展名组成，两者之间用"."分开，如"报告.ppt"，就表示一个文件名为"报告"的 PPT 格式的文件。

文件名格式：主文件名. 扩展名

主文件名用来区分不同的文件，扩展名用来区分文件的类型（如表 3.4.2 所示）。例如文件名"人工智能.docx"，主文件名"人工智能"指明这个文件的名称叫"人工智能"，扩展名"docx"说明这个文件类型属于文档，可以用 Word 或者 WPS 打开。

表 3.4.2 Windows 中常见文件扩展名及其表示的文件类型

文件扩展名	文件类型
avi\wma\rmvb\rm\mp4\flv	视频文件
mp3\ mid\ wav	声音文件
jpg\jpeg\bmp\gif\tif\png	图片文件
exe\com	可执行程序
zip\rar	压缩文件
doc\docx	文档文件
xls\xlsx	电子表格文件
ppt\pptx	演示文稿文件
txt	文本文件

在 Windows 操作系统中，文件类型还常用图标来标记，如图 3.4.7 所示，操作系统既可根据文件扩展名也可根据文件图标来识别一个文件的类型。操作系统识别出文件类型后，才可对文件做进一步的操作。如果该文件是可执行程序类文件，则直接运行此程序；如果该文件是文档（数据）类文件，则启动相应程序处理这些数据。

文件夹　Excel电子　word文档.　歌曲.mp3　玫瑰花.jpg　文本文档.　压缩文件.
　　　　表格.xlsx　docx　　　　　　　　　　　　　txt　　　rar

图 3.4.7 文件夹名、文件名及其图标

为了便于管理，操作系统还规定了文件夹存放文件。文件夹还可以存放文件夹，形成嵌套。查找文件时，可以从根文件夹开始逐层浏览，直到找到需要文件。在操作系统中，一个存储器也可以看作是一个文件夹，并用盘符（C:、D:、E: 等）作为存储器的名字。

在 Windows 操作系统中，管理文件的一个程序叫资源管理器。可以双击 Windows 桌面上的"计算机"图标（注意不同版本的操作系统中名字可能不一样，例如 Windows 10 中称为"此电脑"）打开资源管理器，如图 3.4.8 所示。在此窗口中可以查找计算机上的文件，也可以双击文件名打开文件，也可以新建文件、复制文件、删除文件、修改文件名等。

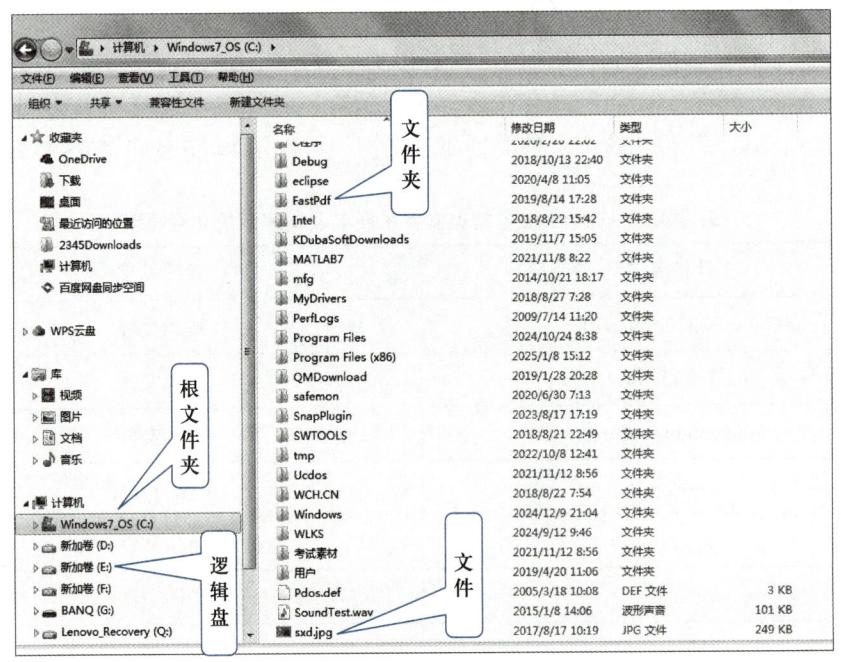

图 3.4.8　操作系统资源管理器

注意窗口中的 C:、D:、E: 并不是存储器的名字，而是逻辑盘的名字。由于现在的存储器（硬盘）容量都很大，存储的文件很多很杂，为了使用方便，也为了数据安全，常常把一个硬盘的空间划分成几个区，各个区互相独立，这些分区就叫逻辑盘。如果我们把自己计算机中的数据做一下规整：操作系统等程序安装到 C: 盘，把学习资料文件放到 D: 盘，把休闲娱乐文件放到 E 盘。这样存储数据是不是既方便使用又整洁漂亮呢？

2. 数据共享

数据是宝贵的、私有的，有时候甚至是稀缺的。数据共享不但可以解决数据稀缺问题，还可以提高数据利用率。例如，数字图书馆的图书可以供很多人阅读，使用 QQ、微信、抖音等社交软件传递消息、分享生活，借助新华网、搜狐网以及各级官方公众号查阅新闻，等等。可以说，数据共享使我们的生活变得多姿多彩。要实现数据共享，离不开数据库系统和数据通信网的支持。

1）数据库

就像书库是存放书的仓库一样，数据库就是存放数据的仓库。数据往往以二维表的形式组织在一起存放在数据库中，通过数据库管理系统进行统一管理，供各种应用程序所使用。图 3.4.9 所示是一个典型的教务管理数据库系统，在这里学生信息、教师信息、选课信息和教室信息等都以表的形式存储在数据库中，通过数据库管理系统如 MySQL 对它们进行添加、删除、修改和查询等操作，可以供多个应用系统（学生选课系统、成绩录入系统、学业预警和教务排课系统）使用。学生可以通过选课系统选自己喜欢的课程，并且还允许多学生同时选课。所有被授权的教师都可以通过成绩录入系统录入学生的课程学习成绩。学生管理人员可以为老师和学生排课表，还可以向成绩不好的学生发学业预警。

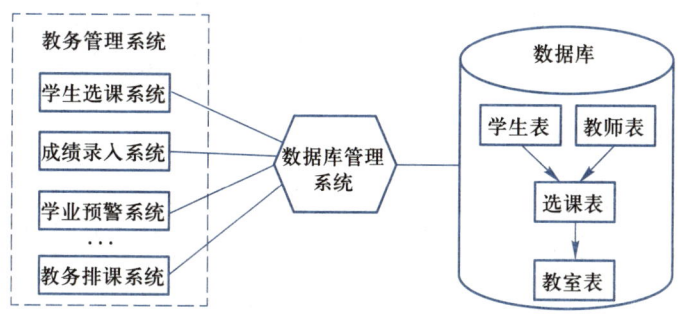

图 3.4.9　一个典型的教务管理数据库系统

数据库的最大特点是能把数据有组织（通过表的形式）地集中存放在一起供各种应用使用。因此，目前数据库是我们存储、管理和共享数据最常用的一种方式。

2）数据通信网

数据库的最大优点是可让很多人同时访问，就像图 3.4.9 所示的那样，学生、老师、教务管理人员都可访问教务系统数据库，为了方便最好不限制访问地点、不限制访问距离。怎么做到呢？这就要用到数据通信网了。在一台计算机（服务器）安装数据库，然后通过传输线（网线）把自己的计算机与服务器相连，在两者之间进行数据通信。这种多台计算机连接起来实现数据通信的系统就是计算机网络，也叫数据通信网。

计算机组网的目的在于实现资源共享和数据传递。计算机网络是计算机技术和通信技术紧密结合的产物，计算机网络系统由计算机和通信设备组成，如图 3.4.10 所示。计算机主要负责数据存储、管理、计算等工作，而通信设备则承担数据传递的任务。

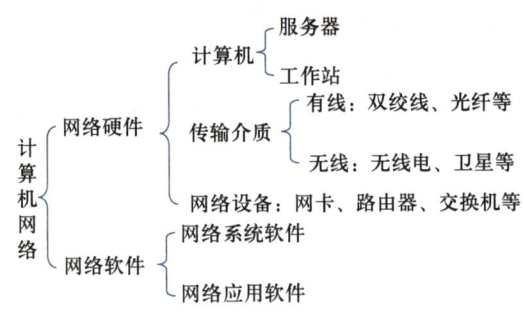

图 3.4.10　计算机网络系统的组成

　　计算机网络作为数据通信平台，可以使数据共享变得方便快捷、安全可靠。数据库部署在网络服务器上，众多的用户可以通过客户机，借助网络通信设备访问数据库、传递数据和使用数据。数据库部署分为集中部署（称为数据中心模式）和分布式部署（称为云中心模式），如图 3.4.11 所示。数据中心模式适合于中小企业，云中心部署往往适合于大的公司。

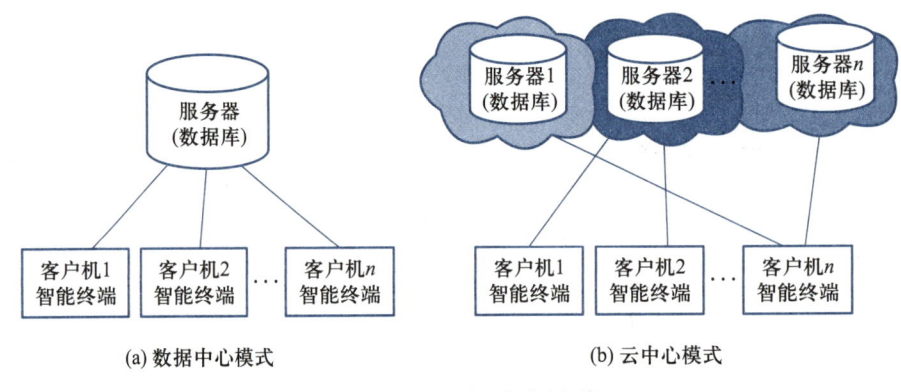

(a) 数据中心模式　　　　　　　　　(b) 云中心模式

图 3.4.11　数据共享模式

3）网络数据共享方法

　　（1）我们怎么通过客户机共享数据库中的数据呢？

　　首先，我们的客户机应该能上网。无论是有线上网还是无线上网，我们都要向网络服务公司提交申请，交费后，网络服务公司负责给我们开通网络服务，一般还会配置一个路由器，如图 3.4.12 所示。

　　然后，我们的计算机上还需要安装相关软件。需要安装软件的种类与服务器提供服务的形式有关。如果是 Web 服务器提供的网页服务，则我们的

图 3.4.12　无线路由器

计算机上就要安装浏览器软件，常用的有 QQ 浏览器、360 浏览器、火狐浏览器、Google Chrome 浏览器、Microsoft Edge 浏览器等。在计算机桌面上双击火狐浏览器图标 可以打开浏览器，再在浏览器地址栏输入网址打开网站，使用注册的账号和密码登录应用系统访问数据库，如图 3.4.13 所示。

图 3.4.13　使用浏览器上网访问数据库

（2）为什么在浏览器地址栏中输入网址就能够访问数据库呢？

因为浏览器所在的计算机与服务器所在的计算机都在一个网络之中，而一个网络中的各台计算机之间在**协议**的控制下可以进行通信（传递数据）。所谓协议就是两台计算机之间进行数据传递时必须遵守的一组规则或标准。这些协议被编写成程序安装到网络中的计算机上。通过运行这些程序，两台计算机就可以进行通信。

互联网的基本协议称为 TCP/IP。TCP 是传输控制协议，负责数据传输质量；IP 是网络互联协议，负责网络路由，给互联网中每一台联网设备规定一个唯一的地址，这个地址就是常说的 IP 地址。当在浏览器地址栏中输入 IP 地址，计算机就可以通过该 IP 地址找到数据库所在的计算机，并进行数据通信。

当前的 IP 有 IPv4 和 IPv6 两个版本。在 IPv4 中，IP 地址是一个 32 位的二进制数，用 4 个字节来表示，并将它们分为 4 组，每组一个字节，各组之间用"."隔开，形如 172.168.9.79，每组数字的范围是 0~255。而在 IPv6 中，IP 地址是 128 位的二进制数，因而可以有更多的地址，允许更多的计算机等设备上网。通过本地连接属性可以查看和设置计算机等设备上网的 IP 地址，如图 3.4.14 所示。

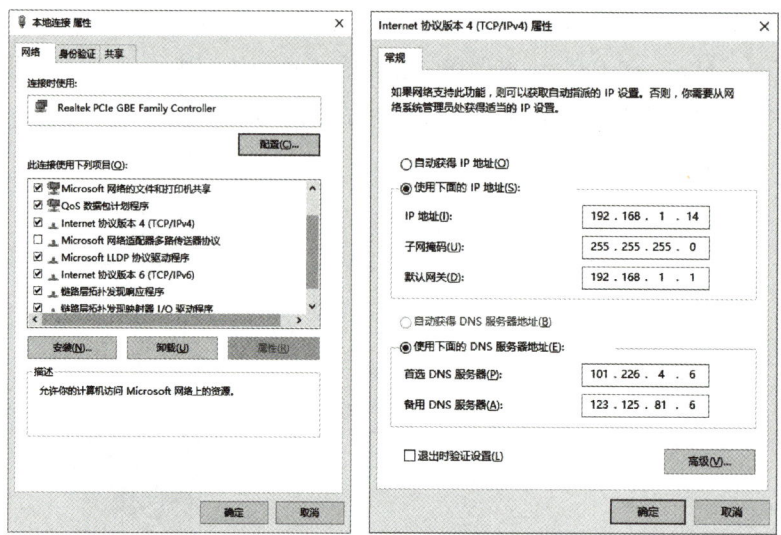

图 3.4.14　查看与设置上网 IP 地址

IP 地址是纯数字的形式，不便于记忆，因此互联网标准化组织引入了域名系统（DNS）。域名系统就是一种字符型的网络主机命名系统。域名像 IP 地址一样是网络主机的一种标识，具有唯一性。域名与 IP 地址有着对应关系，DNS 服务器提供主机域名和 IP 地址之间的转换服务。因此，访问一个数据库既可以通过其 IP 地址进行，也可以通过其域名（就是我们常说的网址）进行。例如，百度网站的域名是 www.baidu.com，IP 地址是 61.135.169.121；郑州航空工业管理学院的域名是 www.zua.edu.cn，IP 地址是 202.196.160.65。

当在浏览器地址栏中输入网址（比如百度的域名 www.baidu.com），按 Enter 键，浏览器就会根据 TCP/IP 去搜寻百度的服务器并提交通信申请。服务器审核并同意通信以后就会向我们的计算机发送数据包，我们计算机接收后交由浏览器解析并产生相应的窗口页面，这就是打开了网站（如图 3.4.15 所示），然后就可以搜索百度数据库中我们需要的数据了。百度服务器会自动把我们需要的或者相关的数据传到我们计算机上。我们计算机上的浏览器又会自动地把这些数据以可视化的形式呈现出来，供我们阅读。

观察图 3.4.15 你就会发现，打开百度网站的时候，地址栏中的网址不是 www.baidu.com，而是 https://www.baidu.com，为什么？因为 HTTP 是超文本传输协议，它规定这两台计算机之间传递的数据要以网页形式呈现，使我们能够看到网页。HTTPS 是 HTTP 的发展，就是要求在传递数据时要保证安全。

图 3.4.15　百度网站

当前，人工智能的发展对数据共享提出了更高要求，迫切需要全国数据充分共享，破除数据"孤岛"。我们要技术和法规双管齐下，大力发展"数据基础设施"，为人工智能进一步发展提供高质量数据。

3. 数据安全

数据安全是指保障数据不丢失、不损坏、信息不泄露、不非授权获取、有效可用等。数据安全是数据管理的一个重要目标。常用的数据安全技术有数据加密、数据备份、身份认证、防火墙和防病毒等。

1）数据加密

加密是信息安全中的一个重要策略，可以有效防止信息泄露。加密是将明文与密钥进行某种运算变成密文。数据以密文的形式在互联网上传递。合法用户可以使用所拥有的密钥解密还原出明文，从而得到数据信息。非法用户即使取得密文数据，也将因没有密钥而无法得到正确的数据信息，这样就可极大地提高数据安全性。《中华人民共和国保守国家秘密法》明确指出：禁止在未采取防护措施的情况下，在涉密信息系统与互联网及其他公共信息网络之间进行信息交换；同时，禁止在互联网及其他公共信息网络或者未采取保密措施的有线和无线通信中传递国家秘密。

2）数据备份

备份是防止数据丢失、提高数据安全性最常用的方法之一。我们经手的各种文件资料最好都要做个备份。文件备份很简单，可以在操作系统资源管理器中通过"复制"操作进行文件备份，也可以在应用程序中把编辑好的文件"另存"一份。如果要对安装好的计算机操作系统进行备份，或者对整个硬盘进行备份，就需要专门的软件工具了，例如一款名为 Ghost 的软件就很好用。

3）身份认证

身份认证就是查验身份通过的才允许访问数据，其目的就是确保获取数据信息的人是合法授权用户。根据被认证方赖以证明身份的认证信息不同，身份认证技术可以分为基于秘密信息的身份认证、基于信任物体的身份认证、基于生物特征的身份认证等。

① 基于秘密信息的身份认证很常见，例如"用户名＋口令""手机号＋短信验证码"。

② 基于信任物体的身份认证中，常见的信任物有智能卡、加密狗、银行盾等。

③ 基于生物特征的身份认证一般就是根据人的体貌特征进行认证，例如指纹、声音、虹膜、脸等都可以用来身份认证。这种认证具有唯一性、稳定性的特点，目前在智能手机和智能安防中普遍使用。

4）防火墙

安装防火墙是防止黑客攻击最有效的方法。黑客是指利用技术手段非授权进入他人计算机系统的人，有些黑客会去网络上搜集资料或者入侵计算机窃取资料，进行非法获利；有些则会利用网络散布自己写的病毒，或是不停地对一些特定的对象进行攻击。瑞星个人防火墙适合个人计算机安装，防止计算机遭受黑客攻击，如图 3.4.16 所示。

图 3.4.16 瑞星个人防火墙

360 家庭防火墙是一款通过手机控制和管理室内路由器操作的软件，可以对家庭网络进行安全守护，如图 3.4.17 所示。

5）防病毒

计算机病毒是一种人为编制的、专门干扰破坏计算机系统正常工作的计算机程序。计算机病毒具有非授权可执行性、隐蔽性、传染性、破坏性、潜伏性、可触发性等特征。计算机病毒可以破坏计算机内存、可以破坏文件、可以使计算机无法正常运行。曾经造成极大破坏的有"蠕虫"（worm）病毒、"特洛伊木马"病毒、CIH 病毒、"熊猫烧香"病毒、勒索病毒。人们对计算机病毒的防治往往具有后发性，因此必须加强预防。计算机病毒的防范措施主要有以下几种。

（1）预防为主，切断传染途径。

（2）依法治毒，增强网络安全意识。

（3）使用正版软件，并经常更新和扫描病毒。

常用的杀毒软件有金山毒霸、瑞星杀毒、360 安全卫士、电脑管家等。

数据是信息的载体。数据安全与信息安全具有相同的内涵。信息安全关乎国家安全。网络空间体现国家主权，是国家的第五疆域。我们应倡导网络文明，加强网络空间治理。

图 3.4.17　360 家庭防火墙

法律法规：数据安全无小事，网络文明靠大家

《中华人民共和国网络安全法》于 2017 年开始实施，目的是保障网络安全，维护网络空间主权和国家安全、社会公共利益，保护公民、法人和其他组织的合法权益，促进经济社会信息化健康发展。

《中华人民共和国数据安全法》于 2021 年颁布实施，明确规定各级政府部门、组织以及个人对数据安全的责任和义务。

《中华人民共和国个人信息保护法》于 2021 年颁布实施，核心内容为规范个人信息的收集、存储、使用和传输，赋予个人知情权、同意权、访问权和删除权，对跨境数据传输提出严格要求。

《关于加强网络文明建设的意见》于 2021 年 9 月由中共中央办公厅、国务院办公厅印发。国家主席习近平向 2023 年世界互联网大会乌镇峰会开幕式发表致辞，强调"加强网络文明建设，促进优质网络文化产品生产传播，充分展示人类优秀文明成果，积极推动文明传承发展，共同建设网上精神家园"。

3.5 数据分析与可视化

数据可视化是一种将数据和信息转换为图表、图形、图像和其他视觉元素的过程，旨在帮助用户查找数据的关系或趋势，使用户"看"数据的方式更一目了然。

3.5.1 数据可视化

数据可视化的过程是把计算机内部数据解译为图形图像的过程，然后借助软件工具对图像进行渲染美化，最后通过成像设备呈现出来。数据可视化需要硬件和软件配合才可以实现。常用的硬件成像设备有显示屏、投影仪、绘图仪、打印机、VR 眼镜等。常用的可视化软件工具有办公软件 WPS Office（文字、表格、演示文稿），编程软件 Python、Matlab，图形图像制作软件 Photoshop、3ds Max，以及抖音、快手等短视频软件。下面是几种常见的数据可视化应用场景，实际做一下就可以体验到数据可视化的妙处。

【场景1】现有王雪涛的画作"春江水暖"和苏轼的小诗"竹外桃花三两枝，春江水暖鸭先知。蒌蒿满地芦芽短，正是河豚欲上时"。需求是把两者融合制作成一个文档，展现出诗情画意，如图 3.5.1 所示。一幅写意的中国画，一首抒情的古诗，两者联袂呈现，相得益彰。

文档制作要点解析：可以使用 WPS 文字完成此项任务。

（1）准备好王雪涛的画作"春江水暖"电子版和苏轼的诗文。

（2）打开 WPS Office，选择"新建"一个"文字"文档，然后再选择新建"空白文档"，如图 3.5.2 所示。

图 3.5.1 图文并茂的文档

（3）在空白文档中，选择"插入"→"图片"选项，然后选择"本地图片"，从本地资源中查找到"春江水暖"图片后，单击"打开"按钮，如图 3.5.3 所示，就把图片插入到文档中了。

（4）在图片旁插入一个垂直文本框，在文本框中编辑苏轼的诗文，如图 3.5.4 所示，调整诗文的字体字号，最后给文本框加上与画面相匹配的背景。

说明：对于这种文档形式的数据可视化，可从思想与内容、层次结构与逻辑、可读性与观赏性等三个方面进行评价。

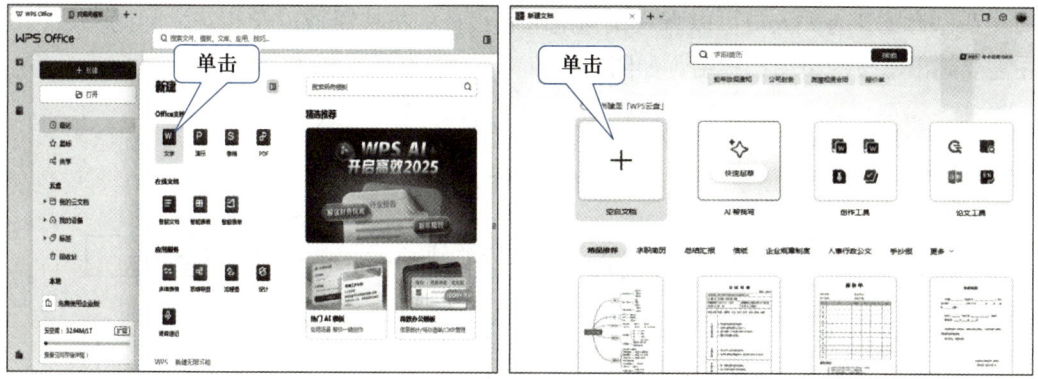

图 3.5.2　在 WPS 中新建空白文档

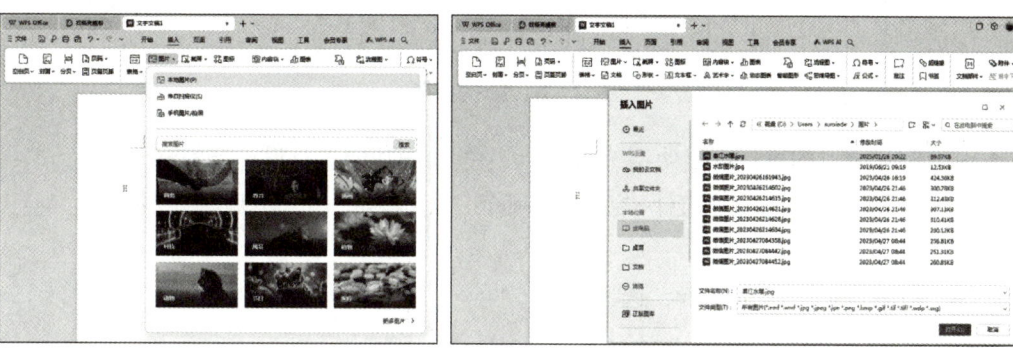

图 3.5.3　插入本地图片

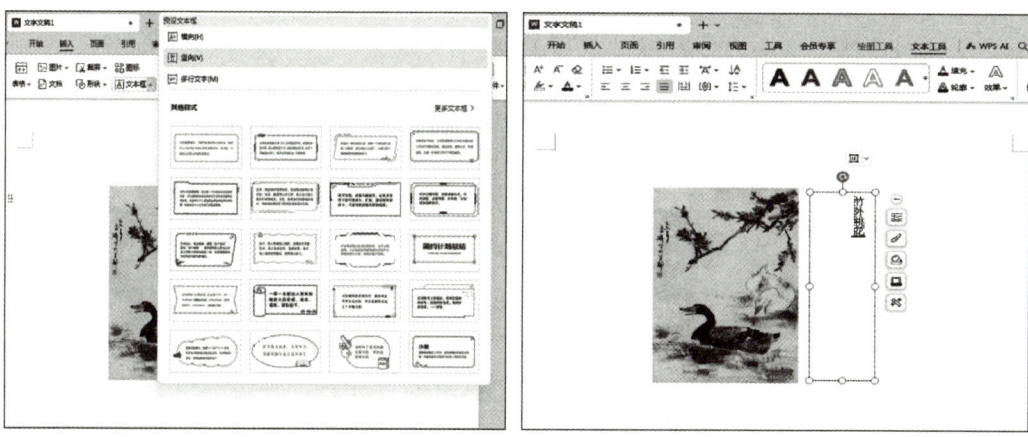

图 3.5.4　插入竖排文本框编辑诗文

【场景 2】某大学行政机构分三级，分别是学校行政、二级学院和专业系。二级学院共计 5 个：航空宇航学院、航空动力工程学院、机械工程学院、计算机学院、数理学院，专业系共计 10 个：飞行器设计系、航空宇航系、能源与动力工程系、飞行器质量工程系、材料成型与控制系、车辆工程系、计算机科学系、人工智能系、应用数学系、应用物理系。为了让有关人员可以直观快速地理解该校的机构组成以及相互之间的关系，现在需要画出学校的组织结构图，如图 3.5.5 所示。

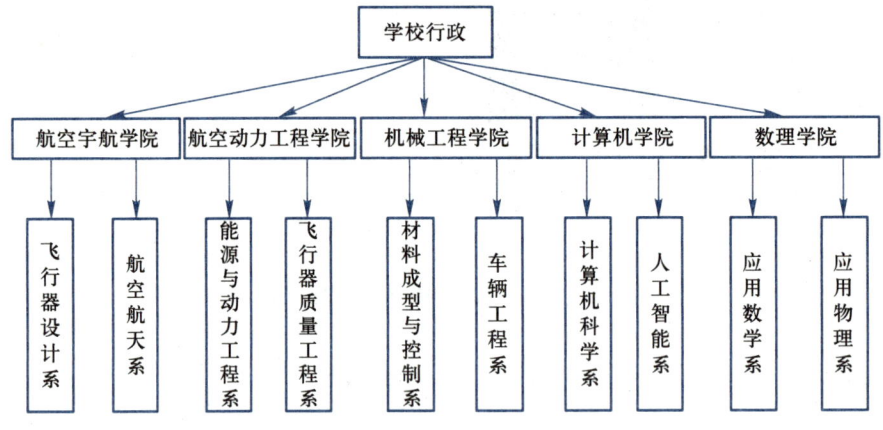

图 3.5.5　**结构清晰**

图形制作要点解析：可以使用 WPS 文字中的绘图功能进行设计和实现。

（1）打开 WPS Office，选择"新建"一个"文字"文档，然后再选择新建"空白文档"。

（2）打开"插入"选项卡，选择"文本框"中的"横向"命令（如图 3.5.6 所示），插入一个横向文本框。

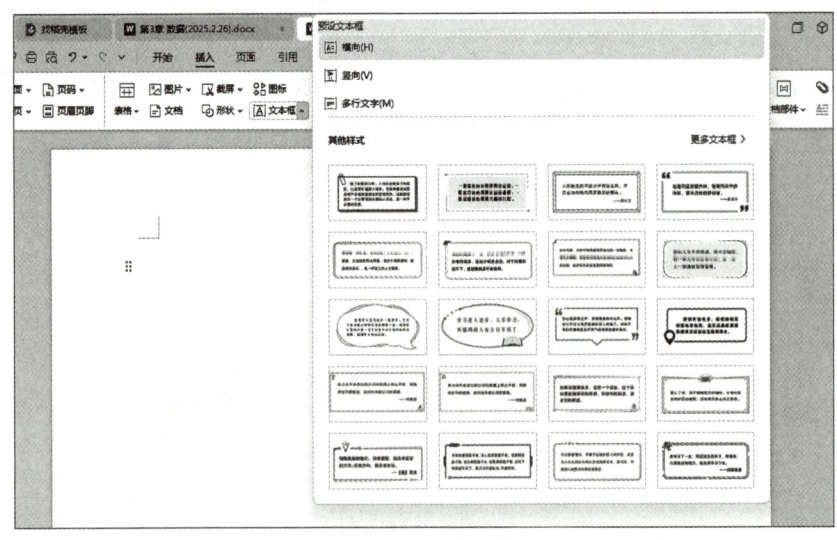

图 3.5.6　**插入一个横向文本框**

（3）选中插入的文本框，使用"绘图工具"选项卡中的"轮廓"设置文本框的线条粗细和颜色，调整文本框大小，然后复制5份，拖动完成布局，如图3.5.7所示。

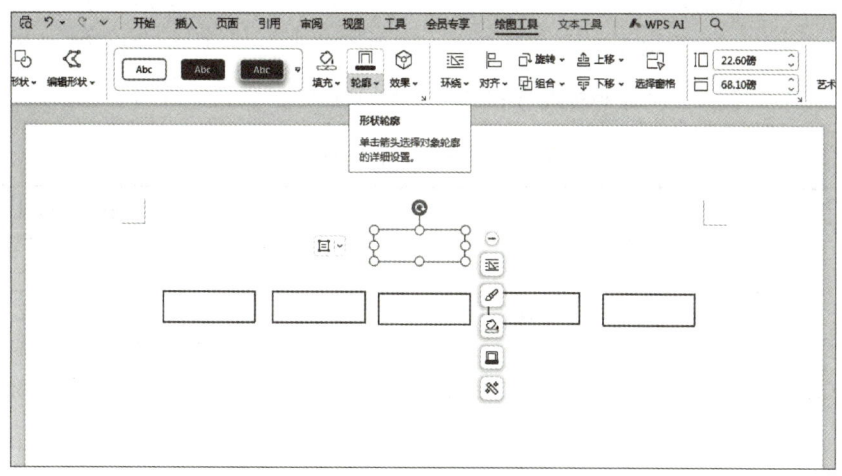

图 3.5.7　设置文本框

（4）使用类似方法，插入一个竖向文本框，设置以后复制9份，拖动完成布局。

（5）单击"插入"选项卡中的"形状"，选择其中的箭头（如图3.5.8所示），在文本框旁边空白处画出一个带箭头的直线，设置其颜色和粗细，然后复制14份。

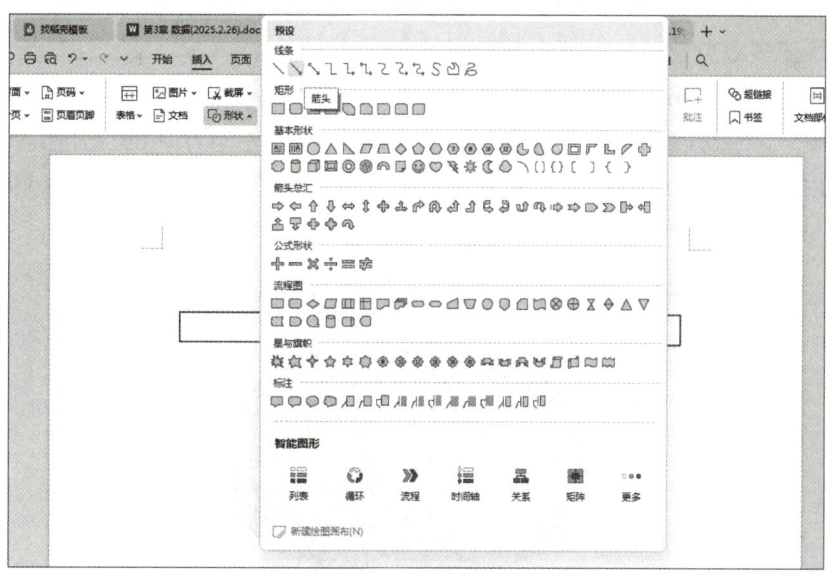

图 3.5.8　画带箭头的直线

（6）根据图 3.5.5 拖动线条到合适位置，再在各个文本框中输入对应的文字。

说明：这种可视化图形应当结构清晰、关系明了、美观。

【场景3】小智很珍惜大学学习机会，决心做时间的主人，于是做了一个24小时时间规划表，如表 3.5.1 所示。小智看着表格，觉得不够直观，也无法判断时间分配的合理性，如果能把表格数据转变成百分比饼图就太好了。可是应怎么做呢？

表 3.5.1　24 小时时间规划

序号	事项	分配时间（小时）
1	上课学习	8
2	睡觉休息	7.5
3	吃饭	1.5
4	运动健身	1
5	阅读	1
6	社交	1
7	专业拓展	1.5
8	交通	2.5
	合计	24

制作图表要点分析：可以使用 WPS 表格完成此任务。

（1）打开 WPS Office 新建一个空白表格。

（2）输入表 3.5.1 中的数据，计算每个事项分配时间占 24 小时的百分比。

（3）以"事项"为类别，以"百分比"为系列，插入三维饼图，如图 3.5.9 所示。

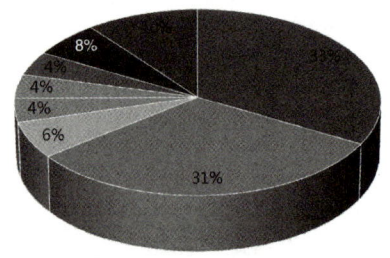

图 3.5.9　时间分配饼图

【场景4】为了班级同学相互了解，班委邀请小智在周末班会上给同学们做一个5分钟的自我介绍。为了提高介绍效果，小智决定做一个演示文稿，把文字、图片、动画、视频都用上，在班会上一边播放一边介绍。

制作演示文稿要点解析：可以使用 WPS 演示完成此项设计。

（1）制作演示文稿一定要做好准备工作。首先是做好演示文稿主题、风格、内容、结构规划，然后要准备文字、图片、视频等素材。

（2）打开 WPS，新建一个空白演示文稿。

（3）在每张幻灯片中输入规划好的文字、图片、视频，做好美化设置。

注意在设计幻灯片时应遵循一切为主题服务的原则，不能绿叶盖红花，不能画蛇添足。

3.5.2 数据分析

数据分析就是对数据进行计算处理得出语义清晰的结果，或者说通过对数据进行计算处理帮助用户发现数据中隐藏的信息。今天人们做数据分析离不开软件工具。一般的数据分析可以使用办公软件中的电子表格来实现。如果问题特殊，办公软件功能有限，则可以使用 Python、Matlab 等编程实现数据分析。在经济和管理领域，专业的统计分析常用 SPSS 和 SAS 软件。

【场景 1】班级学业成绩分析。

课程结束了，老师邀请小智协助统计课程成绩。表 3.5.2 是本课程的学习记录，要求据此计算出每位同学的总成绩和班级的优秀率、不及格率。

表 3.5.2 班级课程学习记录

学号	平时考核成绩（40%）	结课考试成绩（60%）	总成绩（100%）
24011901	90	95	
24011902	95	90	
24011903	85	80	
24011904	100	95	
24011905	70	80	
24011906	80	80	
24011907	85	60	
24011908	90	70	
24011909	90	90	
24011910	70	85	
...	...	...	

数据分析方法要点：

（1）打开 WPS，新建换一个空白表格。

（2）输入表 3.5.2 所示的数据。

（3）在第一位同学的总成绩单元格中编辑公式"总成绩 = 平时考核成绩 ×40%+ 结课考试成绩 ×60%"，然后进行公式填充即可得到各个同学的总成绩。

（4）使用 COUNTIF 函数统计出优秀人数和不及格人数，使用 COUNT 函数统计出总人数。优秀人数除以总人数得到优秀率。不及格人数除以总人数得到不及格率，如图 3.5.10 所示。

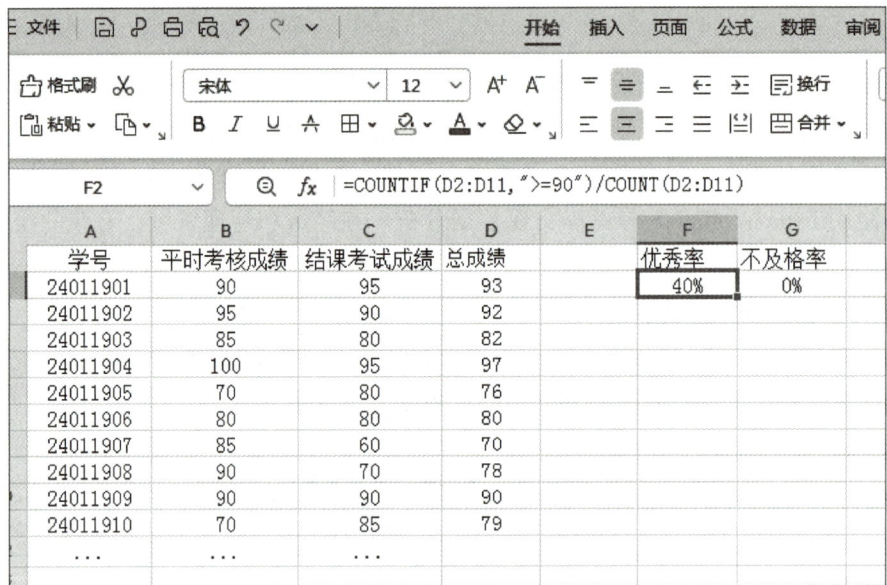

图 3.5.10　课程成绩统计分析

【场景 2】某公司收集了 10 家代理商年广告投入费和月平均销售额的数据，如表 3.5.3 所示。要求数据分析人员据此分析其产品的年广告投入与销售额的关系。

表 3.5.3　广告费与月平均销售额相关表（单位：万元）

年广告费投入	12.5	15.3	23.2	26.4	33.5	34.4	39.4	45.2	55.4	60.9
月均销售额	21.2	23.9	32.9	34.1	42.5	43.2	49.0	52.8	59.4	63.5

数据分析方法要点：

可以使用电子表格求两组数据的相关系数，确定销售额与年广告投入是否相关。

（1）打开 WPS，新建一个空白表格。

（2）输入表 3.5.3 所示的数据。

（3）插入 CORREL 函数计算系数（如图 3.5.11 所示）。

得到相关系数为 0.99，说明该产品的销售与年广告投入正相关。

年广告费投入	12.5	15.3	23.2	26.4	33.5	34.4	39.4	45.2	55.4	60.9
月均销售额	21.2	23.9	32.9	34.1	42.5	43.2	49	52.8	59.4	63.5

r: 0.99

图 3.5.11 运用电子表格计算相关系数

21 世纪是一个用数据说话的时代，也是一个依靠数据竞争的时代。从事数据收集、整理、分析，并依据数据进行研究、评估和预测的专业人员称为数据分析师。数据分析部门和数据分析师将是企事业单位不可缺少的。数据分析师也将成为最热门的职业之一。

3.6 拓展：大数据

试想一下，你每天的哪些行为会产生数据？你是否统计过会产生多少数据呢？根据业界统计奔驰的 Drive Pilot 等 3 级自动驾驶系统，每分钟就会产生高达 34 GB 的数据量。英特尔公司估计，自动驾驶汽车平均每天将生成 4 000 GB 的驾驶数据。这么大量的数据，是不是就是大数据了呢？

3.6.1 什么是大数据

大数据（big data）一般是指规模庞大、类型多样、增长迅速且难以用传统数据处理工具进行捕捉、管理和处理的数据集合。

随着信息化程度不断提高，我们每时每刻都在产生和使用数据，如我们的学习数据、社交数据、出行数据等，这些数据都是构成大数据的一部分。

3.6.2 大数据怎么来的

大数据的海量数据主要来自数据采集和数据收集。一般包括以下几类。

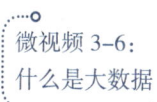

微视频 3-6：
什么是大数据

微视频 3-7：
大数据怎么来的

1. 互联网数据

数以亿计的网络终端设备，比如智能手机、个人计算机、平板电脑，昼夜不停地生产数据，这是大数据的主要来源。

2. 感知数据

随着物联网的发展，智慧城市、智慧交通、智慧安防、智慧农业等工程积极推进，大量的传感器被部署应用，比如摄像头、卫星定位器、雷达以及温度、高度、浓度等各种传感器，这些传感器不停地进行数据采集，使数据量快速增长。

3. 计算机系统内部数据

各种计算机系统（包括人工智能系统）工作时会产生大量的数据。

一方面，运行大型程序进行科学计算可以产生大量数据。欧洲核子研究中心的大型强子对撞机第一次运行期间，尽管已经过滤掉了大部分数据，但库存数据还是以每年 15 PB 的速度激增。科学家进行基因测序研究时，可以产生出大量的基因组数据。被称为"中国天眼"的 FAST，其观测时峰值数据率每秒可以达到 38 GB，已经积累约 2.8 PB 的数据，如图 3.6.1 所示。另一方面，很多计算机系统都留有备份和日志文件，这也是一个很可观的数据。

图 3.6.1 中国天眼——世界最大单口径、最灵敏的射电望远镜

4. 外部数据

比如网络爬虫系统收集的公开数据。网络爬虫可以抓取互联网上的各种信息，生成大量的非结构化数据。

3.6.3 大数据有什么特征

大数据的基本特征可以用"4V"描述。所谓"4V"就是：Volume（体量大）、

Variety（形态多）、Velocity（速度快）、Value（价值大但密度低），简称"大杂快值"。大数据技术，描述了新一代的技术和架构，旨在通过高速地（Velocity）采集、分析，从超大容量的（Volume）、模态各异的（Variety）数据中，以非常经济的方式提取价值（Value）。

1. 大数据必须"大"

数据量大是大数据基本特征。正是因为其数据巨大，才蕴藏着巨大价值，才能从大数据中挖掘出我们想要的东西，才能满足人工智能对数据的巨大需求；正是因为其过于巨大，才需要研究新的数据处理和分析方法。

大数据的"大"是动态的。到底数据多大才算大？怎么描述这个"大"？ 21 世纪初，一般 TB（1 TB=1 024 GB）级的数据就算大数据了。21 世纪第二个十年开始后，移动互联迅速发展，人人都是数据的生产者。百度每天要接受超过 60 多亿人次的查询指令，爬虫程序要收集数千亿个网页。微信大约有 10 亿活动用户，不断地发送信息。此时，像百度、阿里巴巴、腾讯等互联网巨头公司，一家拥有的数据就达 PB（1 PB=1 024 TB）级。到 2020 年全球数据量将只能用 ZB（1 ZB=1 024 EB=1 024×1 024 PB）表示。有人预测到 2050 年数据量将达 100 万 ZB，人们想到用 YB（1 YB=1 024 ZB）描述。再然后，可能会用到 RB（=2^{90}B）、QB（=2^{100}B）。

"大"的数据，是现实，是表象，若停止于此，大数据将失去意义。探索大数据的真正意义在于：通过数据的整合、分析和开发，发现新知识，创造新价值，从而为社会、为企业带来"大知识""大科技""大智能""大利润"。

2. 大数据"五彩缤纷"

传统的科研数据、商业数据，一般都是类型单一并结构化的，常用关系数据库来管理与应用。而大数据时代，一切都发生了变化。大数据是多样的、很多是非结构化的。大数据为什么会呈现多样性呢？

首先，大数据来源是多样的。目前，大数据的主要来源是互联网和物联网，每天都产生着大量的非结构化数据，包括但不限于电子邮件、PDF 文档、Word 文档、视频、图片、音频、跟帖、动态、留言、聊天记录，还有无数传感器产生的诸如位置、速度、温度、湿度、强度等。这些非结构化数据不能被传统的关系数据库处理，需要使用非结构化数据库。根据 NoSQL 数据库百科网网站上的数据，目前已经出现了 200 种以上的非结构化数据库。

其次，大数据的用途是多样的。以卫生保健数据为例，它们也有不同的用途，可分为药理数据、临床数据、个人情感和行为数据、就诊记录、开销记录等。通过分析病人的临床和行为数据可以制定预防保健方案，充分整合临床大数据，可以减少过度治疗、错误治疗和重复治疗，从而降低成本、提高效率、提升质量。

最后，大数据的多样性还体现在数据之间的联系性强，频繁交互。数据显性或隐性的网络化存在，使数据之间的复杂关联无处不在。例如，在旅途中，用户上传的照片和发表的博客就与旅客的位置、行程信息存在很高的关联性。通过分析数据的关联性，能够比以前更容易、更便捷、更清楚地分析事物的来龙去脉，我们可以对即将发生的事情进行预测。

3. 大数据唯"快"不破

"天下武功，唯快不破"，大数据也要讲究一个"快"（Velocity）字。大数据的快速性，反映在数据的快速产生及数据变更的频率上，主要体现在 4 个方面。

（1）数据生成速度快。今天，数据呈爆炸性增长。

（2）数据处理必须快。数据自身的状态与价值往往随时间变化而发生演变。面临同样大小的数据矿山，"挖矿"效率高就是竞争优势。

时间是数据的敌人，等量数据在不同时间点上价值不等。大数据时代，最关键的技术问题不是拥有大数据，而是如何快速处理大数据。

（3）数据具有时效性。在众多用户集中于 12306 网站购票时，车票信息数据就有很强的时效性。导弹、无人飞机、无人驾驶汽车等的"视觉"数据必须实时处理。在海啸、地震等自然灾害预报时，数据和处理都必须快速。

（4）大数据的"联结"也具有快速性。大数据的"联结性"是指数据集之间的相互影响与聚集。例如，一个关于"网红"的话题可能会立即引起众多粉丝的评论与转载，从而引发大量社交数据诞生。大数据的这种"联结"快速性已经受到各方面的重视。实际上，"网络舆情监控与分析"的主要内容就是这种数据事件（data event）。

4. 大数据价值无限

大数据有巨大价值，这已经是社会各界共识。但是，大数据价值是隐藏的，并非显而易见。大数据本身并无价值，可能是增加存储成本的"垃圾"，只有采用正确的方法进行"深加工"（清洗、建模、分析、交易等）才能发现其价值。要从数据中获取价值，拥有数据的人必须有大数据思维。

从大数据中挖掘价值"宝藏"时还要注意，大数据是"贫矿"，其价值密度很低。例如，我们的安全监控是 24 小时开启并记录，每天都会产生大量数据，但当我们需要查询取证时，可能有用的就是那么几秒钟的视频。所以，构建大数据系统必须考虑成本，量力而行；大数据挖掘犹如沙里淘金，必须付出艰辛。

3.6.4　大数据有什么价值

大数据价值在于它为人们认识世界提供了新思维，为人们解决复杂问题提供了新方法和工具。

1. 大数据催生新思维

大数据基本特征及其应用，决定了人们在应用大数据时的思维方式必须发生转变。大数据超强的数据收集与处理能力，使得我们在解决问题时可以收集和分析全数据，不再依赖数据"抽样"，可以得到更加全面准确的信息，使判断更加准确。大数据的海量与全面，要求我们更多地运用"相关分析"解决问题，而不是"因果分析"。大数据的快速性与巨大性，使得"概率"求解比"精确"求解更加可靠和有效。在我们运用大数据完美诠释"少数服从多数"原则时，不要忘掉关键少数，否则就会陷入"多数人暴政"。

2. 大数据与人工智能紧密结合，提升新能力

大数据分析处理更多地采用机器学习、深度学习的方法。通过机器学习进行预测分析、分类、聚类和异常检测等。通过构建深度神经网络进行图像识别、语音识别、内容生成等。运用自然语言处理算法进行文本挖掘、情感分析和语义分析等，可以用于舆情监测、市场研究、客户需求分析等场景。企业可以对数据进行增强分析，数据准备、洞察发现、模型构建都可以自动化，可以快速地从数据中获得洞察，并做出更明智的决策。

3. 大数据广泛应用，推动社会进步

大数据广泛应用，已经渗透到各行各业，通过不断融合创新，推动社会形态更新。

大数据用于防疫解决公共卫生灾难问题，大数据助推智慧城市、大数据助推智慧农业、大数据助推智慧教育、大数据推动智慧营销，等等，社会处处是"智慧"。大数据与人工智能结合解决交通拥堵问题、安防问题、自然灾害预警问题等。在大模型中大数据推动人工智能从模仿到创造，在未来大数据必将推动人工智能从专用到通用，推动人类社会全面进入智能阶段。

思考与练习

1. 为什么人工智能离不开数据？

2. 计算机数据都是一堆二进制数字符号，为什么有时呈现为优美的文字，有时呈现为动听的音乐，而有时呈现为心旷神怡的景象。

3. 一个人工智能系统通常需要大量的数据进行训练，训练成功的智能系统在应用时仍然离不开数据。训练阶段的数据与应用阶段的数据必须一样，还是不能一样？

4. 不管是数据分析，还是数据可视化，都离不开软件工具和计算机支持。智能时代到来后，人们进行数据分析和可视化时将不再需要软件工具和计算机。你怎么看？

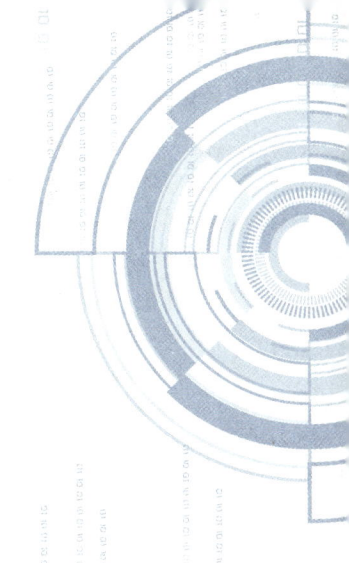

第4章
算　法

　　大家可能之前听说过算法，而且会觉得它很神秘。其实算法和我们的日常生活紧密联系在一起，无论是高考录取、火车票购买、商品推荐、地图导航，还是现在的人工智能大模型等都离不开算法。日常中像抖音（国际名为 TikTok）之所以受欢迎，有很大一部分原因是因为它的算法特别好，能准确把用户期待的内容精准推荐给用户。

　　本章我们从最基本的冒泡算法入手，在大家熟悉算法的基本概念后，再学习搜索算法以及人工智能普遍采用的机器学习、神经网络与深度学习、循环神经网络等算法，并带领大家进行实践。

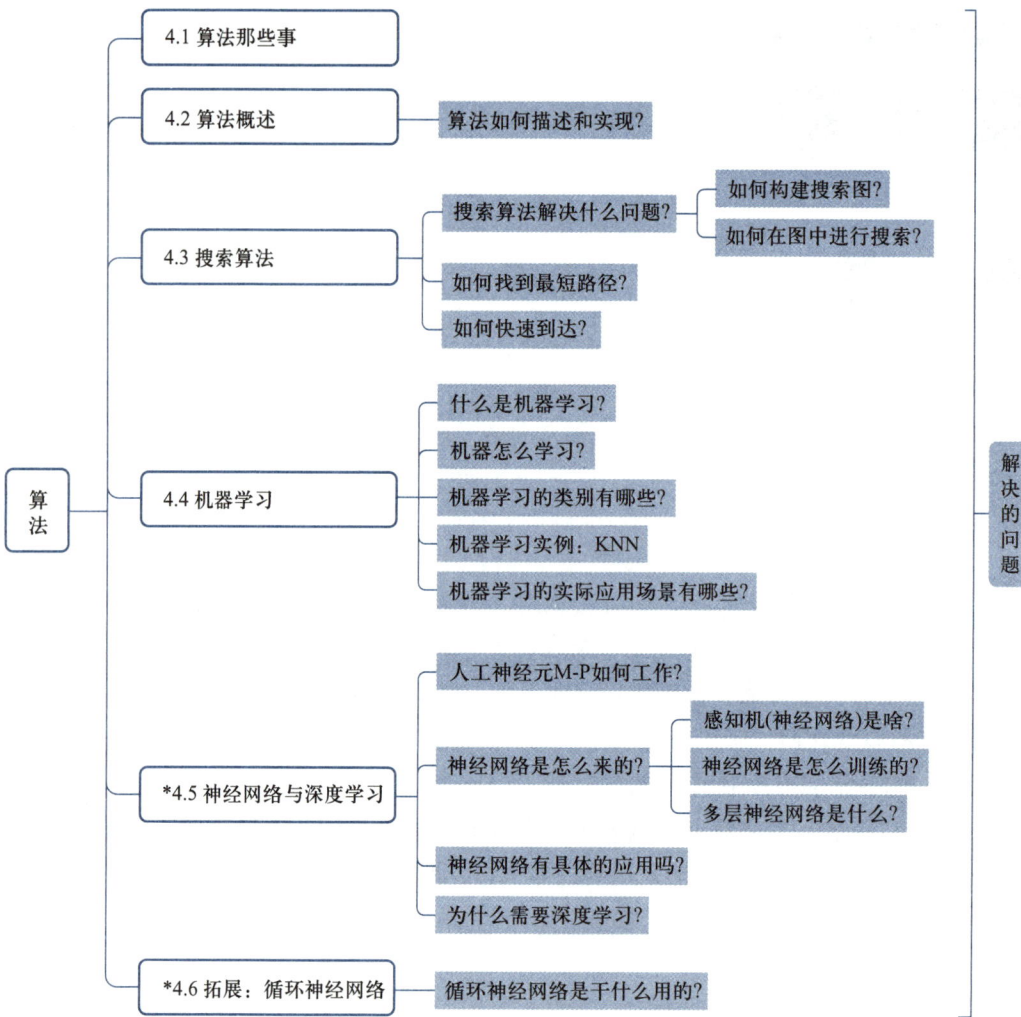

4.1 算法那些事

小智考上大学后，家人特别高兴，工作了两年的哥哥还特意送给小智一台支持手写的平板电脑，方便小智学习。小智之前主要是用来看视频和查阅资料，最近小智开始使用它的手写笔记功能。今天小智在课堂上一边记录人工智能课程的笔记，一边看着这台平板电脑把自己手写的字识别出来，就在想，多亏了哥哥送的这台平板电脑，太方便了呀！同时他也很好奇这个平板电脑是怎么实现把不同人写的不同字迹都识别出来的呢？如图4.1.1所示。在好奇心的驱使下，小智习惯性的搜索了一下，搜索的内容也看不太懂，其中的概念"机器学习、神经网络"对小智来说都好陌生，但这并不会阻止小智思考，他在想"机器学习"，机器真的能学习吗？如果能，它又是怎么学的呢？

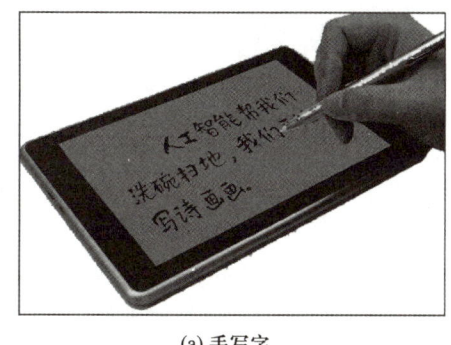
(a) 手写字

(b) 手写字识别

图 4.1.1　手写字和识别

小智的这些问题，实质上是算法问题，接下来我们带着问题来学习算法。

4.2 算 法 概 述

4.2.1 什么是算法

算法是指计算机等设备用来进行计算或者解决问题的步骤。也许你觉得这听起来有点抽象，大家不妨从我们熟悉的事情如烹饪说起。要烹饪一道菜，不仅需要食材，还需要对这些食材进行加工的步骤和方法，即菜谱。同理，要想用计算机解决特定的问题，就要遵循算法。算法就像烹饪中使用不同的食谱来制作出多道菜一样，计算机也需要使用不同的算法来解决各种问题。比如冒泡法可以处理

微视频 4-1：
什么是算法？

排序问题，最短路径算法可以在路径规划中找出最近方案，手写字识别可以用神经网络算法等，当然也有一些方法比较好用，就像油炸这种方法可以做出多道菜一样，有些算法也可以进行多种问题的解决和处理，如神经网络不仅能用于手写字识别，还能够应用于物体分类、人脸识别等领域。这种类比可以参考图 4.2.1 所示来理解。

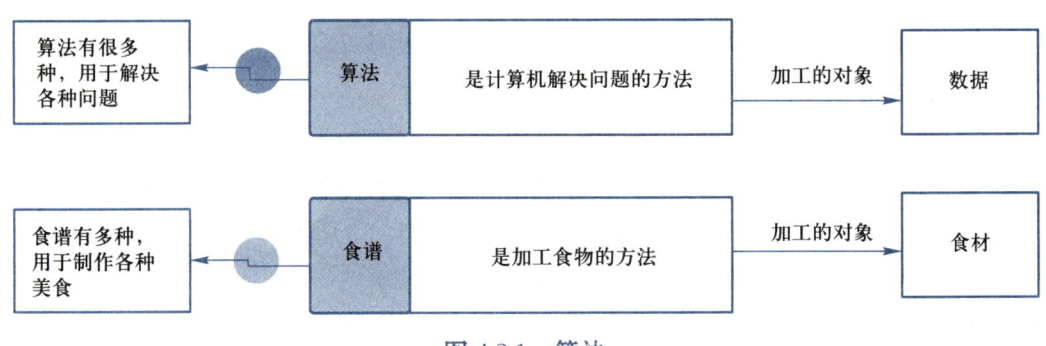

图 4.2.1　算法

4.2.2　算法描述

就像食谱需要通过文字或视频等方法描述出来一样，算法也需要描述。算法描述常见的方式有自然语言、流程图、伪代码和编程语言。下面以求 3 个整数最大值为例来看看如何描述算法。

1. 自然语言

自然语言描述就是用我们熟悉的语言来描述算法，在进行 3 个整数求最大值的问题中，我们可以这样描述。

> 我们把求最大值的三个整数，分别放在 A、B、C 中，把最大值命名为 Max。
>
> 第一步：我们先假定 A 是最大值，把 A 给 Max。
>
> 第二步：把 B 和 Max 比较，如果 B 大于 Max，就把 B 再次赋给 Max，否则不变。
>
> 第三步：把 C 和 Max 比较，如果 C 大于 Max，就把 C 再次赋给 Max，否则不变。
>
> 第四步：结束，输出 Max 的值，就是最大值。

2. 流程图

常说一图胜千言，流程图就是算法的图形化表示了，为了人人都能看懂流程图，往往对流程图中的符号约定如下。

（1）流程图的开始和结束，用圆角矩形框表示。

（2）平行四边形框表示输入输出框，用于输入数据和输出数据。

（3）矩形框用于表示业务处理。

（4）菱形框表示判断，判断有两个分支（满足条件或者不满足条件）。

（5）箭头表示流程的方向，显示了程序执行的顺序。

求 3 个整数最大值用流程图可以这样描述，如图 4.2.2 所示。

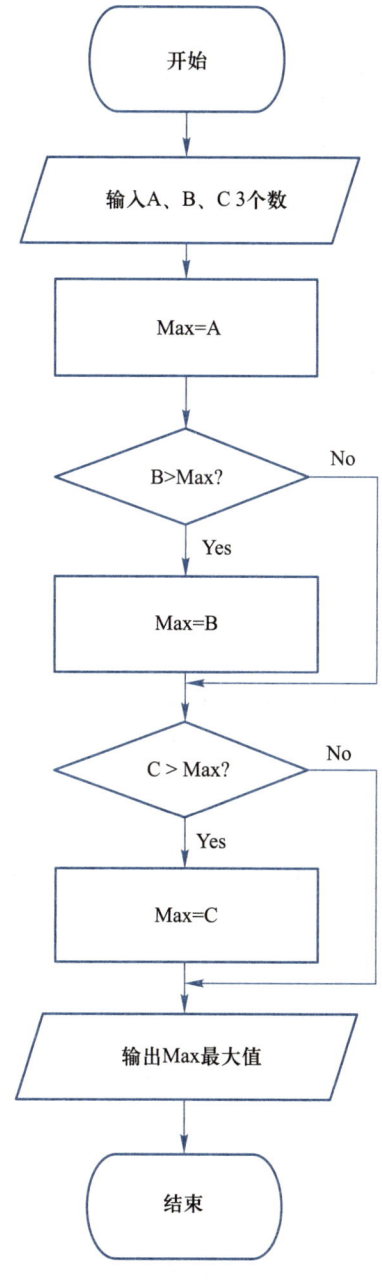

图 4.2.2　用流程图描述求 3 个整数最大值的算法

微视频 4-2：
编程语言：三
个数求最大值
的演示

3. 编程语言

就是用一种能在计算机中实现的编程语言来实现问题的解决，找到问题的答案。当然你也可能还没有学过相应的编程语言，但无须担心，你只要知道可以用编程语言实现就可以了。下面是用 Python 3.6 来实现求三个数 A、B、C 最大值，并且把最大值赋给 Max 的程序代码。

```python
#定义三个数   #开头的表示注释，帮助理解，但程序不执行
A = 18
B = 25
C = 9
# 先把 A 的值给 Max
Max = A
# 开始与 B 进行比较
if B > Max:
    Max = B
# 开始与 C 进行比较
if C > Max:
    Max = C
# 输出最大值
print（f" 三个数 A, B, C 中的最大值是：{Max}"）
```

4. 伪代码

伪代码是一种介于自然语言和编程语言之间的算法描述方式。使用类似编程语言的语法，但不严格遵守具体编程语言的语法规则。上面的问题用伪代码可描述如下。

```
# 初始化三个数值
设定 A 为 18
设定 B 为 25
设定 C 为 9
# 预设最大值为 A
将 Max 初始化为 A
# 比较 B 与当前最大值
```

若 B 大于 Max，则更新 Max 为 B

\# 比较 C 与当前最大值

若 C 大于 Max，则更新 Max 为 C

\# 输出最终的最大值

打印 " 三个数 A，B，C 中的最大值是："紧接着显示 Max 的值

4.2.3　算法实现案例：冒泡排序

在算法中，尤其基础算法中，冒泡排序是一个经典的算法，主要用来解决数据的排序问题。冒泡算法之所以得名，是因为在实现升序的排序过程中，较小的元素会逐渐"浮"到数列的顶端或者说较大的数会"沉"到底部（如果是降序，正好相反）。这个过程类似于烧开水时，壶底的水泡不断上升并冒到水面的现象。因此，人们形象地称这种排序算法为"冒泡排序"。

我们以数据 18、13、25、85、9、45 为例，进行升序排列。根据前面描述，大的数需要往下"沉"。这个排序有 6 个数，需要五轮才能完成排序任务。

第一轮：完成找最大数的任务，即把最大数排到最后一个位置。如图 4.2.3 所示，需要进行 5 次比较。

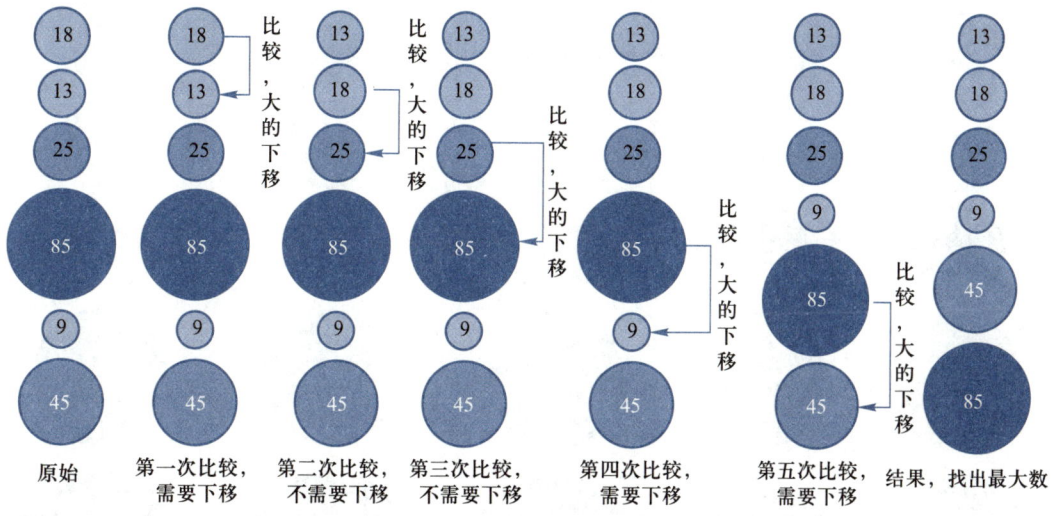

图 4.2.3　6 个整数冒泡排序第一轮，5 次比较

第二轮：由于第一轮已经找到 6 个中最大的数，第二轮的任务是找剩下 5 个数中最大的数，如图 4.2.4 所示，需要进行 4 次比较。

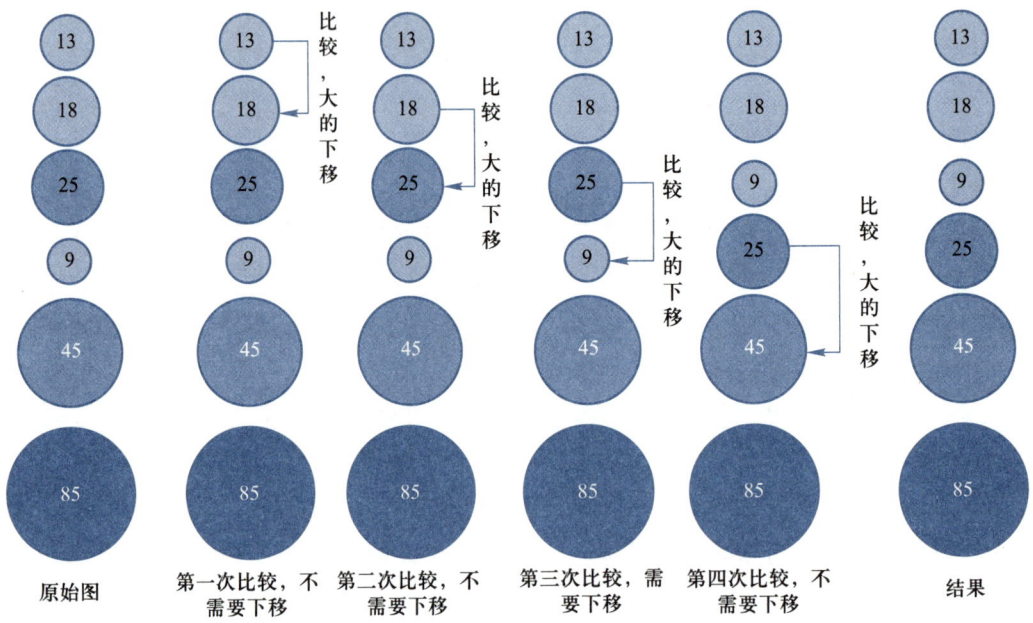

图 4.2.4　6 个整数冒泡排序第二轮，4 次比较

第三轮：由于已经找到 6 个数中两个最大的数，第三轮的任务是找剩下 4 个数中最大的数，如图 4.2.5 所示，需要进行 3 次比较。

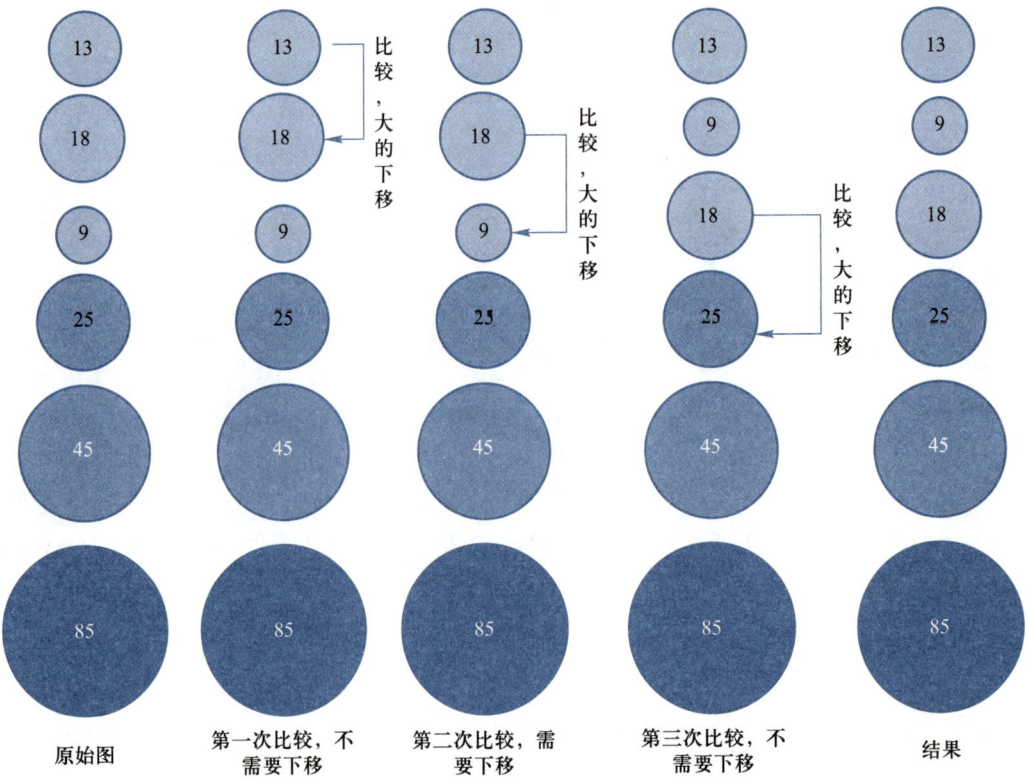

图 4.2.5　6 个整数冒泡排序第三轮，3 次比较

第四轮：由于已经找到 6 个数中三个最大的数，第四轮的任务是找剩下 3 个数中最大的数，如图 4.2.6 所示，需要进行 2 次比较。

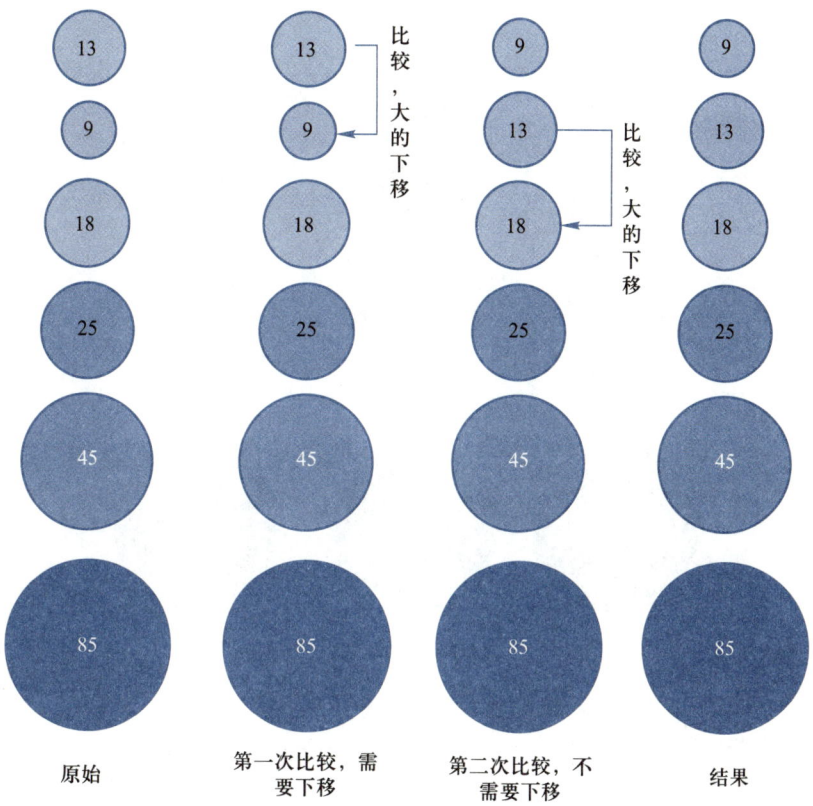

图 4.2.6　6 个整数冒泡排序第四轮，2 次比较

第五轮：也是最后一轮，由于已经找到 6 个数中四个最大的数，第五轮的任务是找剩下 2 个数中最大的数，如图 4.2.7 所示，需要进行 1 次比较。

通过这五轮，最终完成了 6 个数的排序。你应该对每一轮中的比较都能清楚地理解，但可能会觉得太复杂了，需要这么多轮，尤其在第五轮中，明明看上去已经都排好序了，但还是要比较，看起来有点"傻"。其实计算机算法就是用简单的思维来解决复杂的问题，步骤多对计算机来说，那是它最擅长的事情，随着学习的逐步深入，希望你的计算机思维就是在这种接纳中不断进步！

这 6 个数的冒泡法排序，在 Python 中具体的实现代码如下。

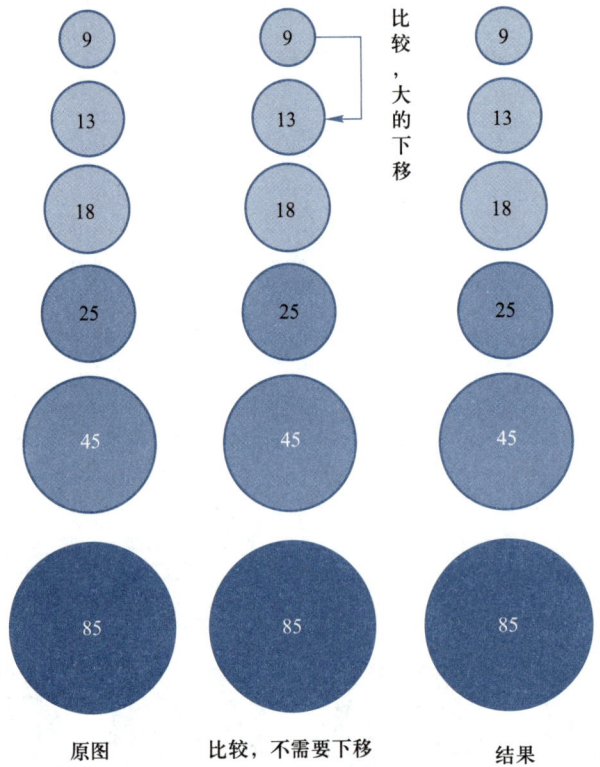

图 4.2.7　6 个整数冒泡排序第五轮，1 次比较

```
# 定义一个包含六个未排序整数的列表
numbers = [18, 13, 25, 85, 9, 45]
# 实现冒泡排序算法
n = len(numbers)  # 获取列表的长度
for i in range(n):  # 外层循环，控制比较的轮数
    for j in range(0, n-i-1):  # 内层循环，控制每轮中相邻元素的比较
        if numbers[j] > numbers[j+1]:  # 如果当前元素大于下一个元素
            numbers[j], numbers[j+1] = numbers[j+1], numbers[j]
# 交换这两个元素
# 输出排序后的列表
print（"使用冒泡排序算法对列表进行排序后的结果为："，numbers）
```

4.2.4　算法实现的常见数据结构

其实在上面的代码中，我们就用到了一种数据结构。数据结构可以简单理解为用来

存放数据的框架结构，就如家里的柜子，我们会设计不同的结构，有的用来放大衣，有的用来放裤子，有的用来放袜子等。同样，为了能够存放不同类型的数据，需要不同的数据结构，这里简单介绍几种常见的数据结构，分别是数组、树和图。

1. 数组

数组就像一个一个小格子的抽屉，抽屉有编号，这个标号从 0 开始。如 4.2.3 节中用来存放 6 个数的数组 numbers = [18, 13, 25, 85, 9, 45] 可以按图 4.2.8 所示来进行理解。

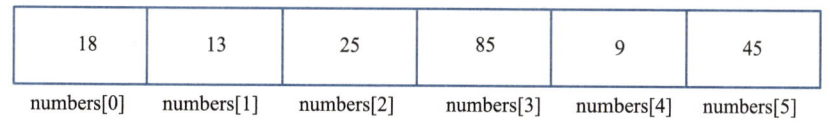

图 4.2.8　用数组 numbers 存放数据

2. 树

树这种数据结构从形状上看，像一棵倒立的树。树结构非常适合表示自然界或信息系统中的分层结构，如家谱、公司组织架构、文件目录等，如图 4.2.9 所示，就是一个学院的组织结构图。

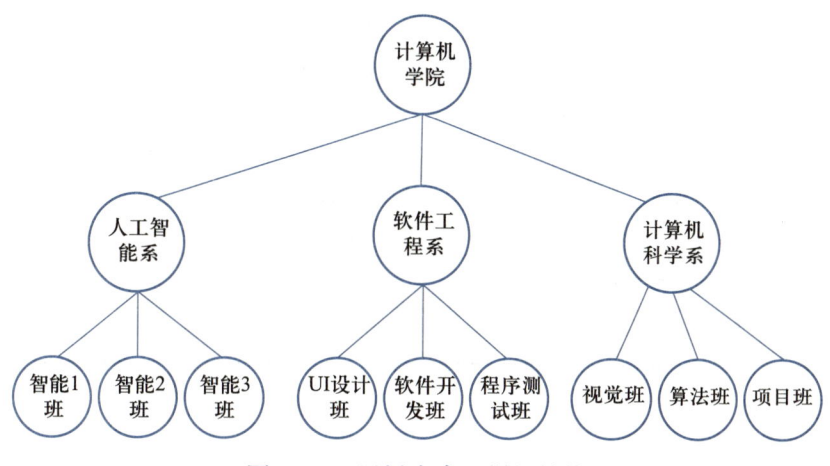

图 4.2.9　用树来表示组织结构

3. 图

图这种数据结构主要用来表示路径规划问题、搜索问题、网络数据分析问题以及工程规划问题等。图 4.2.10 所示就是用图来表示学校各个场所的数据结构。

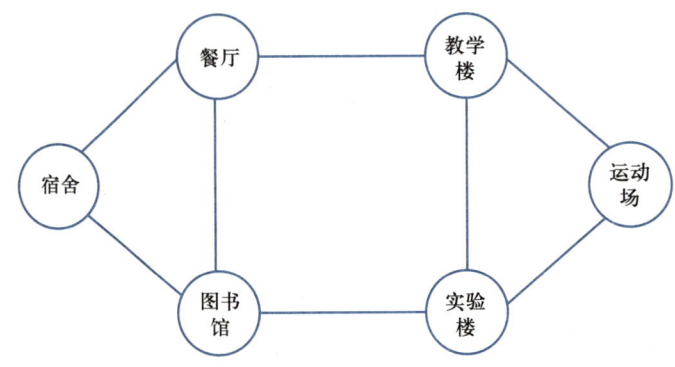

图 4.2.10　用图来表示学校各个场所

4.2.5　算法和程序的关系

通过上面的学习，你可能会产生算法和程序是否有联系的疑问，实际上它们既有联系，又有区别，这种联系和区别可以通过表 4.2.1 来理解。

表 4.2.1　算法和程序的区别和联系

内容	对象	
	算法	程序
概念	算法是解决问题的方法	程序是算法在某种具体编程语言如 Python 中的具体实现
对数据的依赖	算法可以没有数据支持	程序必须有数据支持
对设备的依赖	算法不依赖任何设备	程序运行必须要在计算机等设备上
抽象程度	问题的描述，高度抽象	问题的实现，比较具体
使用对象	算法师等	程序员等
关系	算法是程序的基础	程序是算法的实现

4.3　搜　索　算　法

小智今天计划外出一趟，习惯性地用地图导航一下，和之前不一样的是，这次导航小智多了个想法，由于开始学习算法了，小智就琢磨地图是怎么在众多路径中找到最短路径的？又是怎么实现最快到达的呢？其实地图导航的基本算法是 Dijkstra 算法和 A*（A Star）搜索算法，分别用来解决小智如何找到最短路径和如何实现快速到达的问题。为了更好理解上面两个算法，我们需要从图说起。

4.3.1　基于图的搜索

　　前面我们提到图是一种数据结构，这种数据结构怎么构建的呢？试想一下，你每天是不是往返于学校的宿舍、餐厅、教学楼、图书馆、实验楼和运动场等场地之间，如图 4.3.1（a）所示，各个场地之间的连线表示它们之间有路，这样就构成了无向图。现在小智从宿舍出发，他想知道分别到餐厅、教学楼、图书馆、实验楼和运动场的最短路径怎么走，为了简化问题，我们分别用 A 代表宿舍，用 B 代表餐厅，用 C 代表图书馆，用 D 代表教学楼，E 代表实验楼，F 代表运动场。各个场所的距离用连线上的数字表示（也称为权值），形成如图 4.3.1（b）所示的有向图。

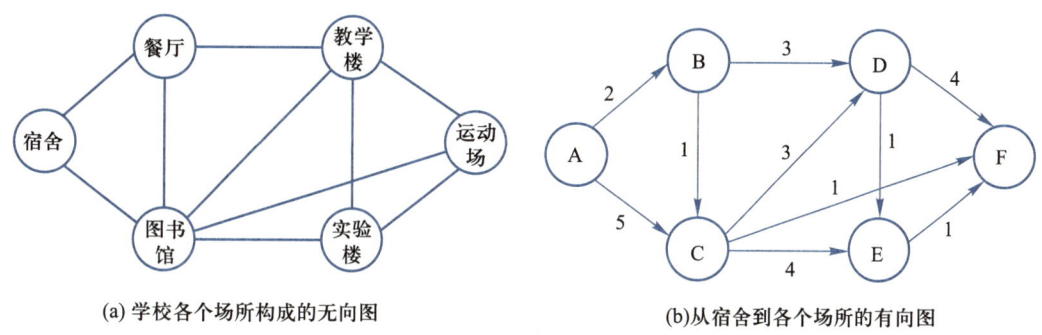

(a) 学校各个场所构成的无向图　　　　　　(b) 从宿舍到各个场所的有向图

图 4.3.1　图的构建和表示

　　图的搜索指的就是从图的某个顶点开始，到达其他顶点的方法和过程，如在图 4.3.1（b）中，从 A 点出发，分别达到 B、C、D、E、F 顶点的过程。根据搜索的顺序不同，图的搜索算法可分为广度优先搜索和深度优先搜索两种。实际上这两种方法既可以进行图的搜索，也可以进行树的搜索。

*4.3.2　广度优先搜索

　　广度优先搜索的核心思想是从初始节点开始，首先访问所有与初始节点相邻的节点，然后再依次访问这些相邻节点的未被访问过的相邻节点，以此类推，直到所有节点都被访问为止。这种搜索方式体现了沿层次横向扩展的趋势。当边的权值相等时，广度优先搜索是寻找最短路径的首选方法。下面就来详细讨论。

　　假定有一个如图 4.3.2（a）所示的 6 个顶点组成的图，现在从 A 点开始进行搜索，我们不妨设想一下，组成各个点之间的线可以伸缩，我们拎着 A 点，其他顶点位置根据和 A 的远近自然下垂，效果如图 4.3.2（b）所示。当然，你也发现了，这只是重新调整一下各个顶点的位置，它们的结构并没有改变，当你愿意这样想的时候，就可以方便理解我们将要学习的算法。

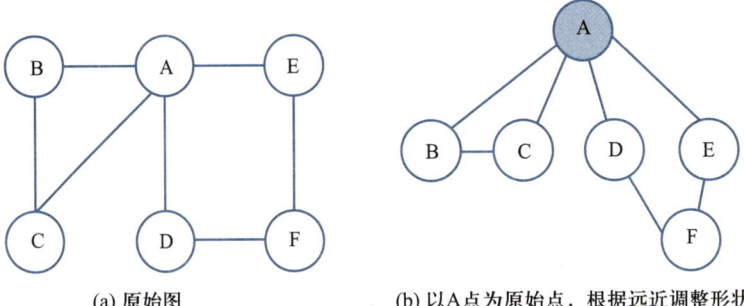

(a) 原始图　　　　　　　(b) 以A点为原始点，根据远近调整形状

图 4.3.2　原始图和根据搜索与起点的远近调整形状

广度优先搜索的步骤如下。

第一步：以 A 为起点，找它的邻居节点 B、C、D、E，并标注 A 点已访问，如图 4.3.3（b）所示。

第二步：以邻居节点 B、C、D、E 为起点，访问它们没有访问的邻居节点 F，并标注 B、C、D、E 点已访问，如图 4.3.3（c）所示。

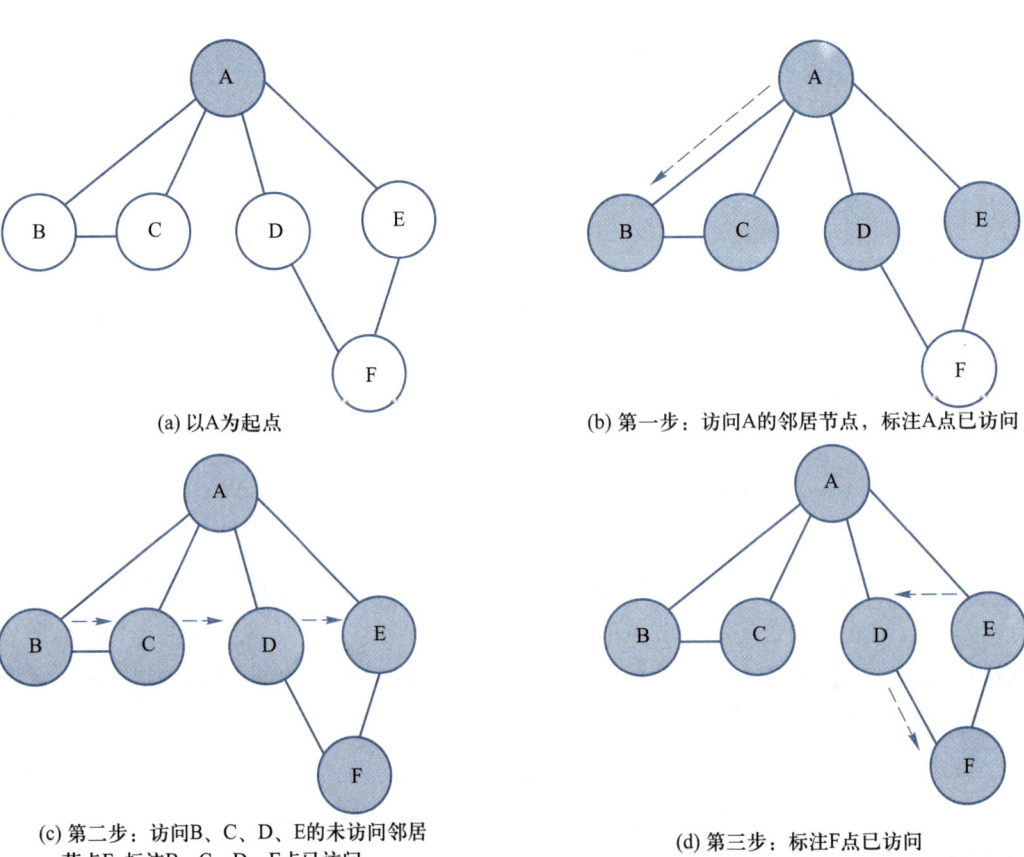

(a) 以A为起点

(b) 第一步：访问A的邻居节点，标注A点已访问

(c) 第二步：访问B、C、D、E的未访问邻居
节点F，标注B、C、D、E点已访问

(d) 第三步：标注F点已访问

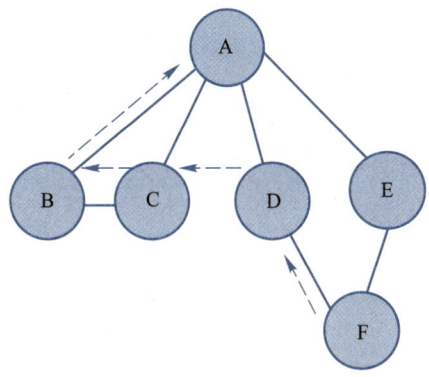

(e) 第四步：逐步返回，直到起始点

图 4.3.3　广度优先搜索算法的实现步骤

第三步：重复第二步，直到访问所以节点，如图 4.3.3（d）所示。

第四步：逐步返回，直到起始点，如图 4.3.3（e）所示。

广度优先搜索的特征为从起点开始，由近及远进行广泛的搜索。因此，目标顶点离起点越近，搜索结束得就越快。上面的访问顺序是 A、B、C、D、E、F。

*4.3.3　深度优先搜索

深度优先搜索和广度优先搜索一样，都是对图进行搜索的算法。不同的是深度优先搜索会沿着一条路径不断往下搜索直到不能再继续为止，然后再折返，开始搜索下一条路径。同样，为了方便理解，我们以原始图（如图 4.3.4（a）所示）中 A 为起点，根据能探索的深度来进行调整形状，同样只是调整位置，并没有改变结构，如图 4.3.4（b）所示。

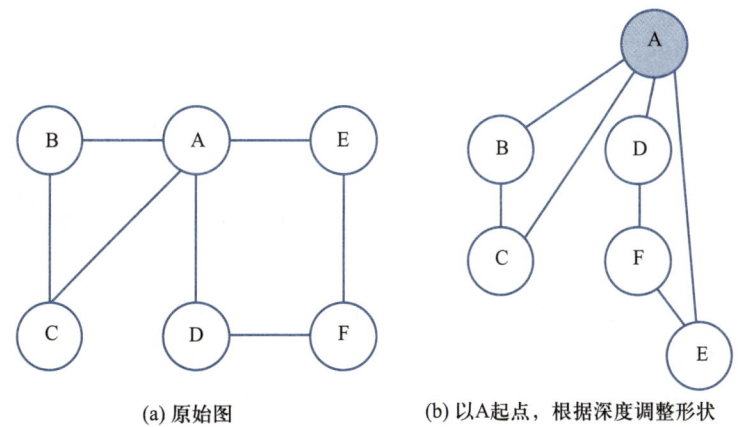

(a) 原始图　　(b) 以A起点，根据深度调整形状

图 4.3.4　原始图和根据从起点开始能搜索的深度来调整形状

下面来说明深度优先搜索的详细步骤。

第一步：以 A 为起点进行搜索，如图 4.3.5（a）所示。

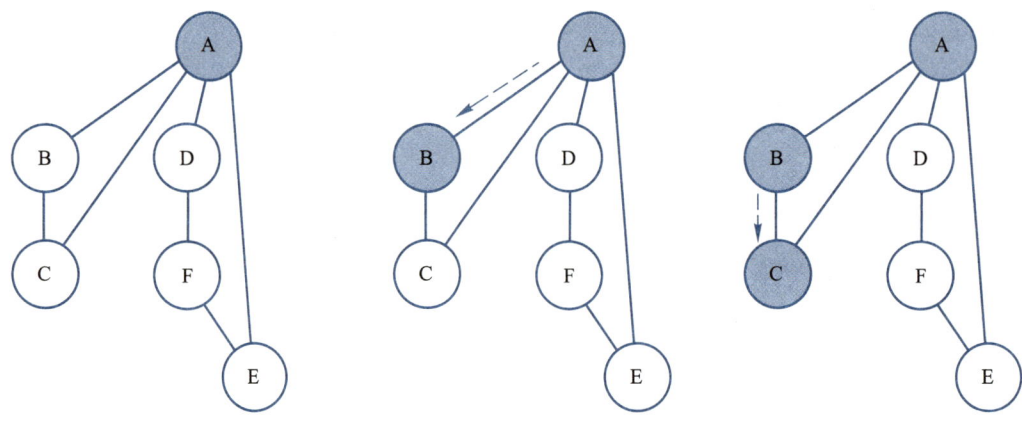

(a) 以A为起点　　(b) 标注A点已访问，沿着左边的路径　(c) 标注B点已访问，访问B节点的没有
　　　　　　　　　　进行搜索，先访问B节点　　　　　被访问节点C

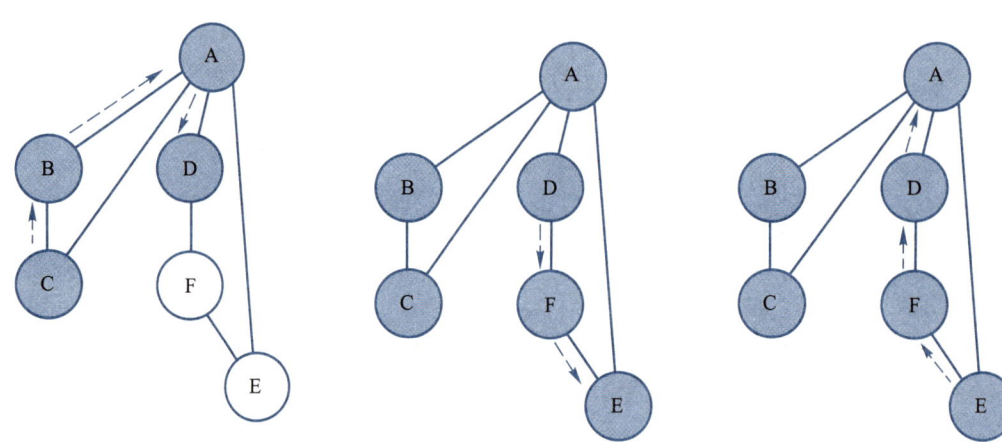

(d) 标注C点已访问，访问C的无访问节　(e) 重复上面的过程，逐步访问D、F、　(f) 发现E不存在无访问节点，逐步返回
点，发现无。回到B点，发现B无访问节　　　　E点，并标注　　　　A点，发现A点不存在无访问节点，搜索
点，继续回到A点，访向A的没有被访问　　　　　　　　　　　　　　　　结束
节点D

图 4.3.5　深度优先搜索算法的实现步骤

　　第二步：标注 A 点已访问，沿着左边的路径进行搜索，先访问 B 节点，如图 4.3.5
（b）所示。

　　第三步：标注 B 点已访问，访问 B 点的没有被访问的邻居节点 C，如图 4.3.5（c）
所示。

　　第四步：标注 C 点已访问，访问 C 的无访问节点，发现无；回到 B 点，发现 B 无
访问节点，继续回到 A 点；访问 A 的没有被访问节点 D。如图 4.3.5（d）所示，其中的
蓝色虚线标明路径的方向。

　　第五步：重复左边路径访问的方法，逐步访问 D、F、E 点，并标注，如图 4.3.5（e）
所示。

　　第六步：发现 E 不存在无访问节点，逐步返回 A 点，发现 A 点不存在无访问节点，
搜索结束，如图 4.3.5（f）所示。

深度优先搜索的特征为沿着一条路径不断往下进行深度搜索，直到访问完所有节点。上面的访问顺序是 A、B、C、D、F、E。

广度优先搜索和深度优先搜索各有其特点，其对比如表 4.3.1 所示。

表 4.3.1　广度优先搜索和深度优先搜索对比

对比维度	广度优先搜索	深度优先搜索
搜索顺序	从起始节点开始，逐层向外扩展，先访问起始节点的所有相邻节点，再访问这些相邻节点的未访问相邻节点	从起始节点开始，沿着某条路径深入到底，若无法找到目标解，则回溯到上一个节点，继续深入其他路径
完备性	是一种完备搜索算法，只要问题有解，就一定能找到解	是不完备搜索算法，可能无法找到解
最优解	在无权图中可以找到从起点到其他节点的最短路径	一般找不到最优解
应用场景	适用于查找最短路径、连通性问题等	适用于求解某些初始条件下是否有解的问题，不要求最优解
相同点	属于盲目搜索	属于盲目搜索

4.3.4　最短路径算法

如果问你出门靠什么？估计大家都会异口同声地说"靠导航"，的确导航现在是我们的"出门神器"，不仅告诉我们哪条路最短，还告诉我们哪条路好走。可你是否想过，导航背后的神秘力量是什么？没错，就是我们今天要学习的 Dijkstra 最短路径算法。

微视频 4-3：
最短路径算法

Dijkstra 最短路径算法，属于广度优先搜索的一种，是由荷兰计算机科学家 Dijkstra 于 1959 年提出的，因此常用他的名字 Dijkstra 直接来表示该算法。该算法是求从一个顶点到其余各顶点的最短路径算法，解决的是有权图中最短路径问题，它的主要特点是从起点开始，每次遍历到起点距离最近且未访问过的顶点的邻接节点，直到扩展到终点为止。

Dijkstra 算法的策略实际上采用贪心算法策略，贪心算法的基本思想是每一步都选择当前状态下的最优选择，希望通过局部最优解的累积最终得到全局最优解。贪心算法并不保证最终解是全局最优的，但它适用于一些特定问题，如路径规划问题等，在这些问题中，局部最优解可以通过逐步累积达到全局最优解。具体描述为每次选择一个点，这个点满足两个条件：①未被访问过；②到起点距离最短。这个点就是一个全局最优解，后续这个点到起点的距离是不需要修改的。

下面以 4.3.1 节中构建的学校生活场所为例，查找从起点 A 到各个顶点 B、C、D、E、F 的最短路径，如图 4.3.6 所示。

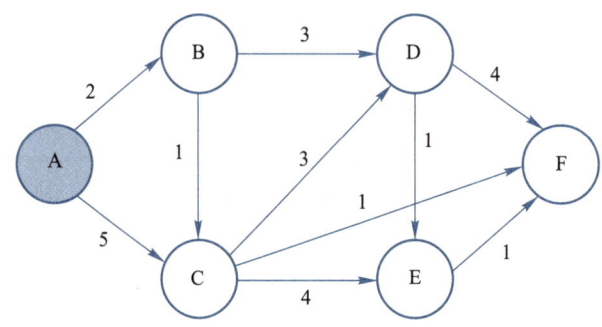

图 4.3.6　查找从起点 A 到各个顶点 B、C、D、E、F 的最短路径

思路：通过跟踪到达各个顶点需要的路程，找到最短路径，最初我们没有访问任何一个节点时，就把到达它的路程设为无穷大，然后每一次都选距离 A 最近的点，然后不断更新，更新的路程表用一个表格来表示，具体描述如下。

第一步：以 A 为当前点，选择直接到达的 B、C 点，并标注路程，没有直接到达的路程设为无穷大，用符号"∞"表示，找出最短路径，如图 4.3.7 所示。从图中可以看出，A 点到达 B 点的路程为 2，到达 C 点的路程为 5，因此可以找到最短路径为 A 到 B。

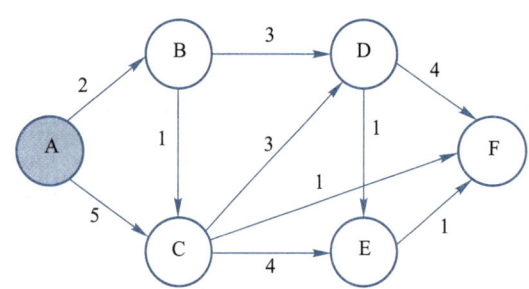

顶点A到达各个顶点的最短路径的访问表

	第1次	第2次	第3次	第4次	第5次
B	2(A-B)				
C	5(A-C)				
D	∞				
E	∞				
F	∞				
最短路径	2(A-B)				

图 4.3.7　从起点 A 开始找最短路径

第二步：标注已经访问的 A 点，以新找到的最短路径 B 点为新起点，找到 B 点直接到达的 C、D 点。同样，标注路程，找到到达 B 的最短路径，由于 B 已经是到 A 的最短路径，因此这次找到的也是到达 A 的最短路径，如图 4.3.8 所示。

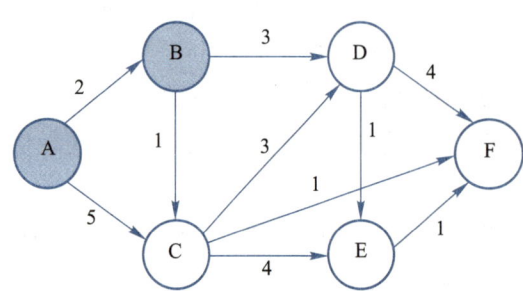

顶点A到达各个顶点的最短路径的访问表

	第1次	第2次	第3次	第4次	第5次
B	2(A-B)				
C	5(A-C)	3(A-B-C)			
D	∞	5(A-B-D)			
E	∞	∞			
F	∞	∞			
最短路径	2(A-B)	3(A-B-C)			

图 4.3.8　以新的最短路径 B 点为新起点找最短路径

第三步：标注已经访问的 B 点，重复上面过程，以新的最短路径 C 点为起点，找到 C 点直接到达的 D、E、F 点。同样，标注路程，找到到达 C 的最短路径，如图 4.3.9 所示。

提示：由于路径（A–B–C–D）比路径（A–B–D）更长，因此不更新。

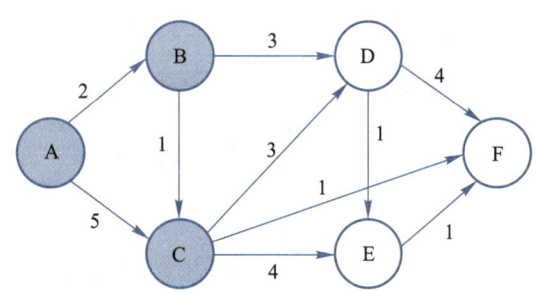

顶点A到达各个顶点的最短路径的访问表

	第1次	第2次	第3次	第4次	第5次
B	2(A-B)				
C	5(A-C)	3(A-B-C)			
D	∞	5(A-B-D)	5(A-B-D)		
E	∞	∞	7(A-B-C-E)		
F	∞	∞	4(A-B-C-F)		
最短路径	2(A-B)	3(A-B-C)	4(A-B-C-F)		

图 4.3.9　以新的最短路径 C 点为新起点找最短路径

第四步：按理说，我们要标注已经访问的 C 点，以新的最短路径 F 点为起点，找最短路径，但发现 F 没有直接到达的点。因此标注 F 点为已访问点，再返回 C 点，仍以 C 点为起点，访问 C 点直接到达而且没有标注的 D、E 点。如图 4.3.10 所示，同样找到最短路径。注意：由于 A–B–D 的路径是 5，而 A–B–C–D 的路径是 6，原有路径距离短，不更新，采用原有值。

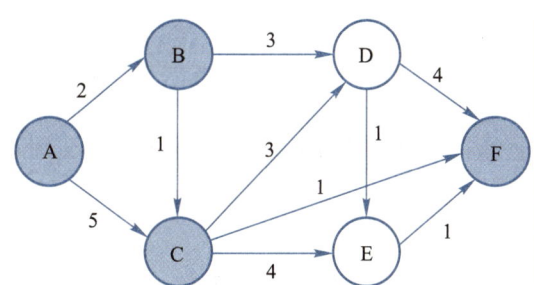

顶点A到达各个顶点的最短路径的访问表

	第1次	第2次	第3次	第4次	第5次
B	2(A-B)				
C	5(A-C)	3(A-B-C)			
D	∞	5(A-B-D)	5(A-B-D)	5(A-B-D)	
E	∞	∞	7(A-B-C-E)	7(A-B-C-E)	
F	∞	∞	4(A-B-C-F)		
最短路径	2(A-B)	3(A-B-C)	4(A-B-C-F)	5(A-B-D)	

图 4.3.10　仍以 C 点为起点找最短路径

第五步：标注已经访问的 C 点，以新找到的最短路径 D 点为新起点，找到 D 点直接到达而且没有标注的 E 点。同样，标注路程，找到最短路径，如图 4.3.11 所示。

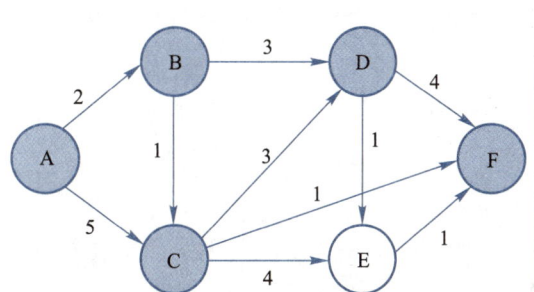

顶点A到达各个顶点的最短路径的访问表

	第1次	第2次	第3次	第4次	第5次
B	2(A-B)				
C	5(A-C)	3(A-B-C)			
D	∞	5(A-B-D)	5(A-B-D)	5(A-B-D)	
E	∞	∞	7(A-B-C-E)	7(A-B-C-E)	6(A-B-D-E)
F	∞	∞	4(A-B-C-F)		
最短路径	2(A-B)	3(A-B-C)	4(A-B-C-F)	5(A-B-D)	6(A-B-D-E)

图 4.3.11　以 D 点为起点找最短路径

第六步：标注已经访问的 D 点，以新找到的最短路径 E 点为新起点，找到 E 点直接到达而且没有标注的点。发现没有，标注 E 点，全部节点搜索完毕，搜索结束，如图 4.3.12 所示。

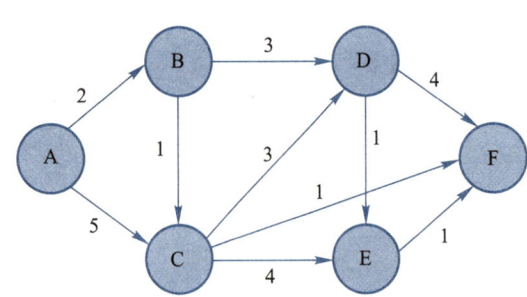

顶点A到达各个顶点的最短路径的访问表

	第1次	第2次	第3次	第4次	第5次
B	2(A-B)				
C	5(A-C)	3(A-B-C)			
D	∞	5(A-B-D)	5(A-B-D)	5(A-B-D)	
E	∞	∞	7(A-B-C-E)	7(A-B-C-E)	6(A-B-D-E)
F	∞	∞	4(A-B-C-F)		
最短路径	2(A-B)	3(A-B-C)	4(A-B-C-F)	5(A-B-D)	6(A-B-D-E)

图 4.3.12　找完所有的最短路径

我们发现经过这么几步，就可以找到从 A 点到达其他各个顶点 B、C、D、E、F 的最短路径，如图 4.3.13 所示。

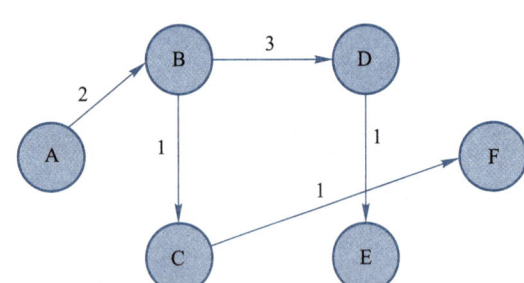

顶点A到达各个顶点的最短路径的访问表

	第1次	第2次	第3次	第4次	第5次
B	2(A-B)				
C		3(A-B-C)			
D				5(A-B-D)	
E					6(A-B-D-E)
F			4(A-B-C-F)		
最短路径	2(A-B)	3(A-B-C)	4(A-B-C-F)	5(A-B-D)	6(A-B-D-E)

图 4.3.13　找到 A 点到各个点的最短路径

以后再次使用地图导航时，你是不是就清楚了导航的工作原理了呢？当然，Dijkstra 算法不仅用在导航中，像物流规划、工程项目设计等都用到这个算法。

科学家故事：最短路径算法发明人 Dijkstra

　　Dijkstra（1930—2002 年），荷兰人，中学时的梦想是学习法律，去联合国当荷兰代表。但由于他在数学和物理上的优异表现，被父母和老师游说于 1948 年进入莱顿大学学习数学和物理学。1951 年他的父亲还给他报名了英国剑桥大学开设的计算机编程课，在这里他发现他喜欢编程。1952 年他受阿姆斯特丹数学中心计算系主任的推荐，在数学中心工作，正式进入编程行业，因此也获得了荷兰第一个程序员的称号。

　　在数学中心工作时，他的任务是开发一个计算机，并向公众演示计算机的作用，为了完成这个演示任务，他设计了"在荷兰随机选定两个城市，这两个城市之间最短的路线"的问题。最短路径算法就是基于上述问题，据说是 1959 年有一次他和女朋友在一个咖啡馆露台上喝咖啡的时候，花了 20 分钟时间想出来的。

Dijkstra 和女朋友结婚的时候，需要登记职业，问他职业的时候，他说他是"程序员"，由于程序员在当时并不流行，被拒绝了，因此最终写的是"理论物理学家"。

Dijkstra 对计算机尤其是编程方面贡献巨大，1972 年获得了计算机界的最高奖图灵奖。其实我们考试中很多重要的考点，都是在考 Dijkstra 的研究成果，如操作系统中的 GoTo 有害理论、信号量的概念、银行家算法、哲学家进餐问题等。

4.3.5 A* 搜索算法

1. 原有算法的不足

微视频 4-4：
A* 搜索算法 1

Dijkstra 算法求最短路径的时候，会从离起点近的顶点开始，按顺序求出起点到各个顶点的最短路径，也就是说，一些离终点较远的顶点的最短路径也会被计算出来，但这样做，有时候是无用而且浪费时间的。试想一下，如果你在郑州，你的目的地是北京，你从郑州搜索到上海或广州的路径没有太大价值。另外由于 Dijkstra 算法本身是广度优先搜索，当数据量很大的时候，它的搜索性能就会低下。

微视频 4-5：
A* 搜索算法 2

如果要寻找一条从起点 A 到终点 B 的路径，如图 4.3.14（a）所示，按广度优先的方法就是从 A 开始向四周按上下左右逐步展开，一直搜索到 B，其中不能穿越障碍物，深蓝色的方块代表障碍物。需要的步骤可能是这样的。

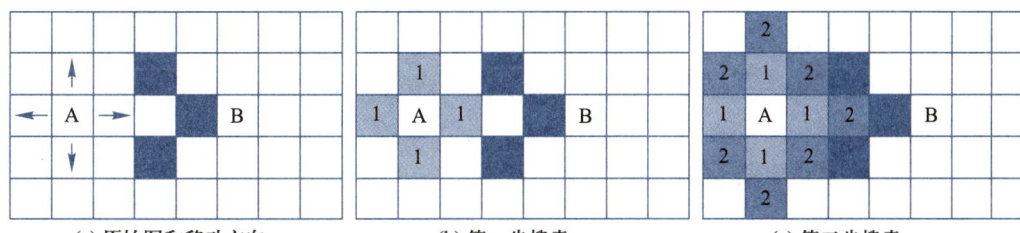

（a）原始图和移动方向　　　　（b）第一步搜索　　　　（c）第二步搜索

图 4.3.14　从 A 到 B 的广度优先搜索一

第一步：如图 4.3.14（b）所示，以 A 为中心，按上下左右搜索的情况用方格中的数字"1"表示。

第二步：接下来以每个"1"所在的点为中心，继续按上下左右搜索，用方格中的数字"2"表示，如图 4.3.14（c）所示。

接下来，重复这个动作，每一步的搜索分别用"3""4""5""6""7"和"8"来表示，你会发现到第 8 步会走到 B 所在的位置，如图 4.3.15 和图 4.3.16 所示。

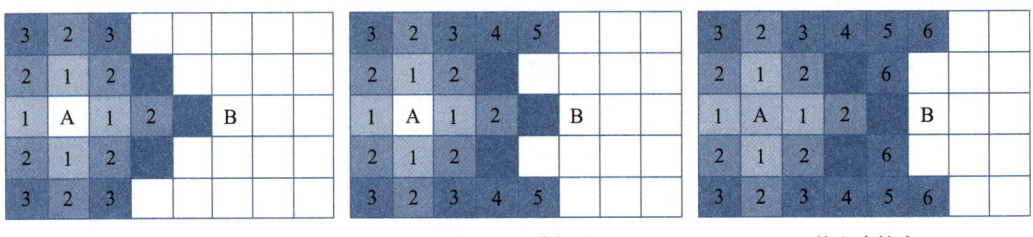

(a) 第三步搜索　　　　　　　(b) 第四、五步搜索　　　　　　　(c) 第六步搜索

图 4.3.15　从 A 到 B 的广度优先搜索二

(a) 第七步搜索　　　　　　　(b) 第八步搜索　　　　　　　(c) 从 A 到 B 的搜索路径

图 4.3.16　从 A 到 B 的广度优先搜索三

从图 4.3.14、图 4.3.15 和图 4.3.16 中发现这种搜索方式是盲目的，因为它是没有方向性的。在最不利的情况下可能需要找遍整个地图才能找到最短路径，是没有目的的搜索，这也是广度优先搜索的不足。那是不是有更好的方法呢？在实际的应用过程中，基于启发式信息进行搜索的 A∗ 搜索便是常用的一种方法。

2. A∗ 搜索

A∗ 搜索由 Dijkstra 算法发展而来。与之不同的是，A∗ 会预先估算一个值，并利用这个值来省去一些无用的计算。换句话说 A∗ 搜索就是在状态空间中搜索时，对每一个搜索的位置进行评估，得到最好的位置，再从这个位置进行搜索直到目标。这样可以省略大量无用的搜索路径，提高了效率。

A∗ 搜索不会去搜索所有的边界，而是去选择当前点预估代价最低的边界进行搜索，也就是选择一个有方向性的边界进行搜索。如图 4.3.17 中，在四个方向的边界中，而→方向才是代价最低的边界。

你可能会想，这个预估代价最低怎么来的？实际上是根据距离来进行估算的，这种距离的估算具体如下：

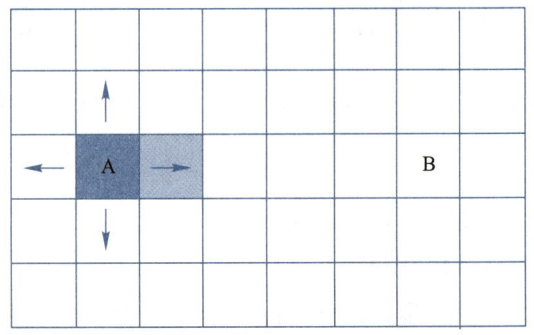

图 4.3.17　A∗ 搜索会选择预估代价最低的边界

路径代价 = 当前代价 + 预估代价

当前代价就是从起点到当前位置的路程，就是已经走的路程。

预估代价在预估距离时，常用的方法有两种，分别为欧氏距离和曼哈顿距离。欧氏距离就是两点之间的直线距离，如图 4.3.18（a）所示；曼哈顿距离，就是两点在竖直和水平方向上的距离总和，如图 4.3.18（b）所示。

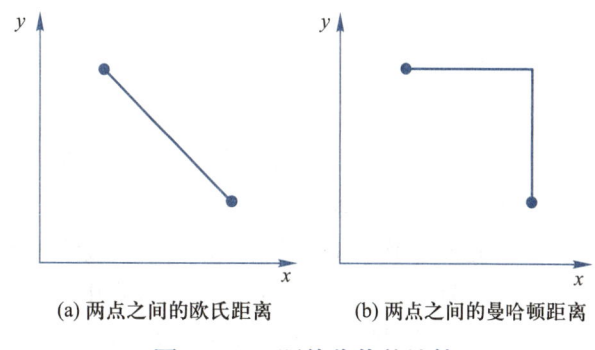

(a) 两点之间的欧氏距离　　(b) 两点之间的曼哈顿距离

图 4.3.18　预估代价的计算

下面以图 4.3.17 为例，来分析 A* 搜索的思想。

第一步：以 A 为起点，在四个方向的边界中，计算路径代价（当前代价 + 预估代价），并找出最小的路径代价，如图 4.3.19（a）所示。这里 1+4 表示当前路径为 1，预估路径为 4。

第二步：选择最低代价，从最低代价的边界出发，计算各个方向的路径代价，找出最小路径代价，如图 4.3.19（b）所示。

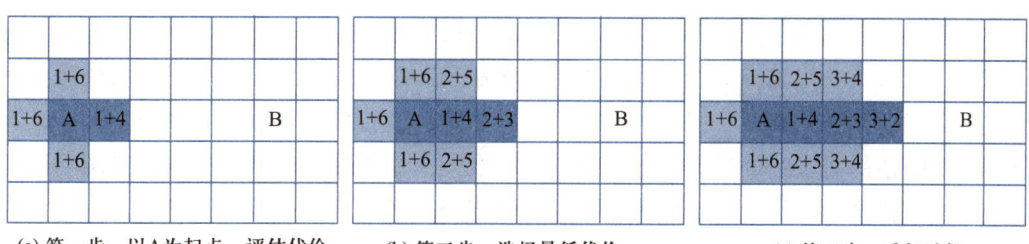

(a) 第一步，以 A 为起点，评估代价，
找出代价最小值

(b) 第二步，选择最低代价，
重复寻找最低代价

(c) 第三步，重复过程

图 4.3.19　A* 搜索的基本思想和过程一

第三步：后面以此类推，每次都选择最低代价，重复上述过程，直到搜索到目标 B 点，其过程分别如图 4.3.20 所示。

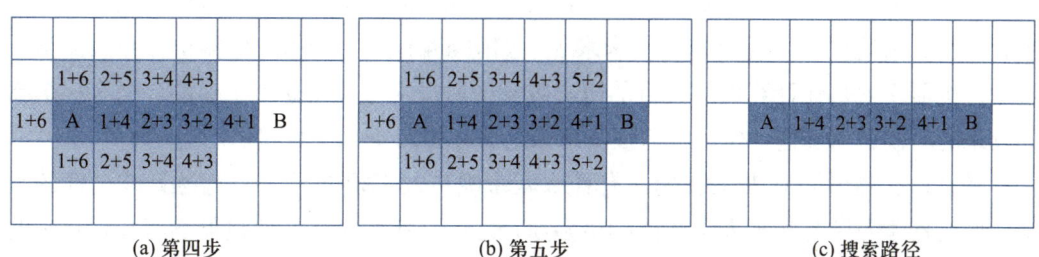

(a) 第四步

(b) 第五步

(c) 搜索路径

图 4.3.20　A* 搜索的基本思想和过程二

最终完成路径的搜索，你会发现 A* 搜索就是快一些，因为直奔目标是它的特点。

4.3.6　搜索算法的应用

搜索算法有着非常广泛的应用，如在地图导航、机器人路径规划、物流运输以及工程项目进度管理等领域有广泛的应用。

（1）地图导航。在地理信息系统中，搜索算法被广泛应用于路径规划和导航。

（2）机器人路径规划。在机器人技术中，搜索算法用于规划机器人在空间中的移动路径，以避免障碍物并高效地到达目的地。

（3）物流运输。在物流和运输领域，搜索算法可帮助确定最有效的配送路线，以最小化运输成本和时间。

（4）工程项目进度管理：搜索算法可用于快速查找项目任务和里程碑的时间表，帮助项目经理掌握项目的整体进度。

4.4　机　器　学　习

小智决定去图书馆借阅几本书看看。一进入图书馆，他被一台电子服务台吸引，这个服务台配备了一块大屏幕和一台读卡器，看起来非常现代化。小智好奇地用校园卡一刷，屏幕上竟跳出几本他心仪已久的人工智能书籍。小智惊讶不已，他尚未查询，计算机如何知晓他的需求？疑惑中，他询问了旁边的图书馆工作人员。原来，这是图书馆新引入的基于机器学习算法的智能推荐系统。该系统通过分析学生的借阅历史、网络搜索行为等数据，预测其兴趣和需求，从而提供个性化书籍推荐。机器竟然也能像人类一样学习？下面我们开始探索机器究竟是怎么学习的吧。

4.4.1　什么是机器学习

人类解决问题之前，需要学习和积累很多过往经验，从中归纳出规律，之后遇到一个新事情，就能用这个规律来预测未来了，如图 4.4.1（a）所示。机器学习和人类学习很像，机器学习是让计算机从大量的历史数据中通过学习，建立一个模型，当有一个新问题来的时候，通过这个模型可以预测未知之事，如图 4.4.1（b）所示。

那么，机器学习和人工智能又有什么联系呢？人工智能是一个宽泛且综合性的系统，而机器学习则是实现人工智能的诸多途径之一。换言之，虽然机器学习在近年来的人工智能研究中占据主导地位，但它并非达成人工智能目标的唯一手段。人工智能的实现还可以依靠事先定好的规则或利用数理统计等方法。

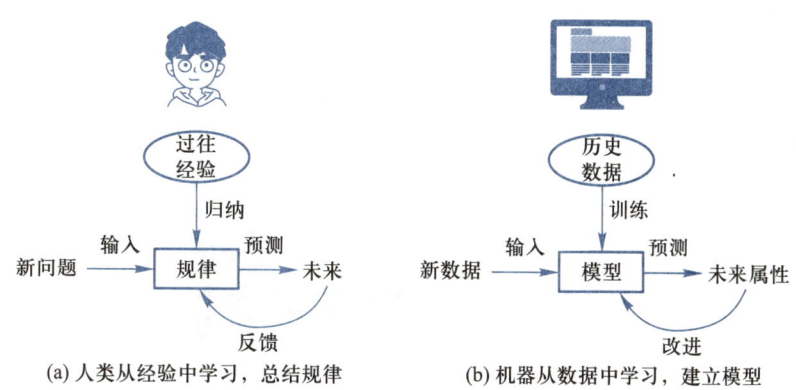

(a) 人类从经验中学习，总结规律　　　(b) 机器从数据中学习，建立模型

图 4.4.1　机器学习和人类学习

此外，深度学习作为一种机器学习算法备受瞩目，这在一定程度上导致了公众对于人工智能与深度学习之间关系的误解。许多人一提到人工智能就联想到深度学习。然而，深度学习仅仅是机器学习算法中的一种，其基础是神经网络。人工智能、机器学习、神经网络和深度学习之间的关系如图 4.4.2 所示。

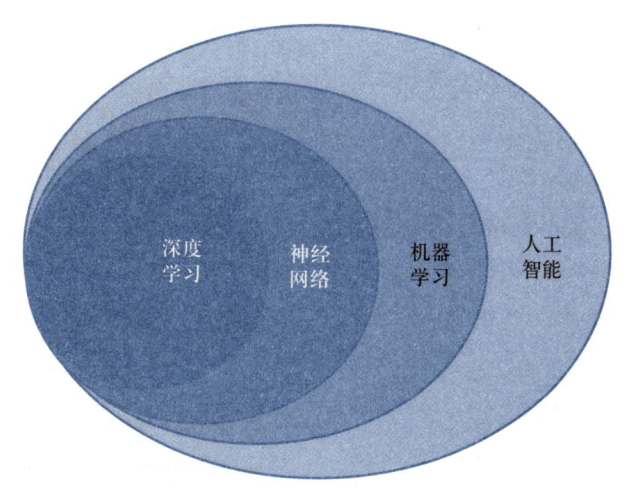

图 4.4.2　人工智能、机器学习、神经网络和深度学习之间的关系

4.4.2　机器怎么学习

机器学习的关键在于从大量的数据中发现一个"函数"或"模型"，并通过它来模拟现实世界事物间的关系，从而实现预测或判断的功能。建立这个模型的过程就是学习。

例如，利用一个人的身高（自变量 x_1）、体重（自变量 x_2）数据预测他所穿的鞋的尺码（因变量 y）问题。我们向计算机提供这些数据的组合，使计算机进

微视频 4-6：
机器学习的
过程

行学习并给出预测模型。然后，将新的身高和体重数据提供给模型，由模型预测出对应的鞋的尺码，如图 4.4.3 所示。

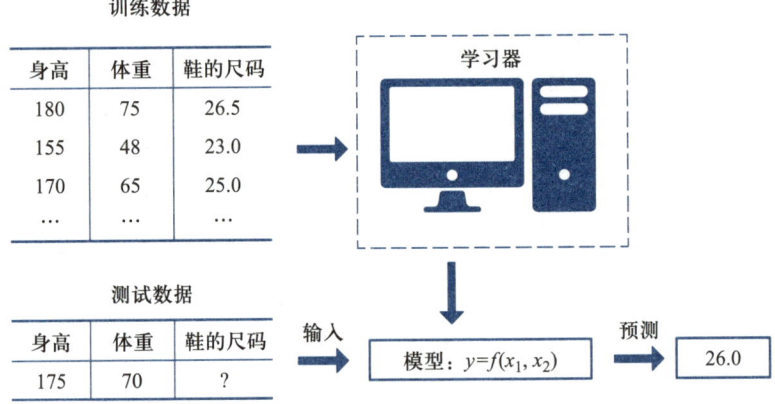

图 4.4.3　机器学习示意图

这些自变量（x_1，x_2），在机器学习领域称为特征值或者特征变量，作为答案的因变量 y 称为目标变量或者标签。

机器学习，就是在已知数据集的基础上，通过反复的计算，选择最贴切的函数去描述数据集中自变量（x_1，x_2）和因变量 y 之间的关系的过程。

如果机器通过所谓的训练找到了一个函数，对于已有的 1 000 个人的身高、体重数据，它都能够根据这些特征，大致推断出他们穿鞋的对应尺码。那么，再给出另一批人的身高、体重数据，就很有希望用同样的函数（模型）推断出这另一批人所穿鞋的对应尺码。此时，已有的 1 000 组身高、体重数据称为训练数据集，另一批身高、体重数据称为测试数据集。图 4.4.4 展示了机器从数据中训练模型的过程。

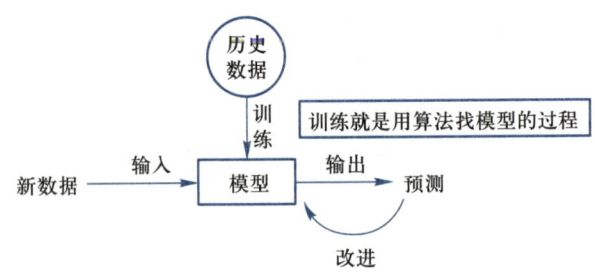

图 4.4.4　机器学习原理示意图

4.4.3　机器学习的类别

机器学习包含不同的种类。最常见的分类为监督学习、无监督学习和强化学习。

1. 监督学习

监督学习利用已知类别的样本（有标记的样本），训练学习得到一个最优模型，是将问题的答案告知计算机，使计算机进行学习并给出机器学习模型的方法。这种方法要求训练数据中包含表示特征的数据和作为答案的目标数据。图 4.4.3 就是一个典型的监督学习的例子。

监督学习的应用场景主要有回归和分类。下面先说回归。回归问题通常用来预测一个值，其标签的值是连续的。例如前面图 4.4.3 根据身高和体重数据预测出对应的鞋的尺码的例子就是监督学习中的回归。此外，预测房价、未来的天气等任何连续性的走势、数值等问题都是回归问题。图 4.4.5 是利用线性回归预测房价建模而得到的直线。

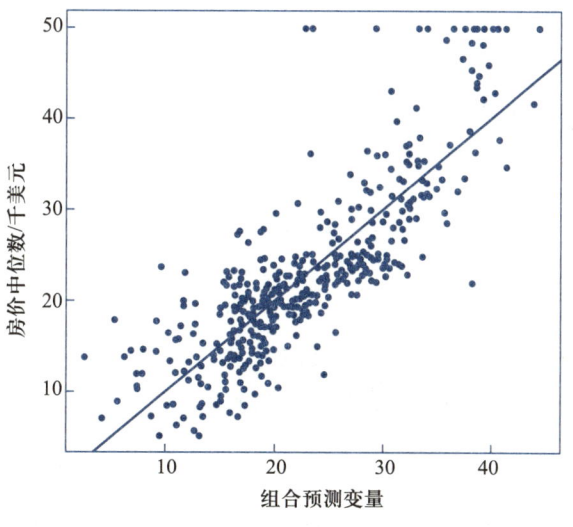

图 4.4.5　线性回归示意图

监督学习的另外一个应用场景是分类。分类问题是机器学习中的一种常见类型，算法需要将数据划分到一组已定义的类别中。如图 4.4.6 所示，已有表示特征的身高和体重数据，作为答案的数据是性别（男/女）。我们向计算机提供这些数据的组合，使计算机进行学习并给出预测模型。然后，将新的身高和体重数据提供给模型，由模型预测出性别。

分类问题还有很多，例如在医学诊断中，分类问题可能是预测患者是否患有特定疾病；在营销领域，分类问题可能是预测客户是否会购买某种产品；在金融领域，分类问题可能是预测客户是否会逾期还贷。将数据分类到两个类别中，称为二元分类，如图 4.4.7 所示。将数据分类到更多类别，比如 10 个类别，这样的情况称为多元分类。

分类是机器学习的经典应用领域，很多种机器学习算法都可以用于分类，包括基础的 K 近邻算法、经典的逻辑回归算法以及神经网络、深度学习等。

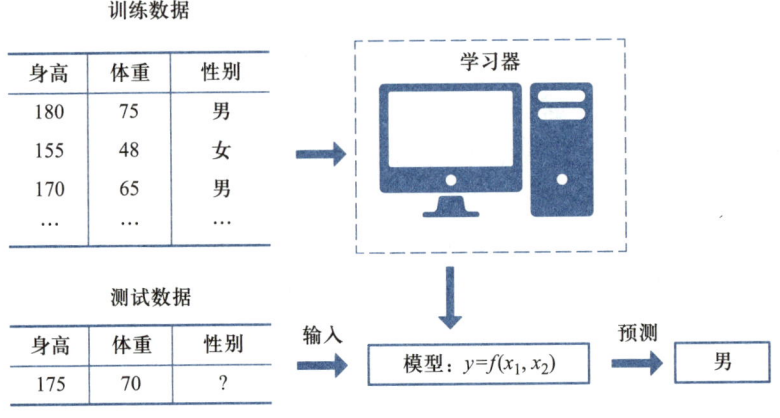

图 4.4.6　分类的示意图

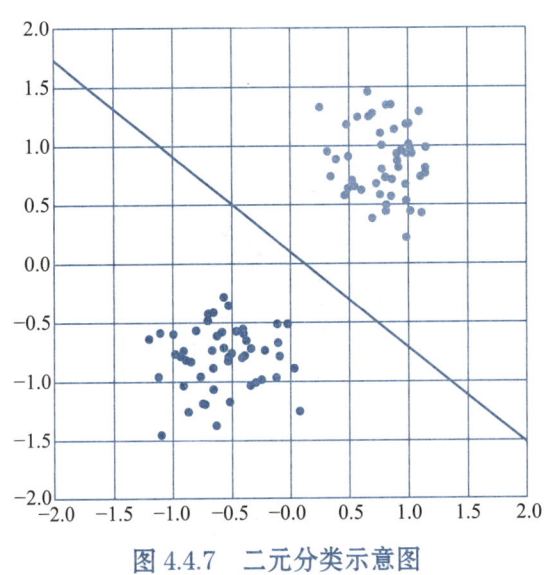

图 4.4.7　二元分类示意图

2. 无监督学习

有监督学习是将特征值和目标变量（答案）作为一套数据进行学习的方法，而无监督学习的数据中没有作为答案的目标变量。

有人可能会好奇地问：要是没有答案，我们该怎么去学习呢？其实，无监督学习直接接收一堆特征数据作为起点。然后，它会尝试对这些数据进行各种分析，找出数据里隐藏的一些规律或群体。通过这种方式，无监督学习能够逐渐理解这些数据的内在结构和特点。

无监督学习的典型应用场景是聚类和降维。把相似的数据汇总为组的方法称为聚类。例如，通过聚类算法，学校可以将学生按照他们的课外活动参与情况进行分组。结果可能会发现有一些学生特别喜欢参加体育活动，如篮球、足球等运动；另一些学生则更倾向于艺术方面的活动，如绘画、音乐等；还有一些学生热衷于学术竞赛，经常参加各种学科比赛等。图 4.4.8 是聚类的示意图，把图 4.4.8（a）中的所有数据汇总为不同的三类。

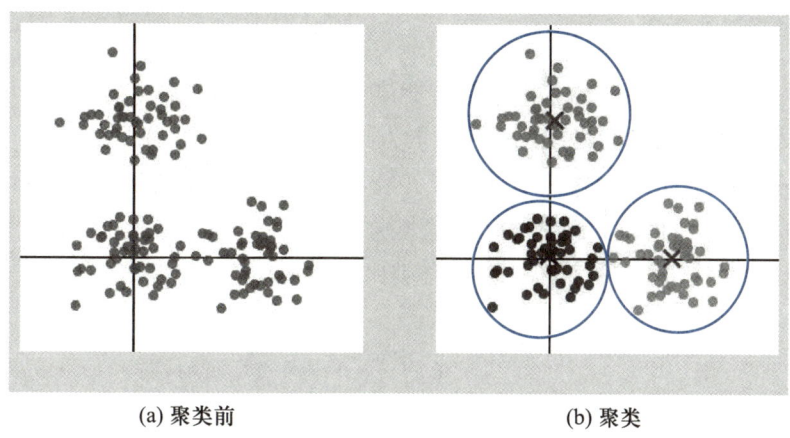

(a) 聚类前　　　　　　　　　　(b) 聚类

图 4.4.8　聚类示意图

　　降维，简单来说就是把具有众多特征的数据，想办法用更少的特征来表示，同时还要求保留最主要的信息。这么做的好处是，当我们面对特别复杂的数据，比如有 100 个不同的特征时，直接分析起来可能会很头疼。但若能用某种方法，只挑选出 10 个最重要的特征来代表这些数据，那后面的分析工作就会变得轻松多了。

　　想象一下，你在学习的时候，如果一本书有 100 页的内容要记，是不是觉得很难？但如果老师帮你总结出 10 页的重点，你是不是就能更快地掌握这本书的核心内容了呢？降维也是同样的道理，它帮助我们抓住数据的主要特点，让分析变得更加简单。图 4.4.9 采用降维算法把三维空间中的数据用二维空间中的数据来代表，并保持了数据之间的相对位置关系，减少了一个维度的特征。

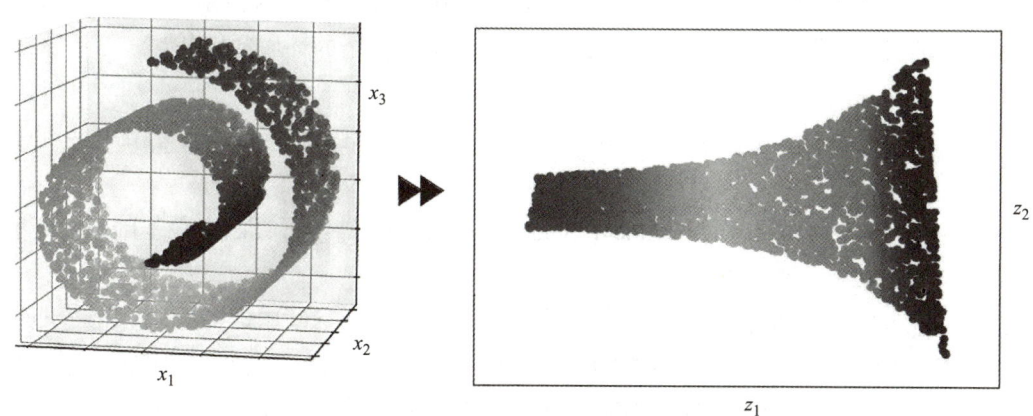

图 4.4.9　降维示意图

降维的方法有很多，例如主成分分析法、线性判别分析、t- 分布邻域嵌入法、局部线性嵌入法、自动编码器以及奇异值分解等。感兴趣的同学可以查阅相关资料，此处不再介绍。

3. 强化学习

强化学习，通俗来说，就是一种让智能体（比如机器人、软件程序等）在不断尝试中通过奖惩机制来学习如何做出最好决策的方法。

强化学习就像小孩子学走路，小孩子（智能体）不断尝试走路（采取行动），环境会根据走得好不好（状态）给予奖励（正奖励）或惩罚（负奖励），小孩子慢慢就学会了如何稳稳地走路（找到最优策略）。这种类比如图 4.4.10 所示。

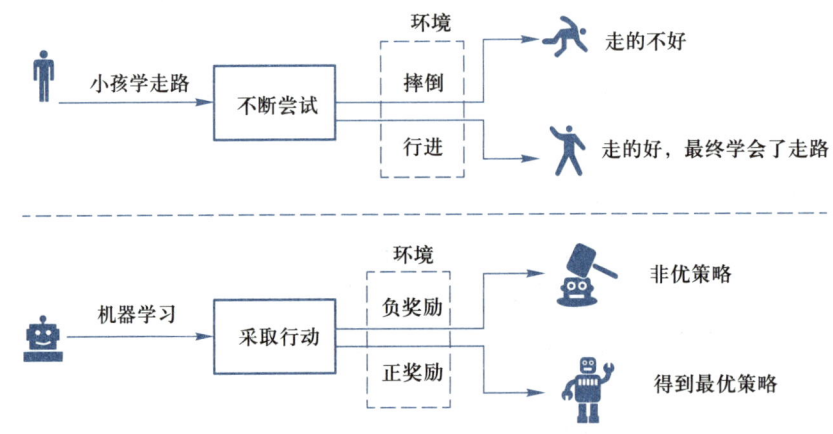

图 4.4.10　强化学习类比小孩走路

强化学习在游戏、机器人控制、自动驾驶等需要决策和优化长期目标的场景中发挥着重要作用。例如，在游戏 AI 领域中，强化学习被用于训练 AlphaGo 和 AlphaZero 等算法，在围棋、象棋等复杂游戏中取得了超越人类的成绩。在机器人控制领域中，强化学习可以帮助机器人学习更加智能、灵活的策略，以适应复杂的环境和任务。

4.4.4　机器学习应用实例：KNN

KNN（K-Nearest Neighbor，K 近邻）算法是机器学习算法中最基础、最简单的算法之一，属于监督学习，主要用于分类。

KNN 算法的核心思想是：如果一个样本在特征空间中的 K 个最相似（即特征空间中最邻近）的样本中的大多数属于某一个类别，则该样本也属于这个类别。同一类别的事物通常聚集在一起，"物以类聚"说的就是这个原理。KNN 这种方法在确定分类决策上只依据最邻近的一个或者几个样本的类别来决定待分样本所属的类别，如图 4.4.11 所示。

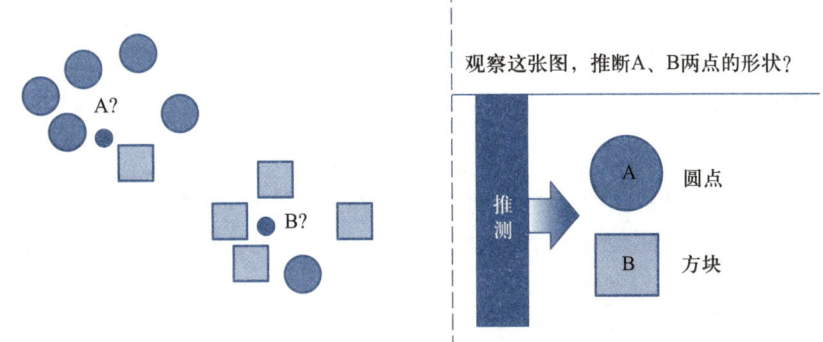

图 4.4.11　KNN 算法原理示意图

KNN 如何理解"最近"呢？最直观的就是用距离量化"远近"。距离（用 d 表示）的计算方法有很多种。如对于直线上的距离，两个点 x_1 和 x_2 直接相减即可：

$$d = |x_2 - x_1|$$

对于平面上的两个点来说，距离可以采用欧氏距离进行计算：

$$d = \sqrt{(x_2 - x_1)^2 + (y_2 - y_1)^2}$$

三维空间或其他情况的距离计算，在这里就不一一细说，有兴趣的同学可自行学习。

对于每一个测试数据，使用 KNN 算法进行分类时的步骤如下：

（1）计算测试数据与所有训练数据之间的距离。

（2）按距离递增排序。

（3）得到距离测试数据最近的 k 个训练数据。

（4）统计这 k 个训练数据的类别频率，按规则确定预测结果。

下面给出一个 KNN 算法应用的实例。假设某网站发现用户对某些车型的浏览行为数据如表 4.4.1 所示，那么现在向用户推送 X008 车型的广告是否会引发用户兴趣？

表 4.4.1　车型浏览行为数据

用户行为	型号	长/mm	宽/mm	高/mm	价格/万元
略过	X001	4053	1740	1449	23
浏览	X002	5087	1868	1500	41
略过	X003	4032	1680	1450	9
浏览	X004	4330	1535	1885	28
⋮	⋮	⋮	⋮	⋮	⋮
?	X008	4560	1645		34

为了简化，此处只考虑价格特征，我们计算 X008 与其他车型的距离，例如与 X001 的距离为 $d = |34 - 23| = 11$。类似的，可以算出 X008 与其他所有车型的距离，如表 4.4.2 所

示。选取与被测车辆距离最小的 k 个点（一般 k 为奇数，本例 $k=3$）作为分类判断的依据，即表 4.4.2 中灰色背景数据项所对应的 3 种车型，有 2 种是用户感兴趣的，1 种是用户不感兴趣的。按简单的少数服从多数原则，可推测车辆 X008 也是用户感兴趣的车型。

表 4.4.2　距　离

用户行为	型号	价格/万元	距离 d
略过	X001	23	11
浏览	X002	41	7
略过	X003	9	25
浏览	X004	28	6
⋮	⋮	⋮	⋮
？	X008	34	

需要注意的是，KNN 算法在实际应用中并不需要一个显式的"训练"阶段。这意味着它不会在训练阶段构建内部模型，而是将训练数据"记忆"下来，并在需要预测时再进行计算。这种即时决策的方式使得 KNN 算法在训练数据上的准备工作非常简单，但预测时的计算成本可能较高，特别是当训练集非常大时。因此，当数据量较大或维度较大时，我们就需要考虑其他方法。

*4.5　神经网络与深度学习

作为机器学习里非常重要的一个分支，深度学习这些年来进步飞快，用在越来越多的地方。那么，什么是深度学习呢？这就要从人工神经网络开始说起了。神经网络的基础是神经元，而神经元是对生物神经元的模拟。

4.5.1　生物神经元与人工神经元

1. 生物神经元

人类大脑是迄今为止已知的世界上最复杂、最为精细的系统之一，作为人体的控制中枢，它负责人体的一切认知功能，具有极为高效的信息处理能力。大脑包括约 10^{11} 个神经元细胞，这些细胞通过约 10^{15} 个突触相互连接，构成了一个极度复杂、庞大的网络系统，并通过相互作用进行信息处理，控制着人类的感知、运动、情感、注意、记忆、思维、语言等功能。生物神经元是大脑最基本的功能单位，其结构如图 4.5.1 所示。

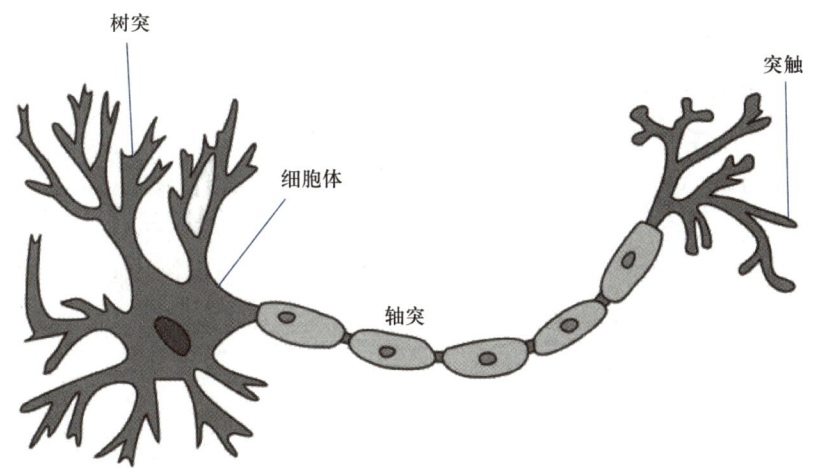

图 4.5.1 生物神经元结构

　　每个神经元都向外伸出许多分支，其中，从细胞体伸出的多条短而多分支的突起，形如树枝，开始时比较粗，反复分支，逐渐变细，称为树突。树突的主要功能是负责接收来自其他神经元的信号。而轴突是从细胞体延伸出的单一长纤维，粗细均匀且分支少；外表大都套有一层鞘，共同组成神经纤维；神经纤维末端的细小分支称为神经末梢。轴突的主要功能是将电信号传递到下一个神经元。一个神经元的轴突连接到另外一个神经元的树突上形成一个突触，如图 4.5.2 所示。也就是说突触是一个神经元与其他神经元的连接点。一个神经元可以通过这种方式连接多个其他神经元，一个神经元也可以接受多个其他神经元的连接。

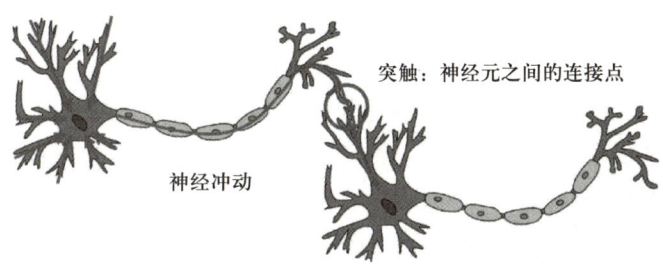

图 4.5.2 神经元连接

　　细胞体负责对接收到的信号进行整合和处理，决定是否产生新的信号向下传递。当神经细胞受到足够强度的刺激时，也就是接收到的众多突触输入信号的总和超过一定的数值时（称为阈值），神经细胞会激活进入兴奋状态，在兴奋状态下，神经细胞会产生一个电信号，这个信号会沿着轴突向神经元的末端（通常是突触）传播。反之，如果刺激强度不足或没有受到刺激，也就是接收到的众多突触输入信号的总和小于一定的数值时，则神经细胞没有激活，会进入抑制状态，而抑制状态则是不传递信号或传递较弱的信号。

2. 人工神经元

生物神经元是大脑的基本构成单元，而人工神经元则是受生物神经元启发而设计出的计算模型，用于模拟大脑的工作方式。

在 1943 年，心理学家 W.S.McCulloch 和数理逻辑学家 W.Pitts 合作发表了论文，提出了神经元的数学模型，即 M-P 模型。这一模型开创了人工神经网络研究的先河，它模仿了生物神经网络中神经元的基本结构和功能，为后续的神经网络研究提供了理论基础。M-P 神经元的结构如图 4.5.3 所示，它是一个包含输入，输出与计算功能的模型。该模型接收多个输入信息（x_1，x_2，……），并产生一个输出信息 y，就好比神经末梢感知各种外部环境的变化，最后产生电信号的过程。它在形态上与生物神经元非常类似：输入可以类比为神经元的树突；输出可以类比为神经元的轴突；计算过程则可以类比为细胞体的功能。

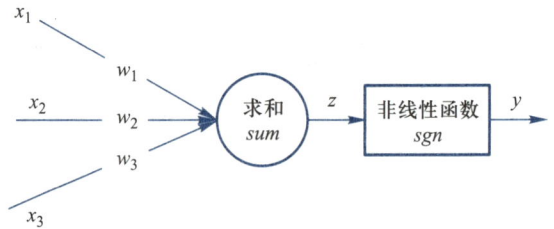

图 4.5.3　M-P 神经元

图 4.5.3 中 M-P 神经元模型包含有 3 个输入（x_1，x_2，x_3），1 个输出 y，以及 2 个计算功能。其中，w_1、w_2 和 w_3 代表对应输入上的权重。

输入是神经元接收来自其他神经元或外部数据源的信息，这些输入通常代表数据特征或属性，是神经元进行后续计算的基础。

求和是将所有输入和对应权重先乘后加的结果。这个总和值反映了所有输入信号对神经元输出的综合影响：

$$sum = x_1 \times w_1 + x_2 \times w_2 + x_3 \times w_3$$

非线性函数用来模拟神经元的激活过程，这个过程就像是给神经元加上了一个"开关"。当加权求和的结果超过阈值时，这个"开关"就被打开了，神经元就被激活了，然后它会通过非线性函数输出一个值。

为了简化流程图，可以把神经元作为一个单元，将求和函数 sum 与非线性函数 sgn 合并到一个圆圈里，代表神经元的内部计算，如图 4.5.4 所示。

下面通过一个实例来说明 M-P 神经元的用途。为了简化模型，我们约定每种输入只有两种可能：1 或 0。如果所有输入都是 1，表示各种条件都成立，输出就是 1；如果所有输入都是 0，表示条件都不成立，输出就是 0。

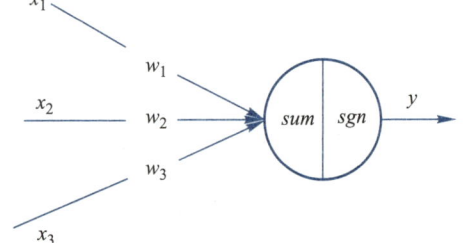

图 4.5.4　M-P 神经元简化模型

是否外出野餐

假设我们面临一个简单的决策场景：决定周末是否外出野餐。这一决策建立在三个核心条件之上：天气是否晴朗（条件A）、个人时间是否允许（条件B）以及是否有理想的野餐地点（条件C）。这三个条件构成了M-P神经元的输入信息，而最终的决策则作为神经元的输出。当所有条件均满足（标记为1）时，输出为1，意味着选择去野餐；若所有条件均不满足（标记为0），则输出0，即选择不去野餐。

然而，现实情况往往复杂多变，条件可能部分满足而部分不满足。例如，即便天气晴朗、个人时间允许，若缺乏合适的野餐地点，我们是否仍会外出野餐呢？

实际上，在多数决策中，各条件的重要性并不等同。某些条件可能是决定性的，而其他条件则相对次要。因此，我们可以为每个条件分配不同的权重，以反映其重要性。例如：天气为权重0.50（决定性因素），时间为权重0.30（次要因素），地点为权重0.20（次要因素）。

权重分配表明，天气是最关键的因素，而时间和地点则相对次要。若所有条件均满足，其加权总和为$1×0.5+1×0.3+1×0.2=1$。若时间和地点满足但天气不佳（标记为0），加权总和则降为$0×0.5+1×0.3+1×0.2=0.5$。

此时，我们需要设定一个阈值。若加权总和超过阈值，神经元输出1，可以去野餐；否则，输出0，不去野餐，如表4.5.1所示。

表 4.5.1　所有条件组合下的结果

结果	天气（50%）	时间（30%）	地点（20%）
1.0	1	1	1
0.8	1	1	0
0.7	1	0	1
0.5	1	0	0
0.5	0	1	1
0.3	0	1	0
0.2	0	0	1
0.0	0	0	0

假设阈值为0.7。当所有条件均满足时，加权总和为1，大于阈值0.7，因此神经元输出1，决定去野餐；当天气不佳时，加权总和为0.5，小于阈值0.7，因此神经元输出0，决定不去野餐。

阈值的高低反映了决策的严格程度。阈值越低，表示决策越倾向于肯定；阈值越高，则越倾向于否定。在现实生活中，我们时常在无意识中运用阈值进行判断。是否采取行动或某事件是否发生，往往存在一个临界点。一旦越过这个临界点，事件便发生；反之，则不发生。这种决策机制在 M-P 神经元模型中得到了直观的体现。

M-P 模型，奠定了神经网络大厦的地基。但是权重的值都是预先设置的，因此不能学习，这极大地限制了其适应变化环境的能力。为了突破这一局限，科学家们开始探索如何让神经元自动调整权重，从而实现自我学习和优化。

4.5.2 神经网络

科学家一直希望能造出一种能像人一样思考的机器。人能够思考的原因在于复杂的生物神经网络。人工神经网络（artificial neural network，ANN），一般也称为神经网络（neural network，NN），作为模拟大脑神经结构和工作原理的一种技术，是在生物科学发展到一定程度后，通过借助数学和物理的方法从信息处理的角度对人脑神经网络进行抽象后建立的模型。至今，人工神经网络已经从最初的简单模型发展到了今天高度复杂和多样化的系统。我们这里首先介绍最简单的神经网络——感知机。

1. 感知机

微视频 4-9：感知机（神经网络）是什么

1943 年心理学家 Hebb 提出了 Hebb 学习率，认为人脑神经细胞的突触（也就是连接）上的强度是可以变化的。于是计算机科学家们开始考虑用调整权值的方法来让机器学习。

1958 年，计算机科学家弗兰克·罗森布拉特（Frank Rosenblatt）提出了由两层神经元组成的神经网络。他给它起了一个名字："感知机"（perceptron）。感知机是当时首个可以学习的人工神经网络，其结构如图 4.5.5 所示，图中每一个圆圈代表一个神经元。

在感知机中有两个层次，分别是输入层和输出层。输入层里的"输入单元"只负责传输数据，不做计算。输出层里的"输出单元"则需要对前面一层的输入进行计算。我们把需要计算的层次称之为"计算层"，并把拥有一个计算层的网络称之为"单层神经网络"。

在图 4.5.5 感知机模型中，我们用 $w_{m,n}$ 来表达一个权值。下标中的 m 代表后一层神经元的序号，而 n 代表前一层神经元的序号（序号的顺序从上到下）。例如，用 $w_{1,2}$ 代表后一层的第 1 个神经元与前一层的第 2 个神经元的连接的权值。对于多层神经网络中权重的表达方式，规则更加复杂，具体细节可以查看相关视频。

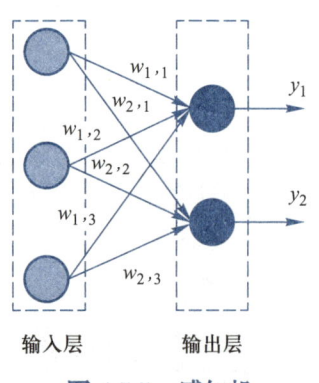

图 4.5.5 感知机

图 4.5.5 显示了带有两个输出单元的单层神经网络，其中输出单元的计算公式可以查看相关视频。

科学家故事：罗森布拉特的感知机

弗兰克·罗森布拉特（Frank Rosenblatt, 1928—1971 年），美国人工智能领域著名心理学家，有时被称为深度学习之父。他在 1957 年设计了名为"感知机"的人工神经网络模型，如图 4.5.6 所示，在当时引起了巨大轰动，引发神经网络的第一次研究高潮，对人工智能领域产生了深远的影响。

图 4.5.6　罗森布拉特在"感知机"上工作

感知机在识别一些字母和特定模式上取得了成功。然而，1969 年，马文·明斯基等著的《感知机》一书指出，感知机在处理稍微复杂一些的模式时显得力不从心，尤其是连异或这样的简单分类任务都无法解决。由于明斯基的巨大影响力以及书中呈现的悲观态度，让很多学者和实验室纷纷放弃了神经网络的研究，使神经网络的研究陷入了冰河期。

罗森布拉特于 1971 年 7 月在一次划船事故中去世，享年 43 岁。2004 年，电气电子工程师学会（Institute of Electrical and Electronics Engineers, IEEE）设立了 IEEE 弗兰克·罗森布拉特奖（Frank Rosenblatt Award），以表示对罗森布拉特的纪念，该奖项旨在奖励在生物学、语言学方面启发计算领域做出卓越贡献的个人。

与神经元模型不同，感知机中的权值是通过训练得到的，可以用于分类。但感知机只可以处理线性分类问题，即能够找到一条直线或平面将两类数据分开，如图 4.5.7 所示。

我们可以用决策分界来形象地表达分类的效果。在二维的数据平面，决策分界就是画出一条直线，当数据的维度是三维的时候，就是画出一个平面，当数据的维度是 n 维时，就是画出一个 $n-1$ 维的超平面。

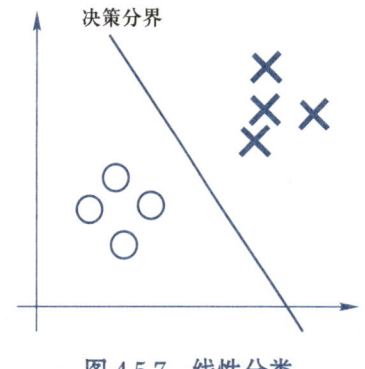

图 4.5.7　线性分类

微视频 4-10：神经网络-案例：基于猫狗识别的神经网络模型的训练过程

那么，感知机是如何找到这个决策分界呢？这个过程就是"训练"。下面我们通过一个例子来进行说明。

假设我们有一个包含猫和狗图片的数据集，这些图片已经被人工标记为"猫"或"狗"。为了训练感知机，我们需要从每张图片中提取特征。在这个例子中，我们简化特征提取过程，只提取两个特征：耳朵的长度 x（立耳为正，垂耳为负）和尾巴的长度 y（耷拉为正，上翘为负），如图 4.5.8 所示。输出 +1 表示猫，输出 –1 表示狗，决策分界的函数为 $y=f(x)$，那么如何设计函数 $f(x)$ 呢？

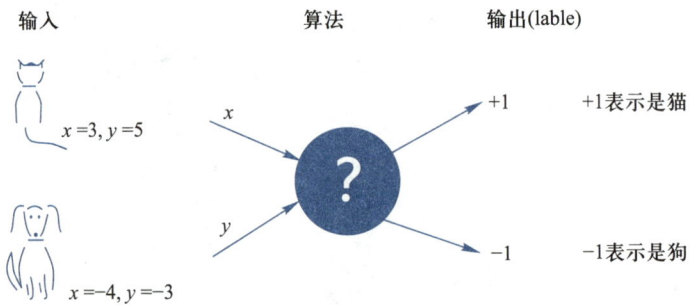

图 4.5.8　寻找决策分界示例

简单的方法就是求和，如图 4.5.9 所示，设决策分界的函数为 $x+y=0$，当输入的特征向量位于分界函数的上方时，预测为猫，否则，预测为狗。我们来验证一下，对于猫来说，$x=3$，$y=5$，$x+y=8>0$，所以预测结果应该为猫，结果正确；对于狗来说，$x=-4$，$y=-3$，$x+y=-7<0$，所以预测结果为狗，结果也正确。

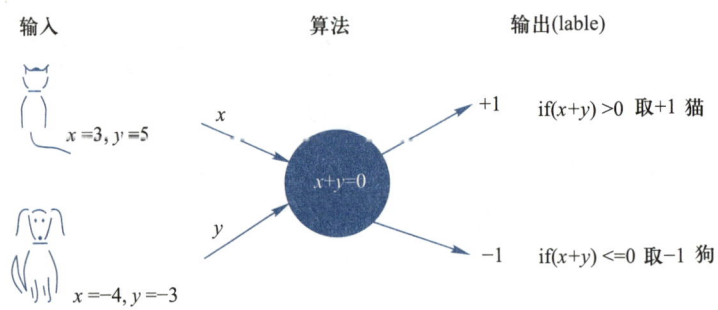

图 4.5.9　利用两个训练数据得到决策分界

把上述特征向量和决策分界画在一个坐标系里，如图 4.5.10 所示。可以看出来分界函数是一条直线，完美地分开了上面例子中的猫和狗。

现在增加一个猫的样本（$x=2.5$，$y=-4$），再次利用上述决策分界函数进行计算，由于 $2.5+(-4)=-1.5<0$，预测结果为狗，显然不对。此时，我们可以调整决策分界的函数为 $2x-y-2=0$，如图 4.5.11 所示。经计算，新的决策分界函数对上述三只猫狗的预测都正确。

随着训练用的猫和狗的数据不断添加进来，需要不断地调整参数，这就是学习的过程，如图 4.5.12 所示。

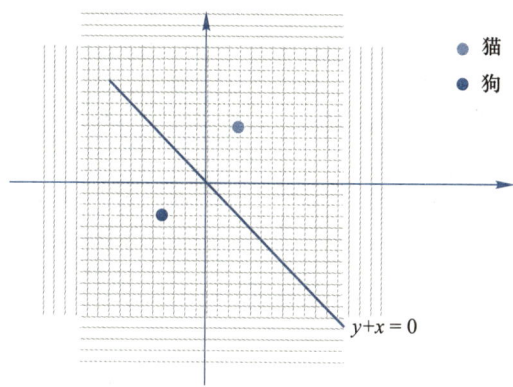

图 4.5.10　坐标系下的训练数据及决策边界

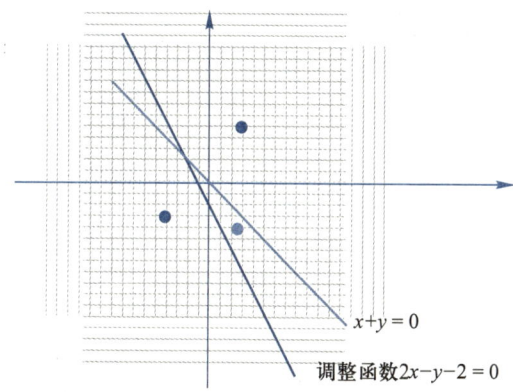

图 4.5.11　加入一个训练数据更新决策分界

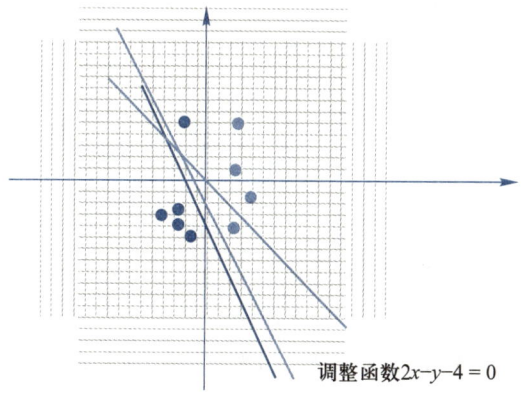

图 4.5.12　加入更多训练数据不断更新决策分界

感知机只能处理线性分类问题，如图 4.5.13（a）所示，如果数据线性不可分，如图 4.5.13（b）所示，感知机就无法进行分类。当面对更加复杂、多变的问题时，感知机就显得力不从心了。为了应对这种挑战，我们需要构建一个更加复杂、更加智能的多层神经网络。

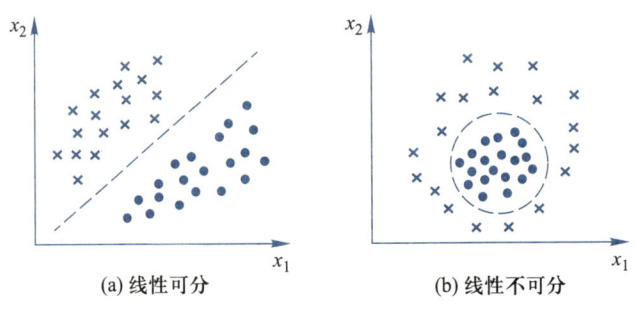

(a) 线性可分　　　　　　　(b) 线性不可分

图 4.5.13　线性可分与线性不可分

2. 多层神经网络

感知机只能处理非常简单的分类问题，真实世界中的问题要复杂得多，为了解决这些复杂的问题，需要构造多层神经网络，如图 4.5.14 所示，图中每一个圆圈代表一个神经元。

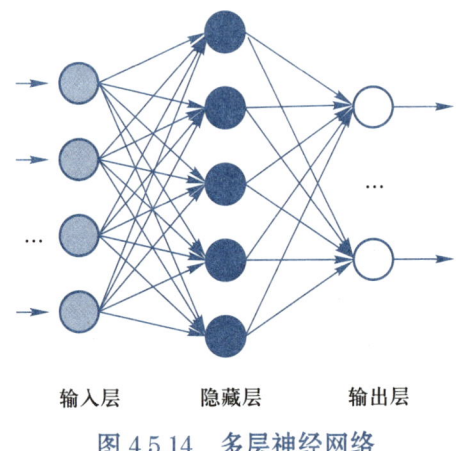

输入层　　　隐藏层　　　输出层

图 4.5.14　多层神经网络

图 4.5.14 是多层神经网络的典型结构，主要由输入层、输出层和中间层（也称为隐藏层）构成。输入层作为神经网络与外界交互的唯一接口，负责从外界获取数据并将其转化为神经网络可处理的格式。这一层的设计往往取决于输入数据的特征数量，每个特征均需配备一个专门的神经元以接收信息。举例来说，在图像处理场景中，每一个像素点都需要设置一个独立的神经元来进行数据采集。

接下来是中间层，它位于输入层和输出层之间，是神经网络的核心处理部分。你可以把中间层想象成一个"加工厂"，这一层的主要任务是对输入数据进行变换和特征提取，用来模仿人类的思索过程。

最后是输出层，它是神经网络的最后一层，负责将神经网络对输入数据的处理结果输出。输出层的神经元数量通常根据具体问题的需求来确定。在分类问题中，输出层的神经元数量通常等于分类的类别数量，例如在下一节我们用神经网络进行手写数字识别时，输出层神经元的个数为 10，与 0、1、2、3……9 共 10 个数字正好相等。

神经网络就是一个从输入层接收数据，经过中间层的"加工"，最后由输出层给出结果的过程。这个过程虽然复杂，但非常强大，能够帮助我们解决很多实际问题。

神经网络中的单元通过带有权重的连接相互作用，这些权重在训练过程中被调整以优化模型性能，下面我们对神经网络的训练过程进行探讨，如图 4.5.15 所示。

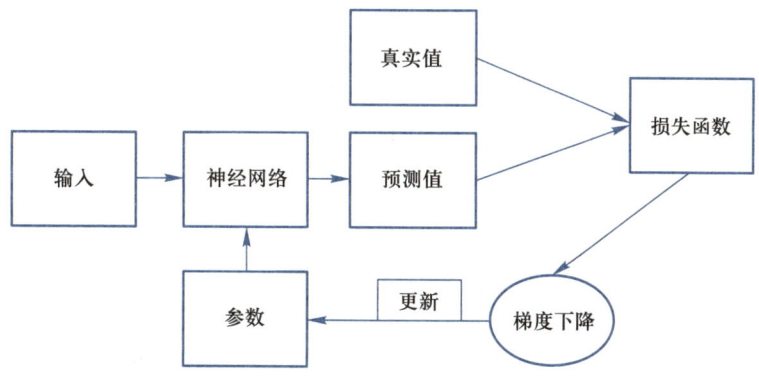

图 4.5.15 神经网络的训练过程

神经网络训练的基本理念在于，首先"猜测"一个结果，即做出一个初步预测，并将其与训练集中预先标记的真实结果进行对比，评估两者间的差异。随后，根据这一差异调整策略，再次进行预测，此时已非盲目猜测，而是基于反馈向正确方向进行的有依据的尝试。这一过程将不断迭代，直至预测结果与真实结果几乎无差异，训练方可宣告结束。在神经网络训练中，这种"猜测"被专业地称为初始化。初始化可以随机进行，也可以根据以往经验预设一个初始值。

神经网络训练过程包含前向计算以生成预测；预测结果与真实标签进行比较，以计算损失函数；然后通过反向传播算法，损失函数的梯度被逐层反向传递；最后根据反向传播计算得到的梯度，使用梯度下降算法更新网络的权重和偏置参数，从而优化模型性能。这个过程不断迭代，直到网络性能达到满意水平。下面通过一个例子分别介绍前向计算、反向传播、梯度下降、损失函数的概念。

汽车驾驶

假设有一辆汽车。我们只能观察到踩下加速踏板的程度和汽车的实际速度，却无法直接了解汽车内部的动力分配和加速机制，相当于一个黑盒子，如图4.5.16 所示。当加速踏板踩到 1/4 时，汽车的速度达到了 30 km/h，但汽车的显示屏提示：我期望的速度是 50 km/h。接着尝试将加速踏板踩到 1/2，结果汽车的速度飙升到了 60 km/h，远超期望的 50 km/h。那么第一次踩加速踏板的损失值是 30−50=−20 km/h（负值表示未达到期望），而第二次踩加速踏板的损失值是 60−50=10 km/h。

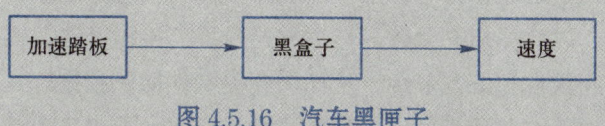

图 4.5.16 汽车黑匣子

这里的损失函数是一个简单的减法，用实际速度减去目标速度。它提供了两个关键信息：一是方向，即速度是快了还是慢了；二是差值，即实际速度与目标速度之间的差距。这些信息为下一次踩加速踏板提供了调整的依据。

目的：找到一个合适的加速踏板踩踏程度，使得汽车的速度达到 50 km/h。

初始化：油门踩到 1/4。

前向计算：汽车内部的动力分配和加速机制（我们看不到，但它在工作）。

损失函数：在输出端（即汽车的速度表），用实际速度减去 50 km/h。

反向传播：向驾驶员显示差值，包括正负号和具体数值，告诉驾驶员速度是快了还是慢了，以及快了或慢了多少。

梯度下降：在输入端（即加速踏板的踩踏程度），根据损失函数的正负号和差值，调整下一次的加速踏板踩踏程度，然后再次进行前向计算，观察汽车的实际速度是否更接近目标速度。

前向计算（forward propagation）是从输入层开始，逐层计算每一层神经元的输出，直到得到最终输出层的结果的过程，这是神经网络进行预测或分类等任务时的核心步骤。如前所述，前向计算由输入层接收原始的输入数据开始，输入数据随后被传递到隐藏层，并经过多层隐藏层的处理后，到达输出层。最后，输出层产生最终的预测结果。

损失函数（loss function）是神经网络中一个非常重要的概念，它用于衡量模型预测结果与真实结果之间的差异或误差。具体来说，损失函数是一个数学函数，它接收模型的预测输出和真实标签作为输入，并计算出一个标量值（即一个单一的数值），这个数值表示了预测结果与真实结果之间的差异程度。损失函数的值越小，通常意味着模型的预测越准确。

反向传播是一种在人工神经网络中计算梯度并更新网络权重的算法。在反向传播之前，首先计算预测输出与期望输出之间的误差即损失函数。然后，从输出层开始，逆向通过网络传播误差。在每一层，计算损失函数相对于每个权重的梯度。最后，使用这些梯度来更新网络的权重和偏差，以减小误差。

梯度下降是一种优化算法，用于求解最小化目标函数（通常是损失函数）的问题。该算法通过迭代对象在最陡下降的方向（即梯度的负值方向）上移动，用于尽快找到损失函数的最小值。梯度下降类似于水流下山的过程：水受到重力的影响会在当前位置沿着最陡峭的方向流动，尽快到达山脚，如图 4.5.17 所示。

应用神经网络的过程包括训练和推理两个阶段。在训练过程中，前向计算的结果与真实标签进行比较，以计算损失函数。然后，通过反向传播算法，损失函数的梯度被逐层反向传递，以更新权重和偏置参数，从而优化模型性能。在推理（或测试）阶段，仅使用训练好的模型进行前向计算，以得到预测结果。下面给出一个使用神经网络识别手写数字的例子。

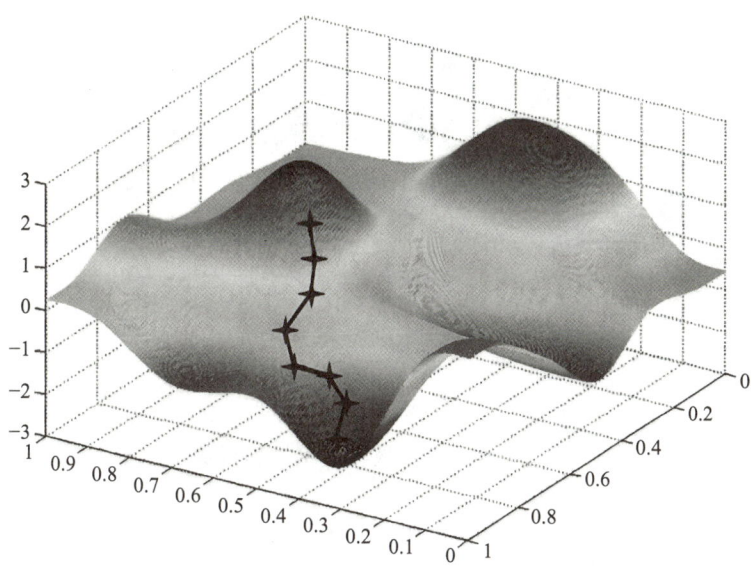

图 4.5.17　梯度下降原理示意图

4.5.3　神经网络应用——手写数字识别

手写数字识别技术在当今的数字化时代中极为常见，它广泛应用于各种场景，例如，在金融行业，手写数字识别能够迅速并准确地处理支票上的金额信息，减少了人工审核的错误率。在物流管理和库存控制领域，手写数字识别也发挥着重要作用，能够帮助快速识别包裹标签和货物编码，从而优化了物流流程。图 4.5.18 是常见的手写数字例子。

微视频 4-11：
神经网络应
用——手写数
字识别

图 4.5.18　手写数字

我们要设计并训练一个三层的神经网络来进行手写数字识别，这个神经网络会以数字图像作为输入，经过神经网络的计算，识别出图像中的数字是几，如图 4.5.19 所示。

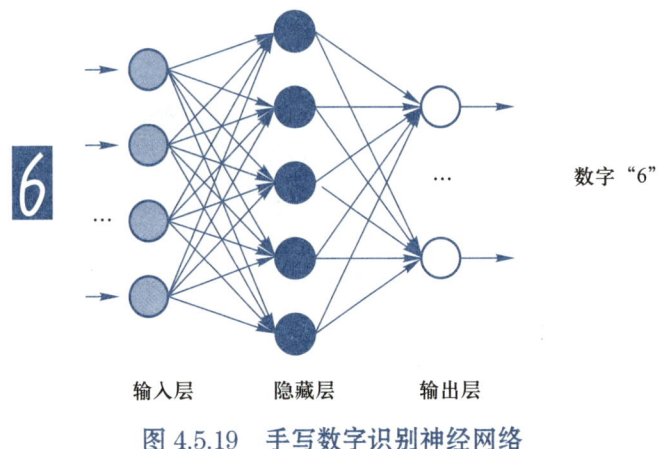

图 4.5.19　手写数字识别神经网络

完成这个任务需要三个步骤：神经网络的设计、训练数据的准备、模型的训练和测试。

1. 神经网络的设计

为了设计一个处理图像数据的神经网络，首先明确输入的图像数据的大小和格式。假设我们要处理的图片尺寸是 28×28 像素的灰度图像。这样的灰度图像包括了 $28 \times 28 = 784$ 个数据点，值为 0.0 表示白色，值为 1.0 表示黑色，中间数值表示不同灰度级别。我们要先将它展平为 1×784 大小的向量，如图 4.5.20 所示。

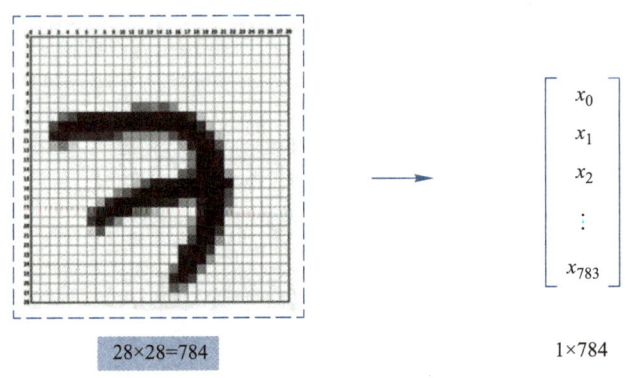

图 4.5.20　用向量表示图像

然后再将这个向量输入到神经网络中。我们会使用一个三层神经网络来处理图片，对应的输入层需要接收 784 维的图片向量，图片向量中每个维度的数据要有一个神经元来接收，因此输入层要包含 784 个神经元。

隐藏层用于特征提取，将输入的特征向量处理为更高级的特征向量。由于手写数字图像并不复杂，这里就将隐藏层的神经元个数设置为 15。输入层与隐藏层之间采用全连接，因此连接数量为 784×15，它可以将一个 784 维的输入向量转换为 15 维的输出向量，这个输出向量继续向前传播，由于最终要将数字图像识别为 0 到 9 共 10 种可能的数字，因此输出层需要定义 10 个神经元对应这 10 种数字。隐藏层 15 维的输出向量在经过输出层的线性运算后，就得到一个 10 维的输出结果，这个 10 维的向量就代表 10 个数字的预测得分。如果第 0 个神经元被激活，即输出结果的第 0 维约为 1，则表明神经网络认为数字是一个 "0"；如果第 1 个神经元被激活，则表明神经网络认为数字是一个 "1"，以此类推。确切地说，我们把输出神经元的输出以 0~9 编号，并计算哪个神经元的激活值最大。如果编号为 6 的神经元被激活，那么说明神经网络猜测输入的数字为 "6"，其他神经元的行为与之类似。

由此，我们设计的三层神经网络如图 4.5.21 所示，简单起见，图中忽略了大部分输入神经元。需要注意的是神经网络隐藏层神经元的数量 n 可以取不同的值，本例的隐藏层仅包含 15 个神经元。

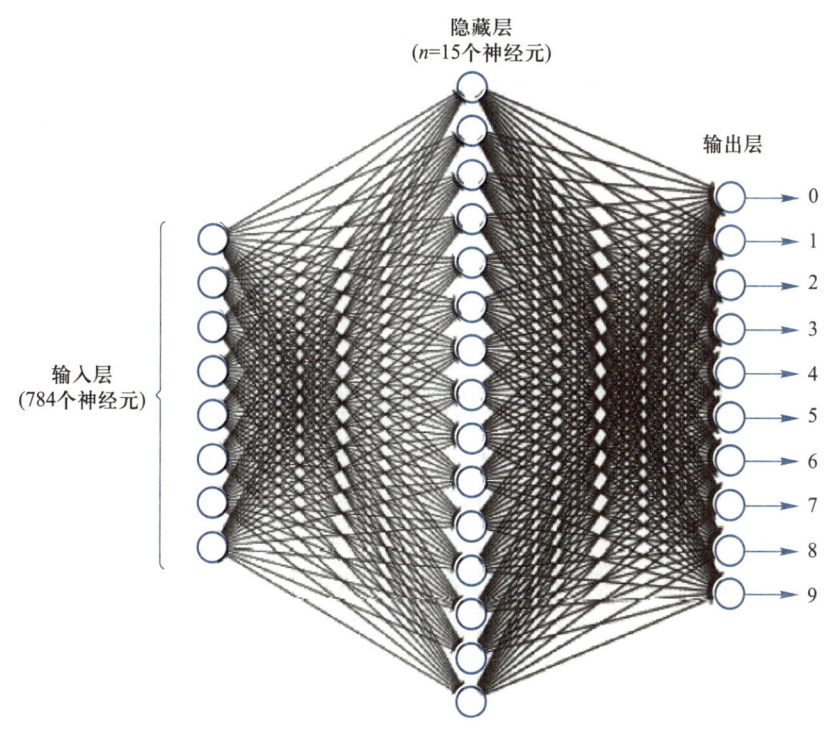

图 4.5.21　手写数字识别神经网络

2. 训练数据的准备

对数字识别的训练数据可以直接使用 MNIST 数据集，MNIST 数据集包含数以万计的手写数字扫描图像及其正确的分类信息。这个数据集是由美国国家标准与技术研究所收集的，后来被开源社区广泛采用，成为机器学习和计算机视觉领域中一个经典数据集。MNIST 数据集分为两部分，第一部分包含 60 000 幅用于训练数据的图像，第二部分是 10 000 幅用于测试数据的图像。我们将用这些测试数据来评估神经网络识别数字的水平。为了保证测试结果，测试数据取自跟原始训练数据不同的另外 250 人所写的数字，这样系统会尝试识别训练时未见过的手写数字。

3. 模型的训练和测试

在训练开始前，需要随机初始化神经网络的权重和偏置等参数。然后，将训练集中的图像数据输入神经网络，通过网络逐层计算，得到输出层的预测结果。计算预测结果与真实标签之间的损失值，根据损失值，通过反向传播算法计算神经网络中每个参数的梯度。使用梯度下降算法更新神经网络的权重和偏置等参数，以减小损失值。重复前向传播和反向传播的过程，直到达到预设的训练轮数或损失值收敛到某个阈值以下。训练的过程就是一个参数调整的过程，涉及的数学原理较多，此处不再进行深入探讨。

神经网络训练好后，就可以使用了，将测试集中的图像数据输入神经网络，通过网络前向计算，最终会在输出层得到预测的结果。一般来说，识别率能达到 95% 以上。

当然，我们也可以重新设计前面的神经网络，将隐藏层神经元数量改为 256，识别率能够提升到 97.8%。在这种情况下，使用更多隐藏层神经元有助于提升识别率，但是，由于参数更多，运行代码花费的时间也会增大。

现在小智终于明白了他的手写平板电脑是如何进行手写字识别的，这让小智对学习算法和人工智能更感兴趣了。

4.5.4 深度学习

在传统的机器学习里，特征提取特别重要，它直接影响到模型的学习效率和预测准确性。这个过程往往需要人们自己动手，依靠我们的经验和直觉来挑出好的特征，并最终提高机器学习系统的性能。所以，在很多机器学习任务里，大部分时间都花在了怎么挑选和提取特征上了。

在传统的机器学习中，确实存在着多种特征提取的方法，比如我们熟知的主成分分析、线性判别分析以及独立成分分析等。然而，这些传统的特征提取方法，其核心在于人们事先设定的一系列规则或准则。依据这些既定的准则，挑选出那些看似对模型预测有帮助的特征。

值得注意的是，这种特征提取与最终预测模型的构建是两个相对独立的过程。也就是说，特征的提取并不是基于模型的实际表现或需求来进行的，而是依据一些预设的、可能并不完全贴合实际情况的准则。因此，尽管这些特征学习方法在某些情况下能够筛选出有用的特征，但它们所提取的特征并不总是能够显著提升最终预测模型的性能。这样我们就需要一种方法可以自动提取出好的特征表示（从底层特征，到中层特征，再到高层特征），从而最终提升预测模型的准确率。

深度学习正好可以满足上面的需要。深度学习，也称为深度神经网络，顾名思义，指的是具有深层次结构（两层或更多隐藏层）的神经网络，如图 4.5.22 所示。

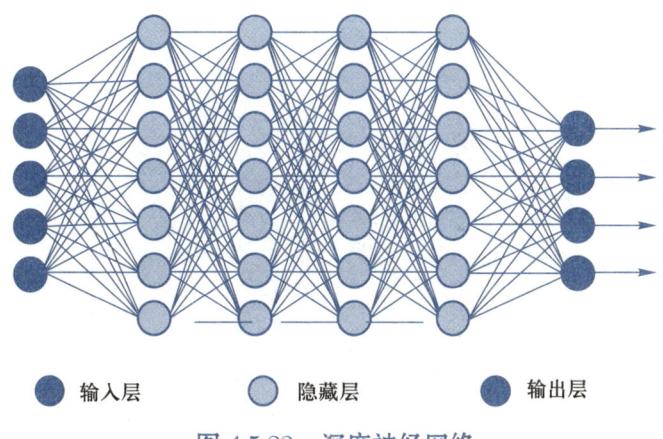

● 输入层　　● 隐藏层　　● 输出层

图 4.5.22　深度神经网络

一个深度神经网络通常由多个顺序连接的层构成，每一层从前一层提取出特征作为输入。每一层的输出都会作为下一层的输入，这样层层递进，信息在神经网络中逐步被提炼和抽象化。随着层数的增加，神经网络能够捕捉到越来越高级、越来越抽象的特征，这些特征对于解决复杂的任务至关重要。

图 4.5.23 给出了深度学习的数据处理流程。通过一层层的特征提取，我们把原始信息变成了更高级、更抽象的表示。这些自动学习到的特征可以代替我们手动挑选的特征，这样一来，我们就不需要再费心去做"特征提取"了。

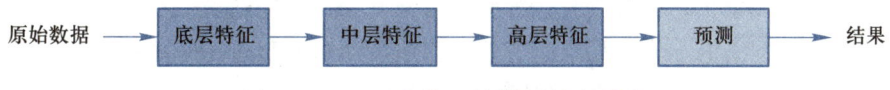

图 4.5.23　深度学习的数据处理流程

深度学习可以模仿人脑的视觉机制，特别关注如何从简单的特征开始，逐步构建出复杂的视觉理解。图 4.5.24 是一个利用深度学习识别人脸的原理图，下面进行逐步说明。

当人脸图像输入到深度神经网络中时，网络的第一层会负责提取图像的边缘特征。这些边缘特征包括人脸的轮廓、五官的边缘以及图像中的其他细节。这一步骤类似于人类视觉系统对图像的初步处理，即识别出图像中的基本线条和轮廓。

随后，这些简单特征被传递给更深层的网络，每一层都会进一步对这些特征进行组合和变换，形成更高级、更抽象的特征，如眼睛、鼻子、嘴巴等五官的特征，以及人脸的整体形状和纹理。这些特征比边缘特征更加复杂和抽象，能够更好地表达人脸的特性和结构。这就像是我们用简单的线条和形状来勾勒出一个物体的轮廓，然后逐渐添加细节，使其变得越来越逼真。

在深度神经网络中，这种从简单到复杂的特征提取和组合过程会一直持续下去，直到网络的最后一层。在这一层，网络会根据之前提取出的高级特征，做出最终的决策或预测，比如识别出图像中的物体是什么。

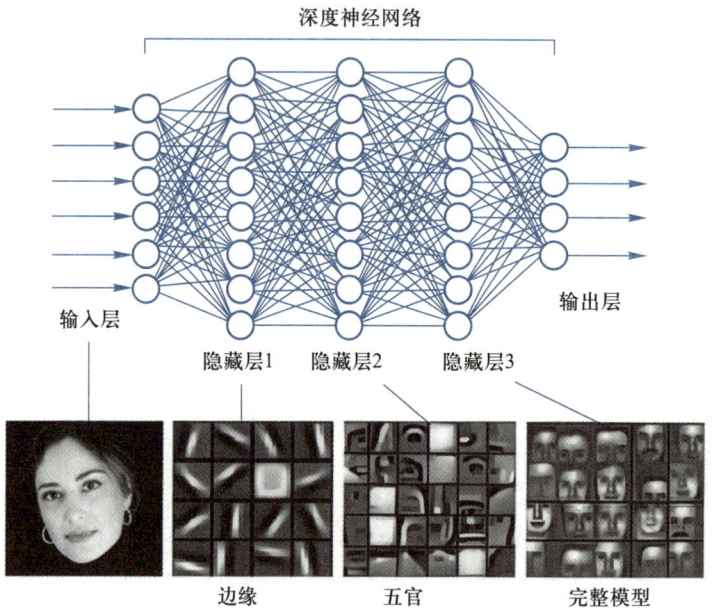

图 4.5.24　深度神经网络识别人脸原理示意图

深度学习的工作机制可以看作是一个从简单特征到复杂理解的不断演进的过程，它模仿了人脑视觉皮层从原始视觉信息中抽象出高级视觉特征的能力。

在深度神经网络中，通常会有一个或多个隐藏层，这些隐藏层不直接与输入或输出相连，但它们在网络的学习过程中起着关键作用。通过调整这些隐藏层中的参数（比如权重），以更好地拟合训练数据，并应用到新的数据上。

从结构层面分析，深度学习与传统的多层神经网络并无显著差异，且在执行有监督学习任务时，所采用的算法也是相同的。唯一的区别在于，深度神经网络在进行有监督学习之前，会先执行无监督学习阶段，随后将无监督学习获得的权重作为有监督学习的初始参数进行训练。

此外，深度神经网络还分为不同的类型，包括卷积神经网络、循环神经网络、生成对抗网络、图神经网络、自注意力网络以及残差网络等，各自拥有独特结构和应用场景。这些不同类型的网络相互协作，共同构成了深度神经网络的强大学习能力。

科学家故事：深度学习之父杰弗里·辛顿

杰弗里·辛顿，这位传奇人物，从图灵奖得主到诺贝尔奖得主，他的每一步都充满了探索与创新。作为深度学习的奠基人，他引领人类迈入了一个智能机器的新时代，彻底改变了人类对神经网络和人工智能的理解。

1947 年 12 月 6 日，辛顿出生于英国温布尔登，他的外曾祖父乔治·布尔（George Boole）是布尔代数的创立者，这或许为他日后的科研之路埋下了伏笔。

他的学术之路充满了转折与探索。起初，他攻读的是物理与生理学专业，但随后因兴趣转向哲学，最终定格在心理学。1970年，辛顿从剑桥大学获得实验心理学学士学位毕业后，从事了一年的木匠工作，才决定前往爱丁堡大学攻读博士学位。

一直对大脑运作方式及如何产生智慧充满兴趣的辛顿，看到了人工智能领域的巨大发展前景，于是毅然决然地选择了研究人工神经网络。然而，当时的 AI 还处于理论阶段，学术界主要分为统计学派和神经网络派。绝大多数科研者都支持统计学派，认为神经网络学派没有前途。神经网络这个科研方向备受冷落，既没有强大的算力资源支持，也得不到其他人的认可。但辛顿却凭借满腔热血，坚持走了下去。

1978年，辛顿在爱丁堡大学获得了人工智能方向的博士学位，从此开始了他与神经网络的不懈探索。然而，在20世纪70至80年代，神经网络几乎被学术界抛弃，更多的科学家和工程师关注的是基于规则的专家系统。即便如此，辛顿对自己的想法却始终坚定不移。

进入21世纪后，随着计算机硬件能力的迅速发展和数据的爆炸式增长，神经网络的训练开始变得可行。2006年，辛顿在《科学》（Science）上发表文章，揭开了深度学习的序幕。他率先将反向传播用于多层神经网络，发明了玻尔兹曼机，并提出了逐层初始化预训练方法和胶囊神经网络。这一工作被公认为是深度学习时代的开端。辛顿利用他的网络模型在手写数字识别等任务上取得了优异的表现，让学术界重新审视了神经网络的潜力。

2018年，辛顿与杨立昆和约书亚·本希奥共同获得了图灵奖，这一荣誉被誉为计算机科学界的"诺贝尔奖"。2024年，辛顿又因其在神经网络和人工智能领域的开创性贡献，获得了诺贝尔物理学奖。这一殊荣不仅是对他一生工作的肯定，更是对神经网络与人工智能研究领域的历史性认可。

*4.6 拓展：循环神经网络

4.6.1 循环神经网络结构

之前我们讲到的那些神经网络，其实都属于前馈神经网络这一大类。在前馈神经网络中，信息的传递就像是一条单行道，只能从输入层一路跑到输出层，不能回头也不能分叉。这样做的好处是，网络学起来比较简单，但缺点就是它的"脑子"不太够用，能力有点受限。你可以把前馈神经网络想象成一个没有记性的人，它不管之前发生了什么，只看现在给它的东西，然后给出答案。

微视频 4-12：
循环神经网络
结构

但是在很多现实任务中，网络的输出不仅和当前时刻的输入相关，也和其过去一段时间的输出相关。比如玩"猜数字"游戏时，如果你正在尝试猜一个数字，你的下一个猜测不仅基于当前的提示（比如"太大了"或"太小了"，这可以看作是"当前输入"），还可能会参考你之前已经猜过的数字（这些可以看作是"过去输出"）。比如，如果之前你猜的数字都太大了，那么你下一次可能会猜一个更小的数字。因此，当处理这一类数据前后相关的问题时，就需要一种具有记忆能力的模型。

循环神经网络（recurrent neural network，RNN）是一类具有记忆能力的神经网络。与大多数的神经网络一样，RNN 通常由输入层、隐藏层和输出层三部分组成。其独特之处在于隐藏层之间存在连接，使得隐藏层不仅能够接收输入层的信息，还能接收上一时刻隐藏层自身的输出信息，形成反馈回路，让信息可以在时间序列上进行传递和处理。图 4.6.1 给出了循环神经网络的结构，其中"延时器"为一个虚拟单元，记录神经元的最近一次状态。

图 4.6.1 中，h_t 代表时刻 t 隐藏层的状态，相应的 h_{t-1} 代表上一时刻隐藏层的状态。也就是说，时刻 t 隐藏层的状态 h_t 不仅与 t 时刻的输入 x_t 有关，还跟上一时刻，也就是（$t-1$）时刻的隐藏层状态有关。

对于循环神经网络，一个非常重要的概念就是时刻。从图中可以看到，循环神经网络的隐藏层的输入除了来自输入层 x_t，还有一个来自延迟器提供的前一时刻的隐藏层状态 h_{t-1}。在每一个时刻，循环神经网络

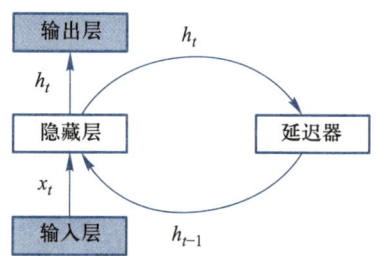

图 4.6.1　循环神经网络结构

的隐藏层会读取 t 时刻的输入 x_t 和上一时刻隐藏层状态 h_{t-1}，并输出一个值 h_t，同时这个隐藏层的状态 h_t 会送到延迟器中保存，供时刻（$t+1$）使用。

循环神经网络在理论上可以被视为是同一神经网络结构在时间上被无限复制的结果。如果我们按时间把循环神经网络展开，得到的结构如图 4.6.2 所示。

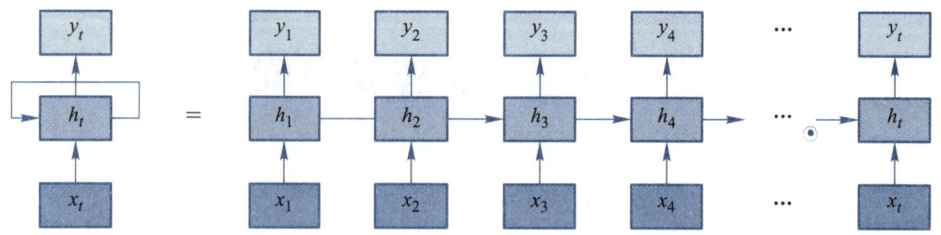

图 4.6.2　按时间展开的循环神经网络

在图 4.6.2 中可以更加清楚地看到循环神经网络在每一个时刻会有一个输入 x_t，然后根据前一时刻的隐藏层状态 h_{t-1}，产生一个输出 h_t。从循环神经网络的结构特征可以看出，它最擅长解决的问题是与时间序列相关的。循环神经网络是处理这类问题时的一种非常自然的选择。

4.6.2 简单循环神经网络示例

我们考虑一个最简单的单输入、单输出循环神经网络，隐藏层包含两个神经元 $H1$、$H2$，如图 4.6.3（b）所示。由于隐藏层不仅要接收输入层的信息，还能接收上一时刻隐藏层自身的输出信息，形成反馈回路，所以我们在隐藏层之前添加了两个神经元 $H1'$、$H2'$ 用于表示上一个时刻隐藏层对当前隐藏层的输入。作为对比，图 4.6.3（a）是一个有类似结构的非循环单输入、单输出神经网络，隐藏层也包含两个神经元。当然，图中所有数值都是假设的，主要是为了说明原理。

微视频 4-13：
简单循环神经
网络示例

下面将以图 4.6.3（b）为例介绍循环神经网络前向传播的完整流程。循环神经网络中隐藏层的状态是通过一个向量来表示的，这个向量的维度为神经网络隐藏层的大小，此处为 2。

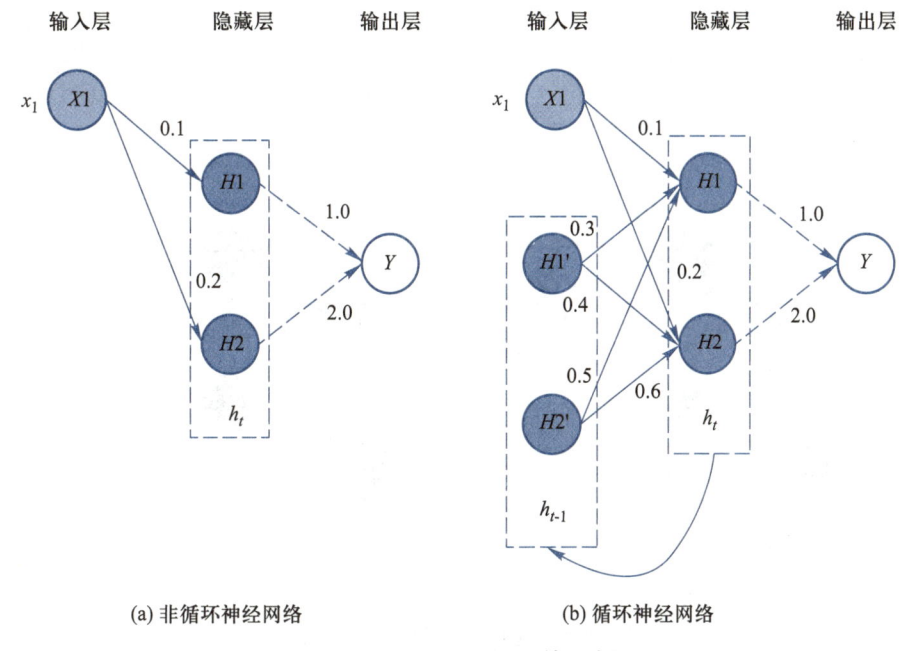

(a) 非循环神经网络   (b) 循环神经网络

图 4.6.3 循环神经网络示例

从图中可以看出，循环神经网络隐藏层的输入有两部分，一部分为上一时刻的隐藏层状态，另一部分为当前时刻的输入样本。

由于我们的例子是单输入神经网络，所以输入向量的维度为 1。那么图中神经网络隐藏层的输入大小为（2+1）。也就是将上一时刻的隐藏层状态与当前时刻的输入拼接成一个大的向量作为神经网络隐藏层的输入。

假设上述循环神经网络各个神经元之间连接的参数如图 4.6.3 所示，t_1 时刻的输入 $x_1=1$，我们算一下该时刻循环神经网络的输出，如图 4.6.4（a）所示。t_1 时刻属于初始时刻，于是我们指定之前的隐藏层状态为 $[0.0, 0.0]$，与 t_1 时刻的输入拼接起来得到 $[1.0, 0.0, 0.0]$，于是隐藏层的输出为：

$$h_1=1.0*0.1+0.0*0.3+0.0*0.5=0.1$$
$$h_2=1.0*0.2+0.0*0.4+0.0*0.6=0.2$$

最终，t_1 时刻神经网络的输出为：

$$y=0.1*1.0+0.2*2.0=0.5$$

假设 t_2 时刻的输入仍为 $x_1=1$，我们再算一下该时刻神经网络的输出，如图 4.6.4（b）所示。前面已经算出 t_1 时刻隐藏层的状态为 $[0.1, 0.2]$，与 t_2 时刻的输入拼接起来得到 $[1.0, 0.1, 0.2]$，于是隐藏层的输出为：

$$h_1=1.0*0.1+0.1*0.3+0.2*0.5=0.23$$
$$h_2=1.0*0.2+0.1*0.4+0.2*0.6=0.36$$

最终，t_2 时刻神经网络的输出为：

$$y=0.23*1.0+0.36*2.0=0.95$$

显然，尽管 t_2 时刻与 t_1 时刻的输入都为 $x_1=1$，但结果却是不一样的。如果把同样的输入送到图 4.6.3（a）所示的非循环神经网络中，结果应该是一样的。有兴趣的同学，可以自己算一算。

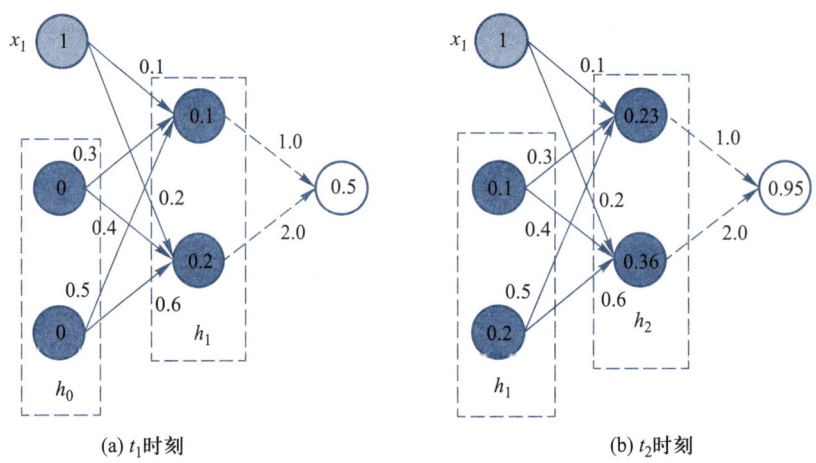

(a) t_1时刻　　　　　　　　　　　(b) t_2时刻

图 4.6.4　循环神经网络计算示例

4.6.3　循环神经网络应用模式

循环神经网络可以应用到很多不同类型的机器学习任务中。根据这些任务的特点可以分为以下几种模式：序列到类别模式、同步序列到序列模式、异步序列到序列模式。

1. 序列到类别模式

序列到类别模式主要用于序列数据的分类问题：输入为序列，输出为类别，如图

4.6.5 所示。例如在文本分类中，输入数据为单词的序列，输出为该文本的类别。

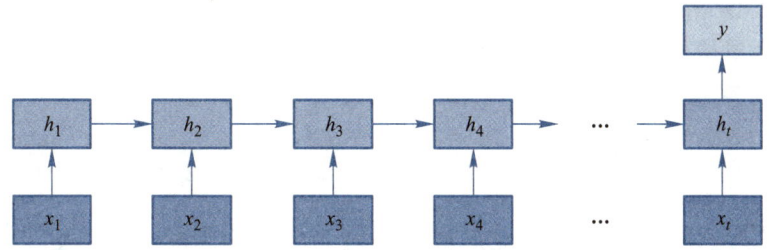

图 4.6.5　序列到类别模式

假设样本 $(x_1, \cdots, x_t)$ 为一个长度为 t 的序列，我们可以将样本按不同时刻输入到循环神经网络中，并得到不同时刻的隐藏状态 $h_1, \cdots, h_t$。我们可以将 h_t 视为整个序列的最终表示（或特征），并输入给分类器进行分类，得到一个类别标签 y。

2. 同步序列到序列模式

同步序列到序列模式主要用于序列标注任务，即每一时刻都有输入和输出，输入序列和输出序列的长度相同。比如自然语言处理中的词性标注任务，每一个单词都需要标注其对应的词性标签。

在同步序列到序列模式中，如图 4.6.6 所示，输入为一个长度为 t 的序列 $(x_1, \cdots, x_t)$，输出为序列 $(y_1, \cdots, y_t)$。输入序列按不同时刻输入到循环神经网络中，并得到不同时刻的隐状态 $h_1, \cdots, h_t$。每个时刻的隐状态 h_t 代表了当前时刻和历史的信息，并输入给分类器得到当前时刻的标签 y_t。

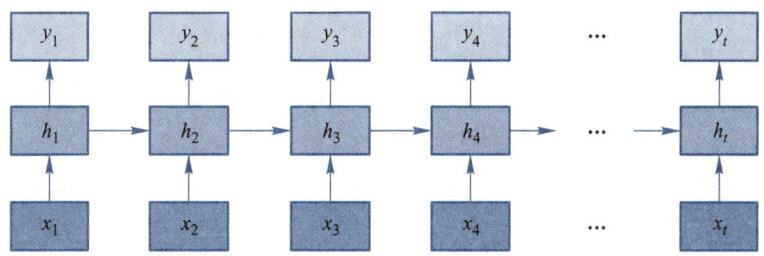

图 4.6.6　同步序列到序列模式

3. 异步序列到序列模式

异步序列到序列模式也称为编码器 – 解码器（encoder-decoder）模型，即输入序列和输出序列不需要有严格的对应关系，也不需要保持相同的长度。比如在机器翻译中，输入为源语言的单词序列，输出为目标语言的单词序列。

在异步序列到序列模式中，输入为长度为 t 的序列 $(x_1, \cdots, x_t)$，输出为长度为 m 的序列 $(y_1, \cdots, y_m)$。异步序列到序列模式一般通过先编码后解码的方式来实现。先将输入序列按不同时刻输入到一个循环神经网络（编码器）中，并得到其编码 h_t。然后再使用另一个循环神经网络（解码器），得到输出序列。通常，在解码时，每个时刻的输入为上一时刻的预测结果，如图 4.6.7 所示。其中〈EOS〉表示输入序列的结束，虚线表示将上一个时刻的输出作为下一个时刻的输入。

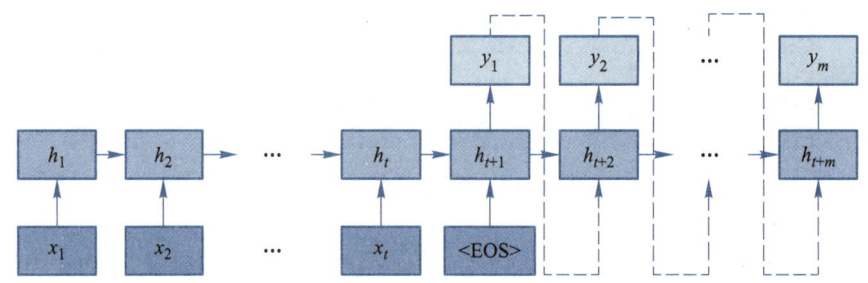

图 4.6.7　异步序列到序列模式

4.6.4　深度循环神经网络

传统的循环神经网络在设计上往往比较简单，通常仅包含一个隐藏层。然而，这种单一隐藏层的结构限制了网络在处理复杂数据时的能力，尤其是在面对长序列数据或需要捕捉深层次特征的任务时，其表现往往不尽如人意。为了克服这一局限，研究者们提出了深度循环神经网络（deep recurrent neural network，DRNN）的概念，它是对传统 RNN 的一种重要扩展。

DRNN 的核心思想是通过增加隐藏层的数量来扩展网络的能力，使其能够学习并表示更加复杂的数据结构。在 DRNN 中，每一层隐藏层都扮演着不同的角色，通过层与层之间的信息传递和转换，网络能够捕捉到数据中更加细微和深层次的特征。这种多层次的结构使得 DRNN 在处理长序列数据、捕捉时间依赖性以及学习高级别特征方面表现出色。一种常见的增加循环神经网络深度的方法是将多个循环网络堆叠起来，如图 4.6.8 所示。

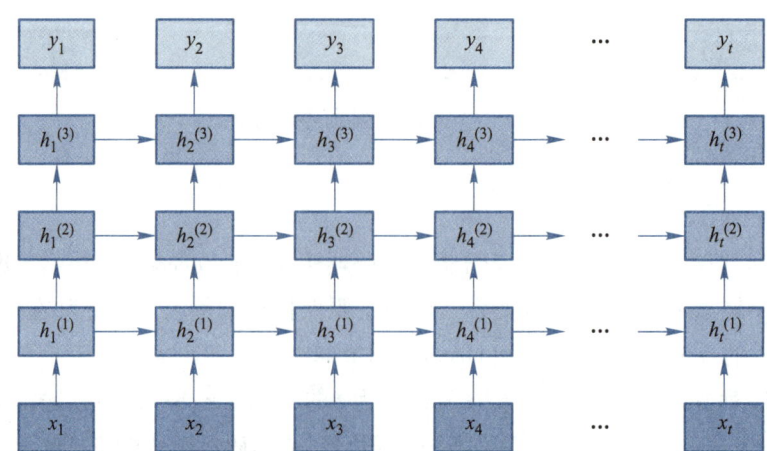

图 4.6.8　深度循环神经网络

深度循环神经网络不仅继承了传统 RNN 处理序列数据的优势，还通过增加隐藏层的数量来显著提升其处理复杂数据的能力，为机器学习领域带来了更加灵活和强大的工具，在多个领域展现出了广泛的应用前景。

思考与练习

1. 请实现下图的广度优先搜索算法。

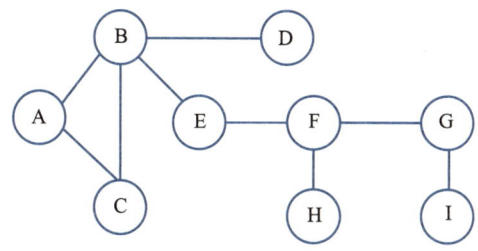

2. 请写出你们宿舍每个人家庭所在的城市和最想去的旅游城市，试找出由你们中的其中一个人从家出发，逐个接上所有人，再到达旅游地点的最短路径。

3. 请思考下图中，从 A 点到达 B 点的 A* 搜索算法的实现步骤，其中深蓝色部分是障碍物。

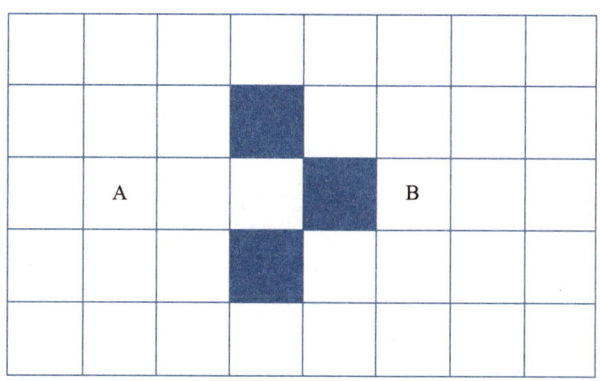

4. 解释机器学习术语：什么是特征，什么是标签，什么是机器学习的模型？
5. 多层神经网络通常包含哪些层，作用是什么？
6. 循环神经网络与普通的前馈神经网络的主要区别是什么？

第5章
算　力

前文我们提到算力是人工智能技术赖以进步的 3 个基本要素之一。如果把人工智能技术比作一辆汽车，那么算力则是这辆汽车的引擎。无论是数据处理，还是算法实现，都离不开算力。下面将详细学习。

5.1　算力那些事

小智同学在忙碌的学习之余喜欢通过玩计算机游戏来放松身心。一天小智安装了最新款的网红游戏。然而游戏进行了一会儿之后，小智发现游戏画面粗糙，而且场景切换卡顿。而用同学的计算机玩这款游戏却没有这种现象。经询问得知，同学的计算机是新买的，而且配置较高。小智就在想花钱多、配置高解决的是什么问题呢？而实际上，这是个算力问题。

除玩游戏之外，算力在我们的日常生活中还有着众多的应用，如网络购物、日常办公、网络直播、天气预报、石油勘探、人脸支付、语音助手以及如今正在兴起的DeepSeek 等大模型应用等，都离不开算力的支持。

那么，什么是算力？算力是如何产生的？它又是如何促进人工智能技术的发展？下面我们来一一学习。

5.2　算　力　概　述

5.2.1　算力的概念

所谓算力，简单来讲就是计算能力，是对数据进行处理并实现结果输出的一种能力。

从古至今，算力的载体不断变化，从人类的手脑发展到诸如绳结、算筹、算盘等简单计算工具，再到近代的机械计算器和现代的数字计算机等，这些载体的变化是技术进步的结果。本章主要探索数字计算机产生以后的算力。

算力通常指计算机硬件和软件协同满足某种计算需求的能力，算力的大小代表着对数字化信息处理能力的强弱。随着技术的发展，算力往往源于芯片，芯片逐渐成了算力的代名词，通过基础软硬件的有效组织，最终释放到终端应用上，比如手机、计算机、超级计算机、自动驾驶汽车等各种硬件设备中。

人工智能作为引领未来科技发展的关键力量，正以前所未有的速度改变着我们的生活、工作乃至整个社会。算力是人工智能系统实现高效、准确处理任务的物质基础。在深度学习等复杂 AI 应用中，模型的训练和推理过程需要消耗大量的计算资源。因此，提升算力水平是加速 AI 技术发展的关键途径之一。

5.2.2 算力的单位

算力既然是一种计算能力，那么这种能力是否可以衡量？是否有可衡量的单位呢？小智的计算机玩游戏卡顿，而同样的游戏在同学新购置的高配置计算机上不卡顿，就说明算力是可以衡量的，只不过"高配置、不卡顿"的说法是定性的衡量，我们可能希望有更准确的衡量方法，那就是定量衡量，这就用到算力的单位。

算力的大小通常用每秒钟运算的次数来衡量，基本单位为每秒运算次数或每秒运算浮点次数。基本单位符号为 OPS（operations per second）和 FLOPS（floating point operations per second），由于这些单位太小，而现在的计算能力发展很快，我们实际中往往采用更大的计量单位，具体描述如表 5.2.1 所示。

表 5.2.1　算 力 单 位

单位	含义	更大计量单位
OPS	表示每秒可以执行的运算次数	Mop/s：每秒百万次运算 Gop/s：每秒十亿次运算 Top/s：每秒一万亿次运算 Pop/s：每秒一千万亿次运算 Eop/s：每秒一百亿亿次运算
FLOPS	表示每秒可以执行的浮点运算次数	Mflop/s：每秒百万次浮点运算 Gflop/s：每秒十亿次浮点运算 Tflop/s：每秒一万亿次浮点运算 Pflop/s：每秒一千万亿次浮点运算 Eflop/s：每秒一百亿亿次浮点运算

OPS 和 FLOPS 是用于衡量计算机性能的指标，特别是用来评估处理器和图形处理单元在执行数学运算时的能力。

1. OPS

OPS 指的是每秒钟可以执行的运算，这里的"运算"可以是任何类型的计算，包括整数运算、逻辑运算、浮点运算等。OPS 是一个通用性能指标，能用来衡量各种类型的处理能力，但它的具体含义可能会根据上下文不同而变化。例如，在某些情况下，OPS 可能特指整数计算，在其他情况下，它则可能包括所有类型的计算。OPS 主要适用于以下应用场景。

（1）通用计算：对于不需要高精度浮点运算的应用，如网页浏览、文本处理等，OPS 更能反映实际性能。

（2）嵌入式系统：在资源有限的嵌入式系统中，OPS 可以帮助评估系统的综合处理能力。

（3）数据库操作：数据库查询和数据处理通常涉及整数运算和逻辑运算，OPS 是一个更全面的性能指标。

2. FLOPS

FLOPS 是专门用来衡量浮点运算性能的指标，它统计每秒可以执行的浮点运算次数。浮点运算是涉及小数点的数学计算，这在科学计算、图形渲染和深度学习等领域非常重要。FLOPS 主要适用于以下应用场景。

（1）科学计算：气象模拟、分子建模、物理模拟等需要高精度浮点运算的场景。

（2）深度学习：神经网络训练和推理过程中需要进行大量的浮点运算，尤其是单精度浮点运算。

（3）图形渲染：3D 图形渲染中的光线追踪、阴影计算等需要浮点运算来模拟真实世界。

在实际应用中，选择哪种指标取决于具体的应用需求和关注的运算类型。对于需要高精度计算的应用，FLOPS 是更重要的指标；而对于一般的日常使用和整数运算密集型的应用，OPS 可能更能反映实际性能。

5.2.3　算力的分类

算力服务于社会对各种计算能力的需求，而社会对算力的需求是存在差异的，这些需求既有来自消费领域的（追剧、网购、打车等），也有来自行业领域的（工业制造、交通物流、金融证券、教育医疗等），还有来自城市治理领域的（智慧城市、一证通、城市大脑等）。不同的应用需求对应着不同的算法，不同算法对算力的要求也各有不同。

本章根据应用场景和计算特性，把算力分成三部分：通用计算算力、超级计算算力和智能计算算力，以下简称为通用算力、超算算力和智算算力。

通用算力，一般指基于 CPU 的计算能力，用于基础通用计算，如日常办公、财务管理、在线购物等；超算算力，通常指基于超级计算机等高性能计算集群产生的计算能力，主要用于大规模科学研究和工程计算；智算算力，通常由 GPU（graphics processing unit，图形处理单元）、FPGA（field-programmable gate array，现场可编程门阵列）、ASIC（application-specific integrated circuit，专用集成电路）等芯片提供的计算能力，用于人工智能和机器学习任务。

三种算力存在以下三大共同特点。

（1）计算能力上，无论是通用算力、超算算力还是智算算力，它们都提供计算能力，用于处理数据和执行计算任务。

（2）技术基础上，它们都依赖于硬件设备（如 CPU、GPU、ASIC 等）来实现其计算功能。

（3）应用范围上，各类算力都广泛应用于多种行业和应用，对科学研究、工业生产、商业决策等都有重要作用。

三种算力在特点和应用场景上也存在较大差异，如表 5.2.2 所示。

表 5.2.2　三种算力对比表

特性	算力		
	通用算力	超算算力	智算算力
特点	灵活性高，可以处理各种不同类型的计算任务，但可能在特定类型的任务上不如专用硬件高效	具有极高的计算速度和处理大规模数据集的能力，通常用于科学研究和大规模模拟	善于处理并行和高吞吐量，特别适合执行深度学习算法和神经网络训练
应用场景	适用于日常的数据处理、文件处理、网页服务等通用计算任务	常用于气象预测、物理实验模拟、基因测序分析等需要大规模计算资源的任务	用于图像识别、自然语言处理、推荐系统等人工智能应用，需要大量的矩阵运算和并行计算

5.3　通用算力

5.3.1　通用算力的概念

通用算力以 CPU 输出的计算能力为主。通用算力是计算领域最广泛应用的算力类型，它主要由传统的 CPU 提供，适用于各类常规计算任务。这种算力具有高度的灵活性和兼容性，能够轻松应对日常办公、网上购物、在线学习等基础需求。

那么读者可能有一个疑惑，为什么 CPU 输出的算力称为通用算力呢？这是因为 CPU 的设计目标是通用性，即能够处理各种不同类型的任务，而不是专门针对某一种特定任务，更像一个全才。早期的人工智能应用也依靠 CPU 提供算力服务。

5.3.2　通用算力如何产生？

我们在前面已经学习了冯·诺依曼架构，今天广泛使用的数字电子计算机都是从冯·诺依曼架构发展而来的，所以探讨算力产生，还要从冯·诺依曼架构开始。为了更好地理解冯·诺依曼架构，我们不妨从身边熟悉的例子说起。

计算机的计算过程与我们到饭店就餐过程相似，如图 5.3.1 所示。

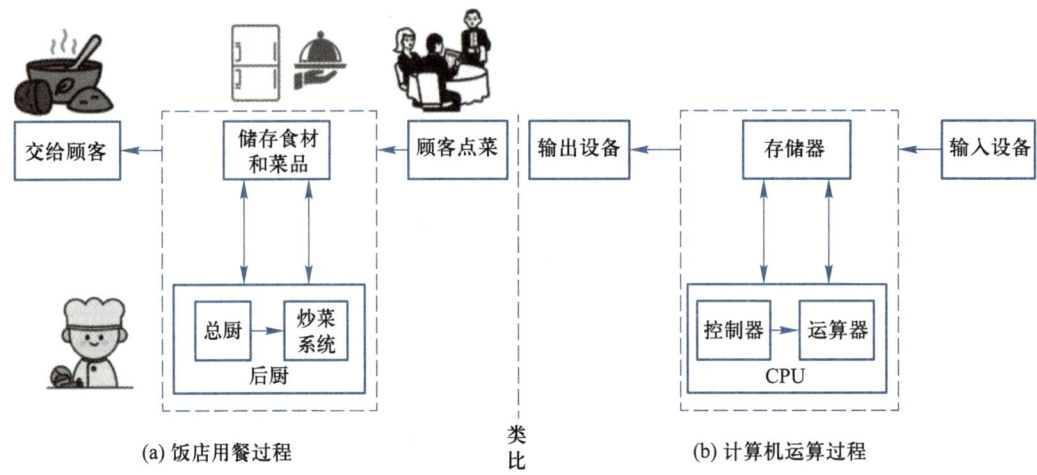

图 5.3.1 饭店用餐过程与计算机的运算过程

去饭店用餐时，一般是顾客根据菜单点菜，后厨通过系统接到菜单，在总厨指挥下利用炒菜系统完成食材加工过程，然后把做好的饭菜送到顾客面前。这个过程与用户通过输入设备，进行信息输入，CPU 收到任务后，在控制单元的指挥下进行数据的加工处理，再把处理的结果输出给用户很类似。在有了初步的理解以后，我们下面再详细说明计算机问题求解过程。

1. 计算机求解问题的过程

冯·诺依曼架构由控制器、运算器、存储器、输入设备和输出设备构成。计算机求解实际问题时，首先需要对问题进行分析，可以得到算法和数据；算法进一步表示为程序，然后通过输入设备输入计算机，计算机自动执行程序进行问题求解；最后输出结果。这些过程在冯·诺依曼架构计算机中的运行如图 5.3.2 所示，其中实线表示数据流，虚线表示命令流。

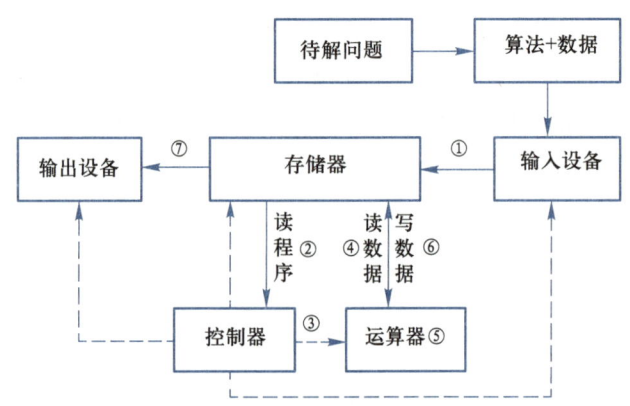

图 5.3.2 通用算力产生原理示意图

进入计算机系统后，具体过程描述如下：

（1）输入设备的功能是把程序和数据变成二进制数存入存储器，如图中①所示。

（2）计算机执行程序时，先由控制器从存储器读取程序，如图中②所示。

（3）然后根据程序的要求向功能部件（比如运算器）发命令，如图中③所示。

（4）运算器得到命令后从存储器读取数据，如图中④所示，然后开始运算如图中⑤所示（运算器进行加法运算过程可以参考 1.4.1 节运算器）。

（5）运算器的计算结果一般还要写入存储器，如图中⑥所示。

（6）如果有把计算结果输出显示的要求，则控制器会命令存储器把数据交给输出设备，输出设备把存储器送过来的二进制数变成人们需要的信息形式（十进制数、字符、表格、图像、声音等），如图中⑦所示。至此冯·诺依曼计算机完成了问题求解。

不过上述求解过程中我们漏掉了一个问题。控制器得到程序以后是怎么知道程序的功能的呢？这就要理解计算机指令了。

2. 计算机指令

计算机指令就是能指挥计算机完成一定动作的命令，表示为一定长度的二进制数，分为操作码和地址码两部分，如图 5.3.3 所示。

操作码	地址码

图 5.3.3　指令结构示意图

操作码指出该指令的功能，比如加法、乘法。地址码指定被操作的数据的地址。我们不妨举个例子，在餐厅用餐的生活场景中会有类似的描述："给 01 号桌上盘红烧肉"，其实这也是一个指令，其中"上盘红烧肉"相当于操作码；"01 桌"相当于地址码。

我们日常使用的计算机之所以能完成多种功能，是因为计算机中有很多的指令。一种计算机所包含的全部指令称为计算机指令系统。每台计算机都有自己的指令系统，由 CPU 生产厂家在制作 CPU 时植入 CPU 的控制器中。

3. 计算机程序

计算机程序与计算机指令有非常紧密的联系。程序是对指令的调用，是指令的有序集合。也就是说，我们在编写一个在某计算机上运行的程序时，我们对这台计算机的指令系统应该是熟悉的，根据解决问题的需要从指令系统中挑选出功能符合的指令进行排列组合就能得到解决问题的程序。

假如程序和数据已经存入存储器，如图 5.3.4 所示，下面我们分析一下程序是如何自动执行的。

微视频 5-3：计算机指令如何运作

微视频 5-4：计算机程序如何运行

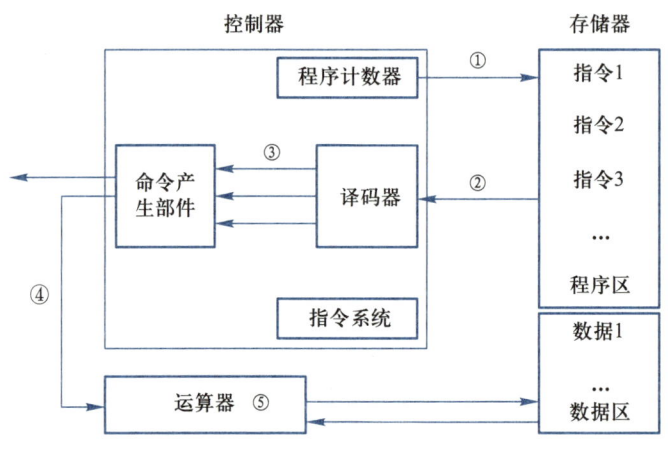

图 5.3.4　程序自动执行解析

程序和数据都成功保存后，计算机就开始自动执行程序。需要指出的是，因为程序和数据都是二进制数，为了区分它们，存储器被分成了程序区和数据区，程序保存在程序区，数据保存在数据区。

1）取指令

计算机把程序从存储器读入 CPU 时，是一条指令一条指令地读取的。CPU 的控制器中有一个称为程序计数器的寄存器，其中保存着程序入口地址（指令 1 的地址），读取指令从入口地址开始，如图中①所示。通过该入口地址找到存储器中第一条指令，就是指令 1，并进行读取，如图中②所示。

2）译码

译码就是分析指令结构，理解指令的含义。译码器负责理解所取指令的含义，并把理解结果送给命令产生部件（命令发生器），如图中③所示。命令发生器向有关功能部件（比如运算器）发出操作命令，如图中④所示。

译码器是如何理解指令的呢？就是把从存储器取得的指令 1 的操作码与指令系统中的指令操作码进行逐条比对，当比对成功时就在指令系统中找到了与指令 1 一样的指令，这时译码器就成功理解了指令 1，其过程如图 5.3.5 所示。因为，译码器作为控制器的组成部分，必定熟知指令系统中所有指令的功能。

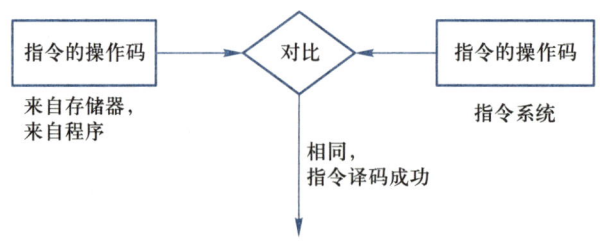

图 5.3.5　译码器译码指令过程

3）执行

功能部件得到操作命令后就开始一系列动作，这就是执行指令，如果从存储器读取的是运算指令，就由运算器进行相关运算，如图中⑤所示。如果是打印输出指令，则由打印机（输出设备）把存储器中相关数据打印出来。

当这条指令执行结束后，计算机的一次运算完成，我们说的算力单位的一次运算就是指这么一个完整的过程。

当然，这条指令执行结束后，程序计数器会自动加1，得到下一条指令地址。然后开始下一条指令的读取、译码、执行过程，不断重复这一过程，直到程序中的所有指令被执行完毕，如图5.3.6所示，这样就完成了程序的自动执行。

计算机的所有工作都是在执行程序。计算机执行程序的核心就是执行指令，所以计算机算力强弱直接由执行指令的快慢决定。因此，人们常用单位时间内执行指令的条数作为算力大小的度量单位，即5.2节讲到的算力单位OPS和FLOPS。

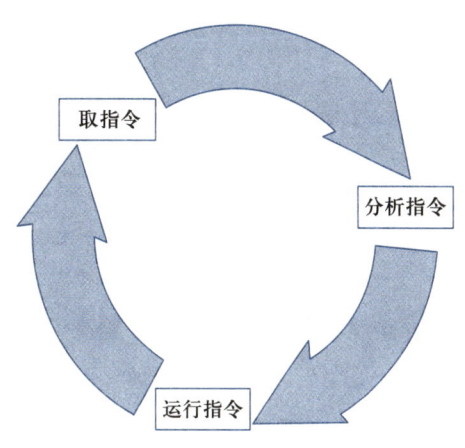

图 5.3.6　指令执行过程

*4. 算力产生过程举例

你是不是觉得算力产生过程有点抽象，不容易理解呢？接下来仍以饭店用餐过程来比喻算力的产生过程。我们把算力的产生过程类比为厨房炒菜的一个流程。总厨相当于CPU，运算单元相当于负责炒菜的小厨等炒菜系统，食材（指没有加工过的原材料）、菜品（是指加工后、可直接上桌的成品）和订单存储的地方相当于寄存器、缓存和内存等。各部分协同工作完成炒菜任务。具体类比如表5.3.1所示。

表 5.3.1　算力产生过程类比举例

计算机	饭店	具体职责
CPU 控制单元	总厨	（1）总厨相当于中央处理器 （2）总厨大脑存储着满汉全席的菜谱，菜谱相当于指令系统 （3）总厨每天处理饭店前台（饭店前台类比输入设备）发来的订单，订单相当于程序
CPU 的运算单元	负责炒菜的小厨等炒菜系统	小厨相当于 CPU 内部的 ALU 计算单元，拥有切菜、撒料、翻锅技能

计算机	饭店	具体职责
存储单元（寄存器，缓存，内存）	食材的存储地方	（1）寄存器相当于灶台台面，有各种容器如盘子、碗等。距离炒锅最近，随时都可以参与炒菜活动，速度与炒菜活动几乎同步 （2）内存像冰箱，位置在厨房，但是距离比灶台台面略远，因此取冰箱食材的速度慢于寄存器，但是优势是食品的存量大 （3）外存相当于厨房外部的一个蔬菜仓库，虽然远点要跑腿（延迟高），但优势是货品齐全，存储量更大

接下来用一道菜的烹制过程来类比一条指令的具体执行过程，一条指令的执行过程是算力产生的底层原理。

1）取指令（拿到要烹制的菜名）

总厨按照老板送来的订单顺序，先做第一道菜，菜名：西红柿炒鸡蛋。总厨大脑中存储着所有的菜谱，快速搜索这道菜。总厨的菜谱就相当于计算机 CPU 中的指令系统，而某一道菜的菜谱相当于一条具体的指令。

2）分析指令（开始按照菜单分析烹制的流程）

总厨拿到"西红柿炒鸡蛋"菜谱后立刻开始分析指令。分析此订单需要执行的具体细节和操作，包括需要的食材、食材存放的位置和具体的操作流程。针对"西红柿炒鸡蛋"的食材就是西红柿和鸡蛋，此时总厨会指挥旁边的业务员去仓库中取出食材，比如第 4 排货架中的第 5 个格子中有西红柿、第 5 排第 7 个格子有鸡蛋，然后将所有的材料取出来，并做好清洗等准备工作后，放到厨房，以备下一个阶段的执行。这个过程就相当于 CPU 分析指令，并通过命令产生部件控制存储器等运作起来。

3）执行（具体的炒菜过程）

等食材准备完毕，总厨告诉小厨要炒的菜以及炒菜的注意事项等，负责炒菜的小厨就开始按照总厨的指示干活了，菜品就完成了。接下来总厨会将菜品传送出厨房，再开始下一道订单的菜品。这个过程在进行数据运算的操作中相当于运算器的一系列运算，并输出结果；如果是在打印输出中，就相当于打印机完成打印文档。

如此过程反复循环执行，程序就会被作为指令一条条地运行完毕，运行程序的过程中，算力就接连不断地产生了。

5.3.3　通用算力的发展

自从有了 CPU 芯片以后，其发展沿着摩尔定律的预测，集成度不断翻倍、主频不断提升、晶体管数量快速增长。然而，随着晶体管数量的大幅增加，导致功耗也急剧上升，解决芯片发热问题成了一个严峻挑战；同时 CPU 芯片可靠性也受到很大影响，而且支撑 CPU 芯片制造的半导体加工技术也似乎到达了极限。问题出现了应该怎么办？计算机科学家又发明了并行处理技术来加速 CPU 的算力。

1. 并行架构

什么是并行处理技术呢？早期的 CPU 是按照冯·诺依曼架构，指令和数据必须按顺序存储在存储器中，并且通过共享的数据总线进行传输。这意味着指令和数据的读取和存储必须按照严格的顺序串行进行，如图 5.3.7（a）所示，这可能会导致存储器瓶颈和性能限制。为了进一步提高计算机的算力，人们提出了哈佛架构。

哈佛架构（Harvard architecture）也是一种计算机体系结构，与冯·诺依曼架构相对。它以哈佛大学计算机实验室在 20 世纪 40 年代开发的哈佛 Mark Ⅰ 计算机为基础，并以其命名。在哈佛架构中，指令存储器和数据存储器是物理上分开的，使用不同的总线进行数据传输，如图 5.3.7（b）所示。指令存储器用于存储程序的指令，数据存储器用于存储程序的数据。各自具有独立的物理地址空间，从而允许指令和数据并行访问。哈佛架构的一个优势是可以同时读取指令和数据，这提高了执行效率。尽管哈佛架构在性能上具有优势，特别是在对执行速度和并行处理能力要求高的应用中表现出色，但其复杂性和成本较高，使得它在通用计算系统中的应用相对有限。冯·诺依曼架构因其结构和实现的简单性，在成本上具有优势，适用于对成本敏感的应用场景。

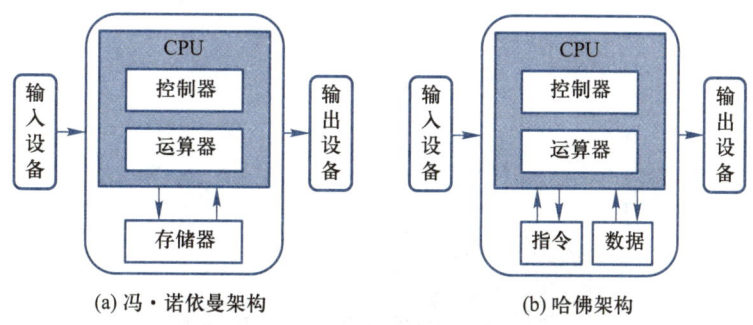

图 5.3.7　冯·诺依曼架构和哈佛架构对比

2. 多核处理器

在冯·诺依曼架构中程序存储在内存中，程序指令按照顺序串行一条条地执行。如果可以同时执行多条指令，让指令并行计算，那么将极大地提升 CPU 的性能。按照这种思路，通过在单个芯片上集成多个 CPU 核心，使得处理器能够同时处理多个任务，从而提高整体性能。这种技术不仅提高了处理速度，还允许操作系统进行更好的任务调度，使得 CPU 资源得到更有效的利用。英特尔公司于

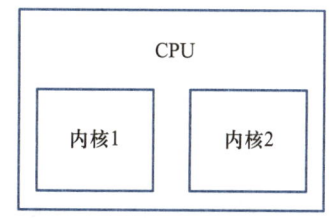

图 5.3.8　CPU 双核硬件架构图

2006 年 7 月 27 日发布的酷睿双核处理器，号称性能提升 40%。CPU 双核硬件架构如图 5.3.8 所示。除了双核处理器，后面还产生了 4 核、8 核等多核处理器。

并行计算可以让多个处理器同时计算同一个任务的不同部分。举个例子，比如小王一个人包饺子，从和面、拌馅、擀皮到最后包成饺子，可能需要两个小时，但如果爷爷、奶奶、妈妈、孩子齐上阵，各自负责包饺子环节中的一个，也许 30 分钟就搞定了。

通用算力除了通过并行计算等技术继续提高，也在朝着微型化的方向发展，除了智能手机之外，智能手表、智能手环等各类微型算力设备，都在利用算力为人类带来各种服务。

5.3.4　云计算

随着技术进步和应用需求的增加，互联网覆盖范围越来越广，带宽也越来越高，通过网络访问非本地计算服务成为可能。社会也需要廉价算力，于是就诞生了"云计算"。

1. 云计算概念

云计算之所以称为"云"计算，是因为它是一种分布式计算。用户通过互联网调用云算力、云存储和云应用等各种"云"服务，无须考虑算力提供者是谁、无须考虑算力的形态、无须考虑算力的地点、无须考虑算力运行的平台与系统，所以用自然界中同样形态和位置都具有不确定性的"云"来表示这种计算特征。我们通过一个示意图来展示云计算的模型，如图 5.3.9 所示。

图 5.3.9　云计算示意图

云计算平台会使用成千上万台服务器，服务器与个人计算机的主要区别在于，个人计算机一般供一个人使用，而服务器对外提供服务，可以供很多人一起使用，能够并行处理多人请求，再者服务器会安装很多个 CPU，它每天 24 小时工作，全年无休，总之服务器是高性能的计算机。服务器的算力较之个人计算机强大很多。图 5.3.10 所示是某服务器的结构。

云计算的算力源自若干台通用计算机（通常为服务器）。如何把这些分离的算力整合到一起，然后动态分配给众多需要算力的用户是其关键。这要归功于专门的操作系统，例如，阿里云使用其飞天操作系统可以单集群调度 1 万台服务器。所以，云计算依托通用算力和服务器集群的管理可以向用户提供超强的算力。现在人们熟悉的电子商务、在线教育、大数据应用、人工智能等都离不开云计算平台的支持。

图 5.3.10 服务器结构

云计算之所以得到广泛应用，有一个重要的原因是它可以提供廉价算力。为什么云计算可以提供廉价算力？归纳起来有以下几个原因。

（1）云计算规模效应降低了存储、网络和管理成本。

（2）云计算远程服务的特征可以把服务器集群部署地进行优化，从而降低成本。

（3）云计算的高伸缩性，能够平衡资源使用高峰和谷底，可以极大提高资源利用率。

2. 云计算的服务模式

云计算共有三种服务模式，分别是基础设施即服务、平台即服务、软件即服务，如图 5.3.11 所示。

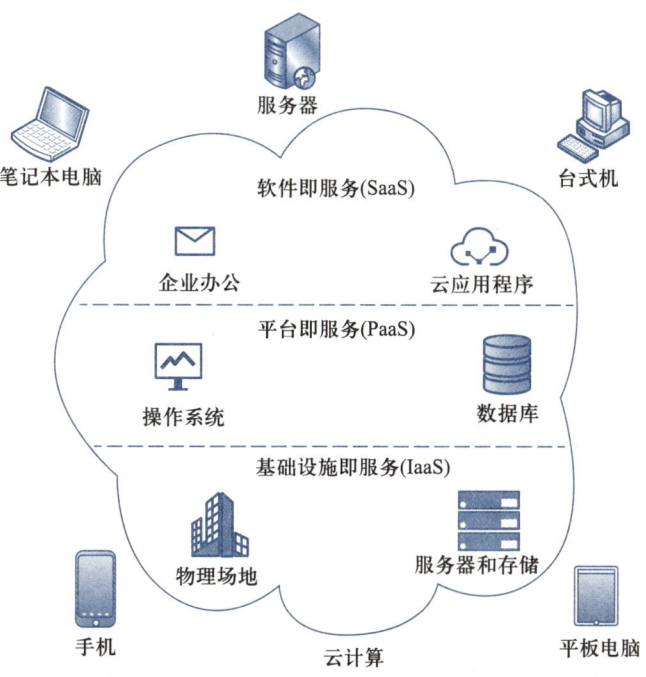

图 5.3.11 云计算的三种服务模式

1）基础设施即服务

基础设施即服务（Infrastructure as a Service，IaaS）模式，把 IT 系统的基础设施层作为服务出租出去。由云服务提供商把 IT 系统的基础设施建设好，并对计算设备进行划分，然后直接对外出租硬件服务器、虚拟主机、存储或网络设施等。云服务提供商负责管理机房基础设施、计算机网络、磁盘柜、服务器和虚拟机，租户自己安装和管理操作系统、数据库、中间件、应用软件和数据信息。

2）平台即服务

平台即服务（Platform as a Service，PaaS）模式，把 IT 系统的平台软件层作为服务出租出去。相比 IaaS 云服务提供商，PaaS 云服务提供商把基础设施层和平台软件层都搭建好，然后在平台软件层上划分"小块"对外出租。用户要做的事情相比 IaaS 要少很多，只要开发和调试软件或者安装、配置和使用应用软件即可。

3）软件即服务

软件即服务（Software as a Service，SaaS）模式，将软件部署在云端，让用户通过互联网来使用它，即云服务提供商把 IT 系统的应用软件作为服务出租出去，而消费者可以使用任何云终端，通过网页浏览器或者应用程序使用云端的软件。常用的网络协同办公软件就属于 SaaS 模式。

这三种服务反映了不同的用户需求，我们可以用小智同学旅游期间在民宿酒店吃饭来做个类比。小智中午如果想吃面条，借用民宿的厨房，自己和面、擀面、煮面到配料，一步步做出来一碗面，那就是 IaaS。假如小智买一包泡面，开水泡上几分钟就可以吃了，这就相当于 PaaS。第三种情况，小智直接在酒店餐厅点餐，这就相当于 SaaS。

3. 云计算数据中心

云计算数据中心是云计算中负责存储、处理和交换数据信息的核心。它将计算资源、存储资源和网络资源等通过虚拟化技术进行高度整合，并通过互联网向用户提供按需、易扩展的服务。用户可以按需调用各种资源，实现高效、灵活和安全的计算服务。云数据中心通常由多个物理服务器组成，通过网络连接形成一个虚拟化的计算环境，能够快速响应用户需求的变化。人们可以通过各种终端，享受到云计算数据中心提供的服务。

据统计，2023 年我国云服务、大数据服务共实现收入 12 470 亿元，同比增长 15.4%。阿里云以 37% 的市场份额保持第一位，紧随其后的是华为云（19%）和腾讯云（16%）。在全球范围内，Amazon Web Services（AWS）以 32% 的市场份额位居全球云计算服务提供商的第一位。目前，互联网上的大多数网络服务背后都是云计算平台在提供支持。

包括云计算在内的通用算力支撑了现代信息社会各领域的数字化应用，在我们日常工作、学习、生产和生活中发挥着不可替代的重要作用。但在航天、国防、石油勘探、气候预测和基因组测序等尖端研究所需的专用高速运算领域，通用算力无法满足，这些应用需要超级计算机的算力来完成。这类计算机的算力可以达到 P（POPS）级别，也就是一秒计算一千万亿次，那么这些场景的计算机是什么样的呢？

5.4 超算算力

很多人都喜欢吃薯片。但是又香又脆的薯片很容易在运输过程中因为摇晃或者搬运不当而被压碎，消费者不喜欢购买碎了的薯片，对于厂家来说这就意味着损失。于是，薯片公司的技术人员开始研究如何设计薯片的形状，使薯片变得抗压而不易碎。最终，他们想到了采用双曲抛物面的"马鞍形"薯片设计方案，那么这种形状的薯片是否能达到抗压不易碎的要求呢？研究人员利用超级计算机进行了大量实验，模拟、仿真薯片在不同情况下的抗压和不易碎性，最终确定了薯片的形状。实际上，不仅仅薯片的形状设计，我国的大型飞机 C919 在研制的过程中，受空间、成本等限制，通过传统实验风洞开展飞行器设计已难以满足需求，借助"天河一号"的超强运算能力，开展研发设计，在模拟的虚拟空间中试飞，从而极大地节省了成本，提高了研发效率。

5.4.1 超算的概念

现代个人计算机确实拥有比过去更强大的处理能力，可以用于各种科学计算，比如日常的数据分析、数学建模、简单的模拟等。但对于一些特别复杂的计算密集型任务，个人计算机的算力是有限的，无法完成。这些任务包括以下几种。

（1）大规模模拟和数据分析：如气候模拟、大型强子对撞机的数据处理或宇宙学模拟等，需要处理的数据量巨大，计算需求远远超出个人计算机的能力。

（2）高性能要求：一些科学研究需要非常高的计算性能，比如分子动力学模拟、大规模流体动力学计算或复杂的化学反应模拟，这些都需要极其强大的处理器和高速的内存。

（3）并行处理：超级计算机通常拥有成千上万的处理核心，能够并行处理复杂的计算任务，而个人计算机处理器的核心数量相对较少。

（4）超大容量存储：超级计算机具备的存储容量远超个人计算机，可以存储和处理海量数据集等。

不同于传统计算机，超级计算机简称超算，适用于高性能大型主机系统，具有强大的计算能力、高级别的计算精度，能够以极快速度处理海量数据集和进行复杂计算。超级计算机利用并行工作的多台计算机系统的集中式来计算资源，并通过专用的操作系统来处理极端复杂的问题或数据密集型的问题。超级计算机能够在短时间内完成个人计算机需要几年甚至几十年才能完成的计算任务。因此，自超算诞生以来，各个国家都投入大量人力、物力和财力进行超级计算机的研究和建设。

　　对应于不同的用途，各种超级计算机采用的技术架构、系统设计、性能评测标准都不一样。为了能有一个统一的标准来衡量超级计算机的性能指标，1993 年成立了国际 TOP500 组织。该组织主要针对高性能计算机进行相关统计，每半年对世界上各个超级计算机用 Linpack 程序进行一次基准测试，将排名前 500 的系统在世界 TOP500 排行榜网站上公布。TOP500 代表着世界上前 500 台运行速度最快的超级计算机。

　　表 5.4.1 所示是 2010—2024 年全球超级计算机性能 TOP500 榜单的变化情况。

表 5.4.1　2010—2024 年全球超级计算机性能排行变化表

时间	超级计算机名称	研制者	国家
2010.11—2011.06	天河一号	国防科技大学	中国
2011.06—2012.06	京（超级计算机）	理化学研究所	日本
2012.06—2012.11	蓝色基因/Q	IBM	美国
2012.11—2013.06	Titan	Cray	美国
2013.06–2016.06	天河二号	国防科技大学	中国
2016.06—2017.11	神威·太湖之光	国家并行计算机工程技术研究中心	中国
2018.06–2019.11	Summit	IBM	美国
2020.06—2021.11	Supercomputer Fugaku	富士通	日本
2022.06—2024.06	Frontier	HPE	美国

　　你可能比较好奇，最近几年的 TOP500 排行榜没有了中国的身影，为什么呢？是不是我们的超算性能止步不前了呢？原因是这样的：中国的超算成就是举世瞩目的，中国在 2021 年以前的全球超级计算机排名中，曾 8 次位居榜单第一，但是我们在 2021 年宣布，不再参加 TOP500 的 HPL 基准测试。

5.4.2　超级计算机的分类

　　早期的超级计算机虽然功能强大，但是由于需要大量的专用芯片，价格相当高。极高的性能是通过专门的处理器和存储器系统实现的，通过这些定制芯片才能使浮点计算在矢量计算机上算得越来越快。随着超级计算机系统性能的提高，设计和制造定制处理器及其他组件的成本也在增加。

　　于是，人们换了一种思路，使用 X86 多处理器架构的 CPU 构建处理器集群，可以达到与超级计算机相同的性能水平。采用集群方案的超级计算机通常由多个计算节点组成，集群的工作节点用来完成计算任务。每个计算节点具备自己的处理器、内存和存储设备。超级计算机的集群结构是保证其高性能和可扩展性的重要因素之一。

根据超级计算机规模和用途不同，可分为通用超级计算机和专用超级计算机。以下简称通用超算和专用超算。

1. 通用超算

试想拥有一件多功能工具，既能开启日常的饮料瓶盖，又能承担锯断木材的重任，甚至能精准修理微小的电子产品——这便是通用超算在计算领域中的角色定位。通用超算旨在应对广泛多样的科学与工程挑战，强调灵活性与普适性。它们采用标准化组件，以便支持多样化的应用软件和算法需求，应用领域覆盖从气候模型、航天器设计到新材料开发等多个领域的大型计算任务和工程模拟。在硬件层面均采用了大规模并行的计算单元（CPU、GPU 或众核处理器）、高速互联网络、大容量内存以及高效存储系统，以提供强大的计算能力和数据处理能力。在软件层面，它们运行定制化的 Linux 操作系统，支持多种并行编程模型，配备作业调度系统，并能够运行各类科学与工程应用软件。这些特性共同决定了通用超算能够处理各种复杂计算任务。通用超算通常用于进行大规模数值计算、模拟和数据分析等任务。例如以下几款超级计算机：

（1）神威·太湖之光：神威·太湖之光的核心布局彰显了高度的系统集成与创新设计。该系统由 40 个功能强大的计算机柜构成，而每个柜体内嵌数百个独立的计算节点，形成了一张错综复杂的计算网络。每个计算节点均配备了两枚国产自主研发的申威 SW26010 多核处理器，这些处理器协同运作，构筑起一个规模壮观的计算矩阵，为解决复杂问题提供了坚实的基础。

在系统架构上，神威·太湖之光采用了大规模并行处理（MPP）策略，这种设计允许成千上万的处理器同时工作，大幅提升了计算效率。尤为值得一提的是，系统内部集成的 SW26010 高带宽网络芯片，这是专为实现高效数据交互而设计的自主网络互联架构，确保了计算节点间的数据传输快速流畅，为并行计算的高效实施提供了强有力的保障。

此外，神威·太湖之光运行在基于 Linux 内核定制的国产操作系统之上，这一操作系统不仅优化了对超算平台的原生支持，还实现了对硬件资源的精细管理和能耗的有效控制。得益于此，平台不仅能够达到令人瞩目的每秒 12.5 亿亿次浮点运算的峰值性能，同时在能源管理上也表现出色，体现了自主可控与高效节能的双重优势，进一步稳固了其在全球超算领域的领先地位。2016 年 6 月在德国法兰克福国际超算大会上以接近第二名三倍的运算速度夺得世界第一。

（2）前沿超级计算机（Frontier）：Frontier 是归属于美国橡树岭国家实验室的一台超级计算机。它在全球超级计算机 TOP500 榜单中多次占据首位。Frontier 搭载 AMD EPYC（霄龙）第三代服务器处理器，具体型号为 64 核 2 GHz 版本，内核总数高达 8 730 112 个，具有极高的并行计算能力，配备 AMD Radeon Instinct 加速卡，提供强大的图形与通用计算能力。在能源消耗上，能达到 52.23 Gflop/（s·W），即每秒每瓦特可实现 522.3 亿次浮点运算，凭借优异的能效，Frontier 在绿色 500 榜单中位列第一，展示其在高性能计算与节能方面的双重优势。Frontier 作为首个实现 E 级计算的系统，标志着人类在超大规模科学计算领域取得重大突破，为解决复杂科学问题和推进前沿科研提供了前所未有的计算能力。

2. 专用超算

相对于通用超算，专用超算则好比医疗技术里那把锐利无比的激光手术刀，它不追求广泛适用，而是在特定领域内深入精研。专用超算是为特定类型的任务或领域特别设计和优化的系统，是高度定制化的专用系统，其设计和架构主要针对专业领域进行了深度优化，与通用超算有着显著区别。通用超算旨在提供广泛的计算能力，适用于多种科学和工程应用，而专用超算则牺牲了通用性以换取在特定领域的极致性能。它们通常采用定制化的硬件和软件，针对某一类计算问题（如特定类型的模拟、数据分析或机器学习任务）进行深度优化。专用超算可能只支持一种或少数几种特定的应用程序，不适合或无法有效运行通用超算上常见的多样化工作负载。

例如，安腾超级计算机（Anton），安腾是一款由位于纽约的 D. E. Shaw Research 设计并制造的大规模并行超级计算机，于 2007 年发布，自 2008 年开始运行。这款超级计算机是专门为蛋白质和其他生物大分子的分子动力学模拟打造的特殊用途超级计算机。为了加快分子动力学模拟，安腾超级计算机由大量的应用专用集成电路（ASIC）组成，并通过一个专门设计的高速三维环状网络相互连接起来。在硬件上，它的芯片、主板、布线都由 D.E.Shaw 研究所特殊设计。通过特殊设计的专用芯片，尽可能减少数据的传输和运算，在芯片上分区域、分精度计算不同任务，突破制约分子模拟速度的瓶颈——原子间相互作用力的计算。这些芯片针对性能进行了特别优化，能够减少数据传输和处理的时间，并通过芯片上的分区和不同精度计算，有效解决了分子模拟中原子间相互作用力计算速度的瓶颈问题。同时，系统内嵌的新一代专用网络，确保了数据通信的低延迟与高吞吐量，以及直接内存访问引擎以增强计算与通信的并行处理能力，从而缩短了等待时间。与硬件相匹配的是软件，D.E.Shaw 研究所也专门设计了适配 Anton 的动力学模拟软件 Desmond。正是由于安腾超级计算机专注在特定领域，使得其在分子动力学模拟计算中的效率是传统超算的 100~10 000 倍，比超算 Frontier 还要快上 50 倍以上。

5.4.3　超算算力的内部结构

接下来我们以通用超算为例，讲解超算算力产生的内部原理。超级计算机由众多计算节点组成（一个节点相当于一台计算机）超级集群。每个节点配有多个 CPU 等处理器，节点之间用高速网络互联，共享存储器。各个计算节点在操作系统管理下可以实现大规模并行计算，从而完成复杂艰巨的计算任务。超算架构如图 5.4.1 所示。

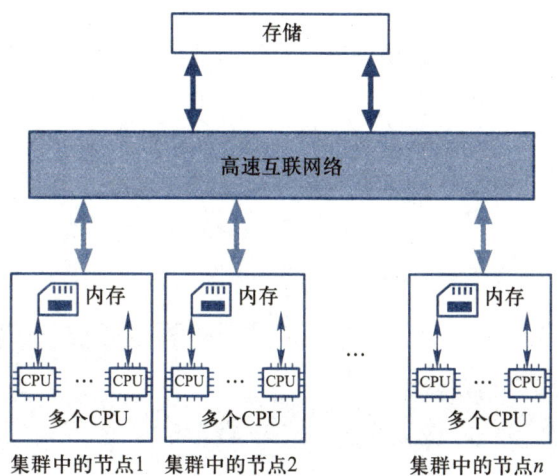

图 5.4.1 超算架构示意图

例如天河二号拥有 16 000 个计算机节点，每个节点配备 2 个 Intel Ivy Bridge 架构 Xeon 处理器和 3 个 Xeon Phi 协处理器，共计 3 120 000 个计算核心。天河二号上运行的是国防科技大学开发的麒麟（Kylin Linux）操作系统，峰值算力达到了每秒 5.49 亿亿次浮点运算（54.9 Pflop/s）。

历史上，超级计算机的计算节点只有 CPU，后来研究人员发现 GPU 在计算加速上有天然优势，于是开始将 GPU 加入超级计算机上。在超算的实际使用中，并不是将成千上万个 CPU 和 GPU 都拿过来完成一个任务，也不是某一个人独占，而是按需所取，使用一种称为调度器的软件来分配计算资源。超级计算机上的 CPU 和 GPU 等计算资源更像是城市中的共享单车，一开始只有共享自行车，后来又有了共享电动车，服务方先提供好一批计算资源放置在那里，需求方可根据需求向调度器申请，如有闲置的资源则分配给需求方。超算中心提供一个共享的资源池，每个用户每次占用部分资源，多个用户在调度器的调度下按照一定的规则排队。当然，这个资源池越大，每个用户能够获得的资源就会越多，排队等待的时间也就越短，加上一些合理的编程优化，每个计算任务的耗时就会越短，以此加速科研进程。

5.4.4 中国的超算能力

中国的计算机行业发展始于 20 世纪 50 年代，我国第一台数字计算机 103 诞生于 1958 年，后来传统的计算机已经无法满足需求，到了 20 世纪 70 年代，我国对于超级计算机的需求激增，在中长期天气预报、模拟风洞实验、三维地震数据处理、国防和航天领域都对计算能力提出了新的要求，由于当时国内还无法满足这种需求，高性能计算机完全依赖进口。

铭记历史，面向未来

　　回望 20 世纪 80 年代，中国的高性能计算机没有自主研发能力，受限于国外技术封锁。典型的案例就是中石油采购的 IBM 超级计算机，被安置在一个玻璃房子里，使用受美国全程监控，启动密码和机房钥匙都在美国人手里，成果还要美国审查。这个事件被称为中国在超级计算机领域的"玻璃房"事件，也是中国在超级计算机领域受到的屈辱事件之一。图 5.4.2 所示为"玻璃房"事件的场景。

图 5.4.2　"玻璃房"事件的场景

　　后来，我国科学家们发愤图强，于 1983 年 12 月发布了银河一号超级计算机。随后，又发布了银河二号到银河四号，形成银河超级计算机系列。应用银河超级计算机，我国成为世界上少数几个能发布 5~7 天中期天气预报的国家之一。银河系列后来又升级为"天河"系列，2010 年天河一号 A 成为中国第一个全球运行速度最快的超级计算机。

　　有了银河、天河系列之后，我国加入了并行超级计算机的研发行列，启动了神威超级计算机的研制。神威·太湖之光超级计算机是由中国国家并行计算机工程技术研究中心研制，旨在实现关键核心技术的自主可控，将创新主动权和发展主动权牢牢掌握在自己手中。

　　2016 年 7 月，发布不久的"神威·太湖之光"即荣获吉尼斯世界纪录认证，被誉为"全球运算速度最快的计算机"。随后的 2016—2017 年间，它连续四次蝉联世界 TOP 500 排行榜超级计算机冠军。作为通用超算的典范，神威·太湖之光在应用场景上能够解决广泛的科学与工程问题，应用领域覆盖航空航天、地球科学、海洋研究、气象预测、生物医学、工业设计等。2016 年，中国国家流体力学实验室基于神威·太湖之光，对"天宫一号"飞行器两舱简化外形陨落的飞行绕流状态进行大规模并行模拟，在 20 天内便完成常规需要 12 个月的计算任务，该计算结果与风洞实验结果吻合较好，为"天宫一号"飞行试验提供了重要数据支持。

5.4.5　超算中心

　　什么是超算中心，超算中心和超级计算机有什么关系呢？超算中心，即超级计算中心，是指部署有超级计算机的机构。超级计算机通常作为独立的计算设备存在，需要由专门的机构或团队进行管理和维护。超级计算机是超算中心的核心组成，超算中心则是一个具有自主运营能力的机构或部门，它负责整合和管理计算资源，提供计算服务，并根据用户需求进行资源调度和优化。超算中心除了管理超级计算机的计算任务之外，还承担着学术交流、人才培养、技术支持等多种功能。

为了提升国家科技实力、服务大系统大工程大科学、促进经济社会高质量发展以及构建国家安全保障体系。我国自 2009 年开始建立国家超级计算中心。截至 2024 年，国家超级计算中心有 11 个，分别为国家超级计算天津中心、国家超级计算广州中心、国家超级计算深圳中心、国家超级计算长沙中心、国家超级计算济南中心、国家超级计算无锡中心，国家超级计算郑州中心、国家超级计算昆山中心、国家超级计算西安中心、国家超级计算成都中心、国家超级计算太原中心；另外还有中新重庆国际超算中心、文昌航天超算中心、乌镇之光超算中心等，如图 5.4.3 所示。这些超算中心都成为我国科技创新和产业发展的重要支撑力量，支持着周边经济和社会发展。

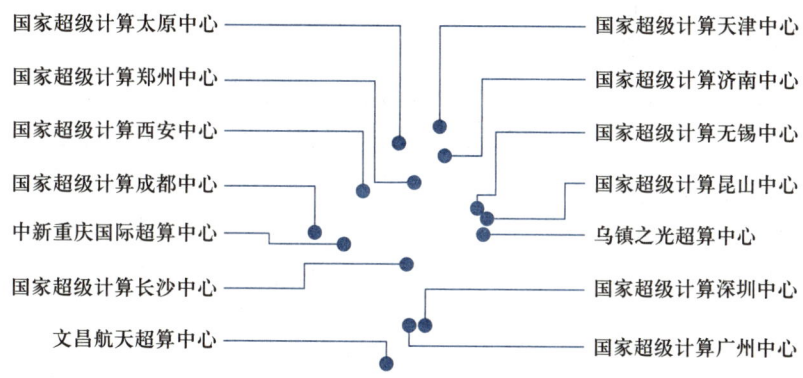

图 5.4.3　11 个国家级超算中心和 3 个地方超算中心

5.5　智 算 算 力

一方面，摩尔定律中 CPU 芯片算力以每 18 个月增加一倍的速度增长难以为继。另一方面，大模型、自动驾驶、图像处理等人工智能技术的快速发展催生了算力需求的爆发式增长。根据 OpenAI 在 2018 年发布的报告，自 2012 年以来 AI 训练任务所运用的算力每 3~4 个月就会翻一番；因此科学家开始寻求各种 AI 芯片给计算机算力进行加速。

微视频 5-5：
智能算力的
概念

5.5.1　智能算力的概念

近年来 CPU 的性能增长已经碰到了瓶颈，由于物理极限的限制，半导体工艺制程突破 5 nm 以来，依靠工艺进步提升 CPU 性能的空间急剧缩小，摩尔定律逐渐失效，CPU 提供的算力无法满足人工智能时代的巨大算力需求。另外 CPU 的通用架构决定了其擅长统领全局的调度、管理、协调等复杂串行逻辑处理，而不擅长并行数据处理。人工智能算法的实现需要强大的计算能力支撑，特别是深度学习算法的大规模使用。深度学习模型参数多，计算量大，深度学习模型的训练和推理需要大量的并行计算、矩阵计算，这些计算形式 CPU 并不擅长，因此需要其他芯片协同加速。

智算算力是指专门用于人工智能和机器学习任务的计算能力，以 GPU 算力为核心算力，融合利用 CPU、FPGA、ASIC 等加速芯片。人工智能时代，智算算力在自然语言处理、计算机视觉、自动驾驶等人工智能领域发挥着重要作用。

CPU 我们在通用算力部分已经介绍，至于 GPU、FPGA、ASIC 这些芯片的概念将在下一节介绍。

微视频 5-6：
人工智能算力
芯片 1

5.5.2　人工智能算力芯片

2007 年以前，人工智能研究和应用经历了数次起伏，一直没有发展成为成熟的产业；同时受限于当时算法、数据等因素，这一阶段人工智能对于芯片并没有特别强烈的需求，通用的 CPU 芯片即可提供足够的计算能力。

随后人工智能业界对于计算能力的要求不断快速地提升，于是业界开始利用各种加速芯片如 GPU、FPGA、ASIC 等人工智能芯片（以下简称 AI 芯片）为 AI 提供算力。

微视频 5-7：
人工智能算力
芯片 2

1. GPU

早期的 GPU 是协助 CPU 进行 3D 图像处理的加速硬件，GPU 的编程性能比较有限。2006 年英伟达与超微半导体公司分别推出了 CUDA（computer unified device architecture，统一计算架构）编程环境和 CTM（close to the metal）编程环境；2008 年，苹果公司提出一个通用的并行计算编程平台 OPENCL（open computing language，开放运算语言），OPENCL 和具体的计算设备没有关系。这些编程环境都支持 GPU 的编程，因此 GPU 具备了方便的软件编程环境，开发人员可以直接编写程序，从而可以更好地用于数值计算。

GPU 为何比 CPU 具有更强的智能计算能力呢？我们可以从设计目标、内部架构、适用任务三方面与 CPU 进行对比分析。

1）设计目标

CPU 运行复杂程度高，针对各种不同的数据行，在逻辑判断后常伴随大量分支跳转和中断操作。GPU 侧重于并行处理大量相似计算任务，运行复杂度低，擅长处理类型统一的、无相关性的大规模数据集。

2）内部架构

与 GPU 相比，CPU 中大部分为控制器和寄存器，而 GPU 中则拥有更多的运算器用于数据处理，这样的结构适合对密集型数据进行并行处理，使得 GPU 的运行速度相较于 CPU 提升几十倍乃至上千倍。图 5.5.1 所示是 CPU 和 GPU 架构对比图。

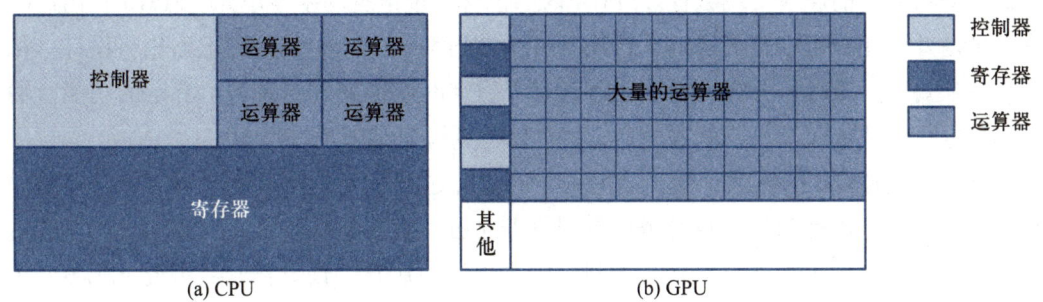

图 5.5.1　CPU 和 GPU 的架构的对比

3）适用任务

CPU 适合运行数据结构不规则、逻辑复杂的串行程序。GPU 适合处理数据耦合度低、高度并行化的计算任务。GPU 尤其擅长人工智能大模型的训练和推理中大量存在的矩阵运算。下面通过表格的形式来看一下 CPU 和 GPU 特征对比，如表 5.5.1 所示。

表 5.5.1　CPU 和 GPU 特征对比

	CPU	GPU
架构特点	串行处理的大师	并行处理的王者
功能定位	系统控制与通用计算	图形渲染与高性能计算
性能表现	单核强，综合性能高	并行处理，吞吐量惊人
应用场景	通用计算：如办公软件、网络购物、编程开发等。 服务器：处理大量并发请求，提供稳定的服务。 高性能计算：涉及复杂逻辑和精确计算的领域，如天气预报、金融分析等	图形渲染：游戏、动画电影、虚拟现实等需要高质量图形输出的场景。 高性能计算：科学计算、基因测序、药物研发等需要大规模并行计算的任务。 人工智能：深度学习模型的训练和推理

目前 GPU 的产品份额主要由英伟达（NVIDIA）和 AMD 两家公司占有，他们生产的 GPU 加速芯片被简称为 N 卡和 A 卡。目前在 GPU 领域也出现了一些我国的自主品牌产品，如华为公司的昇腾系列、寒武纪公司的思元系列、壁仞科技公司的壁砺系列等。

GPU 虽然在人工智能计算芯片中占据主导地位，但是 GPU 芯片也存在一些缺陷。主要体现以下三方面：第一，当前 GPU 芯片供不应求，导致 GPU 芯片价格居高不下。第二，GPU 芯片能耗较大，大规模部署电力成本较高。第三，GPU 在延迟敏感、需要快速响应的人工智能应用领域，如自动驾驶、实时语音识别等方面表现欠佳。因此，在智能计算芯片方面，需要 FPGA 和 ASIC 芯片来弥补 GPU 芯片的缺陷。

2. FPGA

FPGA 即现场可编程门阵列，用户可以通过烧入 FPGA 配置文件来定义这些门电路以及存储器之间的连线实现编程。FPGA 内部包含大量重复的基本单元。FPGA 在出厂时是万能芯片，用户可根据具体需求，用硬件描述语言对 FPGA 的硬件电路进行设计。每完成一次烧录，FPGA 内部的硬件电路就有了确定的连接方式，具备了特定的功能。输入的数据只需要依次经过各个门电路，就可以得到输出结果。

换言之，FPGA 的输入到输出之间并没有计算过程，只是通过烧录好的硬件电路完成信号的传输，因此对于计算任务的针对性非常强，速度很快。而正是因为 FPGA 的这种工作模式，决定了需要预先布置大量门阵列以满足用户的设计需求，因此 FPGA 使用大量的门电路阵列，消耗更多的 FPGA 内核资源，用来提升整个系统的运行速度。FPGA 可同时进行数据并行和任务并行计算，在处理特定应用时有更加明显的效率。对于某个特定运算，通用 CPU 可能需要多个时钟周期，而 FPGA 可以通过编程重组电路，直接生成专用电路，仅消耗少量甚至一次时钟周期就可完成运算。而 GPU 硬件结构固定不具备可编程性，只能进行软件环境编程。

在功耗方面，FPGA 具有明显优势，其能耗比至少是 CPU 的 10 倍、GPU 的 3 倍。这主要是因为，在 FPGA 中没有取指令与指令译码操作，在 Intel 的 CPU 里仅仅译码过程就占整个芯片能耗的约 50%；在 GPU 里，取指令与指令译码也消耗 10% 至 20% 的能耗。

尽管 FPGA 有其独到优势，但其基本单元的计算能力有限。为了实现可重构特性，FPGA 内部有大量极细粒度的基本单元，但是每个单元的计算能力都远远低于 CPU 和 GPU 中的运算器模块。但接下来要讲解的 ASIC 芯片就同时具备低成本和较高的并行计算速度这两个优点。

3. ASIC

ASIC 芯片是专门为了特定应用而定制的集成电路，与通用处理器 CPU 不同，ASIC 芯片针对具体任务进行了优化，不能执行其他任务。

CPU 运算一个数学问题是通过编程思路来解决的，CPU 面向的是通用的计算任务，所以硬件层面上只能去完成加法或者乘法这样的基础运算。要完成一个复杂运算，例如 $A*B + C$，就需要多个运算操作，要耗时多个时钟周期才能完成。但是如果开发一种集成电路，使得可以在硬件层面上直接完成 $A*B + C$ 的操作，那么执行这个运算就只需要一个计算操作，消耗一个时钟周期了。这样的集成电路的特点是不再具有通用性，但是完成特定任务时效率却奇高，这就是所谓的 ASIC 了。两者执行任务对比，如图 5.5.2 所示。

ASIC 的特点是高性能、低成本、尺寸紧凑和低功耗。由于 ASIC 芯片是面向特定用途设计的，因此它可以提供更高的计算性能和能效比，同时减少不必要的开销和功耗。因此，随着人工智能算法和应用技术的日益发展，以及 ASIC 产业环境的逐渐成熟，

ASIC 近年来在人工智能计算芯片中所占用的比例越来越高。

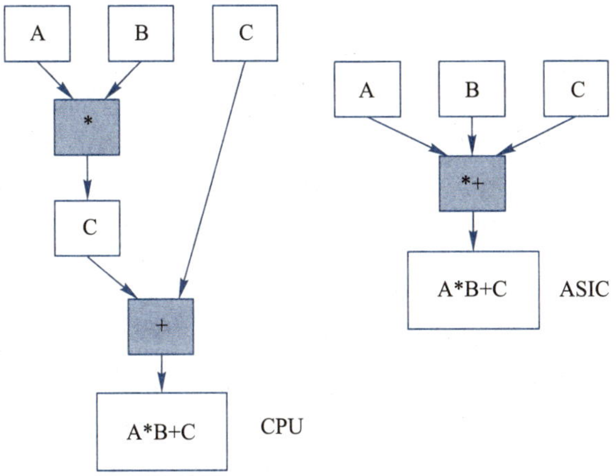

图 5.5.2 CPU 通用性和 ASIC 芯片专用性

ASIC 针对特定算法和应用进行优化设计，在特定任务上的计算能力强大，例如在某些 AI 深度学习算法中实现高效的矩阵运算和数据处理。ASIC 通常具有较高的能效比，因其硬件结构是为特定任务定制的，能最大幅度减少不必要的功耗。ASIC 在处理特定任务时，能实现高吞吐量，数据处理速度快，可快速完成大量的数据处理工作。

在全球市场中，ASIC 芯片的发展势头强劲。例如谷歌的 TPU（tensor processing unit）（张量处理单元）是谷歌专为 AI 定制设计的 ASIC，其针对大模型的训练和推理进行了优化。Google 击败韩国棋王李世石的 AI 计算机围棋程序 AlphaGo，使用的就是 TPU 运算服务器机柜。

最后通过一个表格来总结三种智能芯片的特征，如表 5.5.2 所示。

表 5.5.2 三种 AI 芯片特征对比

特性	芯片		
	GPU	FPGA	ASIC
芯片架构	叠加大量计算单元和高速内存、逻辑控制单元简单	具备可重构数字门电路和存储器、根据应用定制	电路结构可根据特定领域应用和特定算法定制
擅长领域	3D 图像处理、密集型并行计算	算法更新频繁或者市场规模小的专用领域	市场需求量大的专用领域
优点	计算能力强、通用性强、开发周期短、难度小、风险低	功能可修改、高性能、功耗远低于 GPU、一次性成本低	专业性强、性能高于 FPGA、功耗低、量产成本低
缺点	价格贵、功耗高	编程门槛高、量产成本高	开发周期长、难度大、风险高、一次性成本高

5.5.3　智算中心

学习了各种人工智能计算芯片之后，我们来看这些芯片通过异构并行组成的人工智能服务器（以下简称 AI 服务器）。

基于运行的处理器架构来区分的话，并行计算也分为同构并行与异构并行。多核 CPU 是同构并行，接下来我们看什么是异构并行。单纯依靠 CPU 的处理能力来满足业务高并发、低时延需求的方式无论在性能、功耗还是成本上都将不可持续，需要将处理工作分配给加速硬件以减轻 CPU 负荷，利用硬件模块替代软件算法以充分利用硬件所固有的快速特性，从而实现性能提升、成本优化的目标，这就是业界常说的硬件加速技术。引入硬件加速的计算架构又称异构计算。相对通用计算（又称同构计算）来说，所谓的异构，就是 CPU、GPU、FPGA、ASIC 等各种使用不同类型指令集、不同体系架构的计算单元组成一个混合的系统，执行并行和分布式计算的特殊方式。下面用 CPU 加 AI 芯片展示一下异构计算，如图 5.5.3 所示。

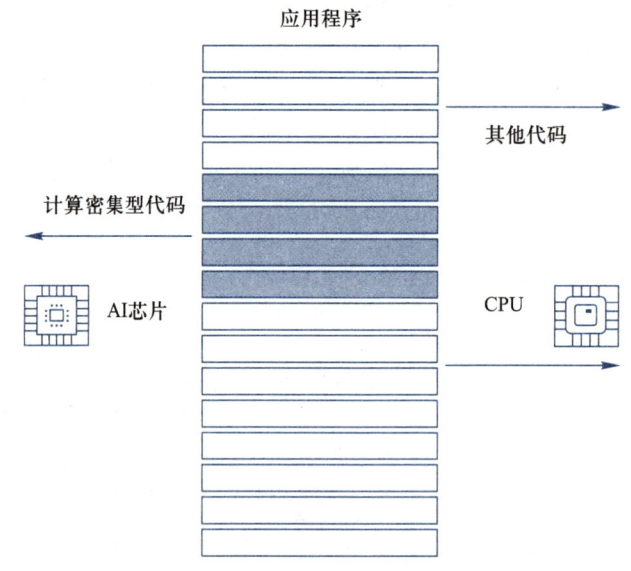

图 5.5.3　CPU 和 AI 芯片异构计算示意图

AI 服务器是采用异构计算的服务器，通常使用 CPU+ 各种异构加速芯片，广泛应用于计算机视觉、自然语言处理、机器学习等领域，用于图像识别、语音识别、文本分析、模型训练等应用场景。它比普通服务器有更强大的数据处理能力和并行处理能力，在进行模型的训练和推理时会更具有效率优势。

由于单个 AI 服务器算力有限，通常工程人员将大量的 AI 服务器组合成一个大规模计算集群，接下来称为 AI 集群。AI 集群动态分配计算任务，避免个别服务器节点过载而其他节点闲置。集群内部的网络架构也可以确保数据传输的低延迟和高带宽。AI 集群还具备强大的容错能力，即使部分节点出现故障也不会影响到整体的运行。

近年来，还涌现出了一批人工智能超级计算机。华为2023年发布了Atlas900超级计算机，它采用了最先进的集群模式，通过将多台计算机互联互通，形成一个大规模的超级计算机集群。这种集群模式可以提高计算效率、提高人工智能训练精度和速度，同时还可以增强人工智能系统的稳定性和可靠性。华为Atlas900超级计算机采用了自主研发的昇腾AI处理器作为其核心计算单元。昇腾AI处理器是华为针对人工智能应用而自主研发的一款高性能处理器，它具有极高的计算效率和灵活性，可以支持多种不同的人工智能算法和应用场景。Atlas900的AI训练集群通过1 024颗昇腾910 AI处理器进行协同工作，实现了极高的计算性能和效率。华为发布的Atlas900超级计算机是中国在人工智能领域的一次重大突破，它代表了中国在人工智能技术和应用方面的最高水平。2023年，英伟达（NVIDIA）正式发布了全新的GH200 Grace Hopper超级芯片和拥有256个GH200超级芯片的NVIDIA DGX GH200超级计算机。DGX GH200是"巨型GPU"，基于NVIDIA NVLink Switch System驱动，有约241.4 km的光纤，重达18.14 t，可支持数万

名企名事：华为和世界上的科学家们

现在我们所使用的5G通信技术，其标准源于2008年土耳其埃达尔·阿勒坎（Arikan）教授的一篇数学论文，在该论文中，提到了极化码理论。该论文发表后两个月，就被华为的科学家们注意到了，并对这项技术进行评估，认定其中的极化码理论可以用于5G编码。

阿勒坎的博士生导师是美国人罗伯特·加拉格教授。而加拉格的导师，也就是阿勒坎的师祖，则是大名鼎鼎的信息论鼻祖香农。

很快，阿勒坎教授被邀请加入华为，华为迅速组织人员以这篇论文为中心开展研究，共投入了数千人，在这项技术的基础上申请了一批专利，掌握了先发优势，并迅速实现赶超，成了5G技术的领头羊。华为的5G专利数量占世界27%左右，排第一位。图5.5.4所示是任正非向阿勒坎颁奖，以致敬其为人类通信事业发展所做出的突出贡献。

图5.5.4 任正非向阿勒坎颁奖

其实，华为不仅仅是一个企业，更是一个科学家云集的研发中心。华为创始人任正非说："华为的成功靠的是背后700多个数学家，800多个物理学家，120多个化学家，还有6 000多位专门在从事基础研究的专家，以及6万多研发工程师的功劳"。

亿参数 AI 大模型训练，呈现出来就像一个单一的 GPU。

智算算力正是以 AI 芯片、AI 服务器、AI 集群和 AI 超级计算机作为载体，最终集成于智算中心，通过智算中心这个算力工厂源源不断地输出智算算力。

而在 AI 芯片、AI 服务器集成为 AI 集群和 AI 超级计算机的过程中，网络的传输能力也是一个不容忽视的重要因素，中国的 AI 芯片比起 NVIDIA 等的 AI 芯片目前还不具有优势，但在众卡集成中，卡与卡之间的大量数据需要在短时间内进行传输和处理，我国以华为的 5G 为基础的网络通信技术有绝对优势，正好满足了这一需求。这也是在很多场景中，我国虽然在 AI 芯片上被卡脖子，但仍可出"奇迹"的原因之一。

智算中心是人工智能计算中心，是一种专门为人工智能应用提供强大计算能力和数据存储的基础设施。智算中心通过融合大量的高性能计算设备、高速网络以及先进的软件系统，旨在为人工智能的训练和推理提供高效、稳定的计算环境。它不仅是一个算力生产供应平台，还是一个数据开放共享平台、智能生态建设平台和产业创新聚集平台。智算中心的建设目的是促进 AI 产业化、产业 AI 化，它基于人工智能理论，采用人工智能计算架构，提供人工智能应用所需的算力服务、数据服务和算法服务。

2023 年以来，以 DeepSeek、ChatGPT 为代表的 AIGC 大模型横空出世，掀起了一股席卷全球的 AI 浪潮。智算中心作为 AI 算力的核心基础设施，逐渐成为行业建设的重点。

介绍完智算中心之后，有些读者可能会觉得超算中心和智算中心有着很多相似之处。在科技持续发展的浪潮下，智算与超算正迈向融合的新轨道，两者间的界限正在日益模糊。

*5.5.4　三种计算中心对比

前面我们已经依次介绍了云计算数据中心、超算中心和智算中心，现在通过表 5.5.3 对这三种计算中心进行对比学习。

表 5.5.3　三种计算中心特征对比

对比项	中心		
	云计算中心	超算中心	智算中心
技术体系	基于 CPU 芯片的服务器提供算力	高性能计算集群、大规模存储系统，大规模并行计算服务设施等	专用 AI 芯片、高性能计算节点、高容量存储系统、智能化软件平台
应用场景	电商、金融、制造等企业和个人计算需求	主要面向科学研究和工程计算领域，解决大规模、高复杂度的计算问题，如气象预测、基因测序、物理模拟等领域	为人工智能应用提供算力支持，如图像识别、语音识别、自然语言处理等，支持智能制造、智慧城市、智慧医疗等行业

续表

对比项	中心		
	云计算中心	超算中心	智算中心
特点与优势	可扩展性、灵活性高	计算速度快、精度高	计算能力强、智能化水平高
发展趋势	不断提升资源利用率、优化服务性能，支持更多行业数字化转型	提高计算能力、并行处理效率，拓展更多科学研究领域应用	强化 AI 技术融合，提升智能化水平，成为智慧时代的基础设施

如今三种计算中心也在彼此融合。传统的云数据中心正在向高性能计算和智算中心演进，支持异构计算，引入 GPU、TPU 等 AI 专用加速器，优化软件系统和运维模式。各大云服务商推出的高性能计算产品，除了面向深度学习应用外，也有科学计算的探索。超算中心则在与智算中心的融合中寻求新的发展路径。超算中心所蕴藏的海量科学数据，可为智算中心的 AI 模型训练输送源源不断的"养分"；反过来，智算中心卓越的多模态数据管理"技艺"，也能助力超算中心提升数据流处理效率。超智融合技术的发展，将超算强大的数据处理能力与人工智能的算法优化能力相结合，推动计算技术的创新。未来的超算中心将更加注重算力架构的融合、算力调度的高效性和系统运维的智能化，也在尝试将富余的算力通过云计算的形式对外输出服务。

*5.6　拓展：算力网络

通过前面的学习，我们知道算力分为三种类型：通用算力、超算算力和智算算力。而实际应用中，用户对算力的需求也是多种多样的，应该如何选择算力呢？以下场景使用的算力是否合适？

（1）上网购物，选择智算算力。

（2）开发路灯物联网，需要算力控制路灯的开关等简单操作，选择昂贵的超算算力。

（3）用户在进行深度学习模型的训练和推理，选择 CPU 的通用算力。

显然上述算力的使用都不合适，于是，人们思考将算力和网络两个概念进行融合，从而更加准确地为用户提供算力服务。

5.6.1　算力网络的概念

算力网络是将分布在不同地理位置的算力资源（如 CPU、GPU、FPGA 等）通过高速网络连接起来，形成一个统一的资源池。用户可以通过网络按需调用这些资源，进行数据处理、模型训练等任务。它的本质是将算力资源融入通信网络，从而以更整体的方式为用户提供算力资源服务，前面提到的云计算就是算力网络的一种。

2021 年 5 月四部委联合发布的《全国一体化大数据中心协同创新体系算力枢纽实施方案》中，算力网络一词首次出现在官方文件中，当时主要指将"东数西算"中国家级数据中心连接起来形成的一体化枢纽设施，后来算力网络的内涵不断扩展。

算力网络的产生主要是基于算力的需求和供给的不平衡，一方面数据中心、超算中心和智算中心等资源方拥有算力，另一方面手机端、PC 端等需求方需要算力，这时就需要建立一种能进行算力分配调度的算力网络来满足需求，从而实现供给和需求的平衡，如图 5.6.1 所示。需求方根据需要向算力网络系统发出算力请求，算力网络系统根据需求合理分配算力。

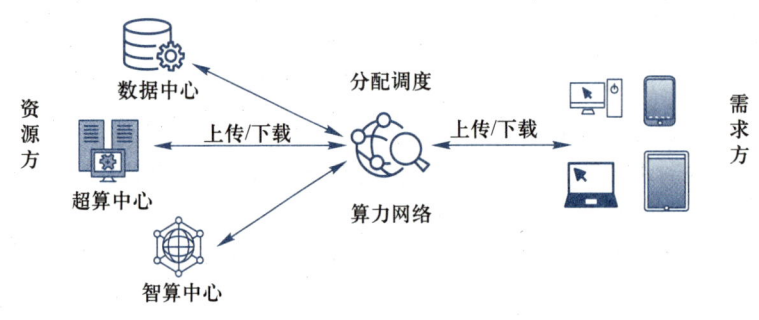

图 5.6.1 算力网络

实际上，除了前文提到的集中算力产生中心如数据中心、超算中心和智算中心外，在云计算中，还有基于云边端架构的一种算力。

云边端架构是一种分布式计算架构，它将计算、存储等任务分布在三个不同的层次：云端、边缘和终端设备。"云"指的是云计算中心，"边"指边缘计算，是云计算的边缘侧，它将需要快速响应和低延迟的数据发送到靠近数据源的边缘服务器进行处理，其他数据发送给传统的云计算中心。"端"通常指的是终端设备，如智能手机、平板电脑、各种物联网设备等。这些设备直接与用户或者数据源交互，可以进行一定程度的数据计算，如图 5.6.2 所示。

通过这种云边端架构克服了以数据中心为主体的云计算存在的缺陷。由于通过各种终端设备产生的数据距离云计算中心较远，数据来回传输耗费的时间比较多，对于某些传输时间要求敏感的应用，云数据中心无法满足。而边缘云是分布在网络边缘侧，提供实时数据处理、分析决策的小规模云数据中心，边缘云距离数据源比较近，可以满足较短的时延要求。

未来的算力发展趋势是数据中心、超算中心、智算中心和边缘计算逐步融合，形成泛在计算的发展模式，在靠近用户的不同距离将部署不同规模的算力。从百亿量级的智能终端，到全球十亿量级的家庭网关，再到每个城市中数千个具备计算能力的边缘云，

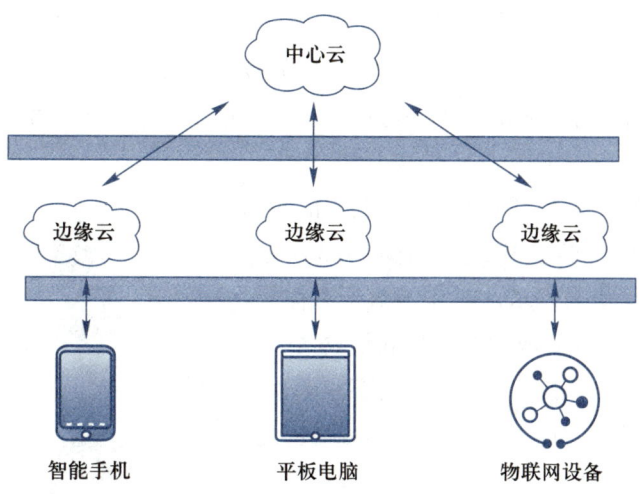

图 5.6.2　云边端架构图

以及国家级的算力中心枢纽节点，形成了一张超级复杂的算力网络。算力网络把分散部署的算力资源互联，对网络、存储、算力多维度资源的统一管理、协同调度，使海量的应用能够按需、实时调用不同地域的计算资源，并实现算力、网络、站址、能源等多因素的协同联动和动态全局优化，为千行百业提供像"自来水"一样即开即用、触手可达的算力服务。如同水网、电网一样，算力网络的目标逐步推动算力成为水电一样，可以"一点接入、即取即用"的社会级服务，最终实现"网络无所不达、算力无所不在、智能无所不及"的愿景目标。

算力网络是国家、社会、产业发展的战略要求，在 AI 时代，某种程度上讲算力即权力，未来谁拥有算力，谁就拥有 AI 发言的主动权。

5.6.2　东数西算

随着我国数字经济蓬勃发展，全社会数据总量呈爆发式增长，数据存储、计算、传输和应用的需求大幅增长，数据中心已成为支撑各行业的重要新型基础设施。但与此同时，数据中心供需失衡、失序发展等问题不断显现：东部算力资源紧张与西部算力需求不足并存，区域数字基础设施和应用空间亟待优化。一方面，一些东部地区对算力的应用需求大，但能耗指标紧张、电力成本高，大规模发展数据中心存在局限性；另一方面，一些西部地区可再生能源丰富、气候适宜，但存在网络带宽小、跨省数据传输费用高等瓶颈，无法有效承接东部需求。

为了解决上述问题，同时推动我国数据中心差异化、互补化、协同化和规模化发展，自 2020 年 4 月起，国家围绕数据中心的算力统筹规划，连续发布了一系列政策，提出了以"东数西算"为核心概念的多层次、一体化数据中心全国布局。

"东数西算"的前提是做好数据中心布局，而数据中心布局的重点则是进行"分类引导"。工业和信息化部在《新型数据中心发展三年行动计划（2021—2023 年）》中指出，根据能源结构、产业布局、市场发展、气候环境等要素，对国家枢纽节点、省内数据中心、边缘数据中心、老旧数据中心以及海外数据中心进行分类引导，形成数据中心梯次布局。

一是加快建设"4+4"国家枢纽节点。推动京津冀等 8 个国家枢纽节点建设，如图 5.6.3 所示，满足全国不同类型算力需求。其中，对于京津冀、长三角、粤港澳大湾区、成渝等用户规模较大、应用需求强烈的节点，重点统筹好城市内部和周边区域的数据中心布局，实现大规模算力部署与土地、水、电等资源的协调可持续，扩展算力增长空间，满足重大区域发展战略实施需要；对于贵州、内蒙古、甘肃、宁夏等可再生能源丰富、气候适宜、数据中心绿色发展潜力较大的节点，应重点提升算力服务品质和利用效率，充分发挥资源优势，夯实网络等基础保障，打造面向全国的非实时性算力保障基地。

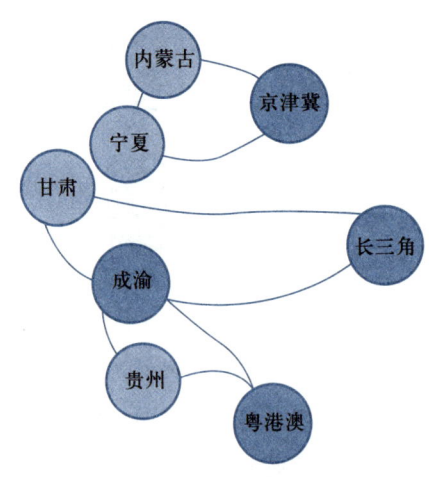

图 5.6.3　东数西算布局

二是按需建设各省新型数据中心。着力整合并充分利用现有数据中心资源，加快提高存量数据中心利用率。面向本地区业务需求，结合能源供给、网络条件等实际情况，按需适度建设新型数据中心，打造具有地方特色、服务本地、规模适度的算力服务。

三是灵活部署边缘数据中心。积极构建城市内的边缘算力供给体系，支撑边缘数据的计算、存储和转发，满足极低时延、极高性能的新型业务应用需求。引导城市边缘数据中心与变电站、基站、通信机房等城市基础设施协同部署，保障其所需的空间、电力等资源。

四是加速改造升级"老旧小散"数据中心。分类分批推动存量"老旧小散"数据中心改造升级。"老旧"数据中心加快应用高密度、高效率的 IT 设备和基础设施系统，"小散"数据中心加速迁移、整合，提高"老旧小散"数据中心能源利用效率和算力供给能力，更好满足当地边缘计算应用需求。

五是逐步布局海外新型数据中心。支持我国数据中心产业链上下游企业"走出去"，重点在"一带一路"国家布局海外新型数据中心，加强与我国海陆等国际通信基础设施的有效协同，并逐步提升全球服务能力。

思考与练习

1. 我们为什么需要算力？
2. 描述通用算力如何产生？
3. 不同类型的算力，各适合哪些应用场景？
4. 超算和云计算未来可能有哪些融合的方向？
5. 智算中心的芯片主要有哪些？它们都在哪些领域展现自己的风采？
6. 查阅资料，了解未来的城市大脑或智慧校园，对算力有何需求？

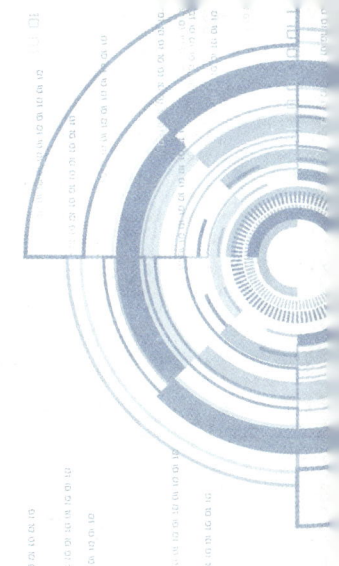

第 6 章

自然语言处理

　　人类对机器的期望在于它能够与人类进行对话交流。试想，如果机器能够理解我们的语言，成为我们的贴心伴侣，与我们共享喜悦，分担忧愁，甚至在我们需要时提出建议，那该是多么美好的事情！让机器具备说话能力，乃至全面掌握"能听会说"技能的核心技术，便是人工智能领域的自然语言处理。这一技术正是本章将要深入阐述的重点内容。

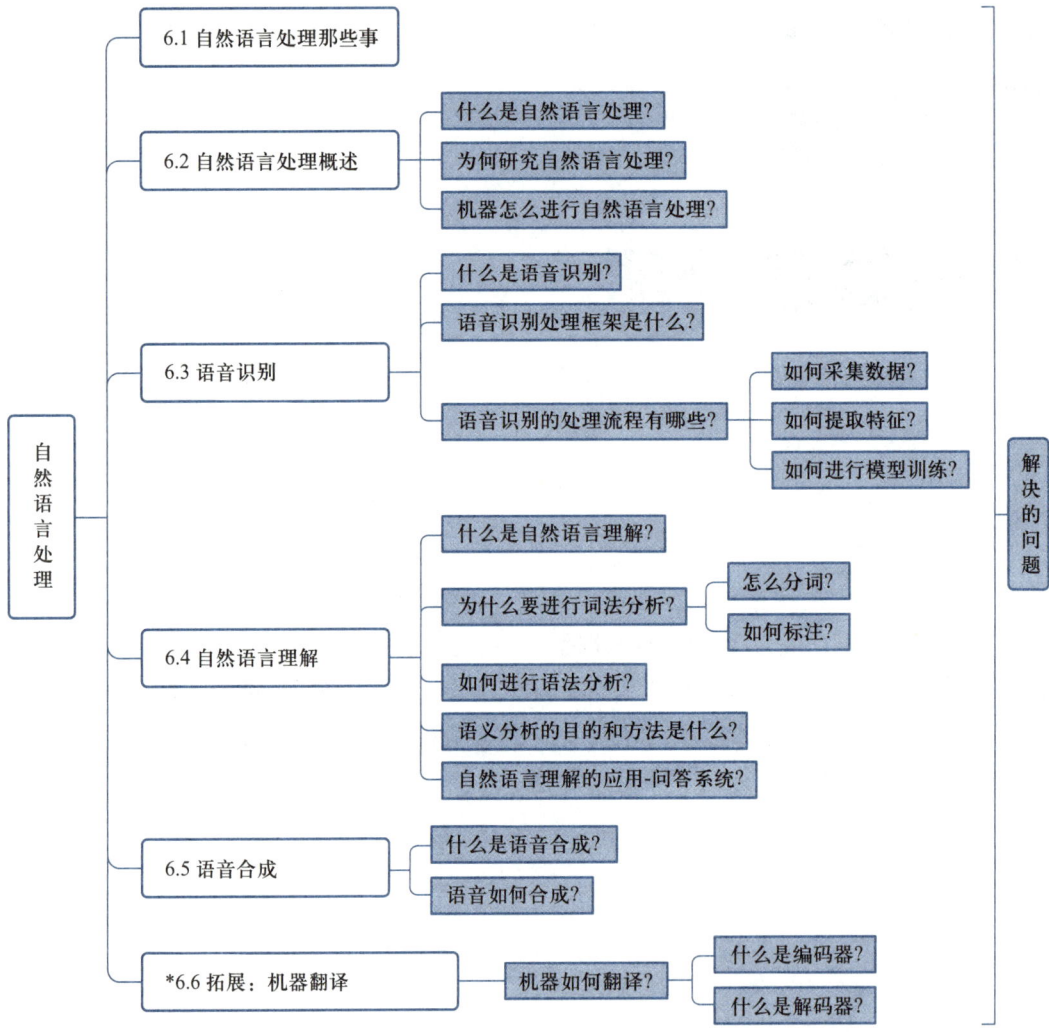

6.1 自然语言处理那些事

明天是周末，小智打算和同学去郊外野餐，但他不确定天气是否合适。这时，他想起了手机里面的语音智能助手"小悦"，于是就和小悦进行下面的对话。

> 小智：小悦，龙湖风景怎么样？
>
> 小悦：早上好，小智！龙湖碧波荡漾，风景秀美……。
>
> 小智：小悦，明天天气怎么样，适合去龙湖野餐吗？
>
> 小悦：明天是晴天，气温在 20 到 25 摄氏度之间，非常适合户外活动。不过，记得带上足够的水，注意防晒哦。
>
> 小智：那明天下午会不会下雨呢？
>
> 小悦：根据最新气象信息，下午天气依然晴朗，降雨概率为 0%。您可以放心去野餐。
>
> 小智：太好了，谢谢小悦！

有了小悦的帮助，小智和同学们利用导航、乘坐公交车到达龙湖景区，在那里度过了愉快的一天。这次经历让小智感受到了人工智能带来的便利，对机器能够与人进行语言交流的工作原理产生了浓厚的兴趣。事实上，小智在日常生活之中，还发现有如图 6.1.1 所示的翻译机和数字人等应用，都离不开人和机器之间语言的交流，这实际上涉及自然语言处理技术。

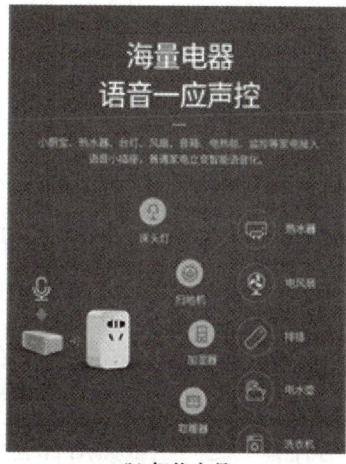

(a) 翻译机   (b) 智能家具   (c) 数字人

图 6.1.1 人和机器之间语言交流场景

　　稍做留意，你是不是也会发现生活中有很多自然语言处理的应用场景，例如手机中的微信可以进行语音交谈，还可以将语音转化为文字；公交车上，广播里经常播放的那句温馨提示"车辆即将启动，请扶好扶手"等，都是自然语言处理技术中语音识别和语音合成功能的应用。你是否有困惑呢？小智的问题是：机器如何听懂人类的语言？机器如何理解语句的含义？机器又如何进行声音的合成？带着这些问题，我们走进本章的学习。

6.2　自然语言处理概述

6.2.1　什么是自然语言

　　自然语言就是指我们日常交流使用的语言，如汉语、英语、法语、俄语等。自然语言随时间自然产生并演化而来，是人类日常交流的主要工具，并随着时间的变化不断发展和丰富，以适应人类社会的需求和文化变迁。与之相对应的，由人们专门为某种特定目的而创造的语言称为人工语言，如程序设计语言 Python 语言、C 语言等，它们服务于特定的应用或计算需求。还有一种是机器语言，它是计算机内部直接理解和执行的语言，通常由二进制代码构成。机器语言不是为人类交流而设计的，而是计算机硬件能够直接解读和执行的指令。与自然语言相比，机器语言更加精确、严谨且无歧义，因为它严格遵循计算机内部的逻辑和处理规则。三种语言之间的对比如表 6.2.1 所示。

表 6.2.1　自然语言、人工语言与机器语言

自然语言	人工语言	机器语言
人类社会约定俗成	程序设计语言	计算机体系结构确定
汉语、英语等	Python、C 等	二进制代码
简洁	长度和规则都有一定的冗余	精确
含糊、有歧义	无二义性	严谨、无歧义

6.2.2　什么是自然语言处理

　　自然语言处理（natural language processing，NLP），是研究如何让机器理解与生成自然语言的学科，目的是实现人与计算机之间用自然语言进行有效通信。简单地说，NLP就是让计算机像人类一样，能听、说、读、写自然语言。自然语言处理是人工智能的重要分支，是涉及语言学、计算机科学、认知科学、数理统计、声学等学科的跨学科和交

叉性研究领域。由于自然语言的丰富性、多样性和复杂性，使得机器理解和生成自然语言变得极为困难。自然语言处理是人工智能领域中最复杂、最具挑战性的任务之一，有"人工智能皇冠上的明珠"之美誉。

6.2.3　为何研究自然语言处理

为什么人工智能要研究自然语言处理呢？这是因为人类与计算机之间存在很大的交流鸿沟。计算机有自己的语言，在计算机内部，只认识二进制形式的机器语言。机器语言直接用指令的二进制代码进行编程。用机器语言编写的程序称为机器语言程序。机器语言程序全部由 0、1 序列组成的二进制代码组成，如图 6.2.1 所示，是一段能够让 Intel 8086 CPU 理解并完成（1 + 2 + 3 + … + 100）运算的语言。

```
10111000000000000000000000
10111001000000010000000000
10000011111110010110010100
0111111100000101
000111001000
01000001
1110101111110110
```

图 6.2.1　计算（1 + 2 + 3 + … + 100）的机器语言

机器语言采用二进制代码表示指令和数据，对于人类来说非常难以理解。同样的，人类日常交流使用的自然语言对于机器来说同样难以理解。因此，人与计算机无法直接进行交流。为了便于人类更方便地使用计算机，自然语言处理使用计算机对自然语言进行分析和理解，并把结果反馈给人类或为人类提供帮助，由此，可以实现人与计算机之间的自然语言通信。

6.2.4　机器怎么进行自然语言处理

前面我们已经知道，计算机仅能理解其专属语言：机器语言，因此为了让计算机能够领悟人类的自然语言，就必须将人类的语言转换成计算机能够识别和处理（计算）的数字形式。此时，计算机并不理解这些二进制数值代表的具体含义，计算机还需要通过在这些数值之上进行一系列自然语言处理的操作，才能最终理解我们的话并做出对应的反应。图 6.2.2 展示了 6.1 节小智与计算机进行自然语言交流的处理过程。

微视频 6-1：自然语言处理完整过程

（1）为了与计算机进行对话，计算机的麦克风将我们说的话转换成了一组二进制数值。

（2）通过语音识别，机器将数字化的语音转换为字符。但机器此时还没有理解字符的具体含义。

（3）机器为了理解自然语言，首先要进行分词，将连续的文本切分成一个个独立的词或词组。类似于我们学习语言往往从理解词汇开始。

（4）机器要正确理解自然语言，还必须知道每个词的词性。

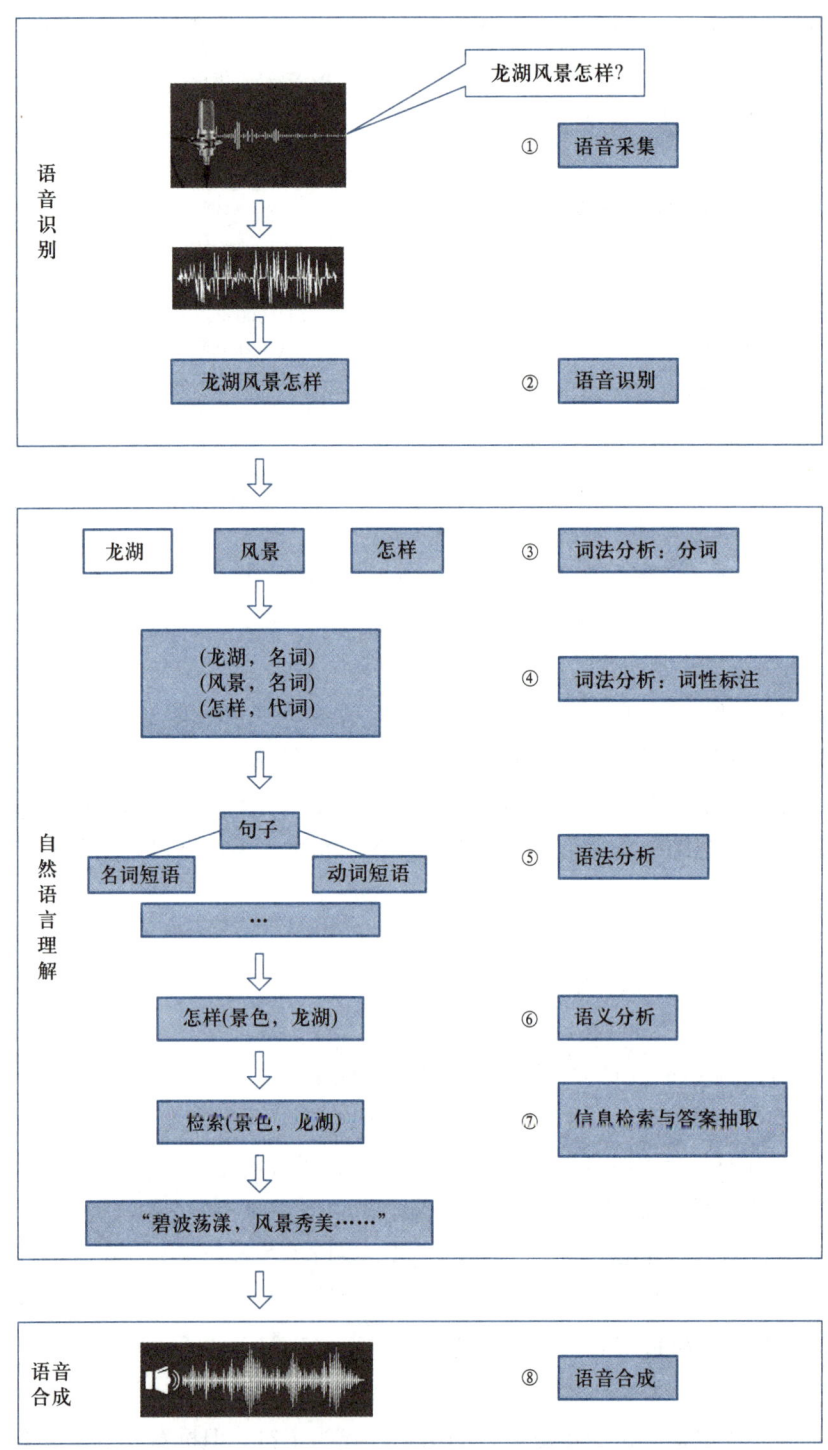

图 6.2.2　语音智能问答过程

（5）通过语法树，分析得到主语、谓语、宾语、定语、状语、补语等句子成分。

（6）通过语义分析，将句子的正确含义表示出来。

（7）在我们的例子中，根据上面得到的语义结果，提取用户的对话意图以及用户所传递的信息。进而根据用户的意图进行信息检索与答案抽取，得到文字形式的最佳答案。

（8）进行语音合成，把第七步得到的文字形式的问题答案，合成声音，用扬声器播放出来。

可以看出来，整个过程主要由三大部分构成：语音识别、自然语言理解、语音合成。本章后面的内容主要依照上面的处理流程进行展开。

6.3 语音识别

6.3.1 什么是语音识别

语音识别，也被称为自动语音识别（automatic speech recognition，ASR），是将人说出的话转换为文本的技术。

语音识别是识别技术的一个分支，识别技术还包含文字识别、图像识别等。识别指的是把具有某些不同特征或属性的事物区分开来，并正确归类的过程。字符识别就是一个典型的例子。例如，数字"0"可以有各种写法，但都属于同一类别。更为重要的是，即使对于某种写法的"0"，以前虽未见过，也能把它分到"0"所属的这一类别。人们在生活中时时刻刻都在进行识别：通过视觉，识别不同人脸；通过听觉，理解人们所说的词语或句子；通过触觉，可以感受到衣服是湿的还是干的；通过味觉，判别食物是土豆还是红薯；通过嗅觉判断瓶子里的液体是白醋还是酒精等。

语音识别技术的用处相当广泛，它在多个领域都发挥着重要作用。在智能家居领域中，语音识别的应用极大地提升了生活的便捷性。用户只需通过简单的语音指令，就可以控制家中的各种智能设备，如智能音箱、智能电视、智能空调等。例如，用户可以说"打开空调"，智能空调就会自动开启；或者说"播放音乐"，智能音箱就会开始播放用户喜欢的歌曲。此外，语音助手还可以实时响应，提供天气、新闻、路况等实用信息，帮助我们随时了解外界动态。在自动驾驶汽车中，语音识别技术也发挥着重要作用。驾驶员可以通过语音指令控制车辆的各种功能，如启动、停车、调整速度等，为驾驶员提供了更加便捷和舒适的驾驶体验。此外，语音识别在数据录入、客户服务、智能医疗、人机接口等领域都有着广泛的应用。

6.3.2 语音识别处理流程

语音识别整体上的处理流程如图 6.3.1 所示，分为三个主要部分，下面分别进行说明。

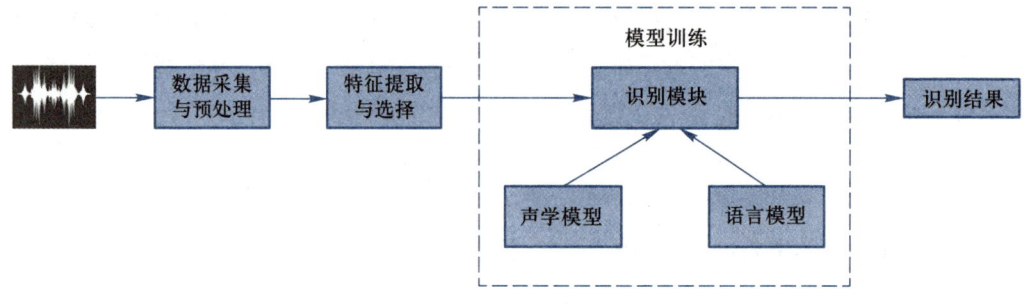

图 6.3.1　语音识别处理流程

1. 语音采集与预处理

声音是在空气中传播的波，但它与水波的传播方式有所不同。水波传播的是波的高低变化，即水面的上下起伏；而声音传播的是空气的密度变化，如图 6.3.2 所示。

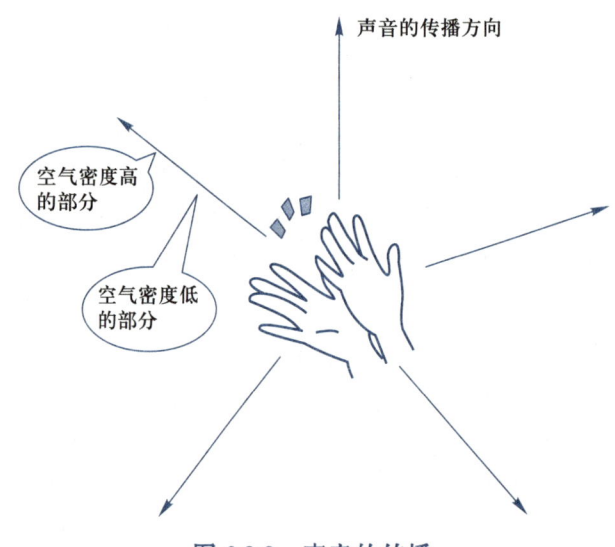

图 6.3.2　声音的传播

当声带发声时，它们会振动并将空气挤出。这种振动导致空气被挤入的地方压力增高，形成高压区；而空气被挤出的地方则相对压力降低，形成低压区。高压区会向四周扩散，低压区也会紧随其后，高压和低压交替出现，这就是声带振动所引发的空气密度的周期性变化。这种空气密度的周期性变化会在空气中蔓延开来，语音就在空气中传播开来。

我们利用麦克风采集空气中传播的声音，由于作为待识别对象的语音信号是时间连续的模拟信号，所以要把模拟信号转换成计算机可以处理的数字信号。这个过程在第 3 章有详细的说明，此处不再赘述。

我们还要对采集到的语音信号进行预处理。人类的听觉范围是 20 Hz~20 kHz，在原始语音信号中会有人类听不到的高频信号。这部分信息在语音识别中是不需要的，需要在预处理部分进行去除。

2. 特征提取与选择

语音经过采集与预处理之后，我们得到的数据是一种二进制数据，它使用数值的大小来表达声音振动的大小。声音的本质是波，以振动的幅度为纵轴，以时间为横轴，就能够将声音可视化。图 6.3.3 是语音"啊"的波形，可以看出来，同样是语音"啊"，男声与女声存在较大差异。甚至同一个人随着说话的声音大小、语气、语调的变化，同一个字的波形差异也比较大。因此直接采用波形数据进行识别并不可行，在识别之前需要进行语音的特征提取。

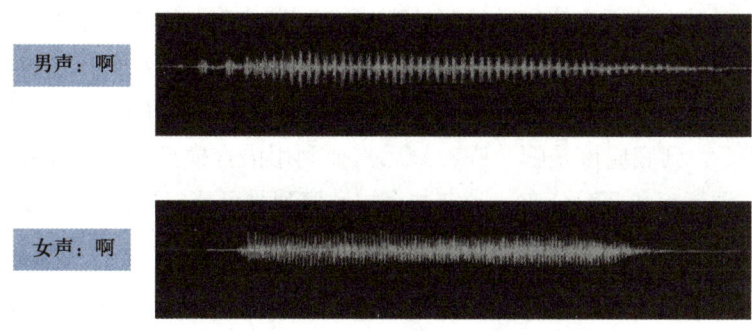

图 6.3.3　语音"啊"的波形（引自参考文献［3］）

完成语音特征提取的方法有很多种，常用的是梅尔频率倒谱系数（mel frequency cepstral coefficients，MFCC）来提取语音特征。MFCC 模拟了人耳对语音感知的特点，可以像人一样去提取语音特征。MFCC 的处理过程比较复杂，首先把声音分成很多片段，称为帧，对每帧进行一系列数学变换，一帧声音将变换成 39 个数，这 39 个数按照顺序排在一起称为特征向量，如图 6.3.4 所示。

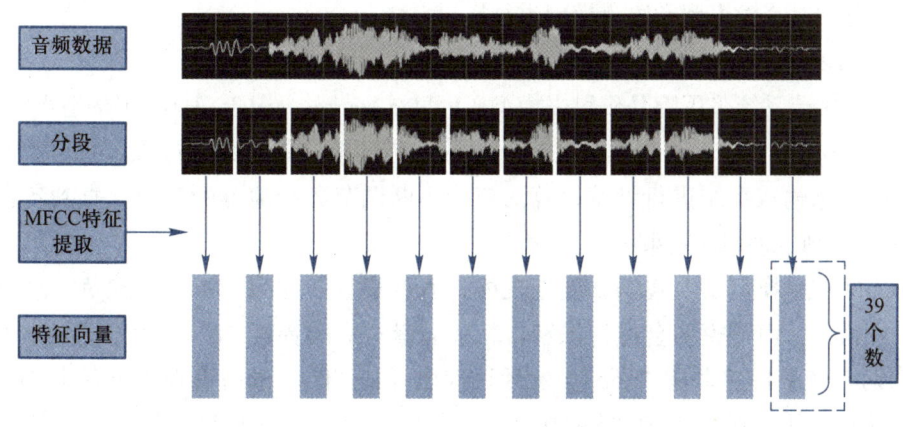

图 6.3.4　MFCC 语音特征向量提取

关于 MFCC 的细节，有兴趣的同学可以查阅相关资料，这里不再赘述。

3. 模型训练

我们知道汉字的发音是由声母和韵母两个部分组合而成的，习惯上我们将声母和韵母统称为音素。一个汉字通常对应一个音节，每个音节通常由一个或多个音素组成，并且音节都有自己的声调，例如"我"（wǒ）就是一个音节，它由一个声母"w"和一个韵母"ǒ"组成，并且带有第三声的声调。

语音识别采用了机器学习中的分类技术。语音识别在设计分类器的时候需要分两步进行：第一步是设计声学模型，利用声学模型将语音信号转换为音素或音节序列（拼音）；第二步是设计语言模型，利用语言模型将音节序列识别为文本内容。

以中文词汇"抱负"（bào fù）为例，我们通过麦克风等设备录入"抱负"这个词语的语音信号并对录入的语音信号进行预处理；然后进行特征提取与选择，找出最有效的分类特征；再利用训练好的声学模型对特征进行识别。在这个例子中，声学模型会识别出特征向量对应的拼音音素序列"bào fù"。"bào fù"可以对应词语"抱负"，也可以对应词语"报复"，到底应该是哪个呢？最后需要利用语言模型将音节序列转换为文本。它利用学习的词汇表和概率分布，确定这个拼音序列最可能对应的中文词语。完整的流程如图 6.3.5 所示。

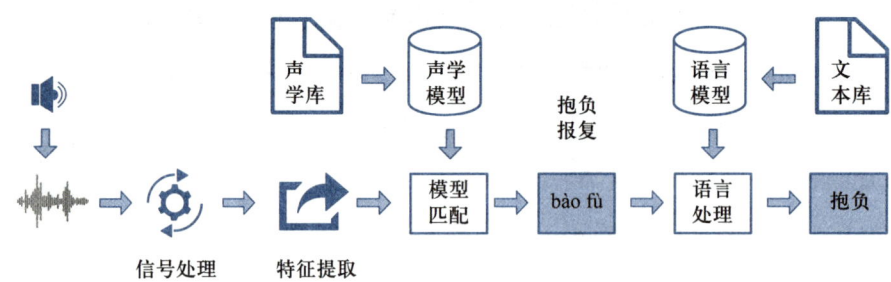

图 6.3.5　语音"抱负"的识别过程

下面分别对声学模型和语言模型进行探讨。

1）声学模型

当前，主流系统采用隐马尔科夫模型（hidden Markov model，HMM）构造声学模型。HMM 内部有一些参数，语音模型的训练过程就是调整这些参数的过程。我们需要把大量已标记数据输入系统进行训练，算法就会不断调节各个地方的参数，直到各音素的 HMM 参数达到较理想的效果为止。

训练好声学模型后，我们就能把说的语音变成音素序列了。以"抱负"这个词的语音信号为例，声学模型会首先识别出特征向量对应的音素"b"，接着识别出了音素"ào"，两个音素拼起来是"bào"。然后识别出音素"f"，最后识别出了音素"ù"，两个音素拼起来是"fù"。因为"bào fù"可以对应"抱负"，也可以对应"报复"，到底选哪一个词，还需要语言模型的帮助。

安德烈·马尔科夫（1856—1922 年）是俄国数学家，因提出马尔科夫链而闻名于世，如图 6.3.6 所示。马尔科夫从小对数字和逻辑有着天生的敏感，在圣彼得堡大学读书期间，他遇到了导师切比雪夫，导师的严谨和智慧深深影响了他的一生。

图 6.3.6　安德烈·马尔科夫

马尔科夫最初的研究集中在数论和概率论上。他对"大数定律"和"中心极限定理"有着浓厚的兴趣，但他总觉得这些理论缺少了什么。一天，他在观察天气变化时，突然想道："如果今天的天气只依赖于昨天的天气，而与更早的天气无关，那会怎样？"这个想法让他兴奋不已。从此开始深入研究这种"无记忆性"的随机过程。提出了"马尔科夫链"的概念：一个系统的未来状态只依赖于当前状态，而与过去的状态无关。并用数学公式描述了这种过程，在 1906 年发表，引起了数学界的轰动。马尔科夫模型描述的是如此的简单，这让一些数学家质疑他的模型过于简单，无法描述复杂的现实世界，但马尔科夫没有放弃和退缩，他用实际数据证明了自己的理论。例如，他分析了普希金的诗歌《叶甫盖尼·奥涅金》中的元音和辅音序列，发现它们符合马尔科夫链的规律。这一发现让他的理论得到了更广泛的认可。

马尔科夫的研究不仅推动了概率论的发展，还为后来的统计学、物理学、经济学和计算机科学奠定了基础。他的"马尔科夫链"成为描述随机过程的重要工具，广泛应用于自然语言处理、金融市场分析、天气预报等领域。

2）语言模型

在语音识别中，同音词的处理是一个重要挑战，因为不同的词可能有相同的发音。以"报复"和"抱负"为例，它们的拼音都是"bào fù"，如表 6.3.1 所示。这使得语音识别系统需要依靠上下文信息来准确识别用户的意图。

举一个例子，识别"他有着远大的抱负"这句话。当语音识别系统识别到这个读音"bào fù"的时候，有多个对应的词可以选，怎么选择呢？

表 6.3.1　同　音　词

汉字	发音
报复	bào fù
抱负	bào fù
暴富	bào fù
…	…

首先，准备一个包含大量文本的语料库。为了简化说明，我们假设语料库中包含以下句子（实际应用中，语料库会包含成千上万的句子，后面生成的共现矩阵会非常大），如图 6.3.7 所示。

> 他因为受到欺负而想要报复。
>
> 她有着远大的抱负和理想。
>
> 报复不是解决问题的办法。
>
> 我们要为实现自己的抱负而努力。

图 6.3.7　一个简化语料库

遍历语料库中的每一个词，统计"报复"和"抱负"与它们上下文中词的共同出现频率。例如，"报复"在第一个句子中与"因为""受到""欺负"和"而"共现，"抱负"在第二个句子中与"有着""远大"和"理想"共现，以此类推。根据统计结果，构建一个共现矩阵，如表 6.3.2 所示。在这个矩阵中，行和列分别代表语料库中的词（为了简化，我们只列出与"报复"和"抱负"共现频率较高的词），矩阵中的每个元素表示两个词在语料库中共同出现的次数。例如，"报复"和"因为"在语料库中共同出现了 1 次，所以矩阵中对应位置的值为 1。对角线元素（如"报复"与"报复"）通常设为 0，因为我们不关注词与自身的共现。

表 6.3.2　简化语料库的共现矩阵（部分内容）

	报复	抱负	因为	受到	欺负	而	有着	远大	理想
报复	0	0	1	1	1	1	0	0	0
抱负	0	0	0	0	0	0	1	1	1
因为	1	0	0	1	1	1	0	0	0
受到	1	0	1	0	1	0	0	0	0
欺负	1	0	1	1	0	1	0	0	0
而	1	0	1	0	1	0	0	0	0
有着	0	1	0	0	0	0	0	1	1
远大	0	1	0	0	0	0	1	0	1
理想	0	1	0	0	0	0	1	1	0

分析这个矩阵，我们可以发现："报复"与"因为""受到""欺负"和"而"等词有较高的共现频率，这些词通常与负面情境相关。"抱负"与"有着""远大"和"理想"等词有较高的共现频率，这些词通常与正面情境相关。这些信息有助于语音识别系统在

遇到发音相近但意义不同的词时做出更准确的判断。例如，当系统识别到"他有着远大的bào fù"这样的语境时，它更有可能将"bào fù"识别为"抱负"而不是"报复"。

6.4 自然语言理解

6.4.1 什么是自然语言理解

到目前为止，我们已经完成了将语音转换成字符。但是，在计算机眼里，这些字符只是一些二进制数据，它并没有理解这些字符的具体含义。本节要讨论的是，如何让计算机理解这些字符的含义，这一技术我们称之为自然语言理解。

自然语言理解（natural language understanding，NLU）是人工智能和自然语言处理领域的重要分支，其核心目标是让计算机能够理解人类语言的含义，并将其转化为机器可处理的结构化信息。自然语言理解的核心任务包括词法分析、语法分析、语义分析等，下面分别进行介绍。

6.4.2 词法分析

想想我们小时候是怎么学习语文的？先是认识字和词，然后学习句子，为了进一步理解句子还要学习语法。计算机要理解人类的语言也要完成这样一个过程，第一步是认识字和词，即识别语言中的基本单位如分词、词性标注等。我们先介绍分词，然后介绍词性标注。

1. 分词

在自然语言理解的过程中，中文处理有一个独特的步骤，那就是分词。分词就是把在句子中的单词一个一个找出来。由于汉语句子由连续的汉字组成，且词语间缺乏明显的分隔标志，因此，当计算机处理中文时，首要任务便是进行分词。例如，"明天我们去公园"可以切分成"明天\我们\去\公园"，相比之下，英文句子中的单词由空格明确分隔，所以分词这一步骤在英文处理中则不是必需的。

微视频 6-2:
分词

中文分词大致有三种方法：基于词典的分词法、基于语法和规则的分词法和基于统计的分词法，这里我们仅介绍第一种。

基于词典的分词法，也被称为最大匹配法。这种方法依赖于一个预先构建的词典。在进行分词时，该方法从左至右扫描句子中的汉字序列，并在词典中逐一查找这些汉字组成的片段。一旦找到匹配的词汇，即视为成功识别出一个词，随后继续对剩余的汉字进行同样的处理。

　　基于词典的分词法通常选取词典中汉字词汇的最大可能片段。如果找到了对应的词，则将该片段切分为一个词。否则，去掉该片段的最后一个汉字，继续查词典，重复上述步骤，直到找到对应词条为止。

　　下面我们使用这个方法对"明天我们去公园"进行分词，假设词典（是预先设计好的一个词库）最长的词条有 5 个汉字，那么分词过程如图 6.4.1 所示。

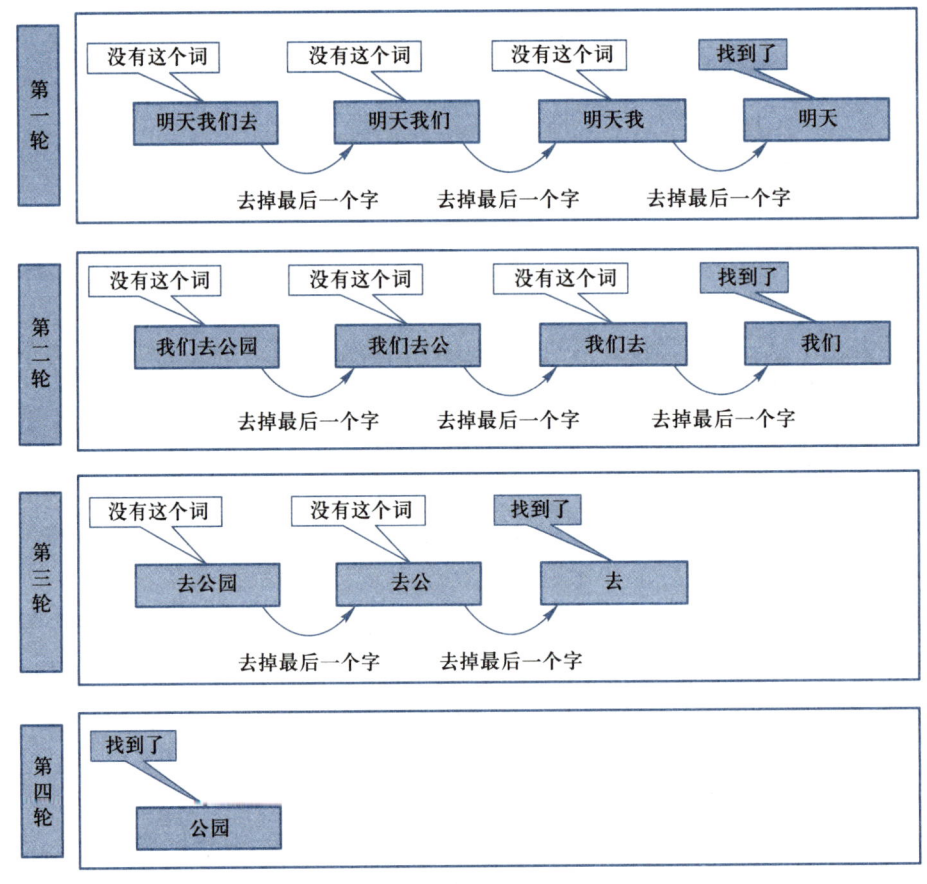

图 6.4.1　基于词典分词

　　第一轮：从左到右扫描待分词语句，从"明天我们去"开始尝试匹配（5 个汉字），在词典中查找"明天我们去"，未找到匹配词汇。将匹配长度缩短为 4 个汉字，尝试匹配"明天我们"，在词典中查找"明天我们"，仍未找到匹配词汇。将匹配长度缩短为 3 个汉字，尝试匹配"明天我"，仍未找到匹配词汇。继续缩短匹配长度，将匹配长度缩短为 2 个汉字，尝试匹配"明天"，成功在词典中找到匹配词汇。

　　第二轮：在第一轮成功匹配出"明天"后，我们从剩余字符串"我们去公园"开始继续尝试匹配。匹配长度初始为 5 个汉字，尝试匹配"我们去公园"，未找到匹配词汇。将匹配长度缩短为 4 个汉字，尝试匹配"我们去公"，未找到匹配词汇。继续缩短匹配长度,尝试匹配"我们去",仍未找到匹配词汇。再将匹配长度缩短为 2 个汉字,尝试匹配"我们",成功在词典中找到匹配词汇。

第三轮:在成功匹配出"明天""我们"后,我们从剩余字符串"去公园"开始继续尝试匹配。此时,由于剩余汉字个数为 3 个,小于词典最长词条汉字数量,所以匹配长度直接从 3 开始。尝试匹配"去公园",未找到匹配词汇。将匹配长度缩短为 2 个汉字,尝试匹配"去公",仍未找到匹配词汇。再将匹配长度缩短为 1 个汉字,尝试匹配"去",成功在词典中找到匹配词汇。

第四轮:匹配长度从 2 开始,尝试匹配"公园",成功在词典中找到匹配词汇。

所以,对"明天我们去公园"进行分词的结果是:"明天\我们\去\公园"。

2. 词性标注

微视频 6-3:词性标注

词法分析主要包括分词和词性标注,前面学习了分词,下面介绍词性标注。

在完成了分词以后,我们就可以理解了吗?恐怕还不行!比如"这个门没锁",如果"锁"是动词,含义是门没有锁上的动作。如果"锁"是名词,表示"门上没有锁"。因此,计算机为了正确理解自然语言,还必须知道每一个词的词性。

词性标注是指为文本中的每个词语标注一个语法类别(即词性标签),例如名词、动词、形容词等。词性标注是语法分析、语义理解和机器翻译等任务的重要前置步骤。那么计算机又是如何进行词性标注的呢?

人工智能时代,当然是使用机器学习方法。

第一步:建立训练语料库数据集。定义一些标注词性的符号,用这些符号对语料库的每一个词进行人工标注。

第二步:机器学习。机器学习的方法有很多种,比如可以采用 HMM。将人工标注好的语料库交给 HMM 学习,HMM 将调节内部的各种概率参数,使之与语料库匹配。完成学习后,HMM 就可以用来进行词性标注了。

第三步:应用。对于一个未进行标注的语句,HMM 利用调节好的模型内部的各种概率参数进行计算,就可以计算出每个单词哪种词性出现的概率最大,而概率最大的可能就是计算机给出的词性标注结果。

还以上面这个句子为例:这个门没锁。它的标注结果可以是如图 6.4.2 所示两种情况:

这个/代词 门/名词 没/副词 锁/动词
这个/代词 门/名词 没/副词 锁/名词

图 6.4.2 词性标注

计算机会给出哪种结果呢?就看"锁"是动词的概率大还是名词的概率大。

微视频 6-4：
语法分析

6.4.3　语法分析

首先我们看一个句子："在 2024 年国际人工智能大会上，一位身着黑色西装的年轻学者用流利的英语向全场观众深入浅出地阐释了基于深度学习的图像识别技术的最新进展。"

这句话比较复杂，不太好理解。我们可以通过分析句子的结构来理解复杂句子的中心思想。按照中学老师教的语法分析方法，找出句子中的主、谓、宾等句子成分，就可以得到一个简单的句子"学者阐释进展"，这就是这个句子的中心思想。这样我们才能对这个句子有一个准确的理解。

如果计算机没有掌握语法知识就分不清楚句子成分，那么就很难理解上面句子的意思了。计算机要理解一个句子的意思，必须要先掌握语法知识。怎么让计算机掌握语法知识呢？我们用一种常见的层次结构——树，来表示语法，我们称之为语法树。

通常情况下，我们会把一个句子分成主语、谓语、宾语、定语、状语、补语等，比如"我们喜欢人工智能"就可以分成如下的结构，如图 6.4.3 所示。

语法树用树形结构展示句子，就像搭积木一样，从词开始一层层组合成完整的句子。这种图形化的分解方式能帮我们更轻松地理解句子是怎样构成的，特别适合分析复杂的语法关系。

使用语法树，可以让计算机判断一个句子是否符合语法。如果我们从一个句子出发，生成了一个包含该句子的语法树，则说明该句子符合语法规则，那么我们就有了理解一个句子的基础，比如我们可以提炼出一个复杂句子的主谓宾等句子成分，从而理解句子的基本含义，一个不能成功进行语法分析的句子是不能用语法树表示的。

我们也可以通过语法树，让计算机自己生成有意义的句子。语法树还可以用来做句子结构转换，比如我们分析出了一个中文句子的语法树，就可以用英语对应的语法树，生成这个中文句子对应的英文句子。关于语法分析的方法，此处不做介绍，需要深入探索的同学请参考相关资料。

图 6.4.3　语法树

6.4.4　语义分析

事实上，经过语法分析后的语言离计算机能懂的机器语言还差很远。因此，还需要将语言转换成计算机能够解析的逻辑形式，这样计算机才能对输入的语言进行响应，这个过程就是语义分析。

语义分析是指将自然语言句子转化为反映这个句子语义的形式化表达。例如："警察逮捕了这个小偷。""这个小偷被警察逮捕了。""警察把这个小偷逮捕了。"这些句子的结构不相同，但是它们表达的语义却是一样的，都可以表示为逮捕（警察，小偷）的意思。

语义角色标注是一种浅层语义分析技术，以句子为单位，分析句子的谓词 – 论元结构。在一个句子中，谓词是对主语的陈述或说明，代表了一个事件的核心，跟谓词搭配的名词称为论元。语义角色标注就是以句子的谓词为中心，研究句子中各成分与谓词之间的关系，并且用语义角色来描述它们之间的关系。

计算机为了用某种方式将结构不同但是表达的语义相同的句子统一表示出来，可以通过语法分析的结果，寻找句子的谓词，以及与谓词相关的名词，分析这些名词与谓词之间的关系以及它们在句子中扮演什么样的角色。这就提出了一个新的概念：语义角色，就像不同的人在不同的场景中扮演不同的角色一样，句子中的名词也扮演了不同的角色，它们既可以作为主体，也可以作为句子的背景存在。

汉语中核心语义角色如表 6.4.1 所示。

表 6.4.1　语义角色表

语义角色	含义
施事	动作的主动发出者，决定了事件的状态
受事	动作的承受者，经历了事件的变化
系事	系动词连接的对象
与事	动作的间接承受者

比如："大家都跑出了教室。"这句话中"大家"作为"跑出"的发出者，扮演的语义角色就是施事。"张三打破了窗户。"这句话中"窗户"作为"打破"的承受者，扮演的语义角色是受事。"你们是大学生。"这句话中"是"是系动词，"你们"是系动词连接的对象，扮演了系事的语义角色。"李四送我一本书。"这句话中"我"作为"送"的间接承受者，扮演了与事的语义角色。

这样，"警察逮捕了这个小偷。""这个小偷被警察逮捕了。""警察把这个小偷逮捕了。"从这三句话中提取出句子中的核心词，赋予它们相应的语义角色就得到如图 6.4.4 所示的结果。

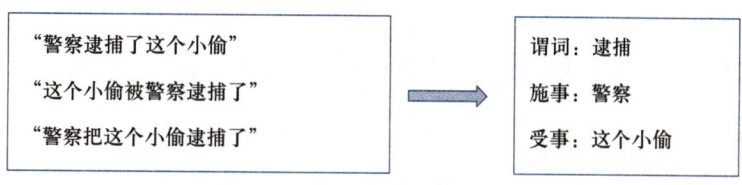

图 6.4.4　语义分析举例

然后计算机就可以用某种数据存储方式将这样的信息存储起来，以供后续使用。这里就不详细介绍语义角色标注的方法了。

6.4.5　自然语言理解应用

至此，我们已经能够分析语言并从中获取信息，那如何将自然语言理解应用到具体的情景中呢？接下来我们就以前面 6.1 节的手机智能助手"小悦"为例，介绍一下自然语言理解是如何应用的。

智能助手"小悦"本质上是一个智能问答系统，在日常生活中十分常见。这种系统通常是你提出一个问题，然后系统回答你的问题，它们更多的是解决知识型的问题，比如你问它"中国的首都在哪里？"它会回答"北京"。如果你对"小悦"说："现在外面多少度？"它也会根据你的问题做出相应的回答。

问答系统是通过什么样的方法得到我们提出问题的答案呢？

一般情况下，可以像本节讲的那样，首先对语句进行分词、词性标注、语法分析、语义分析等，理解问题的意图，然后从海量文档中检索出可能包含问题答案的文档片段，再根据某种原则对候选答案进行打分，把概率最大的候选答案返回给我们。问答系统的处理流程如图 6.4.5 所示。

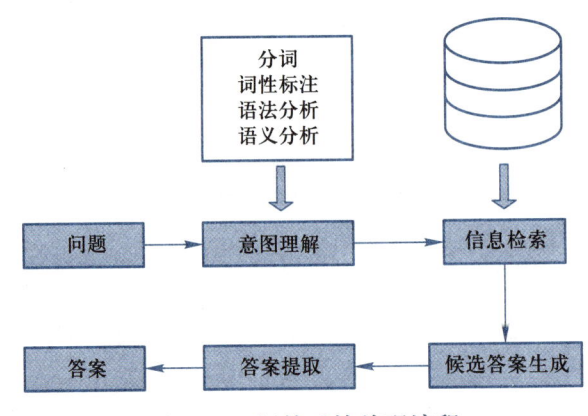

图 6.4.5　问答系统处理流程

下面给出一个智能问答处理的例子。

以"查询世界上最长的河流"为例。

世界上最长的河流是哪个？

问答系统在检索到的前 150 个文档句段中统计：

尼罗河出现 20 次；

亚马孙河：出现 10 次；

> 伏尔加河：出现 9 次；
> 雅鲁藏布江：出现 2 次
> 所以，选择尼罗河为正确答案。

自然语言理解的应用远不止问答系统，机器翻译、情感分析、文本摘要、智能推荐也都属于自然语言理解的典型应用，这里不做过多介绍。

6.5　语音合成

6.5.1　什么是语音合成

前面我们介绍了计算机如何听懂人类所说的话和计算机如何正确理解人类所说的话。在此基础上，为使计算机能更好地与人类进行交流和沟通，本节要讨论的是如何让计算机学说人类语言。我们将这一过程称为语音合成。

语音合成的应用非常广泛，例如，在驾车导航的时候，我们常常听到这样的声音："前方 500 米右转"。过一会，这个声音又会出现："前方出现交通事故，导致道路拥堵约 2 千米，请小心驾驶，注意保持安全车距。预计通过该拥堵路段需要 5 分钟时间。"这些声音都是计算机通过语音合成技术产生并进行播送的。

语音合成，也称为文语转换（text to speech，TTS）技术。其本质上解决的是"从文本转化为语音的问题"，如图 6.5.1 所示。只需要给计算机一段文字，语音合成技术就可以根据这段文字信息中的每一个字所具有的特定频率，将其转换为人类的说话声。

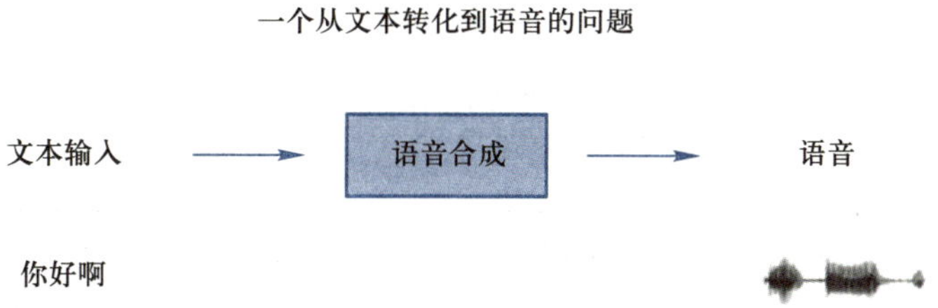

一个从文本转化到语音的问题

文本输入　——→　语音合成　——→　语音

你好啊

图 6.5.1　语音合成

随着人工智能技术的不断发展，TTS 技术也在不断进步。现在的 TTS 系统已经能够模拟出更加自然、逼真的语音效果，包括不同的语调、语速和音色等，使得计算机生成的语音越来越接近人类真实的声音。这种技术的广泛应用和不断发展，将为人们的生活带来更多便利和创新体验。

6.5.2　语音合成原理

让计算机实现说人类语言其实并不容易，因此，研究者将计算机学说人类语言的过程分为前端和后端，如图 6.5.2 所示。前端主要负责把输入的文本转化为一个中间结果，然后把这个中间结果反馈给后端，由后端经过加工形成相应的声音。

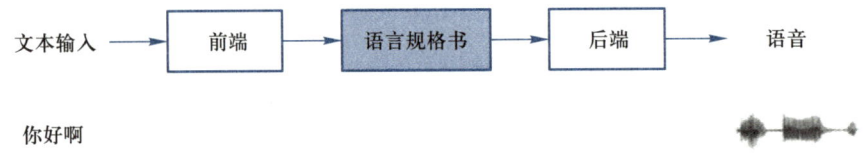

图 6.5.2　文语转换的前端和后端

接下来，我们先来了解一下前端和后端系统是如何分工协作的？先说前端。

1. 前端系统

小时候我们在认字之前需要先学习拼音，有了拼音，就可以用它去拼读我们不认识的字。对于 TTS 来说，前端系统从文本转化出的中间结果就好像是拼音。

不过，光有拼音还不行，因为我们要朗读的不是一个字，而是一句一句的话。如果一个人说话的时候不能正确地使用抑扬顿挫的语调来控制自己说话的节奏，就会让人听着不舒服，甚至误解说话人想要传达的意思。所以前端还需要加上这种抑扬顿挫的信息来告诉后端怎么正确地"说话"。

我们将这种抑扬顿挫的信息称之为韵律。韵律是一个非常综合的信息，为了简化问题，韵律又被分解成了如停顿、重读等信息。停顿就是告诉后端在句子的朗读中应该怎么停，重读就是在朗读的时候应该着重强调哪一部分。这些所有的信息综合到一起，称为"语言规格书"，如表 6.5.1 所示。

表 6.5.1　语言规格书（部分内容）

类别	子项	具体规格
语音文本规范	文本内容	简体中文："你好啊！"（含全角感叹号）
	字符范围	汉字：GB 2312/Unicode；标点：全角感叹号（！）
	语境说明	问候语，需表达友好、热情的情感
发音与音素分解	拼音标注	你（nǐ）、好（hǎo）、啊（ā）
	音素拆分	你：[ni ˇ]；好：[h ɑo ˇ]；啊：[ɑ ˉ]
	多音字处理	"啊"保持原调（第一声），非轻声

续表

类别	子项	具体规格
韵律与语调	基频（F0）曲线	你/好：200~220 Hz；啊：250 Hz+（句尾音高↑ 10%）
	节奏与时长	总时长 0.8 s（你 0.3 s，好 0.3 s，啊 0.2 s），字间停顿 0.1 s
	重音分配	强调"好"字，延长 10%

前端就像一个语言学家，把给它的纯文本做各种各样的分析，然后给后端开出一份规格书，告诉后端应该合成什么样的声音。在实际的系统中，为了让机器能正确的说话，这份语言规格书远远比我们这里描述的要复杂。

2. 后端系统

通过上述对前端系统的描述，我们已经让计算机学会了拼音。接下来，重点就是如何让计算机说话（发音），这就是后端要实现的功能。

后端要让计算机说话，主要是根据前端生成的"语言规格书"来生成符合该规格书里描述的声音。目前主流的后端技术主要有基于波形拼接的方法和基于参数生成的方法。

基于波形拼接的方法就是把事先录制好的音频存储在计算机上，当我们要合成声音的时候，就可根据前端开出的"语言规格书"，在这些音频里去寻找那些最适合该规格书的音频片段，然后把片段一个一个拼接起来形成最终的合成语音。例如，我们想要合成"你真好看"这句话，我们就会从数据库里去寻找"你、真、好、看"这 4 个字的音频片段，然后把这 4 个片段拼接起来，如图 6.5.3 所示。

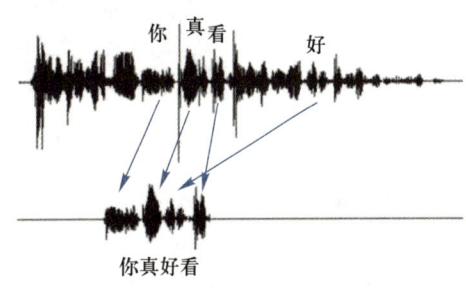

图 6.5.3 波形拼接

基于参数生成的方法就是直接使用数学的方法，首先对音频中最明显的语音特征进行总结，然后使用学习算法去学习如何把前端语言规格书映射到这些音频中，此处不再介绍。

*6.6 拓展：机器翻译

6.6.1 机器翻译概述

机器翻译，又称为自动翻译，是利用计算机把一种自然语言转变为另一种自然语言的过程，一般指自然语言之间句子和全文的翻译。实际上，计算机刚一诞生，人类就在探索让计算机处理自然语言。1949 年，资深翻译研究者沃伦·韦弗正式提出了机器翻译的概念。1954 年，为了快速翻译来自苏联的情报，美国尝试利用计算机将大量俄语材料自动翻译成英语，用 IBM-701 计算机首次完成了英俄机器翻译试验，向公众和科学界展示了机器翻译的可行性，从而拉开了机器翻译研究的序幕，如图 6.6.1 所示。最初的机器翻译是基于规则的，即根据语言语法和词汇规则，将源语言的句子转换成目标语言的句子。但这种方法存在着很多局限性，翻译效果并不理想。在随后数十年的发展中机器翻译还远远无法达到人们的要求，相关研究曾一度停滞。

图 6.6.1　IBM 英俄机器翻译系统

20 世纪 90 年代，概率和数理统计在机器学习中开始运用，出现了基于统计的机器翻译。这一时期，IBM 利用机器学习技术，在基于统计的机器翻译的研究中取得突破，各种机器学习算法在机器翻译中广泛使用，比如 HMM 模型、线性判别分析（linear discriminant analysis，LDA）算法、朴素贝叶斯算法等。

近年来，随着深度学习的发展，机器翻译技术得到了进一步的提高，出现了神经机器翻译，促进了翻译质量的快速提升，在口语及多种语言互译等领域取得了非常好的效果，成了目前主流的机器翻译方法。下面将对神经机器翻译做一个简单介绍。

6.6.2　神经机器翻译

神经机器翻译（neural machine translation，NMT）是一种基于人工神经网络的机器翻译技术，旨在实现自动化的源语言到目标语言的翻译。自然语言翻译，本质上是一个序列到序列（Sequence to Sequence，Seq2Seq）问题，源语言是输入序列，目标语言是输出序列，如前面第 4 章所述。因此，神经机器翻译通常采用编码器—解码器框架结构，如图 6.6.2 所示。利用深度学习中的神经网络，特别是循环神经网络，对源语言文本进行编码，再将其解码为目标语言文本。其基本原理是通过大量的双语语料库进行训练，使模型学习到源语言到目标语言的映射关系。

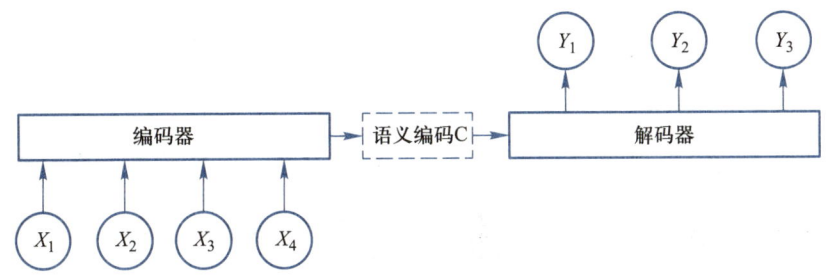

图 6.6.2　神经机器翻译系统结构

神经机器翻译模型通常由编码器（encoder）和解码器（decoder）两部分组成，部分模型还包括注意力机制。翻译时，首先通过编码器神经网络将源语言句子编码成实数向量，然后解码器神经网络利用这个向量逐词生成译文。图 6.6.3 所示是一个神经机器翻译的实例，下面我们对其中的编码器、解码器进行介绍。

编码器负责将源语言文本转换为中间表示，捕捉文本的语义和句法信息。编码器通常使用循环神经网络来逐词地处理源语言句子，最终生成一个固定长度的向量表示，也称为上下文向量或编码器隐藏状态。

解码器接收编码器的上下文向量和一个起始符号，然后生成目标语言翻译的句子。解码器也通常使用循环神经网络，它逐步生成目标语言的单词。在每个时间步骤上，解码器会根据前一个单词和当前的隐藏状态，预测下一个单词。

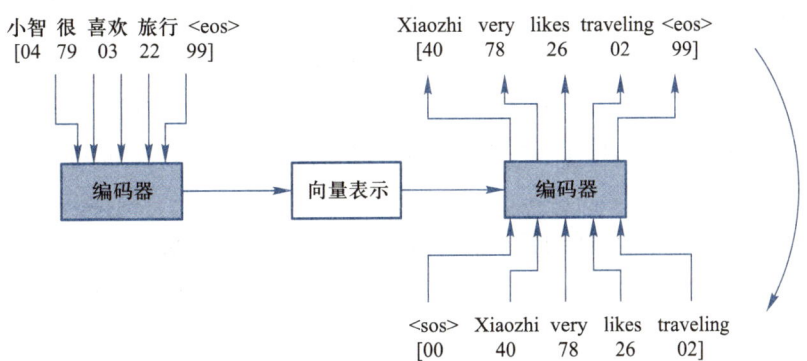

图 6.6.3　神经机器翻译实例

下面把上面的例子展开说明神经机器翻译的工作过程，如图 6.6.4 所示。

1. 编码过程

编码器会顺序处理源语言单词，将每个单词都表示成一个实数向量。

运行循环神经网络，在编码下一个时间步状态的时候，上一个时间步的隐藏状态会作为历史信息传入循环神经网络，句子中每个位置的信息都被向后传递。

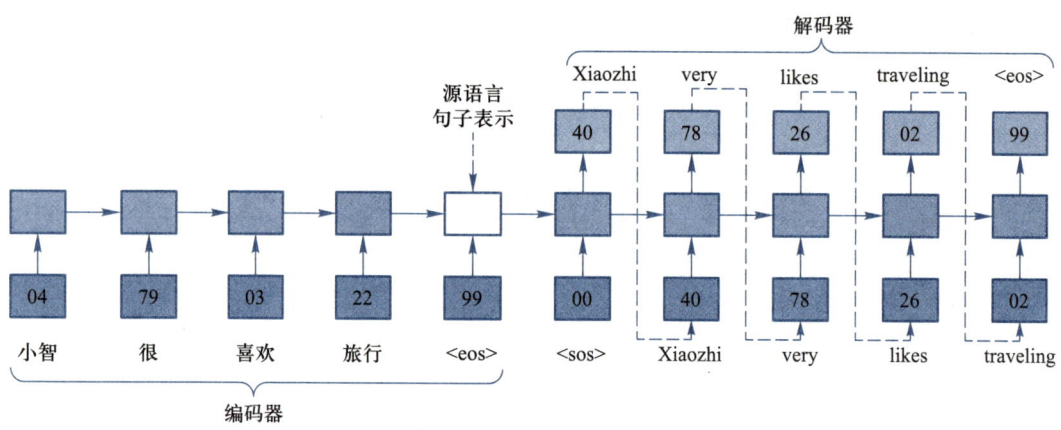

图 6.6.4　神经机器翻译过程

最后一个时间步的隐藏状态（白色方框）就包含了整个源语言句子的信息，也就得到了编码器的编码结果即源语言句子的"表示"。图中的 <eos> 代表结束符号。

2. 解码过程

直接把源语言句子的"表示"作为输入的隐藏层状态，之后像编码器一样依次读入目标语言单词，这是一个标准的循环神经网络的执行过程。

解码器会有一个输出层，根据当前时间步的隐藏层状态生成目标语言单词及其概率分布。图中解码器当前时刻的输出单词与下一个时刻的输入单词是一样的。

解码器也是一种循环神经网络，只不过它会从另外一种语言（源语言）获得一些信息，具体来说，当生成第一个单词"I"时，解码器利用了源语言句子表示（白色方框）和目标语言的起始符号 <sos>。在生成第二个单词"am"时，解码器利用了上一个时间步的隐藏状态和已经生成的"I"的信息。这个过程会循环执行，直到生成完整的目标语言句子。

与传统的基于规则或统计的机器翻译方法相比，神经机器翻译具有更强的自适应性和泛化能力，能够捕捉到更多的语言特征和上下文信息。其翻译结果更为自然流畅，单词错误率显著降低。

6.6.3　编码器 – 解码器结构

前面我们用编码器 – 解码器结构的深度学习网络处理机器翻译问题。编码器 – 解码器是深度学习中的经典架构，如图 6.6.5 所示，专为序列到序列任务设计，如机器翻译、文本摘要和对话生成。其核心思想通过两个组件实现：编码器将输入序列（如英文句子）压缩为固定长度的语义向量，捕捉关键信息；解码器基于该向量逐步生成输出序列（如中文翻译）。传统编码器 – 解码器模型采用循环神经网络或长短期记忆网络（long short-term memory，LSTM），编码器逐词处理输入并更新隐藏状态，最终状态作为语义向量；解码器则以该向量为初始状态生成目标序列。

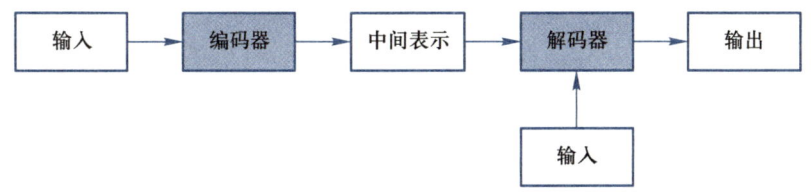

图 6.6.5　编码器 – 解码器结构

由于传统编码器 – 解码器模型无法捕捉输入的每个单词的上下文信息，计算效率较低，性能也无法满足实际应用的需要。为了解决这个问题，谷歌大脑（Google Brain）团队的 Vaswani 等人在论文"Attention is All You Need"（《你只需要注意力》）中提出了一种全新的架构：Transformer。Transformer 的核心是自注意力机制，抛弃了 RNN 和 LSTM 中的循环结构，采用了全新的编码器 – 解码器架构。这种设计使得模型可以并行处理输入数据，提高了计算效率。

自 Transformer 横空出世以来，它在自然语言处理领域大放异彩，显著提升了各类任务的性能表现。紧接着，基于 Transformer 架构的 BERT、GPT 等预训练模型如雨后春笋般涌现，进一步拓宽了其在自然语言处理各项任务中的应用边界。时至今日，Transformer 已牢牢占据 NLP 领域的核心地位，成为当之无愧的代表性技术，并且其影响力还跨越到了计算机视觉、语音识别等其他人工智能领域，同样取得了令人瞩目的显著成果。关于 Transformer，此处不做过多介绍，在后面的生成式人工智能部分再进行详细的说明。

思考与练习

1. 在实际应用中有时候语音识别的准确率不高，原因可能有哪些？
2. 在自然语言处理中，语义歧义是一个常见问题。请举例说明什么是语义歧义。
3. 语音克隆作为一种先进的语音识别与合成技术，具有哪些应用价值和潜力？
4. 对比常见语言，比如英语、汉语，小语种的机器翻译效果不好，原因是什么？

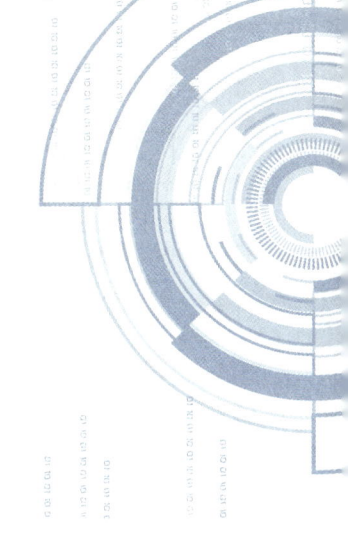

第 7 章

生成式人工智能

　　自 2022 年 11 月 30 日，OpenAI 公司发布人工智能大模型 ChatGPT 3.5 引爆这次人工智能浪潮以来，生成式人工智能得到快速发展。这种发展从单模态发展到多模态，从高成本发展到低成本、从国外延伸到国内，其影响力还在不断延伸和扩展。2025 年 1 月，深度求索的 DeepSeek 又一次引起全球对大模型以及生成式人工智能的巨大关注。到底生成式人工智能是啥？为啥如此火爆？我们又如何利用它服务我们的学习、生活和未来的专业发展呢？这一章，我们来学习这部分内容。

生成式人工智能

- 7.1 生成式人工智能那些事
- 7.2 生成式人工智能概述
  - 生成式AI能生成什么?
  - 如何写好提示词?
- *7.3 生成式人工智能的核心技术
  - 大模型是什么东西?
  - 生成对抗网络GAN如何生成?
  - Transformer能解决什么问题?
    - Transformer是突然爆发的吗?
    - 注意力机制用来解决什么问题?
    - 多头自注意力机制解决什么问题?
    - 大模型是如何训练的?
    - 大模型如何生成?
  - AI绘画的基础大模型Diffusion是什么?
  - 文生图的核心CLIP模型又是什么?
- 7.4 生成式人工智能具体应用
  - 如何为自己定制简历?
  - 如何做个数字代言人?
  - 如何制作微电影?
  - 如何给自己配个智能体助手?
- *7.5 拓展:国产大模型DeepSeek
  - DeepSeek啥来头?
  - 为啥是DeepSeek引起全球的轰动?
  - DeepSeek之后呢?

解决的问题

7.1 生成式人工智能那些事

开学以后，班里要竞选班委，小智也准备竞选班干部，可竞选总不能两手空空吧，总要做些准备工作。小智想从自己的简历开始做起，让同学们更好地了解自己，可又不知道怎么制作简历，对简历的内容也无从下手。另外小智觉得单单有个简历可能还不够，为更形象地宣传自己，小智还想做个自己的数字代言人，用视频的形式来宣传自己，这对小智来说更是挑战！

小智听说人工智能可以帮忙，就找来 DeepSeek、即梦等一系列大模型。

下面是小智和 DeepSeek 聊天记录。

> 问：作为大一新生，我要竞选学习委员，你有啥建议？200 字以内。
>
> DeepSeek：竞选学习委员时，建议你从以下几个方面入手：
>
> 1. 展现学术能力：突出你的学习成绩或学习方法的优势，表明你能为同学提供帮助。
>
> 2. 强调责任心：学习委员需要耐心和细致，展示你乐于服务同学的态度。
>
> 3. 组织能力：如果有组织活动的经验，比如班会或学习小组，可以提及，体现你的协调能力。
>
> 4. 沟通能力：学习委员是师生之间的桥梁，强调你善于倾听和表达。
>
> 5. 简洁有力的竞选发言：准备一段简短有力的演讲，表达你的竞选动机和计划，展现自信和诚意。
>
> 祝你竞选成功！

"真牛！不仅可以生成，还生成的有模有样。"小智不禁感叹。接下来，在生成式人工智能的帮助下，经过充分的准备，小智在班委竞选中得其所愿。成为班委后，小智在服务班级活动中，偶尔还需要制作 PPT、班级微视频等。

你是否好奇，小智是如何利用生成式人工智能技术服务他的学习和生活的呢？DeepSeek 等大模型功能真的有这么强大吗？这些应用背后的技术支撑又是什么呢？

下面我们就来详细学习。

7.2　生成式人工智能概述

7.2.1　生成式人工智能概念

生成式人工智能（Generative Artificial Intelligence，GAI）是一种人工智能技术，它能够根据用户要求生成文本、图像、代码、视频和音频等内容。我们可以理解为生成式人工智能就像一个创意机器人，你需要啥，告诉它，它就能够"想象"出来，这种"想象"其实质是生成式人工智能大模型通过分析大量的数据和文本，学会了模仿人类的创造力，生成高质量的内容的过程。

7.2.2　生成式人工智能生成内容

在 2022 年 ChatGPT 最初发布的时候，主要是生成文字。随后技术快速发展，目前从国内外各种大模型来看，能生成文字、图像、代码、视频、音频以及智能体等内容，而且很多模型都支持多模态生成。下面就常见的生成内容进行介绍。

1. 生成文字

文字的生成是生成式 AI 最原始的功能，也是从自然语言处理发展而来的功能，目前的大语言模型如 ChatGPT，还有很多国产的大语言模型如百度的文心一言、阿里的通义千问、清华的智谱清言、科大讯飞的讯飞星火、字节跳动即抖音的豆包、金山公司的 WPS AI、深度求索的 DeepSeek 等都能提供文生文的功能，就是根据文字的提示，生成新的文字内容。

下面就是利用文心一言的文生文功能实现的对话。

> 问：我是大一新生，能介绍一下如何利用文心一言或其他大模型来服务我的课程学习吗？ 300 字左右。
>
> 文心一言答：作为大一新生，你可以利用文心一言或其他大模型显著提升课程学习效率。首先，它们可以作为你的私人学习助手，解答预习和复习中的疑惑，提供详尽的解释和例子，帮助你深入理解课程内容。其次，面对作业和项目时，这些模型能给出解题思路和方法建议，助你高效完成作业。在撰写课程论文或报告时，它们还能提供结构和内容上的指导，确保你的学术写作更加规范和准确。此外，大模型还能根据你的学习进度和兴趣，推荐相关的学习资源和拓展阅读，丰富你的知识体系。记住，虽然这些工具强大，但它们只是辅助，保持自主学习的习惯和思考能力同样重要。合理利用大模型，让你的大一学习生活更加高效和多彩。

2. 生成图像

对于人类来说，80%的信息靠视觉获取，我们天生更喜欢看，因此对图像的敏感度和喜欢程度也自然远高于文字本身，因此大模型除语言大模型可以生成文字外，还有图像大模型可以生成图像，目前支持生成图像的大模型应用，国外的有 OpenAI 开发的 DALL·E、Midjourney、Stable Diffusion 等，国内如百度的文心一格、阿里的通义万相等，而且随着目前多模态的发展，我们在文生文提到的模型文心一言、通义千问、智谱清言、讯飞星火、豆包等都具备文生图的功能。另外像抖音的即梦、快手的可灵也都提供文生图功能。

下面是利用文心一言的文生图功能实现的图片效果。

3. 生成代码

代码生成也是生成式 AI 的一个重要功能，使编写程序的成本和容易度大大降低。像程序语言设计和编写，以前需要系统学习，才可能写出相应的代码，而现在，程序员的主要任务可以放在功能的设计、代码的调试和框架的构建方面，基本代码的编写工作就可以交给 AI 去做，这样不仅使程序员的工作量大大减少，而且由于编程门槛的降低，使很多非计算机人员可以使用程序设计语言进行基本代码的编写，而且很多程序设计语言的集成开发环境带有代码生成功能。

下面是文心一言的代码生成功能。我们可以发现，连注释都写得非常详细。当然也可能各位同学还没有学过程序设计语言，没有学过 Python 没有关系，你只要知道可以生成代码就可以了，在以后的学习中如有需要再详细了解。

问：用 Python 写一个猜数字游戏

文心一言：

```python
import random
def guess_number_game ():
    # 生成一个 1 到 100 之间的随机数
    number_to_guess = random.randint (1, 100)
    guess = None
    attempts = 0
    print (" 欢迎来到猜数字游戏！")
    print (" 我已经选好了一个 1 到 100 之间的数字，你能猜出来吗？")
    # 循环直到玩家猜对数字
    while guess != number_to_guess:
        try:
            # 获取玩家的猜测
            guess = int(input (" 请输入你的猜测："))
            attempts += 1

            # 检查猜测是否正确，并给予反馈
            if guess < number_to_guess:
                print (" 太低了！再试一次。")
            elif guess > number_to_guess:
                print (" 太高了！再试一次。")
            else:
                print (f" 恭喜你！你猜对了！总共猜了 {attempts} 次。")
        except ValueError:
            print (" 请输入一个有效的整数！")
# 启动游戏
guess_number_game()
```

4. 生成视频

一方面是生成式 AI 能力的不断增强，另一方面是大家对 AI 需求的不断增加，现在有很多平台都可以根据文字来生成视频，或是依据静态图片来生成动态视频。目前生成视频的平台国外的有 Sora，国内的有快手的可灵、抖音的即梦 AI、阿里的通义万相、清华的质谱清言等。下面简单介绍一下。

（1）可灵是 2024 年 6 月上线的一个视频生成大模型，采用的是类似 Sora 的技术路线，具有强大的视频生成功能，而且支持分钟级的视频生成，这个以秒为单位的视频生成更具实用性和吸引力，而且采用模拟物理世界的特性，使动画的逼真度更丝滑，还能支持电影级的画面质量。同时通过可灵 AI 的灵感学院提供视频教程和学习社区，提供了文生视频、图生视频和对口型三种视频生成方式。

（2）即梦也提供类似可灵的文生视频、图生视频、对口型等多种方式的视频生成形式。

微视频 7-1：
文生视频

① 文生视频：根据文字提示生成视频。

创意描述：一个大学生，带着行李，乘坐高铁。

② 图生视频：就是能根据提供的图来生成视频。例如提供的图如图 7.2.1 所示。

微视频 7-2：
图生视频

图 7.2.1　提供首帧图

　　创意描述：让图片中的飞机在空中盘旋飞行，天空中有云朵在飘动，水中有两只天鹅在游动，透视角度要跟着飞机走。

③ 对口型：主要是根据提供的人物现有视频和文字，能生成一个口型和表情一致的新数字人效果，下面是利用系统提供的模板，根据文字"hi，大家好，我是数字人小航"生成的数字人截图。

创意描述：提供现有视频和文字"hi，大家好，我是数字人小航"。

即梦、可灵的生成方式类似，它们生成的图像质量也很好，其他的平台由于篇幅所限，不再一一介绍，大家可以自己去尝试。

5. 生成其他

不同的生成式 AI 平台，提供的 AI 生成能力也不相同，随着多模态大模型的发展，综合生成能力将不断增强，而且随着逐步的商业化，由基本生成延伸出来的变形也越来越多，如 AI 换装、AI 修图等。也可以通过平台的不同组合来完成，如先根据图片生成视频，再根据视频合成数字人等，在这里就不一一赘述，在后面生成式 AI 赋能部分再详细介绍。

7.2.3 如何写好提示词

在利用生成式 AI 进行创作的过程中，提示词非常重要，合适的提示词会让生成内容的质量大幅提升，为什么呢？因为大模型就是根据提示词来理解用户的需求。那怎样才能编写出好的提示词呢？

对于提示词的编写，粗暴的方法就是反复试，不断地根据生成的效果去修改提示词，但这样不但花费的时间长，关键是算力是要成本的，每生成一次，都需要算力来支撑，反复生成，意味着反复烧钱。

另外一种更靠谱的方法，就是我们要掌握提示词的写法，这样就能准确和快速地写出我们想要的提示词，下面是使用提示词的建议。

1. 目标明确，增加细节

我们在写提示词的时候，要保证写的提示词目标非常明确，目标明确往往是通过增加细节来实现的。如下面的两段提示词，提示词 2 就比提示词 1 更容易产生理想的效果。

> 提示词 1：生成一幅学校的画面。
> 提示词 2：生成一幅大学校园的画面，在秋季，两个女同学在草地上聊天。

2. 写好反向提示词

在生成的时候，一方面写提示词告知大模型我们想要什么？同时也要告诉大模型我们不想要什么，这一点往往被忽略。这种情况在你写完提示词反复生成时在某一个点不满意的时候尤其重要。如下面的提示词 3 和提示词 4。

> 提示词 3：生成一条在草地上玩耍的小狗。
> 提示词 4：生成一条在草地上玩耍的小狗，不要带狗绳或项圈。

3. 合理利用合适的关键词、短语和句子

一般关键词和短语用来描述要点，而句子主要用来描述细节，如提示词 5。

> 提示词 5：飞机；莱特兄弟；在蓝色的天空中飞行，天空中有几朵白云，下面是一望无际的大海。

4. 使用样例

有很多生成式 AI 工具，尤其是图像和视频生成类平台，都会提供提示词的样例，我们可以参考样例的格式来进行调整，这样效率更高一些。

5. 可以利用生成式 AI 来生成提示词

这也是一种方法，如提示词 6 就是根据提示词 5 用文心一言生成的。

> 提示词 6：蓝天映衬下的大海，波光粼粼。莱特兄弟驾驶着飞机，穿越几朵悠闲飘过的白云，翱翔于天际。飞机下方，海浪翻滚，与上方的宁静天空形成鲜明对比。莱特兄弟专注地操控飞机，脸上洋溢着自豪与喜悦。阳光透过云层，洒在飞机上，营造出梦幻般的光影效果。整个场景充满了探索与冒险的气息，让人仿佛置身于莱特兄弟的飞行之旅中。

图 7.2.2 是在即梦 AI 平台，用提示词 5 和提示词 6 分别生成视频的截图。很明显，AI 更懂 AI。

(a) 用提示词5生成的视频截图　　　　(b) 用提示词6生成的视频截图

图 7.2.2　在即梦 AI 平台用提示词生成视频的截图

*7.3　生成式人工智能的核心技术

在上一节我们谈到生成式 AI 能生成什么的时候，多次提到大模型，那大模型到底是什么？又需要哪些技术支撑呢？我们在本节阐述这些问题。

7.3.1　大模型概述

模型是什么？在现实生活中，我们为了降低成本，在正式生产某种产品之前往往会先做模具；在盖大楼之前先绘制设计图；在制作衣服之前先做样衣等，其实这些模具、设计图和样衣等就是模型。为了求点到直线之间的距离，我们会总结出数学公式，这个数学公式也是模型。在机器学习和深度学习中，模型是指通过算法从数据中进行学习的数学表示。

大模型的模型主要是用深度神经网络搭建起来的一个有输入、有输出、有很多参数、需要很多数据来进行训练的一个模型体系，而这个体系要运转起来，还需要很大的算力。所以大模型的大，可谓是大数据、大参数和大算力等。

大模型怎么就突然爆发了呢？其实不是，下面我们就来了解一下大模型发展的核心事件。

（1）2006 年：杰弗里·辛顿团队提出研究多层神经网络，这标志着深度学习的兴起，也预示着更大规模模型的到来。

（2）2009 年：李飞飞团队 ImageNet 数据集建成，意味着可以在海量数据上的训练算法成为可能。

（3）2010 年：图形处理器（GPU）被广泛应用于加速训练过程，模型开始变得越来越大。

（4）AlexNet 在 2012 年的 ImageNet 竞赛中的胜利是深度学习的一个转折点，推动了更深层次和更大规模模型的发展。AlexNet 是辛顿和他的学生（Alex Krizhevsky 和 IlyaSutskever）的团队成果。

（5）2014 年，生成对抗网络（generative adversarial networks，GAN）算法产生，用于生成文本和图像。

（6）2017 年：Google 推出 Transformer 架构，改变了自然语言处理领域的游戏规则，它允许构建极其庞大且高效的模型。T5、BERT、GPT 系列等模型相继出现，它们不仅参数数量惊人，而且性能卓越。

（7）2020 年以后：模型规模持续增长，从数亿到数千亿甚至更多参数的大模型不断涌现。

（8）2022 年：ChatGPT 的推出，引爆了新一轮人工智能浪潮。

（9）2024 年：大模型狂飙的一年，出现了多模态的发展，文字、图像、音频和视频生成技术不断涌现，生成质量不断提升。AI 智能体应用爆发，多模态大模型崛起，基座模型训练取得重大突破，具身智能也可能成为下一个热点。而图像生成从 OpenAI 开始，主要基于 Diffusion 模型。

（10）2025 年：DeepSeek 横空出世，改变世界 AI 模式，重构 AI 生态。

可见大模型的发展是一个快速迭代的过程，每一次进步都依赖着计算能力的提升、算法创新以及应用场景的扩展。下面介绍大模型的三种主要技术：生成对抗网络和 Transformer 架构和 Diffusion 模型。

7.3.2　生成对抗网络

生成对抗网络（GAN）诞生于 2014 年，是早期广泛应用于生成式 AI 的算法之一，GAN 综合了深度学习和强化学习的思想，通过生成器和判别器的相互对抗来实现文字、图像和视频的生成过程。原始的 GAN 并不要求生成器和判别器都是深度神经网络，但在实际中，往往都是基于深度神经网络去构建。

为了更好地帮助大家理解，在这里用一个类比来解释 GAN 中生成器和判别器的工作原理——把生成器比作一位正在学习画小狗的画家，画家的任务：学习

微视频 7-4：
生成对抗网络

画小狗。把判别器比做一位严格的鉴定师。GAN 的工作原理就是画家和鉴定师的对决。

第一个阶段：生成器随机生成（画家随机涂鸦）。生成器（画家）一开始并不知道怎么画小狗，所以它从随机涂鸦开始。这些涂鸦就像一堆杂乱无章的线条，没有任何意义。画完后，它会把自己的作品交给判别器（鉴定师）进行评判。判别器（鉴定师）说，画得不好，依据是训练用的数据集中的真实图片（鉴定师的依据是名家名画），如图 7.3.1（a）所示。

第二个阶段：生成器调整对应神经网络参数（画家学习绘画技巧），然后继续画，画好仍交给判别器（鉴定师）进行评判。判别器（鉴定师）说头画得有点像了，但狗的身体不像。接下来生成器就会不断调整参数（画家不断学习绘画技巧），如图 7.3.1（b）所示。

第三个阶段：终于有一次，生成器（画家）把画好的作品给判别器（鉴定师），判别器（鉴定师）说，可以了，这个时候就完成画作，如图 7.3.1（c）所示。

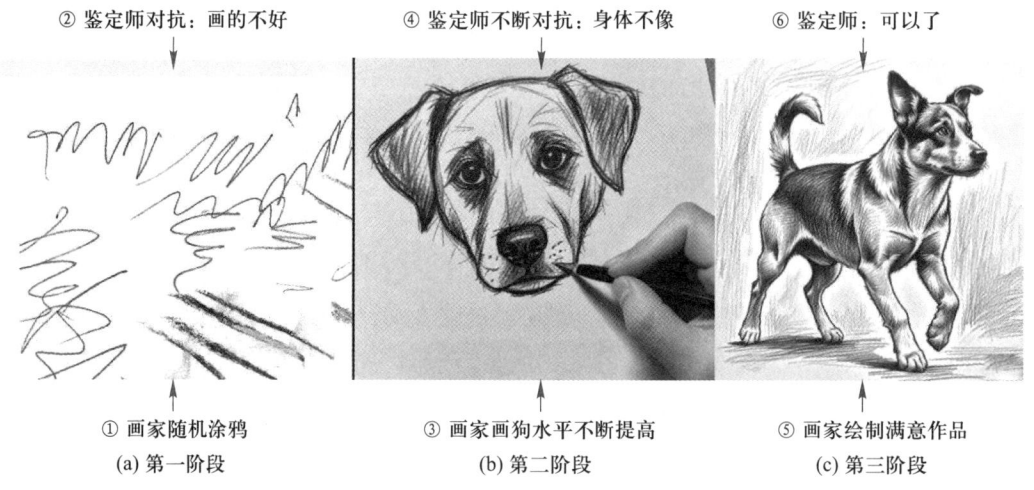

图 7.3.1　画家绘画和鉴定师判别的对抗过程

从上述过程我们可以看出：

1. 生成器

生成器是一个神经网络，主要是利用随机数来生成对应的目标对象，如文本或图像。生成的过程中不断地根据判别器提供的对抗信息进行参数调整，直到判别器认可为止。

2. 判别器

判别器同样是一个神经网络，用于判别生成器生成的文本或图像到底真不真实？判断的方法很简单，就是看这个文本或图像是否像来自生成器训练用的数据集，因为训练用的数据集是真实的。通常的做法是把生成器生成的文本或图像输入给判别器，如果文本或图像和训练用的数据集非常像，判别器会输出数值 1；如果不像，就会输出 0；如果是似像非像，就会根据相似度取 0~1 的中间值。

3. 生成对抗过程

与上述画家和鉴定师过程类似的是如图 7.3.2 所示的生成对抗网络对抗的过程。这个过程是根据随机数生成一幅图像，判别器与原训练数据对比，提出改进意见；生成器继续生成，然后判别器继续提出意见；这个过程不断迭代，直到生成的图像质量和训练的图像质量接近。

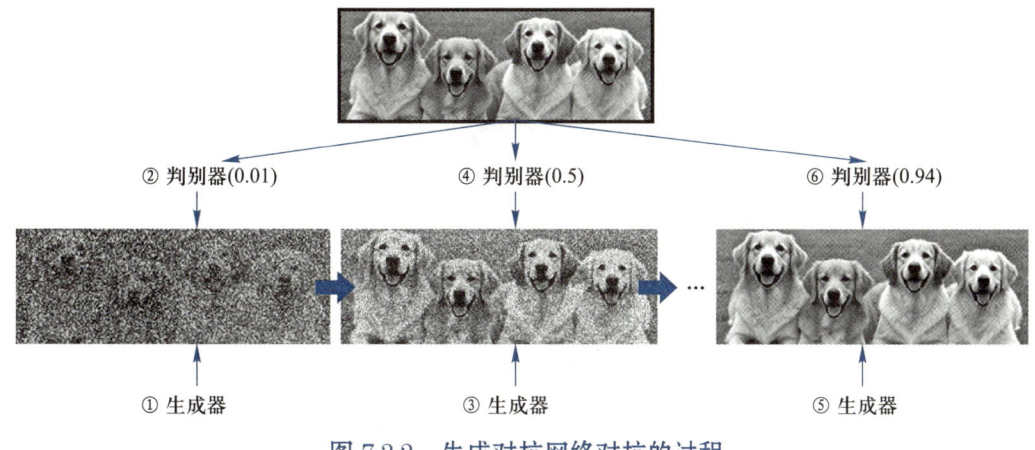

图 7.3.2　生成对抗网络对抗的过程

而生成对抗网络的具体实现过程可以分为两步。

第一步：固定生成器，更新判别器。这里的固定生成器指的是在输入参数不变的情况下，生成器生成一系列图片。判别器需要从生成器训练的数据集中抽取一部分图片，和生成器生成的图片一起做学习训练；判别器需要调整自己内部的参数，给真实的图片打高分，给生成器生成的假图片打低分。这有点像给老师的岗前培训，让老师先掌握教学的基本技能。

第二步：固定判别器，更新生成器。这里指的是判别器训练好后，生成器调整内部参数，不断生成系列图片，以符合判别器的评判标准。这有点像老师不变，学生需要不断考试、复习和巩固，达到参考答案的标准。

以上步骤反复进行，GAN 最终就可以生成令人满意的作品。

4. GAN 的应用

GAN 虽然本身可以生成文字和图像，但不得不说，GAN 本身并不擅长文字生成，后来发展的 GAN 的变体也确实应用于文本生成，但 GAN 最主要或者说最广泛的应用还是在图像生成方面，以下是其应用。

（1）生成图像数据集，如生成手写数字图片数据集、人脸图像数据集、动物图片数据集等。

（2）图像创作，如脸部图像生成、人物照片生成、服装生成等。

（3）图像修复，如图像分辨率增强，照片的去污等。

（4）多模态生成，GAN 还支持多模态生成，如文本生成图像、文本生成语音、文本生成视频、3D 物体生成等，各种应用如图 7.3.3 所示。

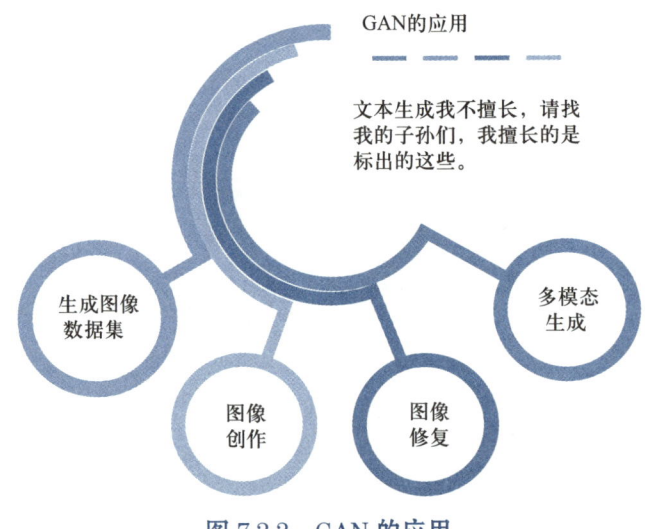

图 7.3.3　GAN 的应用

在 GAN 模型的推动下，生成式 AI 应该说迎来了春天，而且也有了一些应用，但由于 GAN 本身的缺陷，如需要有生成器和判别器两个神经网络，训练难度大，加之 GAN 本身的机制是生成器最终为了从判别器那里"骗取"高分，这使得它的生成天生难以充分发挥生成式 AI 多样性和创造性的需要。另外 GAN 的一大缺陷是不好加条件，如生成人可以，但如果添加生成黄皮肤、圆脸、大眼睛的长发美女，它就搞不定了，而后来的 Transformer 和 Diffusion 就更显卓越。

7.3.3　大模型基础架构 Transformer

在自然语言的机器翻译部分，我们已经对 Transformer 有初步的认识，知道它通过编码器和解码器，同时设置中间语义转换向量来实现从一种语言翻译成另一种语言。其实 Transformer 的应用不仅在机器翻译部分，它的应用非常广泛。我们目前的大模型，无论是 GPT、ChatGPT 还是 Bert、T5，以及国内的文心大模型、通义大模型、星火大模型、清华的智谱 GLM、DeepSeek 等，都是基于 Transformer 来建立的。你可能好奇 Transformer 仅仅通过编码器和解码器功能就如此强大吗？当然不是了，下面我们来看看 Transformer 的十八般武艺。

1. 自注意力机制

什么是自注意力机制，不妨看看人的习惯：初次见面，看人，是不是先看外表；阅读文章，是不是习惯先看标题；看作业报告，是不是先看格式。你大概知道自注意力机制是什么了吧。通俗地说，自注意力机制就是关注我们容易关注的，忽略我们不关注的或不容易关注的。

人工智能的自注意力机制最早来自图像标注，后来被用于自然语言处理，用于解决机器翻译的长句子处理问题。在自然语言处理中，当翻译的句子越来越长时，单纯的编码器和解码器由于采用固定长度的上下文向量（这里的向量可以理解为一串数字）来表示，受限于这种向量的长度和顺序，如图 7.3.4 所示，往往忽略了句子中的很多细节，可能翻译效果不理想。

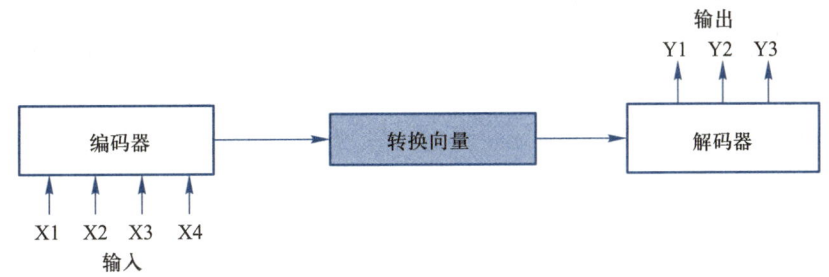

图 7.3.4　基于编码器和解码器的机器翻译

例如："I like sports."，翻译为"我喜欢运动。"，这个一般都能接受；但如果把"It was in the morning of February the ninth that I arrived in London."翻译为"它在 2 月的早上第九我到达了伦敦。"就不着边了，正确的翻译为"2 月 9 日早晨我到达了伦敦。"这是因为早期机器翻译在处理复杂语境和语法结构时的不足，在没有引入自注意力机制等先进技术的情况下，机器翻译系统往往难以准确理解原文的语义和语法结构，从而导致翻译效果不理想。

从数学的角度来描述自注意力机制的话，可以理解为权重，就是把重要的内容设置的权重高，而不重要的内容设置的权重低，在不同的上下文或图像中专注不同的信息，这样就可以帮助人们更好地理解信息，同时减低信息处理的难度。这种机制可以应用在人工智能领域帮助解决图像处理和文本处理的问题。如图 7.3.5 所示。

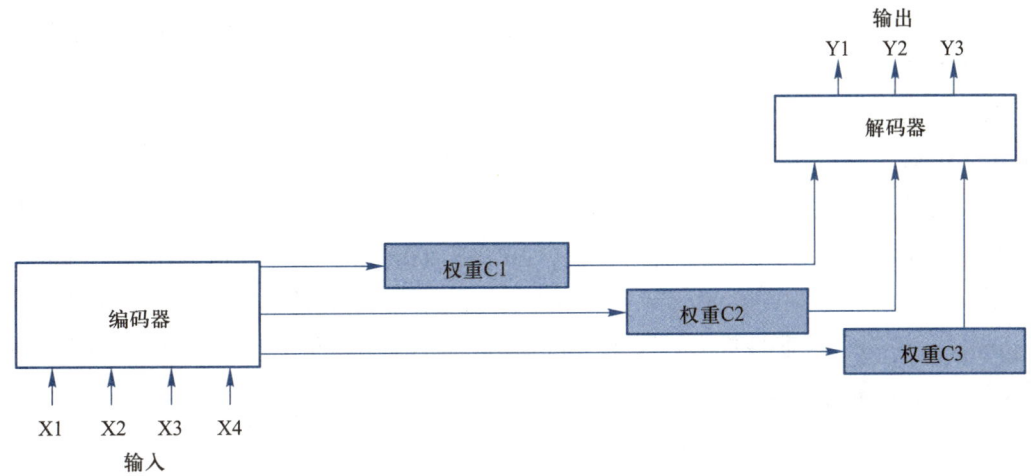

图 7.3.5　带有自注意力机制的编码器和解码器

为更好理解自注意力机制，请阅读图 7.3.6 的文字。

研究明表，
汉字序顺并不一定影阅响读
比如当你完看这句话，
才发现字全是乱的。

图 7.3.6　来自科普中国的一段文字

这是因为在阅读时，我们并不是逐字阅读，而是会扫视"关键字"，然后大脑会凭借经验进行"脑补式"的理解。有意思的是，人不仅在理解汉字时是这样，在理解其他语言如法语、英语等和图片时也这样。也就是当你读到一行字时，大脑也会自动将文字排序，帮助你更快阅读。而把这种现象应用到人工智能中，就是自注意力机制了。通俗地讲，Transformer 的自注意力机制能够在句子中找到各个词之间的关系。我们以"I hurt my back"为例，为了更好理解"back"在这个句子中和其他词的关联，我们需要找到句子中的每个词对它的影响和权重，如图 7.3.7 所示，"back"的权重除了自己本身，关联最大的就是"hurt"，说明"back"和"hurt"关系最大，而不是"I"或"my"。这里只画出对"back"的权重，其实句子中的每个词都需要找出其影响和权重，这里就不再赘述。

图 7.3.7　找出各个词对其的影响和权重

除了自注意力机制外，还有多头自注意力机制，顾名思义就是有多个自注意力机制通过加权计算，然后将加权计算结果综合起来，增加自注意力机制的效果。如在一个句子中，一个自注意力头关注上一个单词和下一个单词之间的关系，另一个自注意力头则会关注主语和谓语的关系。为了便于理解，我们举个例子："The animal didn't cross the street because it was too tired."这句话的"it"指的是什么？对人类而言看似简单的问题，对模型来说却不容易，即使使用了自注意力机制也无法解决，但有了多头自注意力机制就可以很好解决这个问题。具体是这样的，可能一个编码器关注"it"和"animal"，但另外一个编码器会关注"it"和"street"。如果这样，结果可能是"animal"也可能是"street"就会出现偏差。但在多头自注意力机制中，会有更多编码器注意到"animal"，通过多个编码器的加权组合，最终单词"animal"和"it"关联性更大，如图 7.3.8 所示，图中不同的颜色表示不同的权重，颜色越深表示权重越大。

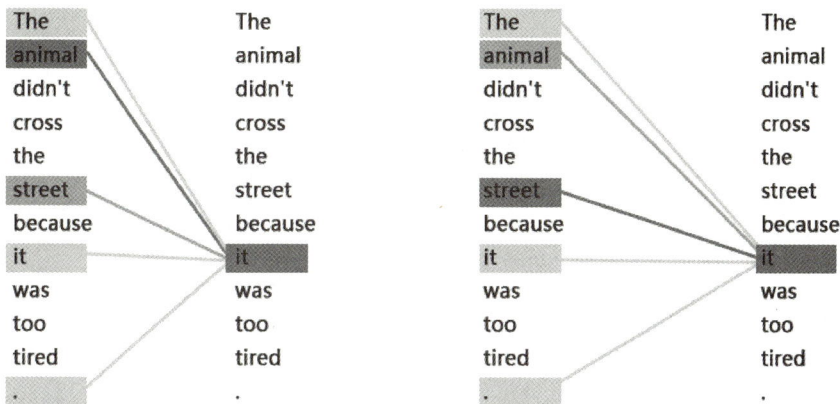

(a) it 与 animal、street 和其他词的关联

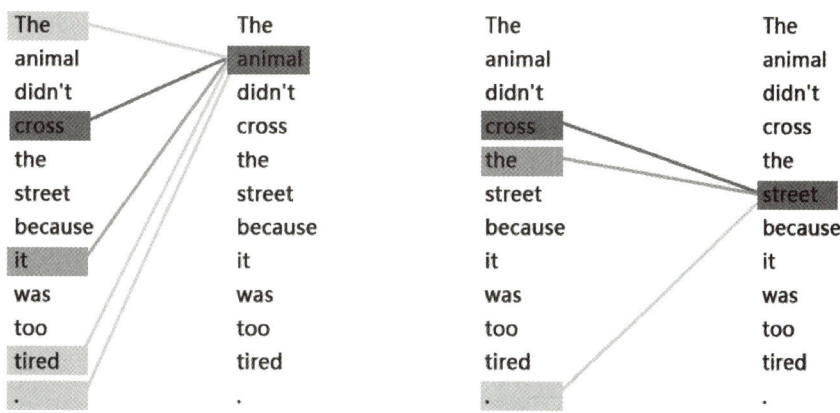

(b) animal、street 与其他词的关联

图 7.3.8　多头（双头）自注意力机制

2. Transformer 模型

你可能会问，上面讲了那么多，和 Transformer 模型有关系吗？当然有了，其实 Transformer 模型就是引入了多头自注意力机制的编码器和解码器。下面我们慢慢介绍。

2017 年，谷歌发表的论文 "Attention is All You Need" 提出 Transformer 模型。从宏观来看，可以把 Transformer 模型看成一个有输入输出的黑匣子，如图 7.3.9 所示。

图 7.3.9　Transformer 模型宏观看像个黑匣子

微视频 7–7：
Transformer
模型和模型
扩展 1

微视频 7–8：
Transformer
模型和模型
扩展 2

拆开这个黑匣子，我们可以看到它由编码组件、解码组件和它们之间的连接组成，如图 7.3.10 所示。

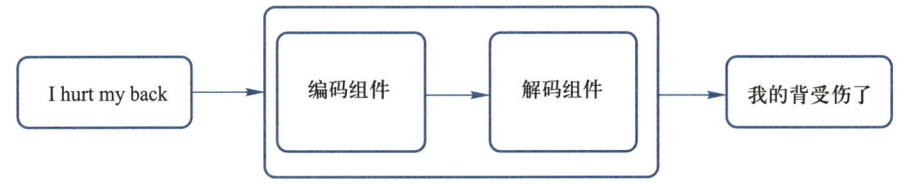

图 7.3.10　Transformer 模型的基本框架

Transformer 的编码组件由一系列编码器组成，解码组件由一系列解码器组成，其结构如图 7.3.11 所示，当然这里只绘制了 5 个编码器和 5 个解码器。说明：如果你发现这里的图和自然语言部分不太相同，那是因为采用的神经网络的结构不同，但本质是一样的，都是由编码器和解码器组成。

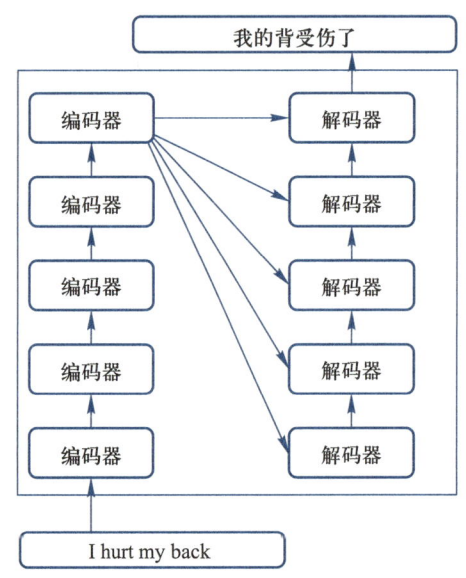

图 7.3.11　Transformer 的结构

如图 7.3.12 所示，其中左边的虚线框内是编码器的内部结构，共有 $N+1$ 个编码器；右边的虚线框内是解码器的内部结构，共有 $N+1$ 个解码器。其中每一个编码器由前馈神经网络和多头自注意力机制组成。自注意力机制通过计算前一个编码器的输入编码之间的相关性权重，来输出新的编码；然后前馈神经网络（传统的单向有输入层、隐藏层和输出层的普通神经网络）对每个新编码进行处理，最后将这些处理后的编码作为下一个编码器或解码器的输入，下面以英文"I hurt my back"翻译为中文"我的背受了伤"为例介绍编码器和解码器的详细工作过程。

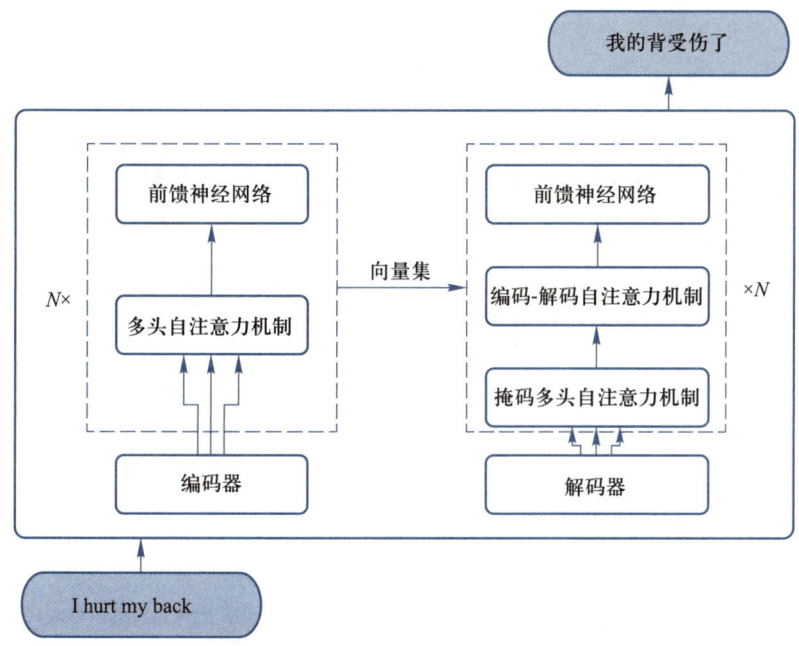

图 7.3.12　Transformer 的编码器和解码器工作过程

第一，将句子"I hurt my back"输入编码器，编码器会将这个句子的每个单词进行拆解，转化为向量。并在多头自注意力机制中进行加权计算，然后整个编码器会输出一个向量集给解码器。

第二，在解码器中，解码器首先读到一个开始标记，然后解码器会生成并输出一个向量，这个向量包含所有可能的汉字，并且每个汉字会有一个得分，得分高的汉字会出现在第一个位置，在这里就是"我"这个汉字了。

第三，把"我"作为解码器新的输入，接下来得分高的可能是"的"，以此类推，直到完成"我的背受伤了"。

这里的解码器也是由前馈神经网络和多头自注意力机制组成，需要注意的是，这里的多头自注意力机制采用的是掩码多头自注意力机制，其核心思想是：因为解码器的生成对象是一个一个生成的，生成时只让参考已经生成的部分，没有生成的部分不允许参考。仍以"我的背受伤了"为例，当翻译到"的"的时候，只能参考前面已经生成的"我"，而不能参考后面还没有生成的部分。此外在前馈神经网络和掩码多头自注意力机制之间，还有编码－解码自注意力机制，主要是为了接收编码器的输入向量集，让解码器在解码过程中能够充分关注到上下文的信息。

3. Transformer 基础模型的常见扩展

目前的大模型 GPT、ChatGPT、Bert、T5、LLaMa 以及国内的大模型的基础都是 Transformer，它构成了几乎所有大模型的基础。以 Transformer 为基础的大模型已生长成一棵大树，如图 7.3.13 所示。

图 7.3.13　Transformer 家族

可以说现在所有火爆的大语言模型都是基于 Transformer 架构进行了优化。在这些 Transformer 家族中有三个明显的分支。

（1）只有解码器，这个分支可谓发展的最繁茂，以 OpenAI 的 GPT、ChatGPT、Meta 的 LLaMA、DeepMind 的 Chinchila 等为代表，主要用于自然语言生成。

（2）只有编码器，以谷歌的 BERT 为代表，通常用于自然语言理解。

（3）有编码器和解码器，以 Meta 的 BART、谷歌的 T5、清华大学的 GLM、深度搜索的 DeekSeek 等为代表。基于编码器和解码器的模型更适用于序列 – 序列间建模任务，如翻译、文本摘要等。

下面以 GPT 和 ChatGPT 为例，探索大模型的训练过程。

4. 大模型的训练过程

GPT 是只包含解码器的 Transformer 模型，属于典型的通过"大数据预训练"+"小数据微调"的模型，通过不断堆叠 Transformer 的思想，将 Transformer 作为特征提取器，使用超大的训练语料库、超多的模型参数以及超强的计算算力来进行训练，并通过不断提升训练语言的规模和质量，提升网络的参数数量，完成迭代更新。模型发展经历 GPT-1、GPT-2、GPT-3、GPT-3.5、GPT-4 和 GPT-4o。

下面列出 GPT-1、GPT-2、GPT-3、GPT-3.5、GPT-4 和 GPT-4o 的参数规模，如表 7.3.1 所示。

表 7.3.1　GPT 的不同版本训练模型的规模

	模型参数 （billion，10 亿）	训练数据量	突破	训练方法	产生时间
GPT-1	1.3B	40 GB	训练出大规模通用模型	无监督预训练和有监督微调	2018
GPT-2	1.5B	40 GB	多任务学习框架	增加模型规模和参数	2019

续表

	模型参数 （billion，10亿）	训练数据量	突破	训练方法	产生时间
GPT-3	175B	数十 TB	展现大力出奇迹	继续增加模型规模和参数	2020
GPT-3.5 （ChatGPT）	175B	数十 TB	对话机器人	奖励模型，人类反馈的强化学习算法	2022
GPT-4	未公开	未公开	双模态	未公开	2023
GPT-4o	未公开	未公开	多模态	未公开	2024

ChatGPT 是在 GPT-3.5 模型基础上的微调模型，采用了基于人类反馈的强化学习算法，这种算法的核心思想是：模型的训练结果很大程度上依赖人类的反馈，人类对其生成的结果进行打分。对打分的结果重新输入模型中，来对模型进行调整。得分高相当于告诉它："YES，这样做是对的，多生成这样的结果！"得分低相当于告诉它："NO，这样做是错的，不要生成这样的结果！"正是利用这种基于人类反馈的强化学习算法，让 ChatGPT 能更加清晰理解人类对话的意图，并获得和人类进行对话的能力，在语义理解上展现出了前所未有的智能。

GPT 的训练是为了获得通用大模型的基础模型，往往通过预训练完成。ChatGPT 是在 GPT-3.5 的基础上又经过监督微调、奖励模型和基于人类反馈的强化学习算法进行训练的结果，整个训练过程分为 4 个步骤，如图 7.3.14 所示。

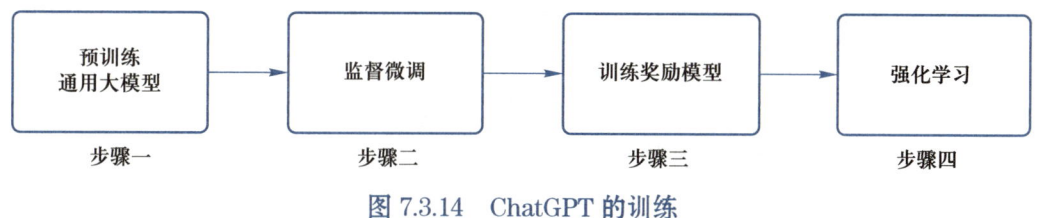

图 7.3.14　ChatGPT 的训练

步骤一：预训练。

预训练是预先在大量数据上训练模型。通过无监督学习的方式对大量无标注数据进行学习，减少对标注数据的依赖，加速并优化在有限数据集上的模型训练，这使得在有限的数据集上也能训练出性能良好的模型，这样获得的模型也称为通用大模型，如 GPT-3.5 就是通用大模型。这种训练往往需要大数据、大参数和大算力支持。

步骤二：以监督学习的方式微调，得到监督学习模型。

通过预训练得到的通用大模型，可能不能满足我们某些场景的需求，需要进一步通过监督微调的方式进行训练。微调是在特定任务的小数据集上微调预训练模型以优化性能。具体方法如下。

首先，收集人们在对话中感兴趣的问题，形成一个问题库。

其次，不断从问题库中提取一个问题（称为 prompt），丢给现实中的人，让它来做出回答，这个回答也称为标注。

接下来，把问题和回答形成"问－答"对，放入到通用模型如 GPT-3.5 中进行监督学习，得到一个监督学习的微调模型。详细过程如图 7.3.15 所示。

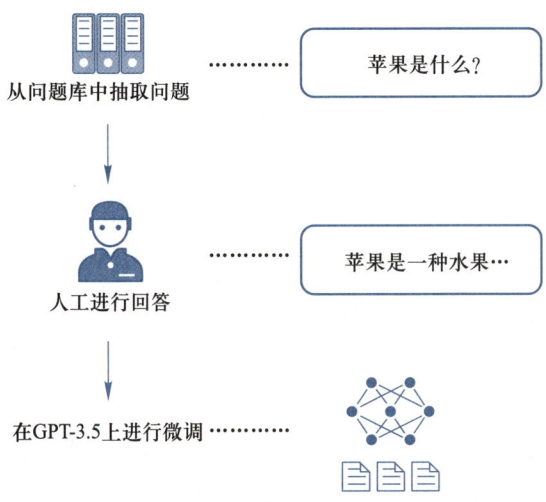

图 7.3.15　ChatGPT 的训练步骤二

步骤三：训练一个可以评价答案满意度的奖励模型。

奖励模型的训练方式是针对同一个问题，让第二步得到的监督学习模型给出多个答案，让现实中的人对这多个答案进行排序，其中隐含了人们对模型效果的预期，依此形成新的标注数据集，然后训练奖励模型，流程如图 7.3.16 所示。

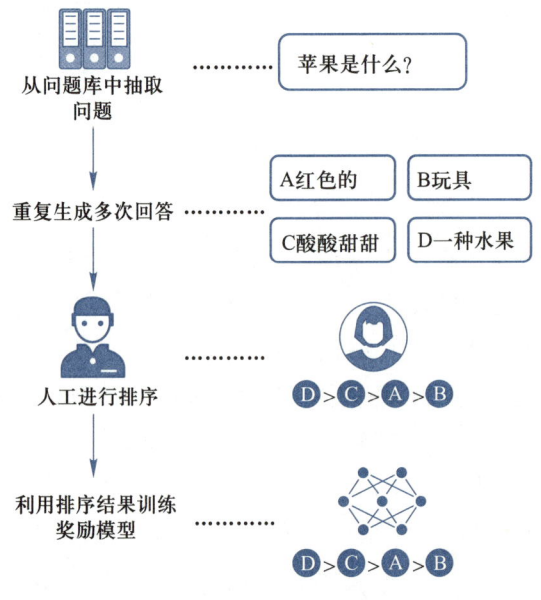

图 7.3.16　ChatGPT 的训练步骤三

步骤四：用强化学习算法通过奖励模型得到策略优化模型。

首先，我们还是从数据集中取出一条问题（称为 prompt）。

其次，放入到从微调模型得到的策略优化模型里面。

然后，策略优化模型给出一条输出文本。

再次，把文本放入奖励模型进行打分，获得奖励值。

最后，把奖励值反馈到策略优化模型中，优化参数，并持续反复迭代。

这个通过强化学习算法得到的策略优化模型是基于步骤二的监督微调模型得到的，而打分的话，是用到第三步得到的奖励模型，流程如图 7.3.17 所示。

经过以上 4 个步骤的训练，可以完成大模型的训练。但如何利用大模型完成文本生成呢？

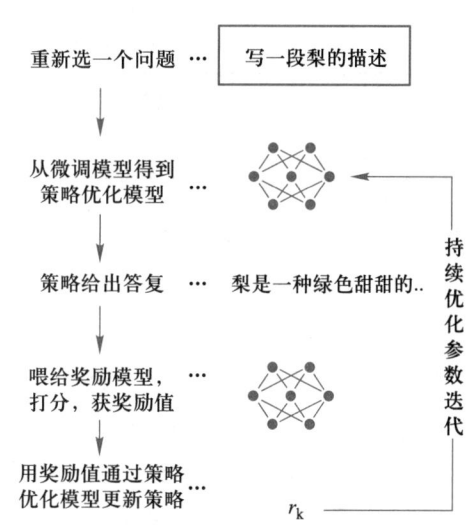

图 7.3.17　ChatGPT 的训练的步骤四

5. 大模型实现文本生成

大模型通过预测下一个词产生文本生成，预测下一个词的原理类似我们熟悉的"文字接龙"游戏。本质上大模型接收一段文本后，会预测下一个最可能的词语，然后选中概率最大的那个，组成一个新的文本，然后继续预测下一个最可能的词汇，重复这个过程，直到生成完整的句子或段落。通过这种方式，大模型可以根据前文的上下文信息生成连续的、符合语法和逻辑的文本。下面我们把"人工智能赋"这句话交给大模型，它会进行如下接龙。

第一步：考虑下一个可能的词汇及其对应的概率，如表 7.3.2 所示（为了方便理解只写了 4 个可能的词）。

表 7.3.2　第一次接龙可能出现的词及概率

下一个可能出现的词	概率
能	0.8
歌	0.05
有	0.05
值	0.1

第二步：基于上述概率分布，大模型会选择概率最大的答案，即"能"（因为其概率 0.8 明显大于其他选项）

第三步：此时这句话的内容变成"人工智能赋能"，大模型会看下一个可能的词和对应概率是什么，如表 7.3.3 所示。

表 7.3.3　第二次接龙可能出现的词及概率

下一个可能出现的词	概率
人	0.5
课	0.3
羊	0.1
椅	0.1

第四步：根据概率选择，这句话变为"人工智能赋能人"，然后会不断重复上述步骤，直到得到一个完整的回答。

这种看似文字接龙的游戏，其本质是不断在所有可能词汇中选择概率最大的词汇来生成。你可能会问，大模型是怎么知道该选择什么词汇，又是如何给出各个可能词汇的概率呢？这正是机器学习技术的神奇之处。请参考算法章节。

名企名事：Google 和 Transformer

2017 年，Google 团队在 "Attention Is All You Need" 这篇论文中正式提出了 Transformer 模型。这篇论文在学术界引起轰动，也标志着自然语言处理领域的一次重大突破，后来的各种大模型都是以 **Transformer** 为基本架构。

Transformer 团队成员来自不同国家和地区，有不同的学术背景，但他们的共同努力、相互协作，最终催生了 Transformer 的诞生，有趣的是，在论文的作者列表中八位作者的名字是随机排列的，这一做法体现了团队成员之间的平等和合作精神。

7.3.4　扩散模型 Diffusion

微视频 7-12：
扩散模型
Diffusion 1

如果说 Transformer 为 AI 文本生成提供了基础模型，那 Diffusion 就是为 AI 绘画提供了基础模型。

Diffusion 模型是一种应用于细粒度图像生成的模型，在跨模态的图像生成任务中，已逐渐替代 GAN 成为主流。使用 Diffusion 模型的 AI 绘画平台有 Stability AI 公司的 Stable Diffusion、OpenAI 公司的 DALL.E2 和 Sora、Midjourney 公司的 Midjourney 等。2022 年在美国科罗拉多州博览会的数字艺术类美术比赛中获得第一名的《太空歌剧院》就是由 Midjourney 平台生成的，如图 7.3.18 所示。那 Diffusion 模型到底是什么？为何具有如此强大的功能呢？

微视频 7-13：
扩散模型
Diffusion 2

图 7.3.18　AI 绘图作品《太空歌剧院》

Diffusion 模型也称为扩散模型。扩散本身是一种物理现象，指的是一种基于分子热运动的现象，是分子通过布朗运动从高浓度区域向低浓度区域移动的过程。例如一滴墨水扩散到整个盛水的容器中，如图 7.3.19 所示。

图 7.3.19　一滴墨水在水中扩散的过程

Diffusion 就是利用这种扩散原理开发的模型，其思想是：首先向训练数据集中的图像不断加入噪声，使之最终变成一张模糊的图像，这个过程就类似于向水中加入一滴墨水，墨水扩散，水变成蓝色；然后模型逆转这一过程，将噪声转化为图像。

扩散模型的算法实现分为两个过程：正向扩散过程和逆向扩散过程。正向扩散过程就是不断向图片中添加噪声，如图 7.3.20（a）所示。逆向扩散过程是将噪声不断还原为原始图片，如图 7.3.20（b）所示。

正向扩散过程

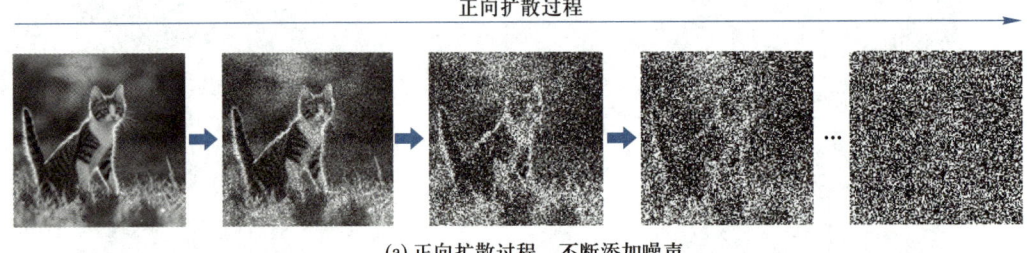

(a) 正向扩散过程，不断添加噪声

逆向扩散过程

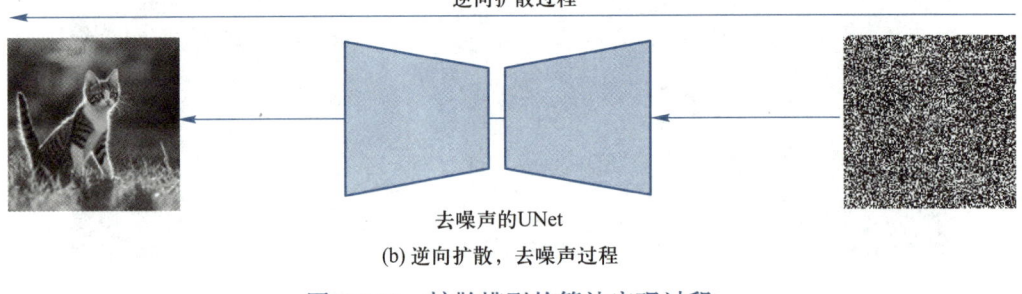

去噪声的UNet

(b) 逆向扩散，去噪声过程

图 7.3.20　扩散模型的算法实现过程

1. 正向扩散过程

正向扩散过程可以描述为逐渐将噪声作用于图像，直到图像全部被噪声覆盖，在图 7.3.20（a）中，从左往右的过程看上去随机，实际上可以表述为正向扩散过程的马尔科夫链，即描述从一个状态转换到另一个状态的随机过程，而且这个随机过程中的每一个状态概率分布，只能由当前状态决定，与其他状态无关。对应的，我们可以把正向扩散的每一个过程中的图片定义为一个状态，每一个图片是什么样子，只和它的上一个图片有关，而且遵循概率分布，这样就可以得到一个定义明确的正向过程。

2. 逆向扩散过程

换一个角度思考，既然任何一幅图像通过不断添加随机噪声后，会变成完全随机的噪声图像，那我们能不能将这个过程翻转？让神经网络学习这个噪声扩散的过程，然后再将这个过程逆向扩散，把随机生成的噪声图像逐渐转换为清晰的生成图像呢？如图 7.3.20（b）所示，从右向左的这个过程就是逆向扩散过程。这个过程需要一个"魔法工具"来帮忙，这个工具就是 UNet 神经网络。UNet 因结构像 U 形而得名，它就像一个"图片修复大师"，知道如何从噪声中提取有用的信息，并一步步修复图片。UNet 在逆向扩散中的任务就是预测噪声，具体方法如下：

（1）输入：UNet 接收一张带噪声的图片，以及当前的噪声强度。

（2）预测噪声：UNet 分析这张图片，并预测出图片中的噪声是什么。

（3）去除噪声：根据预测的噪声，从图片中减去噪声，得到一张稍微清晰一点的图片。

（4）迭代：重复这个过程，一步步减少噪声，直到图片完全清晰。

整个过程如图 7.3.21 所示。

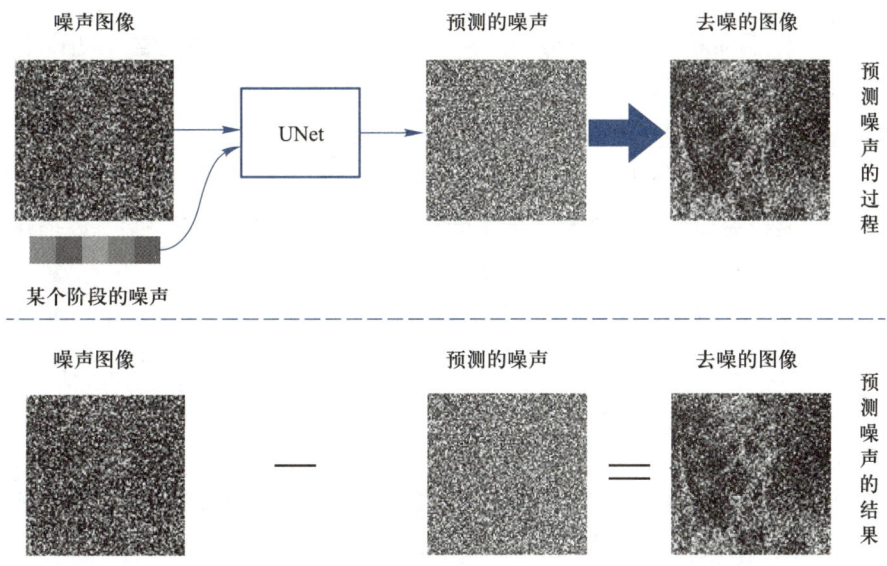

图 7.3.21　通过 UNet 预测噪声的过程（图的绘制）

应用本方法，即使是一张多次加入噪声后的模糊图像，也可能被恢复成一张接近原始模样的图像，如图 7.3.22 所示，而且随着模型的迭代学习，最终生成的结果也将更符合要求。

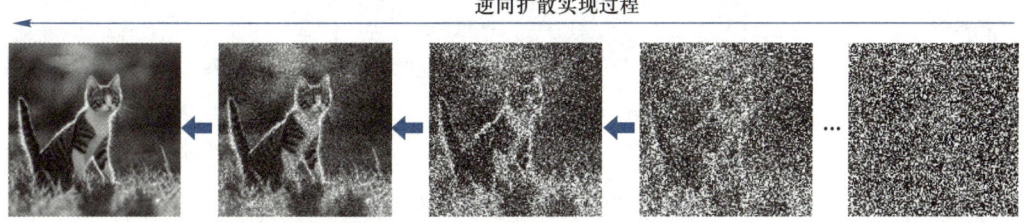

图 7.3.22　逆向扩散实现过程

通过正向扩散和逆向扩散两个过程，扩散模型就能实现以一张原始图像为基础，生成一张全新的图像。从另一个角度定义"生成"过程，这也是 Diffusion 模型在 AI 绘画领域有广泛应用的原因。

通过上面的学习我们可能明白了怎么在随机噪声和图像之间的生成，可现在的文本生成图像是怎么实现的呢？说到这个，我们就不得不说另一个大模型 CLIP 模型，下面就来详细学习。

7.3.5　文生图的核心 CLIP 模型

CLIP（contrastive language-image pre-training）即基于对比学习的图文预训练，是 OpenAI 在 2021 年提出的文生图模型。CLIP 模型不仅有语义理解的功能，还具备将文本信息和图像信息结合，并通过自注意力机制进行耦合的功能。

在 2015 年物体识别水平超越人类以后，可以把识别的物体描述为一系列文本，这时候有研究者就在想，能不能把这个过程反过来，就是给一段描述，然后生成图像，听起来是不是有点异想天开？

实际上，要想让 AI 生成图像，需要让 AI 很好地理解图片，就必须解决两个问题：理解力问题和数据量问题。AI 对图像的理解和人类有所不同，AI 是对图像中的一个个像素的特征进行学习，而人类则是对图像从整体上进行把握。在数据量方面，需要对大量图片进行标注来训练 AI，即使有了如 ImageNet 这样的大型数据集，AI 理解图像的效果还不尽如人意，而人类则通过看少量的图片，就可以建立对图像的理解和认识。如对图 7.3.23 所示的三幅图像和三段文字的理解和建立对应关系，对人类很容易，但对 AI 来说就非常难了。

一顿好吃的午饭　　　　　　　一只小狗　　　　　　商业握手

图 7.3.23　图和文之间的联系

当 AI 对图像的理解陷入困境时，OpenAI 的研究者就转换思路。对人类来说，在婴幼儿时期，不是通过认识一个个像素来认识图像，而是抚养人指着一幅画面说："这是一片草地，有头牛在吃草"，或者说"那是一栋红色的楼"。这时另一个思路就冒出来了，就是能不能像人类处理图像的方法一样，通过建立文本和图像之间的匹配来提升 AI 对图像的理解力呢？这其实就是 CLIP 模型的思想。

在数据方面，目前文本和图像之间匹配的数据较之前要好找多了，无论是微信的朋友圈、博客、推特推文，还是抖音、小红书等平台发布的内容，本质上都是用一段文字描述一幅图片，这就提供了已经标注好的文字和图片标注对，形成了天然的数据资源。OpenAI 收集了 4 亿个高质量的文本 – 图像标注对，分别对图像和文本进行编码，让 CLIP 模型进行学习和训练。AI 在海量文本 – 图片数据集上学习图片和文本匹配的具体过程描述如下。

1. 潜在空间的概念

潜在空间的概念可以这样理解，不妨以我们熟悉的身份证号码为例，18 位身份证号码的每一位都隐含着潜在信息，其中 1~2 位是省级代码；3~4 位是地市级代码；5~6 位是县区级代码；7~14 位是出生日期；15~17 位是编号，就是同一个地区内同年同月同日生的人的顺序号，17 位代表性别，奇数表示男性，偶数表示女性；18 位是采用 ISO 的校验位，校验结果 1~10，其中是 10 的时候用 X 表示。如 410102200610011234 表示信息如图 7.3.24 所示

4	1	0	1	0	2	2	0	0	6	1	0	0	1	1	2	3	4
河南省		郑州市		中原区		2006年10月1日出生								数序号与性别			校验

图 7.3.24　身份证号码的潜在信息

把这些信息放在空间中，就可以表示如图 7.3.25 所示的信息，当然也可以把这个表示为人类空间。在空间上接近的人，可能就是地域、出生日期接近的人。人可以对应为这个空间的一个点，这个空间的一个点也对应一个人。如果在空间中某人附近找一个点，对应的人就是在出生地区和日期等方面接近的人。

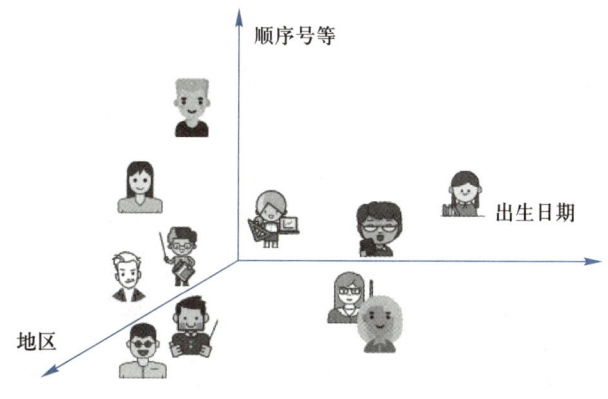

图 7.3.25　人类空间

2. 建立图像潜在空间和文本潜在空间的联系

潜在空间的概念理解以后，我们同样也可以把这个用来建立文字的潜在空间和图像的潜在空间。首先把 N 张图片都放在一个称为"图片潜在空间"的地方，类似地把 N 段文字描述放在"文字潜在空间"，并分别进行相应编码，如图 7.3.26 所示。接下来需要 AI 在海量文本 – 图片数据集上学习文本和图片的匹配。AI 会努力将对应的 I_1 与 T_1（蓝色方块）匹配，而不是 I_2 与 T_3（灰色方块）匹配，这就是在 AI 作画中 CLIP 模型的思路。

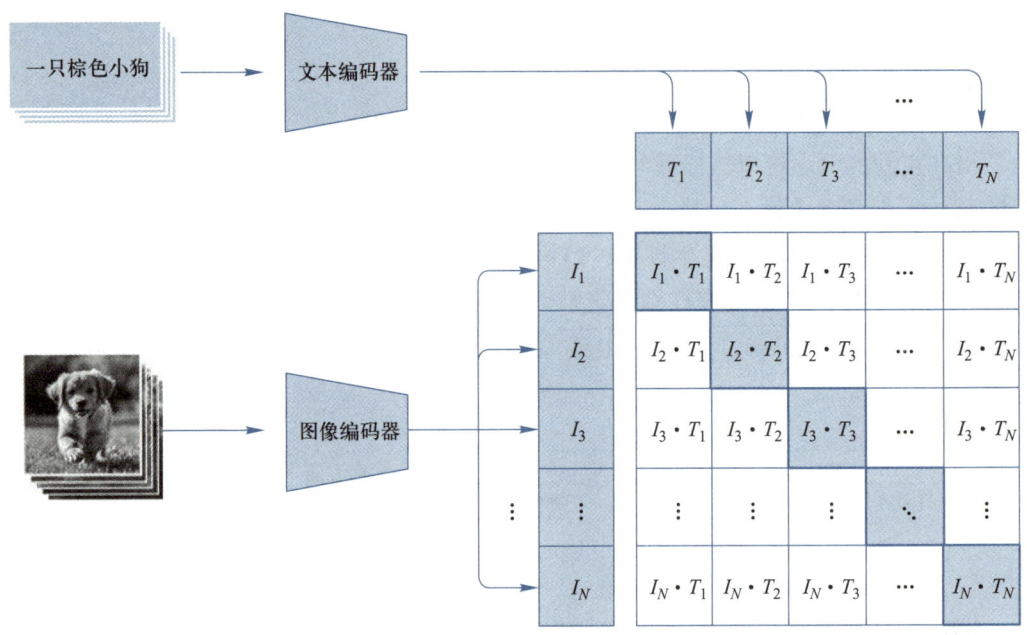

图 7.3.26　CLIP 模型的文本潜在空间和图像潜在空间的关联

　　当要在提示词"一只小狗骑自行车"的提示下完成一幅画面，首先就是要找到各种小狗和各种自行车，并建立它们之间的对应，如图 7.3.27 所示，意味着 AI 建立了"文本潜在空间"到"图像潜在空间"的对应关系。这就是 AI 能根据提示语"一只小狗骑自行车"找到"图像潜在空间"中对应图像点的原因。

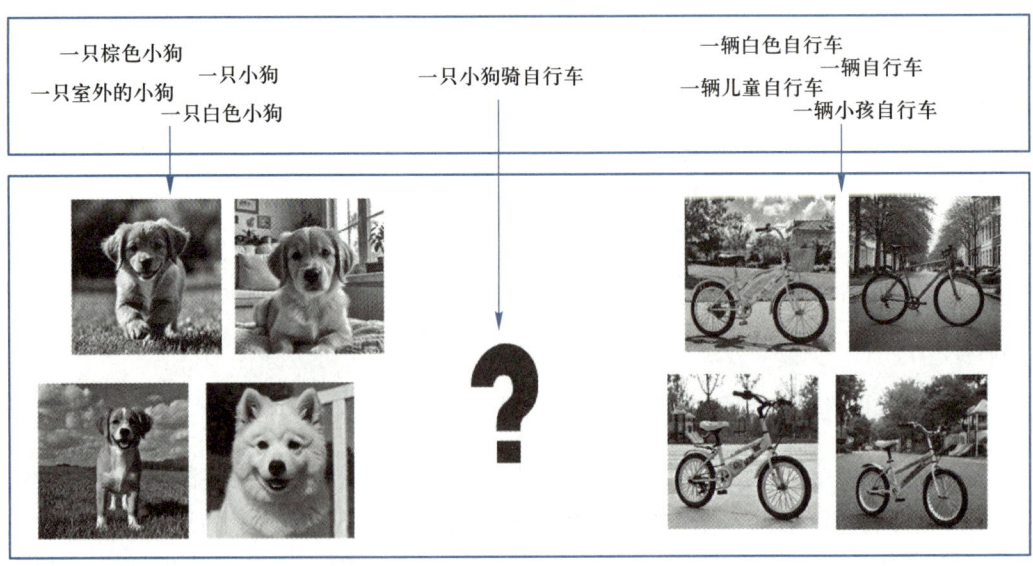

图 7.3.27　找到文本潜在空间和图像潜在空间的对应关系

　　找到以后，图片中问号的地方也就是对于提示词"一只小狗骑自行车"怎么生成呢？这个任务就交给 Diffusion 模型了。最终 Diffusion 生成过程如图 7.3.28 所示。

图 7.3.28 Diffusion 模型负责"一只小狗骑自行车"的生成过程

通过这一节内容的学习，我们基本了解了文本如何生成文本，图像生成是如何进行的，文本到图像又是怎么生成的。由于 CLIP 是 OpenAI 提出的，它的产品 DALL·E 大火了一把，之后各个公司相继开发图像生成平台，但基本原理都用到了 CLIP 模型和 Diffusion 模型。

7.4 生成式人工智能具体应用

生成式 AI 之所以是这一次人工智能浪潮的引爆者，主要的原因是它把人工智能融入大众生活之中，使人们真真切切感受到来自人工智能的帮助。如何让 AI 赋能我们的学习生活呢？下面讲几个常见的例子。

7.4.1 制作简历

小智由于竞选班委的需要，在 AI 的帮助下，完成了简历的制作。简历是干什么用的？制作简历有什么要求吗？小智又是如何实现的呢？

1. 简历是什么？

简历是升学、应聘、面试等重要场合的一块敲门砖，我们一般根据简历要达成的目标，有目的和有重点地通过简历简单明了地介绍自己的过去在这方面的经验，同时表达自己对未来要达成此目的的想法、思路和愿景，让浏览简历的人能在短时间内认识自己，清楚自己的目的和能力，从而更好地达成自己的意愿。简历看似简单，其实背后反映的是一个复杂的认知问题。

微视频 7-16：为小智制作简历 1

2. 简历的基本要求与原则

（1）简历的经历必须真实。

（2）简历要介绍的内容与要达成的目标应该是一致的，很明显不是什么都要写，如竞选班委，那就要根据班委服务大家的功能来写自己曾经做过哪些服务的工作，效果如何？

微视频 7-17：为小智制作简历 2

微视频 7-18：
为小智制作
简历 3

（3）表达自己要达成本目的或职位的相关知识、能力和资源。举例来说，很明显并不是小智想当班委就可以当上，在想当班委之前必须具备相关的能力才可以，如学习委员就需要自己首先具备良好的学习能力、与师生沟通和交流的能力、组织大家克服学习问题的能力等。

3. 简历制作的基本流程

微视频 7-19：
为小智制作
简历 4

简历制作的基本流程如图 7.4.1 所示，首先要明确目标，就是制作的简历是干什么用的。其次，要准备相应的文字介绍，文字介绍一般会包含自己的姓名、性别、出生年月、学历、所从事的工作经历，已经具备的能力等。再次，就是简历上一般都会有照片，最基本的就是放一张自己的形象照，展现自己的精神面貌。最后就是把文字和图片进行合成并排版。

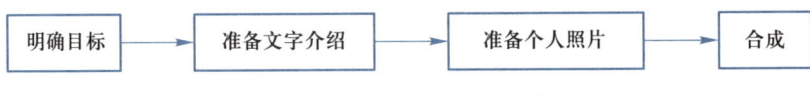

图 7.4.1　制作简历的基本流程

4. 简历制作过程

制作过程就是根据制作简历的流程和需要，实现简历的设计和制作的过程。

第一步：明确目标。

在这里，以小智竞选学习委员为目标。

第二步：准备文字介绍。

文字内容就是小智的基本情况如当班干部经历、相关的成就等。小智并不知道简历的基本格式和要求，只是简单描述如下：

> 小智，高一担任过数学课代表，高二担任过学习委员，高一第 1 学期获得数学考试班级第一名，高二第 2 学期被评为三好学生，擅长沟通，性格活泼。

小智写的内容是不是太过单调和简单了，接下来用大模型进行优化，下面是在文心一言优化后的内容：

> 问：小智是一名大一学生，要竞选班里的学习委员，基本信息如下：小智，高一担任过数学课代表，高二担任过学习委员，高一第 1 学期获得数学考试班级第一名，高二第 2 学期被评为三好学生，擅长沟通，性格活泼。请帮助生成一份简历，500 字左右。
>
> 文心一言答：

基本信息

姓名：小智

年级：大一

专业：（请根据实际情况填写）

意向职位：班级学习委员

学习与职务经历：

（1）高一学年担任数学课代表，第1学期荣获数学考试班级第一名。

（2）高二学年，晋升为学习委员，其间积极组织学习小组，积极营造良好的班级学习氛围，高二第2学期荣获"三好学生"称号，表彰我在学业与品德上的全面发展。

技能与特长

（1）学术能力：能够高效学习并乐于分享学习技巧。

（2）沟通协调：性格开朗活泼，擅长与人沟通，能促进团队合作。

竞选优势

（1）丰富经验：懂得如何调动班级学习热情，营造积极向上的学习氛围。

（2）积极态度：我始终保持乐观向上的心态，面对挑战不退缩，愿意为班级学习环境的优化贡献自己的力量。

（3）服务意识：我坚信学习委员不仅是学习的榜样，更是服务的先锋，为大家的学习之路提供支持与帮助。

第三步：准备个人照片。

这一步主要是根据自己手头的照片或手机拍照的照片，生成一张正式的形象照或是大头照。图7.4.2（a）是小智的原有图片，图7.4.2（b）是生成证件照后的效果。

(a) 小智的原照　　　　　(b) 用生成式AI生成的证件照

图 7.4.2　用生成式 AI 生成证件照

第四步：合成，形成个人简历。

在这里提供两种方案：用模板生成和自己设计。

方案一：用模板生成。

第一种方案就是可以下载本书提供的个人简历模板，或在网上下载模板，然后在WPS中打开模板，将第二步生成的文字复制到模板中对应的位置，将第三步生成的照片插入到模板对应的位置。

设计的其中一份简历效果如图 7.4.3 所示。

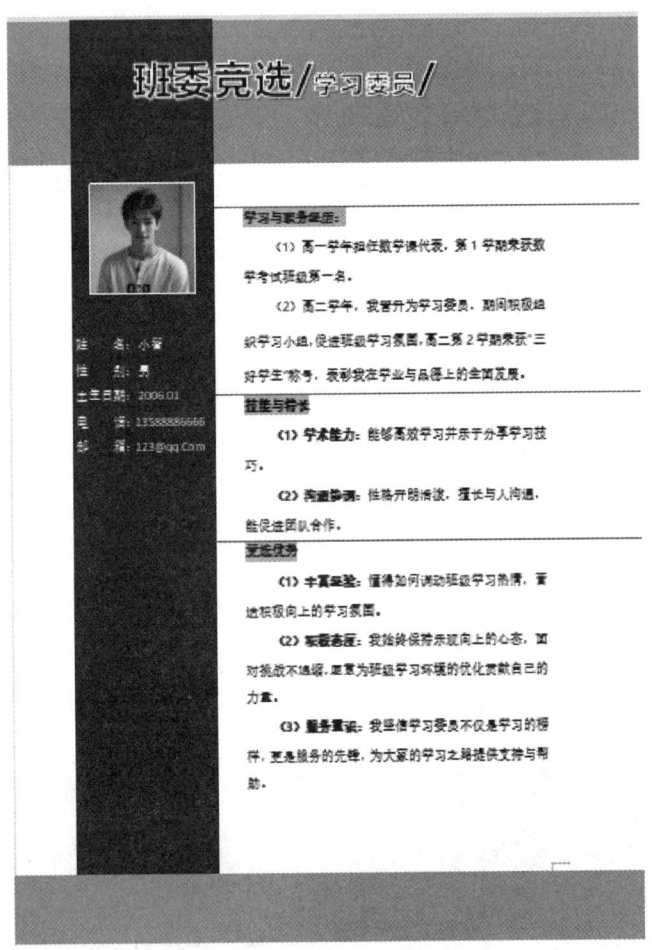

图 7.4.3　设计的一份简历

方案二：在 WPS 中设计简历。

第二种方案就是在 WPS 中，通过新建文件的方法，不用模板，完全重新设计一份简历，详细步骤如下。

（1）启动 WPS，新建文件，命名为"小智简历"。

（2）在文件中插入三个矩形框，分别如图 7.4.4 所示的①、②、③的位置的矩形，颜色分别设置为灰色、深蓝、灰色。

（3）选择"插入"→"横向文本框"，在文档中绘制一个区域，并输入文字"班委竞选/学习委员/"，同样在"插入"选项卡中选择合适的艺术字，效果如图7.4.5中④的文字所示。

（4）选择"插入"选项卡中的图像，插入本地图像，在这里选择你处理好的形象照即可，并调整位置，如图7.4.5中⑤所示。

（5）选择"插入"选项卡，仍然选择"横向文本框"，输入基本信息，如图7.4.5中照片下方的文本⑥所示。

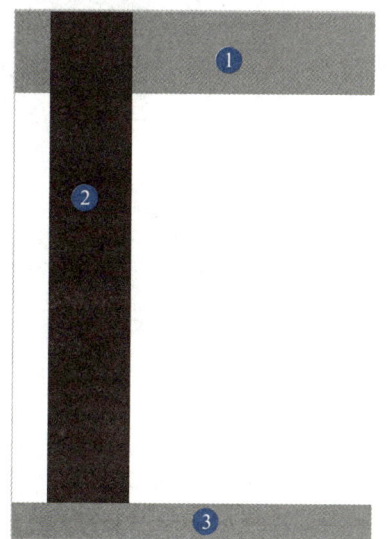

图 7.4.4　绘制三个矩形框

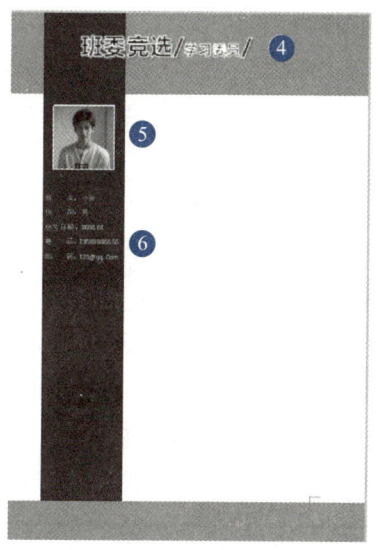

图 7.4.5　插入文本和图像

（6）选择"插入"选项卡，仍然选择"横向文本框"，把主要的文本复制过来，并调整位置和大小。

（7）最后，在"插入"选项卡插入三条装饰线，并调整属性设置，设置你喜欢的颜色和粗细。最终效果如图7.4.3所示。

（8）保存，制作完毕。

7.4.2　制作数字人

1. 什么是数字人

数字人是运用计算机技术和人工智能技术创造出来的、具有高度仿真人类形象特征的数字化实体。它们拥有与人类相似的外貌、动作和表情，甚至还能通过人工智能技术进行语音交互和智能响应。在娱乐、营销、教育、医疗等多个领域，数字人正逐渐展现出其独特的应用价值，为人们带来更加生动、有趣和便捷的数字化生活体验。

微视频 7-20：
制作数字人 1

微视频 7-21:
制作数字人 2

2. 小智也想要个数字人

虽然简历已经可以起到宣传作用，但如果要说生动形象，更容易为受众接受，那要算数字人了，因此小智也想制作个数字人，不仅有自己的形象，还配有声音和相应的动作手势等。

3. 设计和实现小智的数字人

下面就以小智前面提供的图片为例，详细描述数字人的设计和实现。

第一步：找到合适的图片，在这里使用小智如图 7.4.6 所示的图片。如果没有合适的图片，可用前面的 AIGC 方法生成一个形象照。

第二步：找到合适的数字人生成平台，目前能生成数字人的平台有很多，如即梦 AI、可灵 AI、讯飞智作等平台。

第三步：进入平台后，先注册，再登录，找到"视频生成"界面。我们先从图片生成视频，因此选择"图片生视频"，导入图片，添加提示词，如图 7.4.7 所示。然后单击"生成视频"按钮即可，接下来就是等待视频的生成，生成后的视频可以下载。

图 7.4.6　小智的数字图片

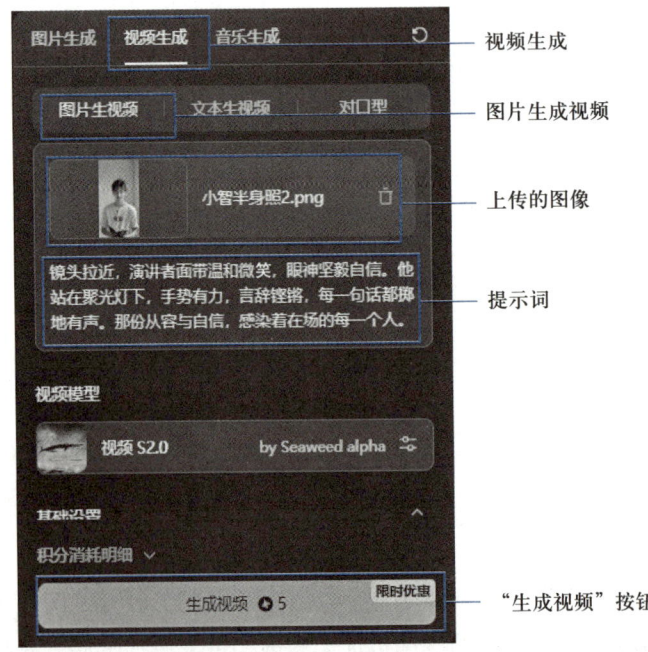

图 7.4.7　图生视频操作界面

这里需要说明的是，如果我们期待高水平的视频生成，提示词可以用 AIGC 进行润色。下面是提示词润色的效果。

> 原提示词：生成人物进行演讲的视频，面带微笑，充满自信
>
> 文心一言润色提示词：镜头拉近，演讲者面带温和微笑，眼神坚毅自信。他站在聚光灯下，手势有力，言辞铿锵，每一句话都掷地有声。那份从容与自信，感染着在场的每一个人。

第四步：根据上一步生成的视频，提供文字，合成声音，完成数字人的制作。选择视频生成中的"对口型"上传上一步生成的视频，添加要生成的语言对应的文字（如"大家好，小智我愿意为大家提供学习服务"），选择要朗读的音色（阳光少年），如图 7.4.8 所示。然后单击"生成视频"按钮即可。

图 7.4.8 对口型合成声音

7.4.3 生成视频

小智成为学习委员后，经常组织参加各种班级学习活动，他现在有一个需求，就是把各种照片和视频合成一个总的视频。这样的平台有美图公司的在线平台 MoKi，字节

的线下软件剪映，阿里的通义千问 App 等，不同的平台擅长的功能也不相同。在这里我们选择剪映，大家可以到（capcut.cn）下载，小智计划制作的视频内容包括：收到录取通知书、开学迎新、军训、课堂活动、班级活动等的图片和视频，做成一段新的视频。具体实现步骤如下。

第一步：准备素材。

视频生成往往是根据提供的图片、视频和声音等素材来合成的，因此需要先上传素材。启动剪映后，可以在如图 7.4.9 所示的界面中导入素材。

微视频 7-22：
生成视频–图
生视频

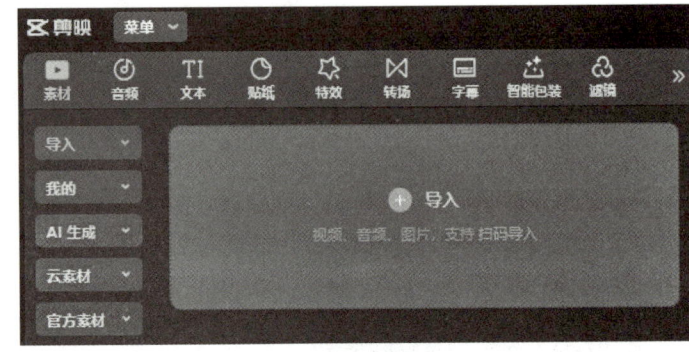

图 7.4.9　导入素材窗口

第二步：设计文案。

微视频 7-23：
生成视频– 文
案成片

设计文案，就相当于亲身当编剧，编写故事的情节。当然，这种文案可以自己从头写，也可以用平台的生成文案功能。下面是剪映中的文案编辑，选择"生活记录"主题，如图 7.4.10 所示。

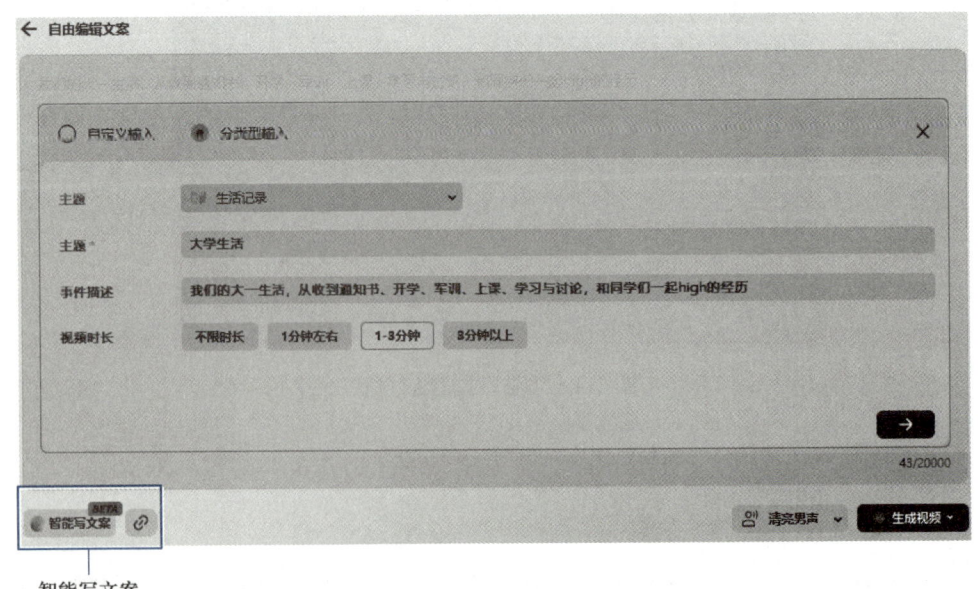

智能写文案

图 7.4.10　生成 1~3 分钟文案的方案

原文案：

我们的大一生活，从收到录取通知书、开学迎新、军训、课堂活动、班级活动等的经历。

剪映智能生成的文案：

这就是我们即将开始的大学生活。在收到录取通知书的那一刻起，我就知道，我的人生会因此发生翻天覆地的变化。终于，9月的第一天到来了，也是我们正式开学的日子。

接下来的两周里，我们将经历又苦又累但意义重大的军训，以及各种各样的社团活动。在紧张的训练间隙，我们也会一起嬉戏打闹，互相加油鼓劲。

而真正拉开距离的，则是接下来的课程了。大学的学习方式和高中完全不同，老师们不再像高中老师那样手把手地带我们复习，而是以一种更加自由自主的方式让我们去探索知识的海洋。

我们会有许多课堂讨论，有观点碰撞，也会有思维火花的激荡。课后，同学们也会在一起组队做项目，或者是在图书馆里一起攻克一道难题。

当然，我们也会有很多机会和同学们一起嗨起来。在宿舍楼下的草坪上，在学校的操场上，在校园里的各个角落，都有我们欢声笑语的回响。

第三步：在软件平台合成视频。

有了文案和素材，我们选择"使用本地素材"就可以生成视频了，如图 7.4.11所示。

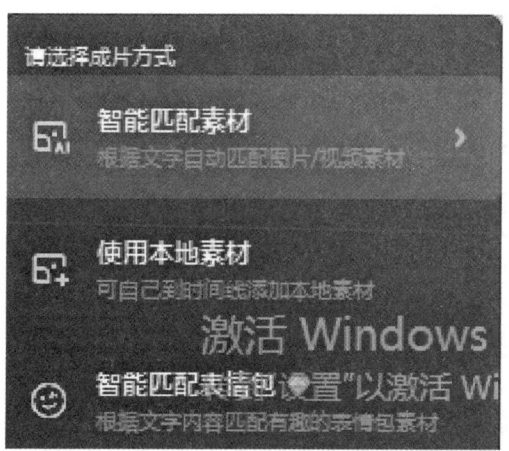

图 7.4.11　选择生成视频的方式

7.4.4　给自己配个智能体助手

1. 什么是智能体？

这里的智能体是基于大模型生成的智能体，是一种利用大型语言模型作为核心组件，能够执行特定任务、与环境交互并做出决策的人工智能系统。可认为智能体是具身智能的理论实现，具备感知、决策和执行能力。经常有人把智能体比作自己的专职秘书，比实际秘书更有优势的是，你不用支付工资，它可以 24 小时无休，你可以创建多个智能体，智能体之间还可以相互协作，从不争宠。

智能体在多个领域有广泛的应用，如在客户服务领域，智能体可以作为智能客服机器人，自动回答用户问题，提供个性化服务。在内容创作领域，智能体可以辅助新闻写作、文案创作，提高创作效率和质量。在教育领域，智能体可以作为 AI 助教，帮助学生解惑答疑，帮助老师批改作业，分析学情等。

2. 小智的智能体需求

入学一段时间后，小智对学校的生活很明显越来越熟悉，同学之间关系融洽，学习安排看上去没有高中那么忙碌，但实际上学习的压力还是有的，大学的学习和高中的学习在学习内容、学习方式等多个方面明显不一样，不仅如此，同学们也面临各种各样的情况，少量同学还出现了上课不能投入，作业不能及时上交的问题。小智就想，如何帮助大家呢，一个一个找同学们谈心吗？不但工作量大，还不能及时给予帮助，小智最近学习了智能体的创建，就有了主意，准备创建一个智能体，帮助同学们解决面临的各种心理问题，不仅保护了大家的隐私，还能解决出现的各种不适问题。

微视频 7-24：
创建智能体 –
知心朋友

3. 如何创建智能体

目前，支持创建智能体的平台有很多，像字节跳动的扣子、百度的文心、清华的智谱清言、腾讯元器、讯飞星火等都可以。而且一般平台都提供详细的创建智能体的说明，大家进入平台，查看即可。由于不同平台创建智能体的方法各不相同，因此在这里就不列出具体的创建步骤。但创建智能体一般都需要明确以下事项：

微视频 7-25：
创建智能体 –
人工智能通识
课科普小能手

（1）创建智能体需要给智能体起个名字，最好见名知义。

（2）确定智能体的功能，这个是智能体最核心的部分。

（3）进行调试。

（4）发布，只有公开发布以后，别人才可以使用。当然，创建的智能体也可以只有自己使用。

（5）供大家使用，公开二维码或链接，用户扫描或单击链接就可以使用了。

创建智能体 1：知心朋友，具体过程可看视频。

创建智能体 2：人工智能通识课科普小能手，具体过程可看视频。

> **名企名事：字节跳动和它的软件们**
>
> 说起字节跳动，很多人可能不知道它是谁？它是啥？可要说起抖音（TikTok）、今日头条、飞书、剪映、即梦，大家可能都听说过或使用过，其实这些产品都归属于一个公司，那就是字节跳动。
>
> 字节跳动成立于 2012 年，总部位于北京，是一家以技术驱动的文化创意企业。公司致力于运用人工智能、大数据等前沿技术，为用户提供丰富多样的信息和服务。字节跳动旗下的产品在全球范围内拥有庞大的用户群体，其业务遍布全球多个国家和地区。

*7.5　拓展：国产大模型 DeepSeek

7.5.1　DeepSeek 啥来头？

DeepSeek 是杭州深度求索人工智能基础技术研究有限公司（简称深度求索）开发的一系列人工智能大模型，这些大模型因其开发成本低、性能卓越而引起关注。创始人梁文锋毕业于浙江大学，创办的幻方量化基金，其资金规模超过百亿元，2023 年他创建深度求索公司，开始投入大模型，目标直逼 AGI。深度求索也是国内少有的拥有万卡集群算力的 AI 大模型公司。

7.5.2　为啥是 DeepSeek 引起全球轰动？

说起国产大模型，我们其实也有不少，但为什么只有 DeepSeek 火爆全球呢？仔细分析，主要有以下原因。

1. 技术创新与突破

DeepSeek 的技术创新和突破主要在成本优势和性能优势两个方面。DeepSeek 提出一种崭新的多头潜在自注意力机制，替代传统多头自注意力机制，将显存占用降到过去的 5%~13%；还提出混合专家模型，通过组合多个专家模型（子模型）来提高整体性能，混合专家模型根据输入数据特征动态选择一部分专家模块进行激活，例如，当输入文本包含金融术语时，系统优先激活金融专家模块，其他专家不启动，如图 7.5.1 所示，正是这些创新使得数据与算力的潜力释放到极致，使得模型在保持高性能的同时，大幅降低了显存占用和推理成本，在全球引起巨大轰动。相比之下，其他国产大模型在技术创新和性能优化上就没有这么出色，无法像 DeepSeek 那样提供高效、低成本的 AI 解决方案。

图 7.5.1　混合专家模型的工作模式

2. 开源策略和生态建设

DeepSeek 的开源策略也是其火爆的重要原因之一，DeepSeek 开源了世界上第一个推理模型，这种开源模式吸引了全球开发者参与优化，形成了"技术众包"生态，快速迭代出适配教育、电商、医疗、金融等垂直场景的轻量化模型。而其他国产大模型可能由于闭源或开源程度有限，限制了其生态建设和应用推广。

3. 对中国和全球 AI 的影响

DeepSeek 打破了美国企业在 AI 技术上的垄断地位，展示了中国在 AI 领域的新实力，同时也为中国 AI 企业在全球市场上争取了更多的话语权和影响力。更深远的影响是 DeepSeek 重新定义 AI 的发展模式，重塑了"AI 高成本、大算力的"的游戏规则，推动了全球 AI 行业从资本驱动向算法驱动的转型。相比之下，其他的国产大模型主要是做应用上的创新，没有在底层架构上有所创新，这也是其他国产大模型无法像 DeepSeek 一样火爆全球的原因。

7.5.3　DeepSeek 之后呢？

在 DeepSeek 大模型之后，大模型领域会经历一系列显著的变化和发展趋势，这些变化可能包括以下几个方面。

1. 开源社区和大模型生态的建设

开源化将成为大模型发展的重要趋势之一。通过开源，可以吸引更多的开发者和企业参与到大模型的研发和应用中来，共同推动技术的进步和应用场景的拓展。同时，开源也有助于打造更加完善的 AI 生态体系，促进整个行业的健康发展。

2. 技术路线多元化

大模型行业的技术路线将不再局限于算力堆叠，而是探索强化学习、类脑计算等新型路径。其中，投入更小、更垂直的小模型不断涌现，为大模型领域注入新的活力。这些新型技术路线的探索将有助于提升大模型的性能和效率，同时降低使用和部署成本。

3. 垂直领域精耕细作

越来越多的企业认识到，只有紧密结合特定行业的特点和需求，开发出针对性强的专业化解决方案，才能真正发挥 AI 的价值。因此，未来大模型将在教育、医疗、金融等垂直领域进行部署和实施成为极大可能。

4. 算力需求依然旺盛

虽然 DeepSeek 对算法的优化，大大节约了算力成本，但从长期来看，算力成本降低，会促使原本对算力有需求而没有能力涉足的企业和应用有了可能，从而引起更广泛的算力需求。

思考与练习

1. 自注意力机制由于要考虑上下文的联系，当句子很长时，这种计算成本会不会很高呢？

2. Transformer 模型最早是谷歌公司提出的，为啥 OpenAI 的 ChatGPT 却大火了一把？

3. 畅想一下在多年以后，你是某个单位的主管，去面试一位新来的员工，你希望看到他的简历是什么样的？并向未来的他展示一下你的简历。

4. 生成式 AI 继文本、图像和视频后，下一个热点是智能体。智能体的优势是什么？

5. 对比国内外大模型，它们各自的特点是什么？你都有哪些应用？

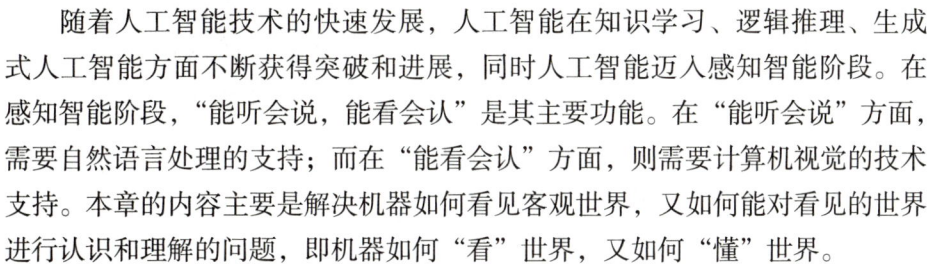

第8章

计算机视觉

随着人工智能技术的快速发展，人工智能在知识学习、逻辑推理、生成式人工智能方面不断获得突破和进展，同时人工智能迈入感知智能阶段。在感知智能阶段，"能听会说，能看会认"是其主要功能。在"能听会说"方面，需要自然语言处理的支持；而在"能看会认"方面，则需要计算机视觉的技术支持。本章的内容主要是解决机器如何看见客观世界，又如何能对看见的世界进行认识和理解的问题，即机器如何"看"世界，又如何"懂"世界。

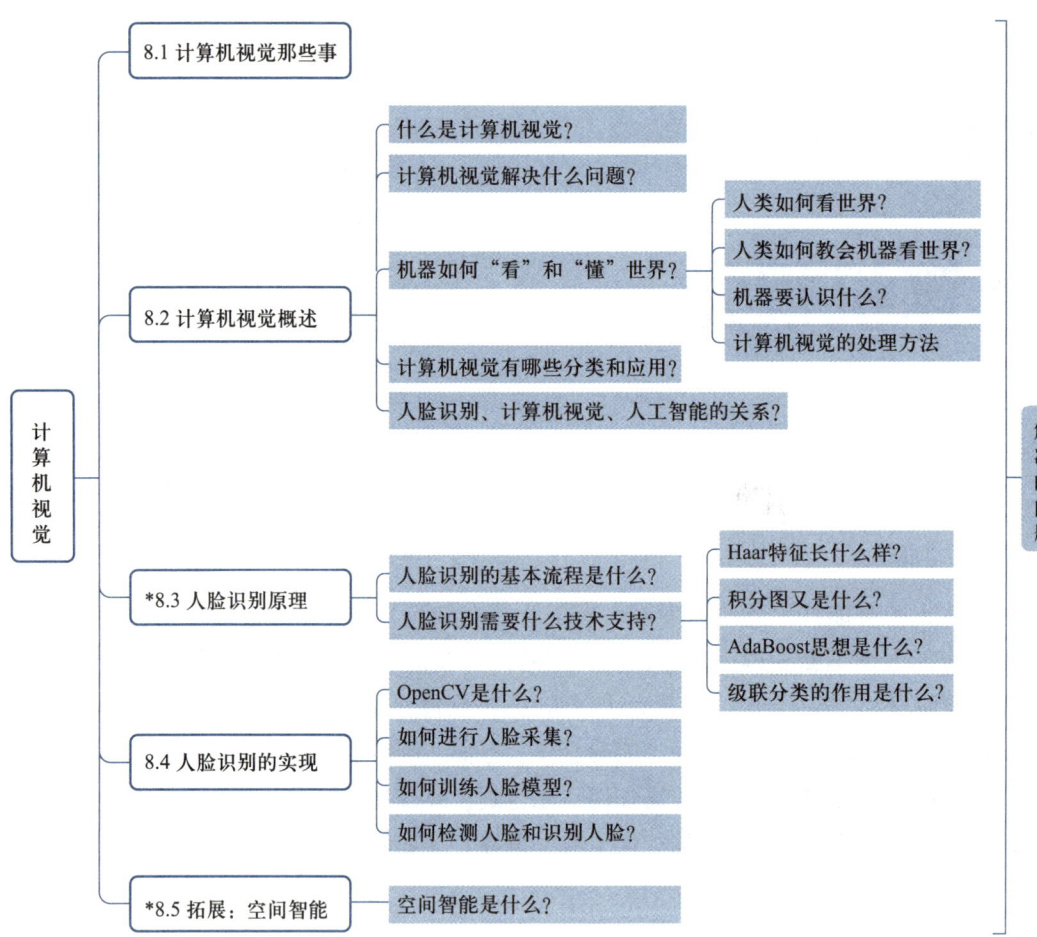

8.1　计算机视觉那些事

今天小智未能进入自己的宿舍，在学校的宿舍楼、图书馆和操场之间"徘徊"了2小时，因为小智又忘记带钥匙了，而同宿舍的 A、B、C 同学都外出不在学校。其实对小智来说，这已经不是第一次了，由于自己忘带钥匙的这个习惯，他隔三岔五就要面临等同学来"救援"的这种可能，只不过这次等待的时间有点长。当然这两个小时，小智也没有白等，由于最近学习人工智能的应用，加上小智之前也在高铁站以及其他公共场所见过人脸识别，所以小智就想如果能弄明白人脸识别的原理和应用，回头给宿舍安装个人脸识别的智能门锁，不就解决了自己总是忘记带钥匙的问题吗？下面我们就和小智一起来探究人脸识别的奥秘吧！

实际上，人脸识别是计算机视觉的一项应用。计算机也像人一样有视觉吗？计算机是怎样看见和看懂事物的呢？让我们带着这些问题进入本章的学习吧。

8.2　计算机视觉概述

8.2.1　什么是计算机视觉？

我们人类通过视觉可以和客观世界进行沟通和交流，如我们看到盛开的鲜花，会觉得赏心悦目；和朋友一个眼神的交流，就能彼此明白对方所想，等等。其实计算机视觉（computer vision，CV）是让机器能够模拟人类的视觉功能，具体来说就是通过数字图像或视频等视觉信息来模拟人类视觉的过程，以达到对物体的理解、识别、分类、跟踪、重建等目的的技术。它是人工智能领域中的一个分支，涉及图像处理、模式识别、机器学习、深度学习等多个领域。

8.2.2　计算机视觉要解决的问题是什么？

计算机视觉要解决的问题主要是让机器能看见世界中的客观对象和对对象有一定的理解能力。换句话说，计算机视觉要研究的问题一个是让机器"看见"世界的能力，另一个就是"看懂"和"理解"世界，从而能和世界进行"沟通"和"交互"的能力。那你可能会问，计算机如何来"看世界"，又如何来"理解世界"呢？说到这个问题，要先从我们人类如何认识世界说起。

8.2.3 我们人类如何"看世界"？

今天对每一个正常人来说，"看世界"和"懂世界"是很轻松的事情，但我们这项能力来之不易。从最早感知光线的生物三叶虫到我们人类，自然界经历了 5 亿 4 千万年的演变，而这大部分的时间都是在完成人类大脑内视觉处理器官的进化，而不是眼睛本身。可见"看世界"和"懂世界"是一个极其漫长的过程，在这个过程中，"视觉"从眼睛采集数据开始，而大脑才是视觉信息的处理呈现意义的地方，如图 8.2.1 所示。

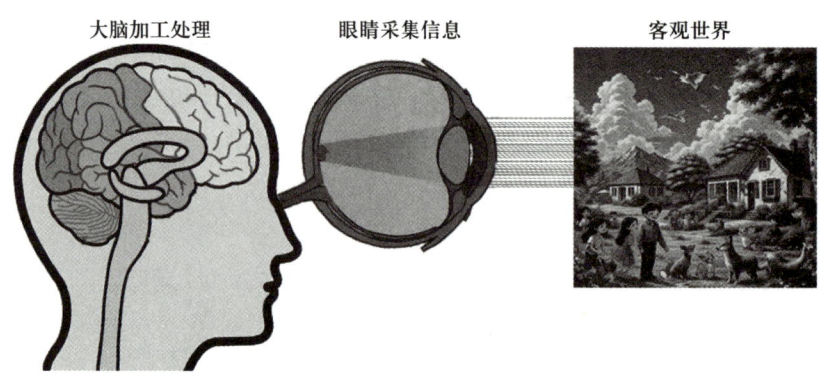

图 8.2.1　人类看世界的过程

我们出生以后，尤其是在幼年时期，在爸爸妈妈的指导下学习，这个是什么，那个是什么，如这是宝宝的水杯，这是妈妈的水杯，这是爸爸的水杯，如图 8.2.2 所示，久而久之我们就对水杯建立起初步概念。

(a) 宝宝水杯　　　　　　　　(b) 妈妈的水杯　　　　　　　(c) 爸爸的水杯

图 8.2.2　幼年时期认识的各种水杯

当我们认识足够多的水杯后，下次再见到一个水杯，不用告诉我们这是水杯，我们就可以认识到它是个水杯了，甚至还可以表达出一些需求，如图 8.2.3 所示。

李飞飞在 TED（TED 是 Technology、Entertainment、Design 缩写，是全球知名的演讲平台和知识分享平台）演讲中提到，一个 3 岁的孩子通过眼睛要看到 3 亿张图片，并把它们存入大脑中，以此构建起对世界的基本认识。人类对现实世界的认识其实就是建立在先认识、再识别的基础上。

图 8.2.3　能辨别和表达自己想要水杯

人类经过上亿年的进化，才具备用眼看世界和识别世界的能力，其实机器对世界的认识，也同样是经过先认识，再识别的过程。

8.2.4　人类如何教会机器"看世界"？

人类为了让机器学会看，是非常努力的。自 1839 年 1 月摄影师达盖尔发明银版照相法（如图 8.2.4 所示）以来，至今已过去了近两个世纪。

(a) 达盖尔　　　　　　　　　　(b) 银版照相机

图 8.2.4　达盖尔和他的照相机开启机器看世界的历程

在这期间，人类不断发明创造，让机器完成了如下任务：

（1）**能记录，**照相机的发明，1839 年。

（2）实现图像的**数字化，**1957 年。

（3）二维图像的**分析和识别，**20 世纪 60 年代。

（4）**三维视觉理解**的研究和发明图像传感器，20 世纪 70 年代。

（5）**特征对象识别**成为重点，21 世纪初。

（6）**深度学习**在视觉中的应用，2006 年至今。

（7）出现有**标注**的高质量**数据集** ImageNet，2009 年。

一般来说，计算机视觉应用系统主要包括图像采集、预处理、特征提取、图像识别和决策判断等模块，这些模块和其处理流程如图 8.2.5 所示。

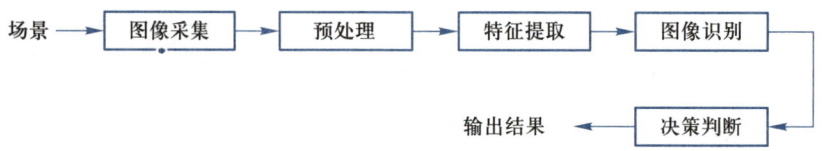

图 8.2.5　计算机视觉应用系统的模块和处理流程

这个处理流程可以类比一个人去参加算法师的面试，首先需要通过图像传感器如摄像头采集图像（类比面试的人和多年的算法积累）；采集的图像需要通过一定的技术进行预处理（类比面试的人进行穿衣打扮等准备工作），为提取特征做准备；再根据需要和特定算法从图像中提取特征（面试人根据算法师岗位需要，把自己相关能力表现出来）；利用提取出来的特征，在事先训练好的模型上进行图像识别（面试官根据经验识别其算法能力），识别会有一个结果（对面试人能力的评价）；然后用识别的结果进行决策处理（是否录用）。

8.2.5　机器要认识什么？

机器认识对象，其实是对对象对应的图像的认识，更准确地说是对从图像中提取出来的特征的认识，如人脸的轮廓、眼、鼻子、嘴巴、眉毛等特征，或是花朵的颜色、形状等特征。

如何得到图像呢？这就需要图像采集系统了。对可见光的处理是计算机视觉的一个非常重要的应用，摄像头是可见光范围内常用的采集传感器。但在实际应用中的光学采集传感器还有很多，如雷达传感器、红外传感器等，它们的作用范围也不相同，如图 8.2.6 所示。但在本章，提到的传感器采集的数据主要是基于摄像头的光敏传感器采集的可见光范围的图像。

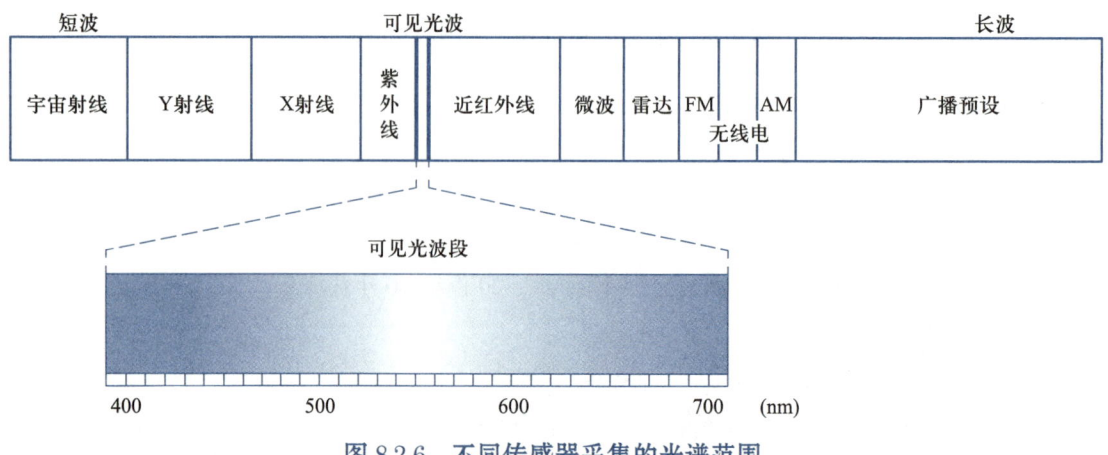

图 8.2.6　不同传感器采集的光谱范围

图像采集后，在计算机上显示的是数字图像。数字图像由像素构成，其中每个像素有位置值和颜色值两个属性，位置用 x、y 表示，颜色用 RGB 表示，如图 8.2.7 所示是放大后可以看到像素点的图像。机器就是通过对这些像素值进行计算处理来认识图像。

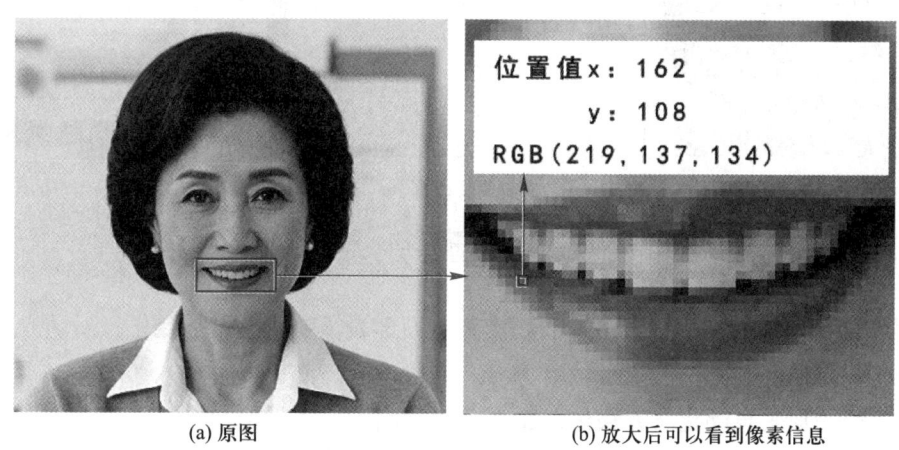

(a) 原图　　　　　　　　　　(b) 放大后可以看到像素信息

8.2.7　放大后可以看到像素点的图像

8.2.6　计算机视觉的处理方法

计算机视觉的处理方法主要有基于传统的方法和基于深度学习的方法两种。在传统的方法中，有基于多尺度提取图像特征的处理方法，如 OpenCV 就属于采用这种处理方法的一个开源计算机视觉库。

近些年，随着深度学习和神经网络的发展，计算机视觉也采用这些方法来快速提高计算机视觉检测和识别的准确率。但传统方法仍有其优势，一方面是因为基于深度学习的计算机视觉方法本身也来自传统方法；另一方面，传统方法由于端到端，速度更快，使用更为简单和高效，尤其在嵌入式设备中被广泛使用。

以人脸识别为例，在机器实现人脸识别的过程中，人们提出了很多有效的方法，主要经历了三个阶段。

第一个阶段：基于几何特征的人脸识别方法，20 世纪 60 至 80 年代。

在早期的人脸识别中，主要是标注特征点，并结合算法来进行人脸或对象的识别，这种方法侧重于几何特征的手动测量和比较，如眼睛、鼻子和嘴的相对位置，如图 8.2.8 所示。

这种方法的基本思想是，每个人的面部几何结构都是独特的。通过测面部特定特征点的位置和大小来生成一个人特定的 ID 特征，并把这个特征存入计算机的数据库系统中。当需要进行识别时，再次利用类似方法提取特征，并和数据库中已经存储的特征进行对比，来进行识别。

这种方法的出现标志着人脸识别的第一步尝试，为后续研究奠定了基础。这个时期

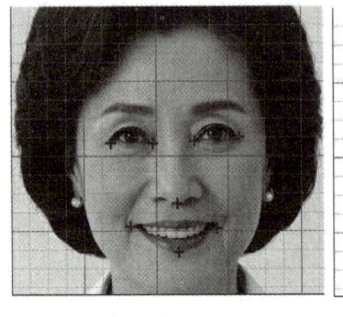 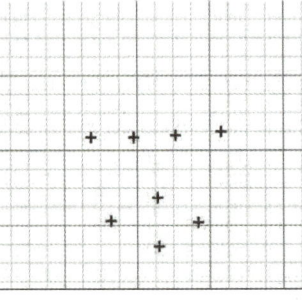 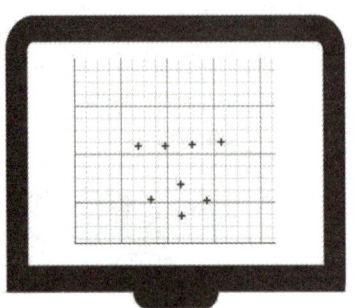

(a) 标识特征点　　　　　　　　(b) 提取特征点　　　　　　(c) 把特征点作为用户的ID特征

图 8.2.8　基于几何特征的人脸识别方法

的主要困难是发现头部位置变化、头部倾斜、面部表情变化、年龄变化、不同光照等因素会影响识别的准确率。

第二个阶段：自动化与算法化，20 世纪 90 年代至 21 世纪初。

随着信息技术和计算机视觉技术的发展，自动化成为趋势，也开始有商业应用，这个时期的研究者也更多地追求算法的卓越性能，不断地优化算法，使得算法的识别率不断提升。典型的算法有支持向量机算法、主成分分析算法等。2006 年提出的基于灰度不变的纹理特征算法，其中通过不同大小的模板窗口的滑动来找人脸的方法是常见的方法之一，并沿用至今，如图 8.2.9 所示。

 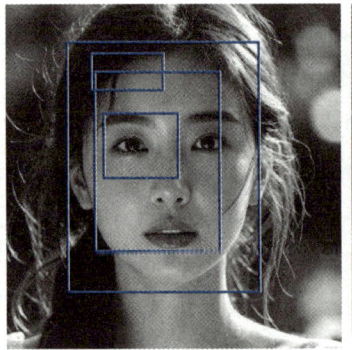 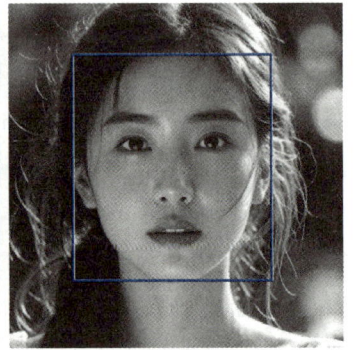

(a) 原图　　　　　　　　(b) 多个找人脸的滑动窗口　　　　　　(c) 找到人脸

图 8.2.9　通过滑动窗口来进行人脸识别

第三个阶段：深度学习算法，自 21 世纪初至今。

杨立昆所开发的手写字识别技术，基于神经网络算法，成功地将邮局提供的9 000 份扫描件进行了识别，该技术也被称为 LeNet。自 2009 年李飞飞及其团队的ImageNet 数据集问世以来，深度学习领域取得了显著进展。随后，AlexNet 诞生，它基于海量数据，在英伟达的图形处理单元上对神经网络算法进行了验证。之后，深度学习算法在人类识别中取得了巨大成功，并大规模走向商业使用。在基于特定数据集LFW（labeled faces in the wild，自然环境下带标注人脸数据集）上的识别率均在 99%

以上。研究表明，人类的识别率为 97% 左右，可见机器人脸识别已超过人类人脸识别的水平。

深度学习算法的基本思想如图 8.2.10 所示，分为两个阶段。在准备阶段主要是训练模型，解决如何找人脸的问题。在实施阶段，也就是识别阶段，通过已经训练的模型，解决识别的问题。

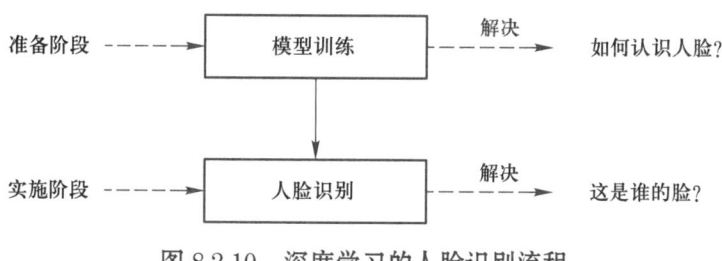

图 8.2.10 深度学习的人脸识别流程

科学家故事：李飞飞和 ImageNET 数据集

李飞飞，1976 年生于北京，成长于四川成都，美籍华人计算机科学家。她在加州理工学院读研究生阶段，就和她的导师一起整理数据集，发现在重视算法的那个年代，数据没有受到足够重视。后来，到斯坦福大学任教以后，受 WordNET 项目和比德曼对英文单词离散化分类法的启发，李飞飞在 2007 年和学生邓嘉着手开始准备 ImageNET，目标是收集 10 亿张图片，计划整理 3 万个左右的数据集。一开始是人工整理，主要是招募本科生整理，并给学生发劳务费，整理一年以后发现，不仅经费不足，而且这样整理需要 19 年，团队陷入困境，主要是邓嘉也等不及 19 年后再毕业。后来受研究生孙民的启发，采用谷歌的众包，不仅费用大大降低，还快速实现了 ImageNET 的整理工作。到 2009 年，从 10 亿张候选图片中收集了 1 500 万张照片，涵盖了 2.2 万个不同类别，由来自 167 个国家的 4.8 万多名全球贡献者进行了标注。ImageNET 数据集和以其命名的竞赛为神经网络发展、计算机视觉发展和人工智能发展都做出了巨大贡献。

李飞飞是卓越的人工智能专家，是美国三院院士，是希望以中国人身份领诺贝尔奖的华裔科学家，被大家称为"AI 教母"。

在实际中，发现小数据集和大数据集分别在不同的算法上表现性能卓越，简言之，小的数据集有适宜的算法性能最优，大的数据集也有相适应的算法性能最优，如单样本学习与 Caltech101（一种小的数据集），属于前者；而 ImageNET（大的数据集）与 AlexNET 属于后者。因此，在实际应用中，虽然大的数据集对于神经网络训练非常重要，但如果不是神经网络训练，大可不必片面追求大数据集。

8.2.7 计算机视觉的任务、分类及应用

计算机视觉关于图像识别主要有四大任务，分别为分类、定位、检测和分割，不同任务解决不一样的问题。

分类（classification）：解决"是什么？"的问题，能根据图像和视频判断有哪些类别的对象。

定位（location）：解决"在哪里？"的问题，能定位出这个对象在图像或视频中的位置。

检测（detection）：解决"是什么？在哪里？"的问题，通过算法定位出这个目标的位置并且检测目标对象是什么？

分割（segmentation）：解决的是每一个像素的归属问题，就是能把目标对象从场景或从多个对象中分割出来。

图像识别的四个任务如图 8.2.11 所示。

(a) 分类猫   (b) 定位猫   (c) 检测猫和狗   (d) 分割对象

图 8.2.11　计算机图像识别的四大任务

根据应用的目的和场景不同，又可以分为图像分类、目标检测、目标跟踪、语义分割和实例分割等几种类型。

1. 图像分类

图像分类，是一种利用计算机技术对图像进行处理、分析和理解，按照一定的分类规则将图像自动分到一组预定义类别中的过程，是目标检测、目标跟踪、语义分割、实例分割、行为分析、人脸识别等其他高层任务的基础。如在超市购物中，根据颜色、大小、形状可以把水果分为葡萄、西瓜、苹果、橘子等，然后在购物时可以自动进行识别，如图 8.2.12 所示。另外如在自动驾驶中能分辨出树、人、道路等。解决的

图 8.2.12　超市购物时能自动进行水果分类

是哪一类的问题，即分类，但不负责找出其具体位置。

主要应用：图像检索、图像标注、物体识别、遥感图像分析、工业检测和安防监控等领域。

2. 目标检测

目标检测是指在图像或视频中识别出目标物体所在的位置，并标注出其所属的类别。

相比于图像分类，目标检测需要对目标的位置和数量进行准确的识别，因此其难度更大，但也更加实用。如在自动驾驶中，要识别出不同的对象目标和位置，并根据不同的目标进行不同的处理，识别出车并根据位置判断出距离，然后决定加速或减速；识别出人的位置从而决定是否要避让；识别出道路要在合理的分道上行驶等，如图 8.2.13 所示。一般目标检测时，我们会用框图框出我们检测到的目标，并标注。

图 8.2.13　自动驾驶中的目标检测

主要应用：人脸检测、行人检测、车辆检测、智能安防、无人机目标识别和跟踪、工业制造中对产品进行检测和分类以及通过对医学图像中的异常影像进行识别和定位，辅助医生进行诊断和治疗等。

3. 目标跟踪

目标跟踪是指计算机视觉系统发现目标后，能在后续时间内，不管目标位置是否发生变化，始终"看到"目标并获得目标的实时位置、形态等信息。这就要求计算机视觉中的数据采集设备能够随目标物移动而移动，数据处理与识别模块能有足够高的计算速度。目标跟踪相当于动态进行目标检测。

主要应用：目标跟踪技术适用于视频监控、无人驾驶、智能交通、球类比赛等领域，可以用于目标的实时跟踪和识别，实现自动化控制和智能化分析等。

4. 语义分割

语义分割旨在将输入图像中的每个像素标记为属于哪个语义类别。与目标检测和图像分类不同，语义分割不仅可以识别图像中的物体，还可以为每个像素分配标签，从而提供更详细和准确的图像理解。

主要应用：适用于对图像进行精细分割和像素级分类的场景，例如自动驾驶中的道路分割、医学图像中的病灶分割、地理信息系统中的土地分类等。

5. 实例分割

实例分割是结合目标检测和语义分割的一个更高层级的任务，旨在检测图像中的物体的同时将每个物体分割成精确的像素级别的区域。

实例分割和语义分割都属于预测单个像素点的类型。两者的区别在于，给定一张图片，语义分割只对类别进行了区别，不管有几个对象，都会预测为一个类别。而实例分割不仅预测类别，还要识别每个不同的个体，每个个体会被预测为不同的对象，有点像结合了目标检测的语义分割，如图 8.2.14 所示。

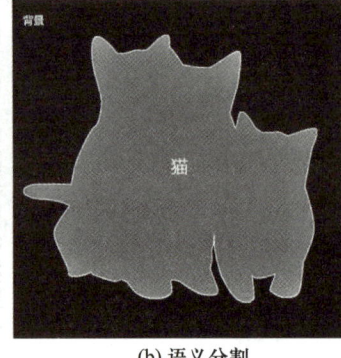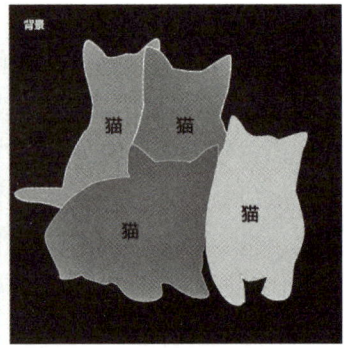

(a) 原图　　　　　　　　　(b) 语义分割　　　　　　　　　(c) 实例分割

图 8.2.14　语义分割和实例分割

不同计算机视觉类别和对应任务如表 8.2.1 所示。

表 8.2.1　计算机视觉类别和任务对应一览表

类别	任务				
	分类	定位	检测	分割	备注
图像分类	√				
目标检测	√	√	√		
目标跟踪	√	√	√		持续的目标检测
语义分割	√	√	√	√	只考虑类型
实例分割	√	√	√	√	考虑类型和每一个对象

8.2.8　人脸识别、计算机视觉和人工智能之间的关系

在人工智能的不同阶段，我们从最初的计算智能，逐步迈向现在的感知智能，并将继续向未来的认知智能阶段迈进，每个阶段对能力的要求是不一样的，在计算智能阶段，能说会算是核心能力；而在感知智能阶段，能听会说，能看会认是核心能力；而到了认知智能阶段，能理解、会思考则是核心能力。在现在的感知智能阶段，其中最重要

的部分之一就是能 "看"，如图 8.2.15 所示。

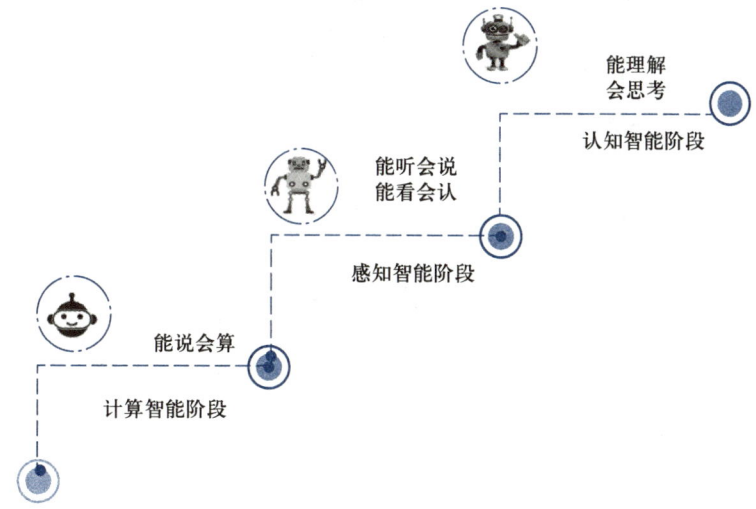

图 8.2.15 人工智能的不同阶段其能力要求也不同

人脸识别、计算机视觉、人工智能之间的关系可描述为如图 8.2.16 所示。

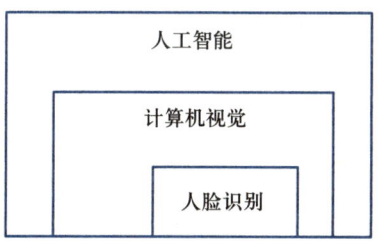

图 8.2.16 人脸识别、计算机视觉和人工智能的关系

正是由于这种关系，接下来我们以计算机视觉最为广泛的应用——人脸识别为例，探索其原理和实现。

*8.3 人脸识别原理

8.3.1 人脸识别基本流程是什么？

要完成人脸识别，一般的处理过程可分为图像采集、人脸定位、特征提取和特征对比等，如图 8.3.1 所示。

（1）图像采集是指通过传感器，如摄像头等把客观世界中的信息采集到计算机中。有时候采集的图像还要经过预处理，预处理是通过相应的图像处理手段，把采集的图像处

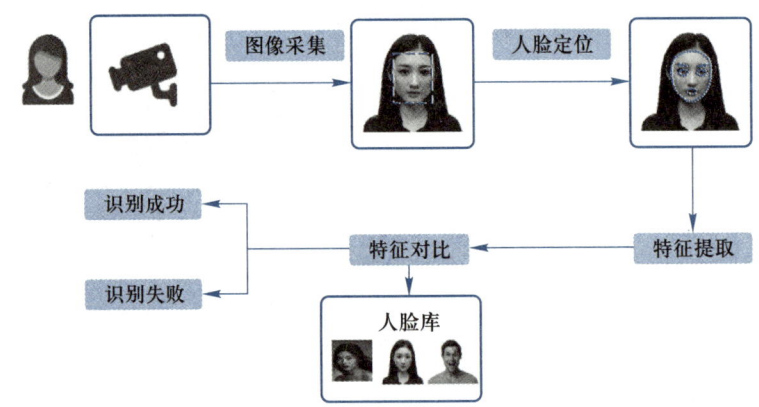

图 8.3.1　人脸识别的处理过程

理为特征提取需要的图像效果，常见的处理方法有把模糊照片清晰化、图像特征增强等。

（2）人脸定位是指检测到人脸并确定人脸的位置。

（3）特征提取是从图像中提取特征，如人脸的轮廓、嘴、眼、鼻的位置等，好方便下一步的分类或识别。

（4）特征对比就是根据已经训练的特征模型，从特征库中找出和提供的人脸相似的人脸，当相似度到达一定阈值，就认为是相同的脸。不同的应用场景对相似度的要求也不尽相同。如家里的门锁、手机支付相似度要求就很高，而普通的签到对人脸识别可能就会要求低一些。

实际上在人脸识别前，还有个模型训练的过程，模型训练的过程和人脸识别过程很像，也有图像采集、预处理、特征提取过程，不同的是在特征提取时：数据集不同。模型训练的特征提取一般会用专门的训练数据集，而人脸识别的特征提取用的是测试数据集，这个测试数据集也可以理解为就是要识别的对象。

根据上面的描述，可以把模型训练和人脸识别分别描述，如图 8.3.2 所示。

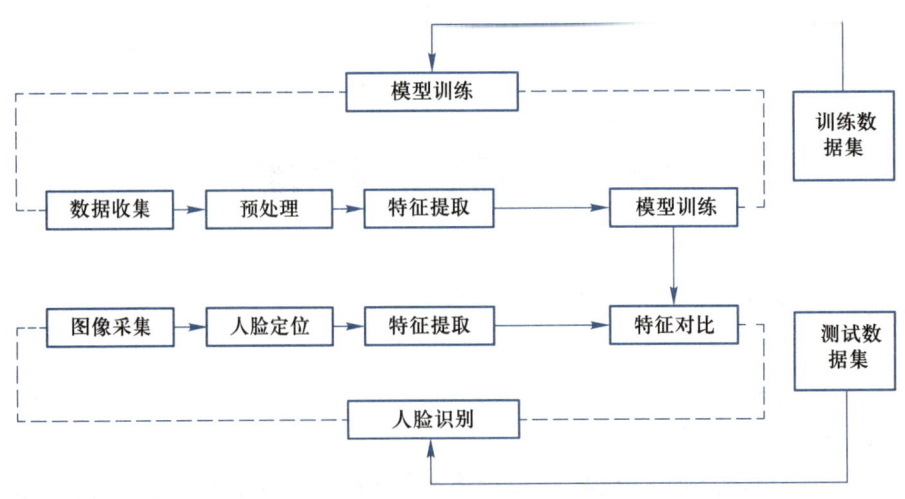

图 8.3.2　模型训练和人脸识别详细工作流程

图 8.3.2 是人脸识别的基本流程，基于这个流程的人脸识别方法有很多，而且也都类似。但无论什么方法，都需要提取特征。目前的问题是：我们到底要提取什么特征呢？如图 8.3.3 所示的图像，我们要提取的是人物的轮廓，或是房子的轮廓，或是颜色特征？当仔细去观察这幅图像，我们会发现关于图像特征的提取无非是颜色特征、形状特征、纹理特征、空间关系特征等，每一种特征都有相应的检测和提取方法。

图 8.3.3　一幅图像

实际上提取什么特征决定于识别什么，假如要进行人脸识别则需要提取人脸的轮廓，眼、嘴、鼻等的特征。而在提取特征之前，必须先检测到人脸；在特征提出之后，又需要根据提取的特征进行识别，我们把这整个过程通常称为检测方法。下面将详细介绍人脸检测方法中的 Haar 级联检测器（Haar feature-based cascade classifier，Haar 级联检测器）。

8.3.2　Haar 级联检测器

多年来，产生了很多快速识别人脸的人脸检测方法，目前主要有以下三种方法。

（1）基于知识的检测方法：检测器官特征和器官之间的几何关系。主要利用先验知识将人脸看作器官特征的组合，根据眼睛、眉毛、嘴巴、鼻子等器官的特征以及相互之间的几何位置关系来检测人脸。

（2）基于统计的检测方法：检测的是像素之间的相似度。将人脸看作一个整体的模式即二维像素矩阵，从统计的观点通过大量人脸图像样本构造人脸模式空间，根据相似度来判断人脸是否存在。

（3）基于深度学习的检测方法：通过提供的样品数据集进行学习，即通过对大量的脸部样品集和非脸部样品集的学习产生分类器。通常使用卷积神经网络（CNN）等深度学习模型来提取图像特征，然后通过分类器来判断是否为人脸。

目前，目标检测已经进入深度学习时代，但传统的方法还有必要了解，一方面由于深度学习也是基于传统方法，如级联 CNN，就基于 VJ 检测器（Viola-Jones detector，VJ 检测器）中的级联结构，另一方面，传统方法由于不需要复杂软、硬件环境支持，有一定的应用场景。

在 VJ 检测器基础上，Rainer Lienhart 和 Jochen Maydt 将这个检测器进行了扩展，发展出了 Open CV 中的 Haar 级联检测器。Haar 级联检测器是广泛使用的检测器之一。

Haar 级联检测器是基于统计的方法，将人脸看作一个整体，也就是二维像素矩阵，从统计的观点通过大量人脸图像样本来构造人脸模式空间，从而根据相似度来判断人脸是否存在。Haar 级联检测器由 Haar 特征、积分图、AdaBoost 算法和级联分类器组成，可表示为：

Haar 级联检测器 = Haar 特征 + 积分图 +AdaBoost 算法 + 级连分类器

实现过程可理解为以下几步。

（1）使用 Haar 特征做检测，提供基础特征。

（2）使用积分图对 Haar 特征求值进行加速。

（3）使用 AdaBoost 算法，训练区分人脸和非人脸的强分类器。

（4）使用级联把强分类器连到一起，提高准确率。

我们用类比的方法来理解 Haar 级联分类器。想象你是一位侦探，要在茫茫人海中找到目标人物。Haar 级联检测器就像一支训练有素的侦探小分队，通过层层筛选快速锁定嫌疑人。

（1）Haar 特征：嫌疑人画像。

Haar 特征就像侦探手中的"嫌疑人画像"，它通过捕捉人脸的亮度对比模式来识别目标。比如：眼睛比脸颊暗、鼻梁比两侧亮、嘴巴比周围暗等。

为获取这些特征，有一个发明家发明了一种模板，称为 Haar 模板（由黑白两色的矩形组成），通过计算白色区域像素和减去黑色区域像素和，得到一个特征值。如果图像中某个区域符合这些"特征"，就可能是人脸。

（2）积分图：侦探的"速算神器"。

假设你有一个 30 个格子的盒子，每天都往这个盒子里存一些钱，现在你想知道当下有多少钱，一个一个数太麻烦，如果每天你能把数据累加起来，随时就知道自己在哪一天共攒了多少钱——这种累加表的方式就是积分图的原理。

在 Haar 检测中，积分图会预先存储图像中每个点左上方的像素和。计算任意矩形区域的像素和时，只需查表做几次加减法，就能快速知道答案。这让原本需要数小时的计算，缩短到眨眼之间。

（3）AdaBoost 算法：训练"精英侦探团"。

如何让分类器更聪明？ AdaBoost 算法就像"魔鬼训练营"：

招募新手：先训练一堆"菜鸟侦探"（弱分类器），每个只能识别简单特征（比如"是否有圆形区域"）。

重点辅导：对分错案的"菜鸟"，加大训练强度（调整权重），让他们专注难点。

组队出道：把表现好的"菜鸟"组成"精英团"（强分类器），通过投票决定最终结果。

比如，第一个弱分类器可能只认"眼睛区域"，第二个认"鼻梁形状"，组合起来就能准确识别人脸。

（4）级联分类器：侦探的"层层安检"。

现在你有了一堆"嫌疑人画像"（Haar 特征），但怎么快速找到目标呢？级联分类器就像机场安检，分为多道关卡：

第一关：快速筛查

用最简单的特征（比如"眼睛区域是否更暗"）排除明显不是人脸的区域，就像安检门先过滤掉带违禁品的人。

第二关：精细检查

对通过第一关的区域，用更复杂的特征（比如"鼻梁是否明亮"）进一步筛选，类似开箱检查可疑行李。

第三关：终极确认

最后用最严格的特征（比如"五官位置是否合理"）确定目标，就像指纹比对确认身份。如果某一关判定"不是人脸"，检测立即终止，节省大量时间。这种"层层淘汰"机制，让检测速度比传统方法快上百倍。

（5）应用场景：从"抓坏人"到"美颜相机"。

这支"侦探小分队"早已渗透我们的生活：

手机解锁：你刷脸时，它正在快速比对"眼睛 – 鼻梁 – 嘴巴"的密码。

美颜相机：自动给人脸加贴纸，靠的就是精准定位五官。

安防监控：在人群中快速锁定嫌疑人，比人工搜索高效百倍。

医疗影像：辅助医生识别 CT 片中的病灶区域。

8.3.3 使用 Haar 特征进行检测

1. Haar 特征模板

Haar 是一种特征描述，这种描述用 Haar 特征模板来实现，这种特征模板用于描述图像局部灰度变化。它由黑白两种矩形框组合而成，通过计算白色矩形框内像素值的和与黑色矩形框内像素值的和的差值，来表示该模板的特征值。这种特征值能够反映图像中不同区域的灰度对比情况。常用的是 X2、Y2、X3、Y3 和 X2-Y2 模板，分别用来描述边缘特征、线性特征、对角特征，如图 8.3.4 所示。

微视频 8–3：使用 Haar 特征进行检测 1

微视频 8–4：使用 Haar 特征进行检测 2

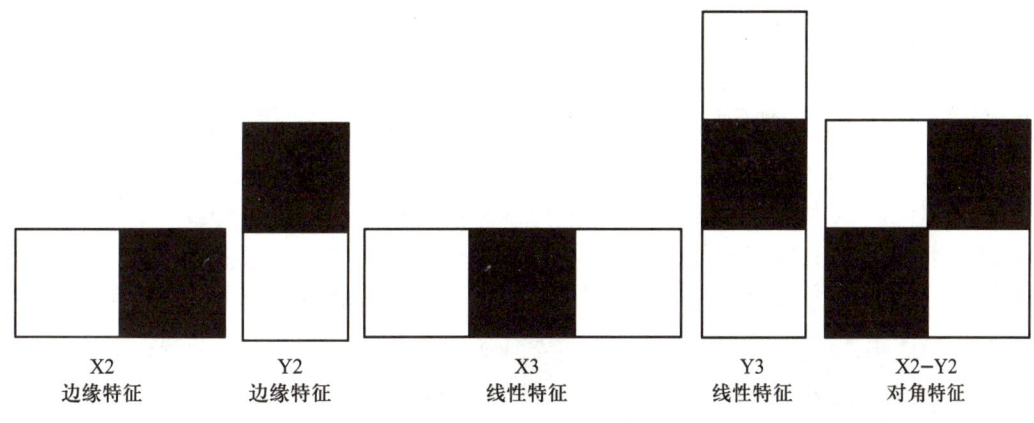

X2	Y2	X3	Y3	X2–Y2
边缘特征	边缘特征	线性特征	线性特征	对角特征

图 8.3.4 Haar 特征模板

举例来说明这种特征模板的作用，如我们要检测人脸中的轮廓，就可以用边缘特征，当特征模板 X2 出现在图 8.3.5 中的位置，通过计算模板两边白色像素框和黑色像素框的像素的灰度差值，就知道是轮廓（因差值大）。

图 8.3.5　用 X2 特征模板找人脸轮廓

2. 进行检测

在实际应用中，Haar 特征模板可以在检测子窗口时，通过缩放 + 平移操作产生一系列子特征。对于 $m \times m$ 子窗口，Haar 特征模板以自己小于等于 $m \times m$ 子窗口的任何倍数为基准滑动过一遍。举例来说，如果子窗口是 16×16 像素，把 X2 当成水平有 2 像素，垂直有 1 像素的特征，缩放倍数如表 8.3.1 所示。

表 8.3.1　在 16×16 像素子窗口下常见模板的缩放倍数

模板	1 倍	2 倍	3 倍	4 倍	5 倍	6 倍	7 倍	8 倍
X2	√	√	√	√	√	√	√	√
Y2	√	√	√	√	√	√	√	√
X3	√	√	√	√	√	√		
Y3	√	√	√	√	√			
X2–Y2	√	√	√	√	√	√	√	√

一般来说，我们是根据要提取的特征来选择特征模板，如提取鼻部特征，就会选择 X3 特征模板，然后确定子窗口的大小，以不同的倍数在子窗口内水平和垂直滑动，如图 8.3.6 所示。

具体过程如下：以 X3 特征为例，首先在检测窗口中生成大小为 3 像素的最小 X3 特征；之后分别沿着 x 和 y 平移，产生在检测窗口中不同位置的大量 3 像素 X3 特征，如图 8.3.6（a）所示。然后把最小 X3 特征分别沿着 x 和 y 等比例放大，再平移，又产生了一系列大一点的 X3 特征；然后继续放大加平移，重复此过程，直到放大后的 X3 和检测窗口一样大，如图 8.3.6（b）所示，其中框是检测窗口，白色的线是滑动轨迹。这样 X3 就产生了完整的 X3 系列特征（如果你不确定特征是啥，可以先理解为会产生数据）。

同样，对于 X3 特征模板，大小为 3×1，在 24×24 的子图像窗口中进行滑动。水平可滑动 22 步，垂直可滑动 24 步，共有 22×24 个特征值，如图 8.3.7 所示。

从上面可以看出，一个模板可以以不同的比例在不同的位置上进行滑动，每滑动一次会产生一个特征值。这样产生的特征值就会由模板类型（目前有 5 种类型的模板）、

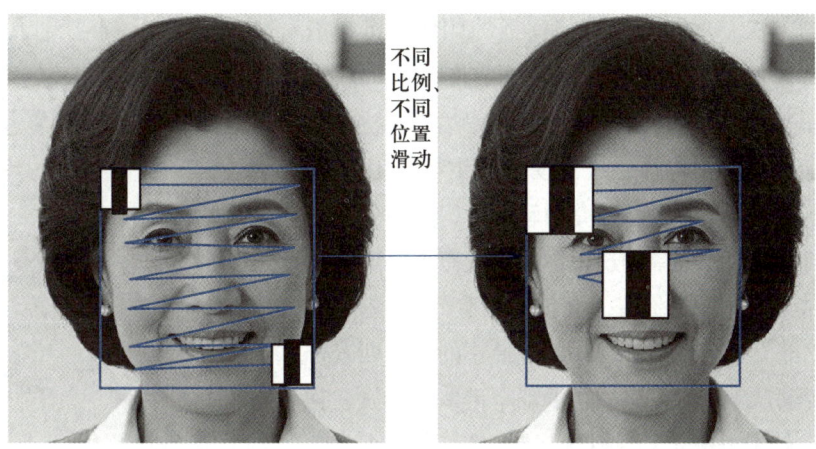

(a) 模板以一定比例滑动　　　　　　(b) 模板放大倍数后的另一种比例滑动

图 8.3.6　Haar 特征以不同的比例和位置进行滑动来匹配特征

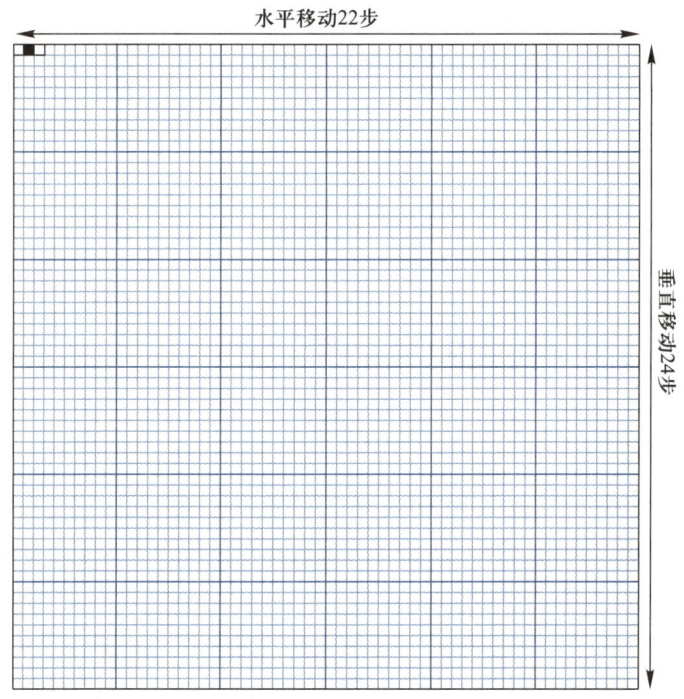

图 8.3.7　一个 3×1 的模板在 24×24 的子窗口中移动

大小和位置三个要素来决定。当不断改变模板的比例大小、位置和类型，进行滑动时，特征值的数量也自然随着剧增。表 8.3.2 列出了在不同子窗口大小内，模板滑动产生的子特征的总数量。

表 8.3.2　不同子窗口大小内 Haar 特征的总数量

窗口大小	36×36	30×30	24×24	20×20	16×16
特征数量	816 264	394 725	162 366	78 460	32 384

上面的方法是通过修改特征模板的比例，进行滑动来产生特征值。其实也可以通过缩放图像，形成不同大小的图像金字塔，如图 8.3.8 所示，让模板不变，在不同大小的图像上同样通过滑动来产生特征值。

其实不论是滑动模板，还是滑动图像，其目的都是为了能找到特征值。如果到这里你还是没有很好理解这个问题。你可以想象，你有一套俄罗斯套娃和一个球，球的大小比最大的俄罗斯套娃小，比最小的俄罗斯套娃大，为了找到球刚刚好可以放进的那个俄罗斯套娃，你可以从最小的套娃开始，一个一个地试，当最小的不行，就换一个大一点点的，如果不行，继续换一个再大一点点的，总能找到刚刚好能放进去的那个。

说明：① Haar 特征是多尺度特征，这种多尺度特征体现在以不同倍数的模板在子窗口中进行滑动。

图 8.3.8　不同大小的图像金字塔

② Haar 特征的窗口滑动产生的子特征，这些子特征以矩阵的形式存储，称为特征矩阵。③特征提取的过程就是学习的过程，就是建立人脸函数的过程，很明显这个函数不是一个直线，也不是一个曲线，而是一个多维的曲面，可以当作一个多项式 $y=ax^3+bx^2+cx$，特征提取的过程实际上就是建立多项式的参数 a、b、c 的过程。

8.3.4　Haar 特征值的计算和积分图

1. Haar 特征值

微视频 8-5：
Haar 特征值
的计算和积
分图 1

通过滑动特征模板，用白色矩形区域覆盖的像素灰度值之和减去黑色矩形区域覆盖的像素灰度值之和，从而得到每种类型模板的大量子特征值。这些所有的子特征就构成了 Haar 特征值。

Haar 子特征值 = 白色矩形像素灰度值之和 − 黑色矩形像素灰度值之和

如果是 X3 或 Y3 模板，黑色要乘以 2，以平衡各个部分的比例。

特征值的正负和大小反映了矩形区域之间的亮度差异：正值，白色区域比黑色区域更亮；负值，白色区域比黑色区域更暗。绝对值大小：亮度差异的强度。

Haar 特征值反映了图像的灰度值变化情况，如眼睛要比脸颊颜色深，鼻子两侧要比鼻梁颜色深，嘴巴要比周围颜色深等。因此可以把特征模板"蒙"在要识别的图像上，通过水平和垂直滑动来确定对象的特征轮廓。如我们把模板 X3 放在如图 8.3.9 所示的照片上，就很容易得到相契合的鼻部特征。

微视频 8-6：
Haar 特征值
的计算和积
分图 2

我们可以想象，不同的模板，改变其缩放比例大小、位置，在子窗口中滑动，每滑动一次就会产生一个特征值，如 X3 在 6×6 像素大小的子窗口中移动就可以产生 24 个特征值，如图 8.3.10 所示。

(a) 原图

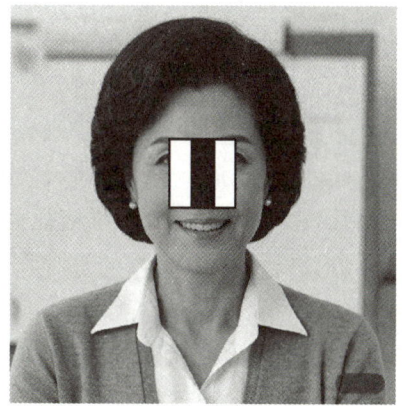

(b) 放置模板X3可获得鼻部特征

图 8.3.9　不同的模板可以提取不同的特征

根据表 8.3.2，要是在 24×24 像素大小的检测窗口内矩形特征值就达 16 万之多。这么多特征值，计算量必然很大，为提高计算速度引入了积分图，为提高选取效率引入了 AdaBoost 级联分类器。

25	3	9	20
35	100	115	50
38	65	112	10
20	50	25	90
25	60	30	60
40	70	40	50

图 8.3.10　X3 在 6×6 像素的子窗口中移动产生的特征值

2. 积分图

在上面特征模板的移动过程中会产生大量的特征值，然后每次都要对这些值进行遍历才能找到对应的特征值。

积分图就是只遍历一次图像积分图特征值就可以求出图像中所有区域像素和的快速算法，可以大大提高图像特征值计算的效率。主要的思想是图像某点积分图的值，是某点与起点作为对角点所形成的矩形区域像素之和，如图 8.3.11 所示。

从左上角到该位置的所有数据之和			
25	3	9	20
35	100	115	50
38	65	112	10
20	50	25	90

(a) 原特征值

25	28	37	57
60	163	287	357
98	266	502	582
118	336	597	767

(b) 积分图特征值

图 8.3.11　积分图

这里的 502=25+3+9+35+100+115+38+65+112。其他的也一样，如图 8.3.11（b）中的第 2 行 3 列的积分图的值 287=25+3+9+35+100+115。

积分图的值作为一个数组的元素保存在内存中，当要计算某个区域的像素和时，可以直接引用数组的元素进行计算，不用重新计算这个区域的像素和，从而加快了计算速度（又称为动态规划算法）。

3. 计算 Haar 特征值

积分图一旦计算完成，就可以轻易求出原图像任意区域的像素之和，就是特征值。比如计算图 8.3.12 中 E 部分的特征值：I(E)+I(A)−I(B)−I(D)。类似 I 部分的特征值：I(I)+I(E)−I(H)−I(F)。这里的 I(X) 指的是对应 X 位置的积分图的值。

利用这种方法，可以把图 8.3.11（b）中的积分图特征值计算出来，如图 8.3.12（b）所示，如第 1 行 1 列的 100=163+25−60−28，其他位置利用相同方法依次计算，从这个我们可以看出是个边缘特征（蓝色部分）。

A	B	C
D	E	F
G	H	I

(a) 利用积分图计算特征值

100	115	50	−300
65	112	10	−225
50	25	90	−185
−218	−261	−170	767

(b) 计算出来的特征值

图 8.3.12　积分图的使用

通过这种方法，可以使 Haar 特征值的相关变量由三个（特征类型、位置、大小）变成了积分图的值，而且只需要遍历一次就可以得到特征值，大大提升了计算速度。

4. Haar 特征值的含义

不同的矩阵特征有不同的意义，我们先设定在一定的场景下，理解特征值的含义。如选取 MIT 人脸库中 2 706 个大小为 20×20 的人脸正样本图像，计算如图 8.3.13 所示的 Haar 特征：在人脸检测中，左侧特征可对应人眼区域，右边则无意义（因为人脸中，眼睛、眉毛、鼻子、嘴巴的特征都没有和右图特征一致的）。

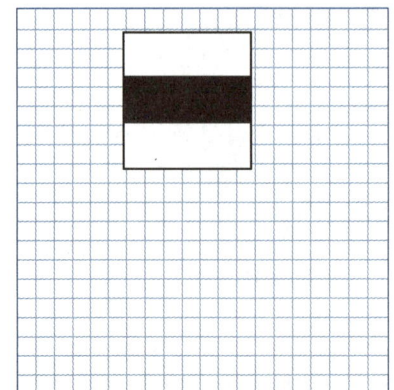
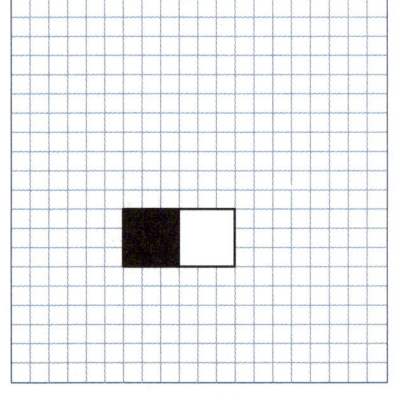

图 8.3.13　不同特征矩阵代表不同的特征提取

通过上面的方法，我们可以逐步根据各个特征模板在子窗口中的滑动进而提取各个部分的特征，从而得到人脸的特征。

8.3.5 AdaBoost 级联分类器

1. AdaBoost 算法

AdaBoost 算法是 Boosting 系列算法之一。Boosting 算法是将弱学习算法提升为强学习算法的过程，主要思想是"三个臭皮匠顶个诸葛亮"。因此，AdaBoost 算法也具有这种特性。AdaBoost 算法的核心思想是针对不同的训练数据集训练同一弱分类器，再把这些弱分类器集合在一起，构成一个强分类器，如图 8.3.14 所示。在现在的人脸识别方法中，Boosting 最有名，而且也是应用最为广泛的方法。

微视频 8-7：
AdaBoost 算法

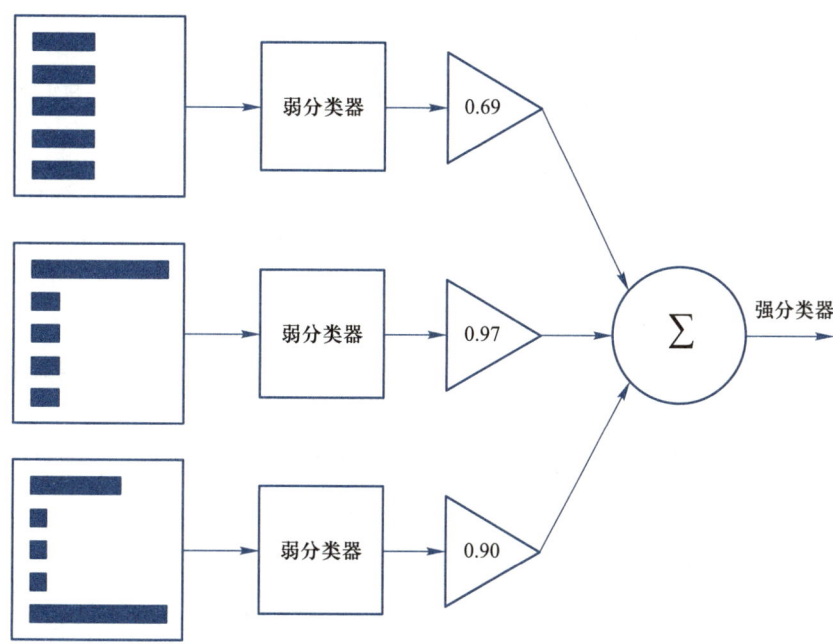

图 8.3.14　多个弱分类器集合在一起成为强分类器

AdaBoost 算法通过调整训练数据集的权重，使得每个弱分类器专注于之前分类器未能正确分类的样本，从而逐步提高整体的分类性能，如图 8.3.15 所示。

AdaBoost 算法的基本步骤如下：

（1）初始化权重：为每个训练样本分配相等的初始权重。

（2）训练弱分类器：根据当前样本权重训练一个弱分类器，并计算其错误率。

（3）更新权重：增加错误分类样本的权重，使后续弱分类器更关注这些样本，减少正确分类样本的权重。

（4）组合分类器：将所有弱分类器的加权结果组合起来，形成最终的强分类器。

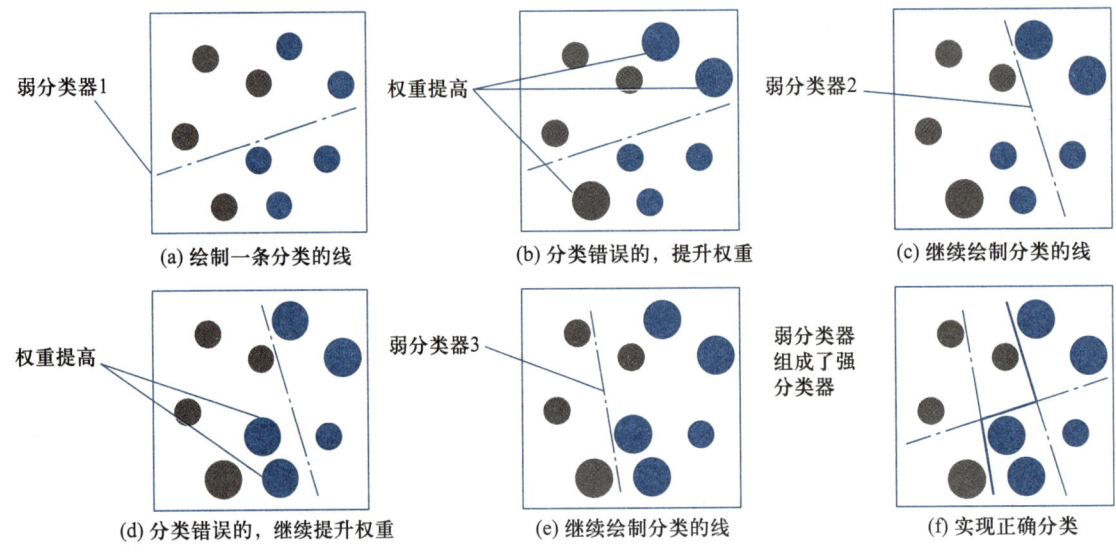

图 8.3.15　AdaBoost 算法图解

微视频 8-8：
级联 (cascade)
分类器

（5）迭代：反复执行以上步骤，直到达到所需的迭代次数或满足其他停止条件。

弱分类器对所有区域完整计算，效率低。为提升效率，采用基于决策树的级联分类器。

2. 级联（cascade）分类器

级联分类器表现形式是决策树，让每一个 AdaBoost 出身的强分类器依次进行决策，被认为正确的就往下传递，被认为错误的就直接抛弃，这是一种粗暴的过滤方法，如在人脸识别中抛弃很大比例的非人脸，同时让潜在的人脸都通过。

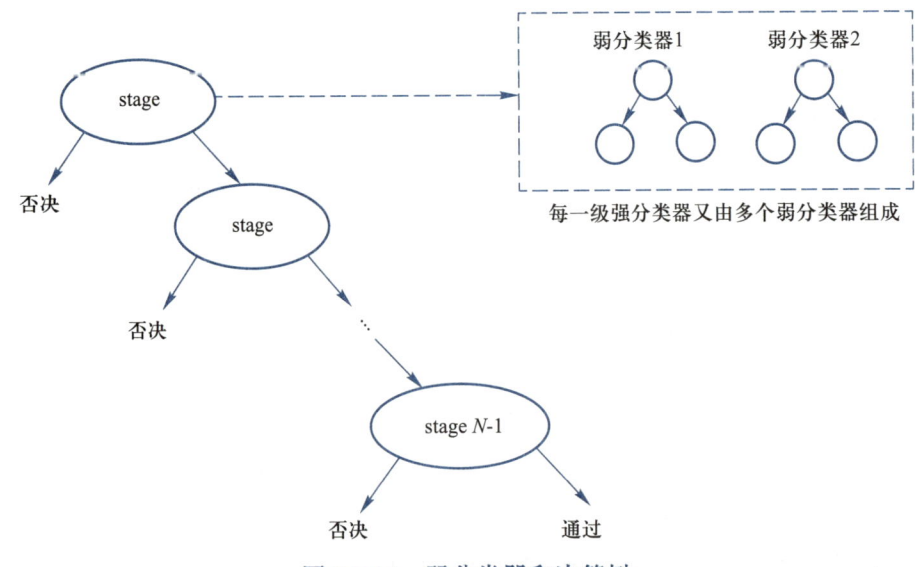

图 8.3.16　弱分类器和决策树

OpenCV 中的 AdaBoost 级联分类是树状结构，如图 8.3.16 所示，其中每一个 stage 都代表一级强分类器。当检测窗口通过所有的强分类器检测才被认为是目标，否则是非目标。每一级强分类器又由多个弱分类器组成，事实上，强分类器和弱分类器都是树状结构。

假设使用三个 Haar 特征 f1、f2、f3 来判断输入数据是否为人脸，可以建立如图 8.3.17 所示的决策树（这个决策树可以看成由多个强分类器组成的一个级联分类器）

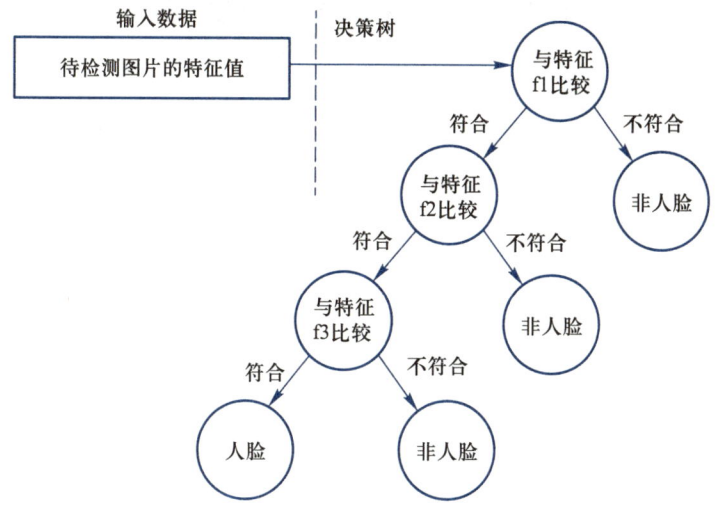

图 8.3.17　人脸识别决策树

这样对于单一图像窗口，不再是单纯的匹配所有特征，而是将特征分组，用于不同层级。往往在初始层级，使用相对粗略的特征模板进行匹配，将得到的匹配结果综合统计，看是否通过该层级设置的"层级阈值"，如果通过，才会进行下一轮特征匹配，否则就对该区域停止检测——视为"丢弃"。

3. 强分类器和弱分类器

在 OpenCV 中，强分类器是由多个弱分类器"并联"构成，即强分类器中的弱分类器是两两相互独立的。在检测目标时，每个弱分类器独立运行并输出值，强分类器的值是强分类器中每一个弱分类器的输出值相加，如图 8.3.18 所示。

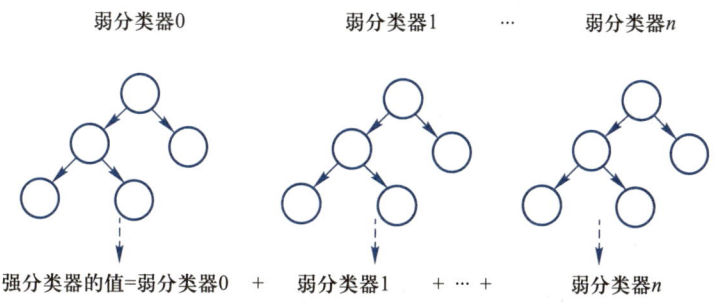

图 8.3.18　弱分类器串联成强分类器

由强分类器"串联"组成级联分类器。

通过 Haar 特征模板，就可以实现特征提取，并利用提取的特征值进行人脸局部特征（如轮廓、鼻子）的识别，再通过级联分类器来实现人脸整体的识别。

8.4　人脸识别的实现

在 Haar 算法之后，也出现了很多人脸识别算法。由于深度学习技术和卷积神经网络的发展，特别是对于复杂的人脸识别任务，它们检测的准确率更高，同时对硬件和环境的要求也更高。而 Haar 特征算法又是 OpenCV 最流行的目标检测算法，由于其算法的简洁性，和不受环境限制的使用条件，使其在很多场景，尤其是嵌入式场景中广泛使用。本节以 Python 的第三方库 OpenCV 为例，详细描述其在人脸识别中的实现和应用。

8.4.1　OpenCV 提供的人脸分类器

OpenCV 中已经内置了训练好的人脸、眼睛、鼻子、嘴巴等检测器，以 *.xml 文件存储在特定的目录下，可以实现图片或视频流的检测。

OpenCV 内置的 Haar 级联模型如下：

haarcascade_frontalface_default.xml：检测面部。

haarcascade_eye.xml：检测左眼和右眼。

haarcascade_smile.xml：检测面部是否存在嘴部。

haarcascade_eye_tree_eyeglasses.xml：检测是否戴墨镜。

haarcascade_frontalcatface.xml：检测猫脸。

haarcascade_frontalcattace_extended.xml：检测猫脸延伸。

haarcascade_frontalface_alt.xml：检测人脸属性。

haarcascade_frontalface_alt_tree.xml

haarcascade_frontalface_alt2.xml

haarcascade_fullbody.xml：检测全身。

haarcascade_lefteye_2splits.xml：检测左眼。

haarcascade_licence_plate_rus_16stages.xml：检测证件。

haarcascade_lowerbody.xml：检测下半身。

haarcascade_profileface.xml

haarcascade_righteye_2splits.xml：检测右眼。

haarcascade_russian_plate_number.xml：检测俄罗斯字母车牌号。

haarcascade_upperbody.xml：检测上半身。

如前文所描述，要实现人脸识别，首先需要采集数据，在本节我们采集数据的方式有：通过提供静态图片的方法、摄像头直接采集、通过提供视频流的方法。其次，进行人脸检测，在本节主要通过调用 OpenCV 的方法来进行。再次，要进行模型训练，我们通过提供特定的数据集，然后调用 OpenCV 的方法进行训练。最后用训练好的模型进行人脸识别。

在具体实现之前，我们需要做以下准备工作：

（1）确保安装好 Python 环境和 Python 运行人脸识别需要的第三方库，具体请参考本书的实践教程或网站。

（2）需要下载资源包，并解压到 D 盘的根目录下，解压时选择解压到"faceDetection"，解压后的文件夹和文件如图 8.4.1 所示。

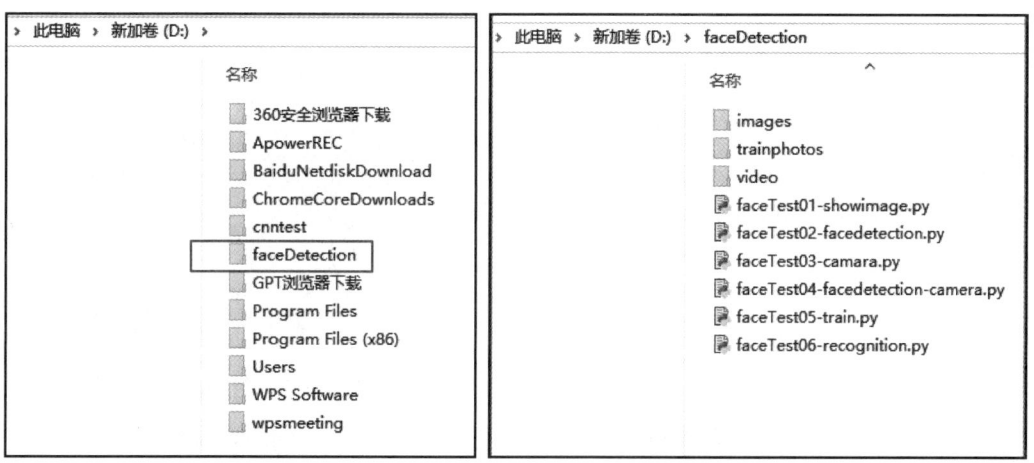

(a) D盘的文件faceDetection　　　　　　　　　(b) 文件中的内容

图 8.4.1　下载人脸识别代码源文件并解压到 D 盘根目录

接下来的应用案例主要是人脸识别的具体实现，如果你没有 Python 基础或是不想写代码，想直接体验人脸识别技术，请直接打开下载的源代码文件即可。说明：本部分的图像来自视觉中国网站。

8.4.2　调用 OpenCV 显示图像

本案例的主要任务是实现能在 Python 中调用 OpenCV，能正常显示图像。具体实现步骤如下：

微视频 8-9：
调用 OpenCV
显示图像

（1）启动 Python 的 IDLE，在 IDLE 中用"文件"→"打开"命令（英文版是菜单"File"→"Open"），打开文件夹"D:\faceDetection"中的"faceTest01-showimage.py"。

（2）这时就会在打开的文件窗口中显示对应的代码，代码有详细的注释和解释，主要的功能是调用 OpenCV 的 imread 方法读取图像，并用 OpenCV 的 imshow 方法显示图像。

```
# 导入 Opencv 库
import cv2
# 读取图片，图片位置放在和本文件同目录下的 images 文件下的 image.jpg 图片
image = cv2.imread ('./images/image.jpg')
# 注意图片路径，你也可以根据需要修改为你想要的图片
# 显示图片
cv2.imshow ('image', image)
# 等待按键事件
cv2.waitKey(0)
# 关闭所有窗口
```

（3）单击菜单"运行"→"运行"命令（英文版"Run"→"Run Module"）或按键盘上的快捷键 F5，就可以执行命令，并调用和显示图片，如图 8.4.2 所示，说明用 OpenCV 调用图像成功。具体调用过程可观看演示视频。

8.4.3 进行人脸检测

图 8.4.2　OpenCV 调用图片

本案例通过调用 OpenCV 中的 "haarcascade_frontalface_default.xml" 文件，来实现调用 Haar 级联分类器从而实例化人脸分类器。具体实现步骤如下：

（1）启动 Python 的 IDLE，在 IDLE 中打开文件夹 "D:\faceDetection" 中的 "faceTest02-facedetection.py"。

（2）这时就会在打开的文件窗口中显示对应的代码，代码有详细的注释和解释，主要的功能如下：

① 调用 OpenCV 的 CascadeClassifier 来实例化人脸分类器。

② 用 imread 方法读取图像。

③ 用 cvtColor 方法把图像转换为灰度图像。

④ 用 face_cascade.detectMultiScale 方法，通过循环执行检测出人脸。

⑤ 用 rectangle 方法，对检测为以为是人脸的地方用框图标注。

⑥ 用 imshow 方法显示图像。具体代码如下：

```
import numpy as np
import cv2
#face_cascade = cv2.CascadeClassifier('.venv/lib/site-packages/cv2/data/haarcascade_
```

微视频 8-10：
进行人脸检测

```
frontalface_default.xml')#xml 来源于资源文件。
# 实例化人脸分类器，若此报错则注释掉此行，使用上一行代码
face_cascade = cv2.CascadeClassifier(cv2.data.haarcascades + 'haarcascade_frontalface_
default.xml')
# 读取测试图片
img = cv2.imread('images/image.jpg',cv2.IMREAD_COLOR)
# 将原彩色图转换成灰度图
gray = cv2.cvtColor(img, cv2.COLOR_BGR2GRAY)
# 开始在灰度图上检测人脸，输出是人脸区域的外接矩形框
faces = face_cascade.detectMultiScale(gray, scaleFactor=1.2, minNeighbors=1)
# 遍历人脸检测结果
for (x,y,w,h) in faces:
    # 在原彩色图上画人脸矩形框
    cv2. rectangle(img, (x,y) ,(x+w,y+h),(255,255,0),2)
# 显示画好矩形框的图片
cv2.namedWindow('faces', cv2.WINDOW_AUTOSIZE)
cv2.imshow('faces',img)
# 等待退出键
cv2.waitKey(0)
# 销毁显示窗口
cv2.destroyAllWindows()
```

（3）单击"运行"→"运行"命令，就可以执行命令，其调用和显示图片如图 8.4.3
所示，说明用 OpenCV 检测人脸成功。具体调用过程可观看演示视频。

图 8.4.3　OpenCV 检测到人脸

微视频 8-11:
通过摄像头
或视频流采集
照片

8.4.4　通过摄像头或视频流采集照片

本案例的主要任务是通过调用 OpenCV 来实现捕捉摄像头或视频流的方法来采集图像，通常用于实时视频处理或视频捕获。具体实现步骤如下：

（1）启动 Python 的 IDLE，在 IDLE 中打开文件夹 "D:\faceDetection" 中的 "faceTest03-camara.py" 文件。

（2）这时就会在打开的文件窗口中显示对应的代码，代码有详细的注释和解释，主要的功能是调用 OpenCV 的 VideoCapture 方法读取摄像头或视频流，并用 OpenCV 的 imshow 方法显示图像。

说明：下面两种采集方式，使用其一即可。

① 当 cap = cv2.VideoCapture（"video\ 东京街头的人流 .mp4"）这个语句在执行的时候，采集的是同目录下 "video" 文件夹下的视频 "东京街头的人流 .mp4"，当然也可以改变本视频。

② 当 cap = cv2.VideoCapture（0）这个语句执行的时候，是采用默认的第一个摄像头，需要保证你的设备上有摄像头才可以使用。

具体代码如下：

```
import cv2
def main():
    # 创建一个 VideoCapture 对象，可用来捕捉视频
    # 方法一：捕捉指定路径下的视频
    cap = cv2.VideoCapture("video\ 东京街头的人流 .mp4")
    # 方法二：捕捉默认第一个摄像头，测试时，注释上面行，取消下一行的注释
    #cap = cv2.VideoCapture(0)
    # 检查视频文件是否成功打开
    if not cap.isOpened():
        print("Sorry，捕捉视频没有成功！ ")
        return
    while True:
        # 逐帧捕获视频
        ret, frame = cap.read()
        # 如果帧读取失败（例如视频结束），则退出循环
        if not ret:
        print(" 视频播放完了 ")
```

```
    break
# 显示帧
cv2.imshow(' 视频播放 ', frame)
# 按 q 键退出循环
# if cv2.waitKey(1) & 0xFF == ord('q'):
#      break
key = cv2.waitKey(1) & 0xFF
if cv2.getWindowProperty(' 视频播放 ', cv2.WND_PROP_VISIBLE) < 1.0:
    break
# 按 Esc 键退出
if key == 27:
    break
# 释放 VideoCapture 对象并关闭所有窗口
cap.release()
cv2.destroyAllWindows()
if __name__ == "__main__":
    main()
```

（3）单击"运行"→"运行"命令就可以执行，并调用摄像头或指定的视频流如图 8.4.4 所示，说明用 OpenCV 调用摄像头或指定的视频流成功。具体调用过程可观看演示视频。

(a) 调用摄像头采集　　　　　　　(b) 调用指定的视频流采集

图 8.4.4　用 OpenCV 调用摄像头和调用视频流

微视频 8–12：
通过摄像头
或视频流检测
人脸

8.4.5　通过摄像头或视频流检测人脸

本案例的主要任务是通过调用 OpenCV 来实现对摄像头或视频流的人脸进行

检测，具体实现步骤如下。

（1）启动 Python 的 IDLE，在 IDLE 中打开文件夹 "D:\faceDetection" 中的 "faceTest04-facedetection-camera.py" 文件。

（2）这时就会在打开的文件窗口中显示对应的代码，代码有详细的注释和解释，主要的功能是调用 OpenCV 的 CascadeClassifier 和 detectMultiScale 方法来检测人脸，并用矩形框标注检测到的人脸。具体代码如下：

```python
import cv2 as cv
import numpy as np
def face_detect_demo(image):
    gray = cv.cvtColor(image, cv.COLOR_BGR2GRAY)
    # face_detector = cv.CascadeClassifier('.venv/lib/site-packages/cv2/data/haarcascade_
frontalface_default.xml')
    # 二选一，如果此行代码报错无法使用，则使用上行代码
    face_detector = cv.CascadeClassifier(cv.data.haarcascades + 'haarcascade_frontalface_
default.xml')
    faces = face_detector.detectMultiScale(gray, 1.2, 6)
    for x, y, w, h in faces:
        cv.rectangle(image, (x, y), (x+w, y+h), (0, 0, 255), 2)
    cv.imshow("result", image)
print("--------- Python OpenCV Tutorial ---------")
# 检测摄像头人脸
#capture = cv.VideoCapture(0)
# 检测视频流人脸
capture = cv.VideoCapture("video\ 东京街头的人流 .mp4")
cv.namedWindow("result", cv.WINDOW_AUTOSIZE)
while(True):
    ret, frame = capture.read()
    frame = cv.flip(frame, 1)# 左右翻转
    face_detect_demo(frame)
    key = cv.waitKey(1) & 0xFF
    if key == 27 or cv.getWindowProperty('result', cv.WND_PROP_VISIBLE) < 1:
        break
capture.release()
cv.destroyAllWindows()
```

（3）单击"运行"→"运行"命令就可以执行，调用并检测到人脸如图 8.4.5 所示，说明用 OpenCV 进行人脸检测成功。具体调用过程可观看演示视频。

(a) 通过摄像头的人脸检测

(b) 通过视频流的人脸检测

图 8.4.5　摄像头和调用视频流的人脸检测

8.4.6　训练人脸识别模型

本案例的主要任务是通过提供的数据集来训练一个人脸识别的模型，提供的数据集在"trainphotos"文件夹下，当然也可以下载其他的数据集来进行模型训练。具体实现步骤如下。

微视频 8-13：
训练人脸识别
模型

（1）启动 Python 的 IDLE，在 IDLE 中打开文件夹"D:\faceDetection"中的"faceTest05-train.py"文件。

（2）这时就会在打开的文件窗口中显示对应的代码，代码有详细的注释和解释，主要的功能是先读取图片到 faces_list 数组中，再通过 CascadeClassifier 和 detectMultiScale 方法检测出人脸，然后调用基于局部二值模式直方图的纹理人脸识别算法，最后进行训练，生成"train.xml"文件，具体代码如下：

```python
import os
import cv2 as cv
import numpy as np
faces_list = []
labels = []
label = 1
# 遍历 trainphotos 文件夹下面的图片，检测并提取出人脸信息
for f in os.listdir('./trainphotos'):
    # 读取图片
    img = cv.imread(os.path.join('./trainphotos', f), 0)
```

```
# 提取人脸信息 以下两行代码，如果报错选另一行
#face_classifier = cv.CascadeClassifier(".venv/Lib/site-packages/cv2/data/haarcascade_
frontalface_alt2.xml")
face_classifier = cv.CascadeClassifier(cv.data.haarcascades + 'haarcascade_frontalface_
default.xml')
faces = face_classifier.detectMultiScale(img, scaleFactor=1.1, minNeighbors=5,
minSize=(30, 30))
if len(faces) == 0:
    continue
for (x, y, w, h) in faces:
    faces_list.append(img[y:y + h, x:x + w])
    labels.append(label)
label += 1
# 训练数据并保存
recognizer = cv.face.LBPHFaceRecognizer_create() # opencv-contrib-python
recognizer.train(faces_list, np.array(labels)) # 一组人脸信息，一组人脸对应标签
recognizer.write('train.yml')
```

（3）单击"运行"→"运行"命令或按键盘上的快捷键 F5，就可以执行命令，执行完后并无显示，会在文件的同目录下生成一个"train.xml"文件，如图 8.4.6 所示。

图 8.4.6　在同目录下生成 train.xml 文件

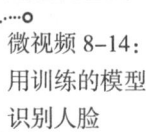

8.4.7 用训练的模型识别人脸

本案例的主要任务是使用我们自己训练的模型"train.xml"来进行人脸识别，具体实现步骤如下：

微视频 8-14：
用训练的模型
识别人脸

（1）启动 Python 的 IDLE，在 IDLE 中打开文件夹"D:\faceDetection"中的"faceTest06-recognition.py"文件。

（2）这时就会在打开的文件窗口中显示对应的代码，代码有详细的注释和解释，主要的功能是先读取本目录下"images"文件夹中的"my.jpg"图像，并识别出人脸和进行标注。当然也可以把"my.jpg"图片替代为自己的图像，注意图像文件的大小，不能太大或太小，建议 400×300 像素左右，具体代码如下：

```python
import cv2 as cv
# 读取图片，并转成灰度图像
img = cv.imread('images/my.jpg')
gray = cv.cvtColor(img, cv.COLOR_BGR2GRAY)
# 提取图片中的人脸特征信息 以下两行代码，如果报错选另一行
#face_classifier = cv.CascadeClassifier(".venv/Lib/site-packages/cv2/data/haarcascade_
frontalface_alt2.xml")
face_classifier = cv.CascadeClassifier(cv.data.haarcascades + 'haarcascade_frontalface_
default.xml')
faces = face_classifier.detectMultiScale(gray)
# 加载识别器和训练数据
recognizer = cv.face.LBPHFaceRecognizer_create()
recognizer.read('train.yml')
# 遍历图片中的人脸
for x, y, w, h in faces:
    # 识别图片中的人脸，返回标签和置信度
    img_id, confidence = recognizer.predict(gray[y:y + h, x:x + w])
    if confidence > 85:
        name = 'success'
    else:
        name = 'unkown' if img_id == 1 else 'unknow'
    # 标出识别出的人名，用圆圈出人脸
    cv.putText(
```

```
        img = img, org = (x, y), text = name,
        fontFace = cv.FONT_HERSHEY_SIMPLEX, fontScale = 0.75,
        color = (0, 255, 0), thickness = 1
    )
    cv.circle(
        img = img, center = (x + w // 2, y + h // 2), radius = w // 2,
        color = (255, 0, 0), thickness = 1
    )
# 展示标记后的图片
cv.imshow('face', img)
while True:
    key = cv.waitKey(1) & 0xFF
    if key == 27 or cv.getWindowProperty('face', cv.WND_PROP_VISIBLE) < 1:
        break
# 释放内存
cv.destroyAllWindows()
```

（3）单击"运行"→"运行"命令就可以执行命令，执行成功能识别出人脸，并按程序设计用椭圆标注，如图 8.4.7 所示。

图 8.4.7　用训练的模型进行人脸识别

通过人脸识别的图像采集、检测，以及模型的训练和实践，小智对人脸识别系统有了一定的认识和理解，接下来小智就准备研究其在宿舍门上的应用，学习后的你是不是也跃跃欲试，想试试其在其他方面的应用，那就赶快行动吧。

*8.5 拓展：空间智能

随着人工智能技术不断发展，计算机视觉技术也在快速发展，就目前来看，计算机视觉技术的发展主要在 3D 和生成式方面会有广泛的应用场景，本节主要介绍空间智能。

空间智能的概念是由李飞飞提出的，其目标是开发能够理解实体世界的模型，其核心技术在于能够从单张图像生成可交互的 3D 世界。李飞飞对空间智能的定义：空间智能是机器在 3D 空间和时间中感知、推理和行动的能力。在她看来，空间智能是 AI 领域的下一个前沿技术方向。

2024 年 12 月，World Labs 公司公布了一个堪称"虚拟世界生成器"的成果，能根据一个图片、一句话就能生成 3D 世界的 AI 系统，World Labs 将其称为迈向空间智能的第一步，如图 8.5.1 所示，点击二维码可观看由此图片生成的 3D 场景，它的优势在于能够直接生成 3D 场景，而且具备可交互性、可编辑性、可扩图性。

图 8.5.1　输入图像可生成 3D 世界

（1）可交互性：是指用户可以通过相应接口和生成的 3D 世界进行互动。

（2）可编辑性：是指通过配备的工具可对生成的 3D 世界进行调整和再生成。

（3）可扩图性：是指具有预测 3D 场景的能力。可预测 3D 场景是利用 AI 技术对 3D 空间中的物体、环境结构及其动态变化进行预测和理解的能力，即让 AI 工具仅凭部分图片就能"扩图"，想象出整个 3D 场景，也就是生成的 3D 空间随时具备再生的能力。

而且据 World Labs 表示，它们生成的场景具有持久现实、实时控制和保证正确的几何形状的能力。

（1）持久现实：是指 3D 场景一旦生成，就和客观世界一样，一直存在，即使你把视线移开后又回来，场景也不会改变。

（2）实时控制：是指 3D 场景一旦生成，用户可以在其中实时移动，可以实时观察场景中的每一个细节。

（3）正确的几何形状：生成的世界遵循 3D 几何的基本物理规则。它们具有真实感和深度感，与某些 AI 生成视频的梦幻感形成鲜明对比。

我们可以畅想，在未来空间智能被广泛应用于电影、游戏、教育、娱乐等领域，会激发更多的沉浸式体验。也许在未来，我们可能不再需要使用手机、平板等不同尺寸的屏幕，而用整个世界的空间智能。

思考与练习

1. 请根据你的手机型号，查阅你手机上的人脸解锁采用的是什么方法？

2. 人脸识别在公共场合的支付场景中的应用，如超市购物机器的刷脸，为什么被取消？

3. 你期待计算机视觉能解决身边的哪些问题？根据学习的内容确定属于哪种任务，属于哪类应用？

4. 在空间智能实现和普及的那一天，你最需要解决身边的什么问题？

5. 你对计算机视觉的应用有信心或担忧吗？请谈谈你的看法。

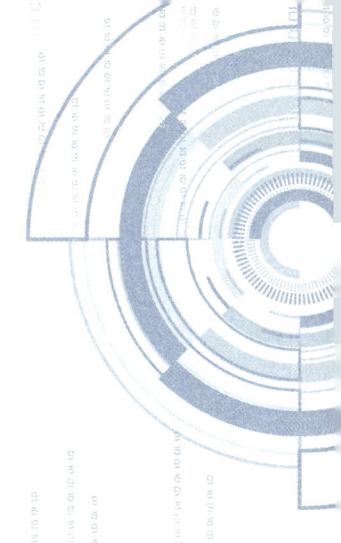

*第9章

具身智能

通过前面的学习，相信你已经了解关于算法、自然语言处理、计算机视觉、生成式人工智能的能力。从智能语音助手流畅的对话，到算法推荐系统精准推送个性化内容，再到 DeepSeek 逻辑推理、文本生成，这些技术的威力无疑已深深烙印在每个人的心中。然而，在此刻，当我们聚焦于"这些技术能实现什么"的同时，也不妨将目光投向"这些技术还有哪些局限"，这对于促进这些技术领域的不断革新与完善至关重要。

例如，尽管 DeepSeek 可以详细地解答像菜谱咨询这样复杂的问题，但它并不能像人类厨师一样，根据菜谱直接为你制作一餐美味的佳肴。为使技术超越"数据分析"的范畴，必须将其与物理的身体相结合，赋予其与复杂环境互动的能力。具身智能正是这样一种尝试，它将 AI 的抽象能力转化为具体的行动，接下来，我们将共同探究具身智能。

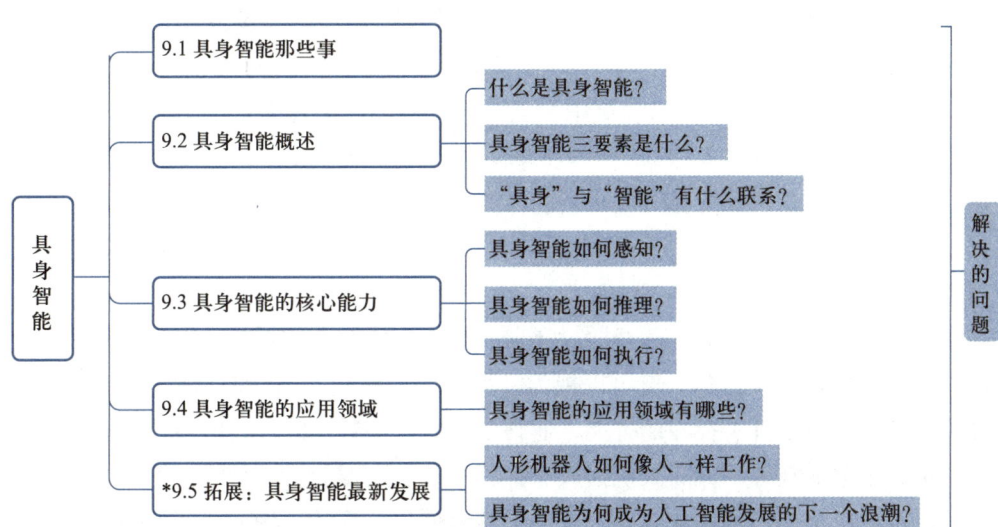

9.1　具身智能那些事

小智在 2024 世界机器人大会上迎来了一次非凡的邂逅，那就是一款展出的人形机器人。小智是个技术迷，对自然语言处理、生成式人工智能、计算机视觉等人工智能技术领域都有着深厚的兴趣。但他总觉得这些技术虽然先进，却似乎缺少了些什么——它们缺乏实体行动力，只能局限在虚拟空间中，无法直接与现实物理世界互动。然而，这台人形机器人却让小智眼前一亮。它不仅能准确理解小智的指令，还能通过其配备的高清摄像头"观察"到周围环境，自主规划行动路径，从杂乱的厨房台面上准确找到蓝色的杯子，抓取杯子，并稳妥地将其放到餐桌上。

小智看着人形机器人流畅地在厨房与餐厅之间穿梭，心中不禁产生了疑惑：为什么自己之前了解到的那些人工智能技术都无法拥有这样的实体行动力，而这台人形机器人却能如此"智能"地行动呢？他迫不及待地开始查阅资料，想要一探究竟，于是了解到了一个新概念——具身智能。接下来，让我们和小智一起深入探索这个新领域吧。

9.2　具身智能概述

9.2.1　什么是具身智能

具身智能（embodied intelligence，EI）近年来在科技领域成为备受瞩目的热门话题和研究方向。人类何时开始探索具身智能的奥秘呢？其实，早在 1950 年，阿兰·图灵在其经典论文《计算机器与智能》中，便已触及了"具身智能"的核心理念。他提出："我们期望机器最终在所有纯智力领域中和人类并驾齐驱。但什么是一个好的开始呢？这是一个困难的决定。许多人认为一个非常抽象的活动，比如下国际象棋，将会是个好的开始。也可以是，给机器配备可以买到的最好的传感器件，遵循教一个儿童学习一样的过程，然后教授它去理解和说英语。我不知道正确的答案是什么，但是我想两种方式都应当去试试看。"

在上述简单的描述中，其实已经同时涵盖"离身智能"和"具身智能"这两个概念了。图灵提到的国际象棋博弈，就可以视为一种"离身智能"，离身智能是指不依赖物理实体（通常指机械部件）存在的智能，通常基于算法和数据处理，能够在没有物理实体参与的情况下完成任务。如聊天机器人、推荐系统、数据分析工具等，不需要与现实世界交互，也可以不具备具体的物理形态，只需要抽象的算法来构成智能的基础。而配备顶尖传感器的英语学习机器，则可以视为一种"具身智能"，具身智能则需要与物理环境进行实时、紧密的交互，通过物理实体的感知与行动来学习和适应环境。如机器人抓取物体、智能自动驾驶汽车、无人机自动飞行等，依托传感器捕获物理世界的信息，在现实的交互中形成对事物的认知，最终又能根据认知去影响物理世界。

一般认为，具身智能是通过物理实体与环境的实时互动涌现的适应能力，而非脱离实体的抽象计算。具有具身智能的机器人、自动驾驶汽车、无人机则被称为具身智能体。具身智能体的智能是通过物理实体在环境中的感知、行动和交互而产生和发展的，它不仅仅是基于算法和数据的计算智能，还涉及实体的物理属性、感知运动能力以及与环境的动态耦合关系。具身智能可以被认为是人工智能行为主义流派的典型技术代表。

9.2.2　具身智能三要素

与只存在于虚拟空间的智能算法和系统不同，具身智能同时需要具备本体、环境和智能三要素。

1. 本体

本体是具身智能体存在的物理实体，如果没有相应的物理实体，智能体只能作为智能算法和软件存在于虚拟空间中。本体可以有多种形态，通常是机器人等物理实体，也可以是四足机器狗、太空机械臂、无人机、无人艇等。本体的存在是连接虚拟的数字世界和真实的物理世界的载体，本体的环境感知、运动和操作执行等能力会限制智能体的能力发挥。

2. 环境

具身智能体与虚拟空间的智能体最大的不同，在于它具有与现实物理环境的交互能力。具身智能不仅能感知现实物理环境，还能通过本体的机械部件行动来影响现实物理环境，并在与现实物理环境的交互中不断学习和适应。模拟人类视角去自主感知物理世界，用人类的思维路径去学习，做出人类期待的行动反馈。

3. 智能

具身智能体的智能与虚拟空间的智能体类似，也是通过智能算法和计算实现智能，但其最大的不同是具身智能体能够通过本体与物理世界的交互，像人类进化一样不断发展智能，实现可持续的智能进化。具身智能体可以利用大模型的知识理解和表达能力，在数据驱动的算法学习下，不断增强感知、决策以及行动能力，让感知与行动更紧密地连接在一起，赋能多种形态的物理实体实现智能增长。

总体来说，与虚拟空间的智能体相比，具身智能具有三个显著特征：一是有物理实体；二是能够通过物理实体与现实物理环境进行交互；三是能够在物理实体与现实物理环境交互过程中实现智能进化。

9.2.3 "具身"与"智能"的关系

　　讲到这里，我们必须强调身体的参与对于智能的形成至关重要，在现实世界中，很多任务的学习必须是知行合一的。早在 1963 年认知心理学家赫尔德（R. Held）和海因（A. Hein）进行了一项关于小猫深度知觉发展的实验，如图 9.2.1 所示。赫尔德和海因通过精心设计，将两只小猫置于不同的环境中：一只小猫可以在旋转木马中自由探索，通过主动行动来感知和理解周围环境；而另一只小猫则被固定在篮子里，只能被动地接受旋转木马带来的视觉刺激。实验结果显示，主动探索的小猫成功发展了正常的深度知觉，而被动观察的小猫则出现了深度知觉缺陷。这一对比清晰地揭示了行动在智能形成中的至关重要性，表明只有通过主动探索和实践，个体才能有效地构建和完善认知结构，促进智能的全面发展。

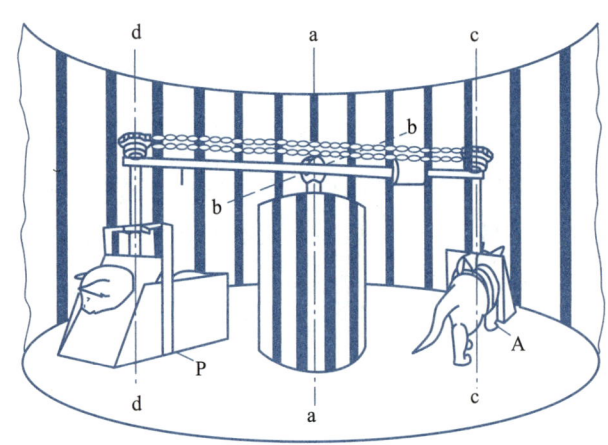

图 9.2.1　小猫深度知觉发展的实验

　　对于具备身体的智能也是如此，对于完成一个现实的任务，并不是把学习好的智能"脑袋"放到"身体"上就行，而是要让具备身体的智能在环境的交互中持续学习。如以认识篮球为例，离身智能的学习过程就相当于收集各式各样的篮球图片，并对图片中篮球的位置进行标记，这样当给出一张新篮球的图片时，系统就能识别出来。然而，这样的学习方式仅仅是将具有特定形状特征的图像与"篮球"这一语言符号建立起了联系，却并未真正理解篮球的本质。相比之下，具身智能的学习过程更多地依赖于实践体验。学习中不需要大量的篮球图片，只需给出一个真实的篮球，看看它的样子，摸摸它的质地，拿起它试着拍一拍，其实就能对篮球有深刻的理解。之后，无论是在某个场景中找到一个，还是去体育用品店挑选一个篮球，都能运用所学到的知识顺利完成任务。这正是具身智能学习所追求的效果。

　　结合以上论述，我们可以看出从离身到具身的演进过程，具身智能体的物理实体不再是一个简单的执行机构，而是在智能的形成和发展过程中起着至关重要的作用，实体的结构、形态和运动方式等都会影响智能体对环境的感知和理解，进而影响其决策和行为。具身智能对于人工智能发展有四个重要意义：赋予实体形态、加强环境感知能力、增进情境理解能力、降低对数据的依赖。

1. 赋予实体形态

人工智能不再局限于虚拟世界，它不仅能够处理好信息与数据层面的问题，而且拥有了真实的感官输入和身体存在，可以更好地辅助和融入人类现实世界的日常生活。

2. 加强环境感知能力

人工智能具备了视觉、触觉、听觉等多重感官能力及与环境的交互功能，能够更精准地感知和理解现实世界的状况，有效应对各类现实问题。

3. 增进情境理解能力

人工智能能够结合现实世界的情境变化进行灵活调整，对细微的态势变化保持敏锐感知，从而做出更为明智的判断和反应。

4. 降低对数据的依赖

人工智能减少了对于历史数据的依赖，增强了应对不可预见情况的能力，能够根据不断变化的情境做出恰当的反应和行动。

9.3 具身智能的核心能力

通过前面章节的阐述，大家对具身智能已有了初步的认识，接下来，我们将探讨实现具身智能所必需的关键能力。具身智能的核心能力可分为具身感知（embodied perception）、具身推理（embodied reasoning）和具身执行（embodied execution）三种。图 9.3.1 展示了"机器人从厨房台面上抓取一个蓝色的杯子放到餐桌上"这一场景的典型处理过程。

首先，通过人机对话给机器人下达任务，机器人利用其内置的摄像头等视觉传感器，精准地识别出厨房台面上蓝色杯子的具体位置、形状以及周边环境等详细信息。这一过程类似于人类利用视觉等感官来探知周围环境，为后续的决策和执行提供了坚实的基础，这是具身智能的具身感知阶段。

接着，根据具身感知获取的信息，根据本体的当前状态，对自身下一步的行动做出决策和规划，这是具身智能的具身推理阶段。

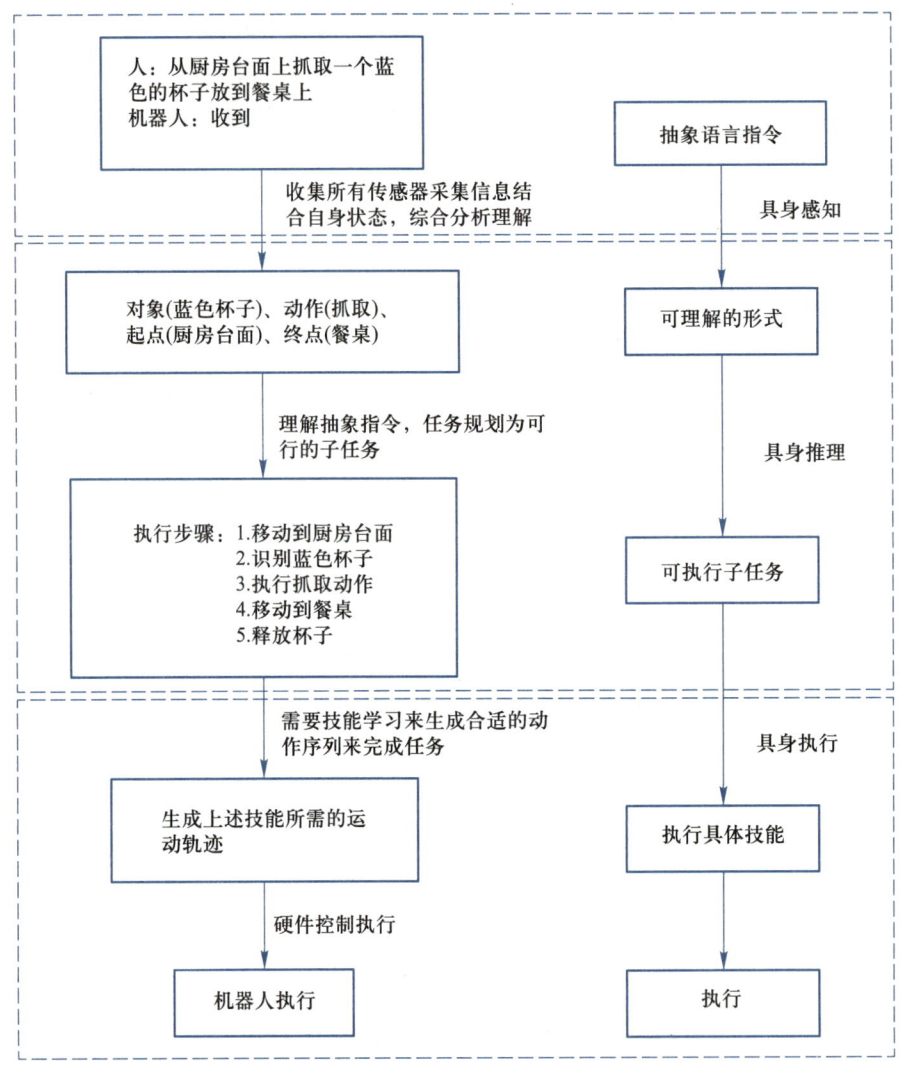

图 9.3.1　具身智能核心能力处理过程

　　最后，机器人根据已制定的方案，准确移动到厨房台面前，对准蓝色杯子的位置，并利用其机械臂和抓取工具稳稳地抓住杯子。然后，机器人选择最合适的路径，将杯子平稳地放置到餐桌上，这是具身智能的具身执行阶段。

　　就这样，在具身感知、具身推理和具身执行三个模块的协同作用下，机器人轻松完成了从厨房台面上抓取蓝色杯子放到餐桌上的任务。机器人拿杯子的整个操作流程生动诠释了具身智能的核心能力。

　　值得注意的是，具身感知、具身推理、具身执行并不是相对孤立的三种能力，而是相互联系的一个整体。图 9.3.2 则反映了具身感知、具身推理和具身执行三者的关联，机器可以从具体的感知到的信息进行推理，根据推理则可以制定身体的行动规则，而根据自身的行动又会获取新的感知。如此循环往复，智能也会不断地进化，最终形成真正能够服务于人类日常生活的"具身智能"。

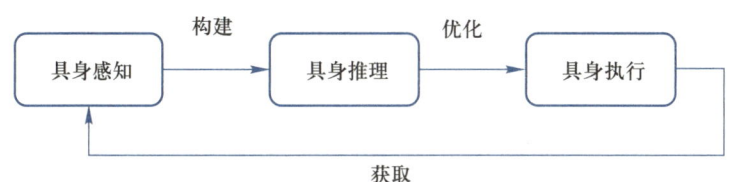

图 9.3.2　具身感知、具身推理和具身执行间的关联

接下来就具身感知、具身推理、具身执行做详细讲解。

9.3.1　具身感知

具身感知模块是具身智能体的"信息采集和处理器"，建立对外部环境的感知和理解，为可靠的决策和成功完成行动提供支持。感知模块主要任务包括对象识别、位置定位、场景理解、环境重建和状态监测等。如果我们需要一个符合具身智能理论的智能机器人（简称机器人）从厨房台面上抓取一个蓝色的杯子放到餐桌上时，在这个场景里面（如图 9.3.3 所示）感知模块要完成哪些任务？感知哪些信息呢？

图 9.3.3　机器人从厨房台面上抓取一个蓝色的可乐杯子放到餐桌上

对象识别：杯子的位置、形状和大小。
　　　　　任何可能的障碍物或干扰物。
位置定位：桌子的位置和高度。
　　　　　机器人自身的位置和姿态。
场景理解：即理解客厅与餐厅内物品布局、物件摆放以及人员活动（意图和行为）等情况。用于分析客厅与餐厅内的空间整体情况等。
环境重建：即生成环境的三维模型，用于规划行动的导航方案。
状态监测：即通过机器人运作中持续接收的传感信息（室内的温度、湿度、照明状况、障碍物位置以及家电设备运行状态等）

为了完成上述感知任务，根据需要感知的对象的不同，可以分为四类展开描述，如图 9.3.4 所示。

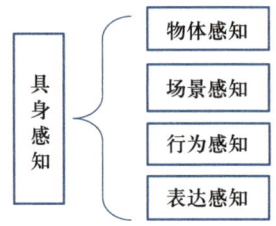

图 9.3.4 具身感知依据对象划分四类

1. 物体感知

物体感知是指通过各种感知设备来识别和理解物体的存在、特征和属性。在感知过程中机器通过自身的移动，获取物体多个视角的信息。之后机器通过融合这些多视角信息，并结合常识重建出物体的外形及物体的外部颜色。

在信息采集时，物体的几何形状、铰接结构以及物理属性是三个重要的方面。

几何形状描述物体的外部轮廓和内部结构，可以是规则如圆形、立方体，或不规则如自然物体，有助于判断物体用途。铰接结构是物体活动部分的连接方式，如门的铰链、机器人关节，使物体能动作和变形，实现特定功能。物理属性包括质量、体积、惯性等，决定物体在不同环境下的表现，具身感知通过视觉、触觉等方式感知这些属性，以预测物体在特定情境下的反应。

2. 场景感知

场景感知的重要任务是完成环境重建、场景理解。这就依赖各种传感器和设备获取周围环境的信息，从而对当前场景进行实时监测和分析。并且能够识别和理解场景中的各种元素，包括物体、人物和环境特征（具体可以参见物体感知相关知识）。

环境重建则是指利用对象感知中获取的数据和信息，构建出一个三维的虚拟模型，以模拟再现真实场景的结构和布局。构建虚拟的场景可以为后面的场景感知提供数据，便于更直观地理解和分析场景中的各个部分及其相互关系。需要说明的是，想要机器构建一个接近真实环境的虚拟模型是非常困难的，目前环境重建的效果还不是很理想。尽管这是目前的研究热点之一，但仍需算法模型和学习方法的长期迭代。

场景理解是在对象感知和环境重建的基础上，进一步对场景中的行为、事件和情境进行深入分析和解释。这不仅包括对单个物体或人物的识别，还包括对它们之间相互作用的理解。通常需要借助与环境进行交互，并在与环境交互的过程中获取更多的信息，这被称为交互感知。我们来想象一个机器人，它被赋予了完成特定任务的能力，比如在混乱的环境中识别并搬运物品。初始状态下，机器人可能通过视觉传感器获取物品的图像，但仅凭静态图像，它很难判断物品的质量、材质或者是否容易移动。若机器人能够与这些物体进行物理交互，比如用机械臂轻推或者抬起物体（交互），它就能够通过触觉传感器获取物体的硬度、质地、质量等属性。听觉传感器可能在物体接触时捕捉到产生的声音，进一步揭示物品是空的还是满的。

这种通过交互而演变的感知提供了更为丰富和深入的信息，使智能体能够更好地理解其所处的环境和交互对象，做出更精确的决策，以及更有效地执行任务。同时，交互感知使得感知能力不再是被动接收，而是能够通过主动探索和实验来增强和优化，它让智能体的感知过程变得更接近人类的探索行为，通过动态互动提升对所处世界的理解。

3. 行为感知

行为感知涵盖了多个方面，包括手势检测、人体姿态检测以及人类行为理解。手势检测是指通过计算机视觉技术识别和解析人类手势的能力，从而实现与设备的交互。人体姿态检测则关注于通过分析人体各个部位的位置和姿态，来识别和理解人的动作和姿势。而人类行为理解则进一步深入，通过分析手势和姿态数据，推断出人的具体行为和意图，从而实现更加智能和自然的人机交互体验。

例如，对于一个家庭服务机器人，看到家中的人员打了喷嚏，是否询问其健康状况或者直接递去纸巾等。

4. 表达感知

表达感知是指通过分析和理解语言中的细微差别，捕捉到说话者的真实情感和意图。情感检测和意图检测是表达感知中的两个重要方面。情感检测主要关注于识别和理解说话者的情绪状态，例如判断其是高兴、悲伤、愤怒还是平静。通过分析语音的音调、语速、音量以及使用的词汇，系统可以较为准确地判断出说话者的情绪。意图检测则侧重于理解说话者的目的和需求，例如询问信息、表达请求或提出建议。通过分析句子结构、关键词汇以及上下文信息，系统可以推断出说话者的具体意图。这两种检测方法在人机交互、客户服务和情感分析等领域具有广泛的应用价值，能够显著提升用户体验和互动效果。

9.3.2 具身推理

推理模块是具身智能体的"指挥中心"，接受环境感知信息后，完成任务规划和推理分析，并生成逐步决策指令来控制行动。具身推理能体现出机器理解并与现实世界进行交互的能力。以人和机器人的对话为例，当人说："从厨房台面上抓取一个蓝色的杯子放到餐桌上"。非具身推理的机器人可能只会简单地回应："好的，给您一个水杯。"而具备具身推理的机器人则能深入理解人的意图，将意图分解为多个可执行的指令，并执行相应的指令。它会开始扫描周围环境，如果找到了执行规划的动作，拿到指定位置；如果仔细搜索后仍未找到，则会告知没

微视频 9-5：
具身推理 1

微视频 9-6：
具身推理 2

有找到。相比之下，具身推理则能够理解来自真实环境或仿真环境的交互数据，学习如何与环境进行直接交互。

推理模块的核心职责聚焦于任务规划（task planning）这一关键环节。任务规划，简而言之，就是洞悉并理解抽象的人类指令，进而将其拆解为一系列切实可行的子任务。任务规划作为具身智能领域的两大支柱之一（另一支柱为技能学习），扮演着将抽象、非可执行的人类指令转化为具体、可执行机器人技能的桥梁角色。完成人类指令的过程简洁而高效，仅需两步：首先，将人类指令细化分解为机器人能够执行的技能；其次，执行这些技能，实现指令目标。

在任务规划的具体实施路径上，需经历指令理解、任务分解、技能调度与组合以及执行与监控等多重阶段，每一阶段都环环相扣，共同确保任务规划的顺利实施与完成。例如：用户向机器人发出以下指令："请从厨房台面上抓取一个蓝色的杯子放到餐桌上。"这是一个抽象的、非可执行的人类指令，因为机器人无法直接理解并执行这样的自然语言描述。

1. 在指令理解阶段

机器人首先需要利用自然语言处理技术，将这个自然语言指令转化为机器可以理解的内部表示形式。在这里，机器人可能将这个指令分解为：对象（蓝色杯子）、动作（抓取）、起点（厨房台面）、终点（餐桌）等关键信息。

2. 在任务分解阶段

机器人需要将这个任务分解为一系列具体的可执行技能。这些技能可能包括：移动到厨房台面、识别蓝色杯子、执行抓取动作、移动到餐桌、释放杯子等。

3. 在技能调度与组合阶段

机器人需要确定执行这些技能的顺序和依赖关系。这里，机器人需要先移动到厨房台面，然后才能识别蓝色杯子；在识别到蓝色杯子后，才能执行抓取动作；抓取到杯子后，再移动到餐桌并释放杯子。

4. 执行与监控阶段

机器人还需要考虑环境状态和自身能力。例如，如果厨房台面上有多个物体，机器人需要确定哪个是蓝色杯子；如果餐桌上有障碍物，机器人需要规划一条绕过障碍物的路径。

9.3.3　具身执行

具身执行模块是具身智能体的"执行单元"，负责接收决策模块指令，并执

微视频 9-7：
具身执行

行具体动作。具体来说就是利用固化在系统执行层中预设的基本动作集合执行各项子任务。在执行具体技能时，可以借助工具学习使大模型学会调用机器人操作系统中的底层应用程序编程接口（application programming interface, API），编写控制和管理机器人的应用程序，完成相应任务，并且无须了解底层实现细节的情况。

接下来，我们通过详细分析前面案例"请从厨房台面上抓取一个蓝色的杯子放到餐桌上"中具体动作，看看具身执行模块对应的工作是什么呢？

在这我们需要用到具身智能另外的一个核心知识，也是具身执行模块的主要任务：技能学习。技能学习涉及机器人如何通过学习来掌握并执行特定的任务或技能。在机器人技能学习中，以技能描述和环境观察为输入，输出完成技能所需的轨迹。结合上面我们提到的问题，机器人需要技能学习来生成合适的动作序列来完成任务。

对于一个抓取任务，技能描述可以如下：

> 目标：机器人需要抓取厨房台面上的蓝色杯子并将其移动到餐桌上。
> 初始条件：杯子放置在厨房台面的特定位置，机器人的初始位置已知。
> 结束条件：杯子被成功抓取并移动到餐桌上，机器人的手爪处于闭合状态。
> 执行步骤：机器人需要接近杯子，调整手爪的姿态以适配杯子的形状，然后闭合手爪抓取杯子，最后将其移动到指定位置。

就环境观察而言，机器人通过传感器（如摄像头、激光雷达等）对环境进行观察，获取以下信息：

> 蓝色杯子的位置、形状和大小。
> 桌子的位置和高度。
> 机器人自身的位置和姿态。
> 任何可能的障碍物或干扰物。

轨迹的具体实现如下。

1. 接近杯子

（1）机器人根据环境观察确定杯子的位置和姿态。
（2）通过路径规划算法规划出一条接近杯子的路径。
（3）使用逆运动学求解得到接近杯子时机器人各个关节的角度。
（4）生成平滑的轨迹，使机器人沿着这条轨迹接近杯子。

2. 抓取杯子

（1）当机器人接近杯子时，调整手爪的姿态以适配杯子的形状。

（2）通过逆运动学求解得到抓取杯子时手爪各个关节的角度。

（3）闭合手爪，抓取杯子。

（4）生成平滑的轨迹，使机器人保持稳定的抓取姿态。

扫描二维码观看配置的视频。

3. 移动杯子到指定位置

（1）根据技能描述确定指定位置。

（2）通过路径规划算法规划出一条从当前位置到指定位置的路径。

（3）使用逆运动学求解得到移动过程中机器人各个关节的角度。

（4）生成平滑的轨迹，使机器人沿着这条轨迹将杯子移动到指定位置。

技能学习的输出和执行如下。

在完成轨迹的生成与优化后，机器人将其输出为一系列的时间点和对应的关节变量。这些关节变量通过机器人的控制系统进行执行，实现抓取并移动杯子的任务。

通过上面的例子可知，具身执行的工作过程包括：首先通过技能描述明确任务目标、初始条件、结束条件及执行步骤；其次利用传感器对环境进行观察，获取环境信息；随后生成机器人移动轨迹；最终机器人通过控制系统执行，完成抓取并移动杯子的任务。

9.4　具身智能的应用领域

具身智能通过模拟人类大脑的"智能"和不同形态的机器人"身体"，将在多个领域释放出巨大的应用潜力，成为迈向通用人工智能的重要一步。但是需要注意的是，目前全世界各个国家正在加快研发相关技术，尚未出现较为成熟的商业化产品。但可以预见的是，随着技术的不断突破，具身智能将在对环境动态变化的自适应能力、多任务行动的泛化能力、交互方式的拟人化表现和更高的任务执行效率等方面快速发展。

9.4.1　工业制造领域

具身智能在工业制造领域展现出巨大潜力，以机器人和机械臂等为实体的具身智能应用，将使得工业制造过程更加智能化、灵活和高效。通过赋予机器人和机械臂感知、决策和执行能力，实现了生产流程的智能化和自动化。这些智能机器人能够高效完成重复性高、劳动强度大的任务，与人类工人协作，提高生产效率和产品质量，同时通过持续学习优化，将能够替代人类成为工业生产线上最柔性的执行单元。

大国工程：国之骄傲——中国空间站机械臂

2021 年，随着"神舟"13 号飞船的成功发射，中国机械臂再次引发全球关注，如图 9.4.1 所示。对于这款神器，众多国家都表现出极大的羡慕。此前，不少国家曾致力于航天用机械臂的研究，但真正取得显著成果的国家却寥寥无几。美国早在 20 世纪 80 年代便启动了机械臂的研发工作，并制造出 5 台专用机械臂，安

图 9.4.1　中国空间站机械臂

装在航天飞机的货舱内。在服役期间，这些机械臂协助美国航天飞机完成了 90 余次任务。然而，这种机械臂的灵活性有限，仅能执行最基本的货物搬运工作。

相比之下，中国空间站所使用的机械臂功能更为强大。它不仅能辅助航天器进行对接，还能借助空间站表面的接触器，实现"爬行转移"功能。这使得中国空间站的机械臂不仅能在多个角度协助航天器对接，还能有效支持航天员对空间站本身进行检修。中国空间站机械臂的技术含量极高，堪称目前世界上最先进的机械臂之一。这也从侧面反映出中国航天技术的迅猛发展。即便在面临技术封锁的情况下，中国依然能够依靠自身力量，研发出具备世界一流水平的航天器材。展望未来，中国在航天领域无疑将取得更加辉煌的成就。

9.4.2　自动驾驶领域

在自动驾驶领域，具身智能模拟人类大脑的决策过程，使车辆能够自主感知环境、自主做出决策并自动执行。目前，自适应巡航、车道保持、自动变道、自动泊车、自动避障等已经成为出厂汽车的标配功能，大大提高了汽车驾驶的安全性和便捷性。随着不断学习和优化，具身智能自动驾驶系统将引领未来交通方式的变革。例如，百度的自动辅助驾驶系统 Apollo 通过车载传感器和摄像头收集数据，已经实现了在公共开放道路上的自动驾驶，在全国多所城市开展试运营，截至 2025 年 5 月，萝卜快跑订单总量已超过 1 100 万单。其中，2025 年第一季度订单量达 140 万单，同比增长 75%。

鉴于智能驾驶在现代社会的重要性日益凸显，将在本书第 10 章中专门阐述智能驾驶。

9.4.3　物流仓储领域

具身智能在物流仓储领域的应用，让仓储、分拣、配送等环节变得更加自动化和智

能化。智能机器人快速分拣搬运货物，无人配送车实现最后一千米无人化配送，智能调度系统实时追踪监控货物，共同提升了物流效率，降低了成本，为物流行业带来了革命性的变化。物流仓储机器人在大型物流仓储企业已经广泛应用，据报道，2024 年亚马逊在其全球物流配送网络中已经部署超过 75 万台机器人。

9.4.4　家庭服务领域

在家庭服务领域，具身智能以模拟人类行为和思维方式的技术，代替人类完成扫地、洗衣、做饭等多种家务劳动，为家庭生活带来了更多便捷和智能。扫地机器人、智能音箱等设备让家居环境更加智能化，教育陪伴机器人、康复护理机器人还提供个性化的教育和护理服务。随着具身智能技术的发展，人与机器人的交互也变得更加自然流畅，将能够极大地提升家庭生活的质量。2025 年 2 月，国际电工委员会（IEC）正式发布由我国牵头制定的养老机器人国际标准，即《IEC 63310：2025 互联家庭环境下使用的主动辅助生活机器人的性能》。这一标准填补了全球养老机器人标准化领域的空白，将有力推动相关产业在全球范围内的规范化与高质量发展。

9.4.5　医疗健康领域

具身智能在医疗健康领域的应用，为医疗服务带来了前所未有的精准和高效。手术机器人辅助医生进行微创手术，康复机器人帮助患者加速康复，智能护理机器人提供个性化护理服务。这些智能医疗设备的出现，不仅提高了医疗服务的质量，也减轻了医护人员的工作负担。达·芬奇手术机器人（Da Vinci robot-assisted surgical system）是由美国直觉外科公司（Intuitive Surgical）研发的全球领先的微创手术辅助系统，它由医生控制台、患者手术平台和三维高清影像系统组成，通过精密机械臂和三维视野影像，协助医生完成高精度操作，自从 2000 年在美国投入使用至今，在全球已完成超过 1400 万例手术。

9.4.6　低空经济领域

低空经济是一个新型且充满活力的领域。无人机物流是低空经济中最具潜力的应用之一，随着无人机的发展，以及逐渐成熟的自主导航、路径规划和障碍物避障等技术，从而可以实现高效、低成本的服务。同时，诸如无人机测绘、农业检测等也是低空经济的研究热点。

美团官网平台数据显示，截至 2024 年底，美团无人机已开通 53 条航线，累计配送订单超 45 万单。2025 年 2 月 16 日，我国首条大型无人机城际低空物流航线成功首航，中国自主研制的大型无人机装载 1.5t 的新鲜榆林羊肉，从陕西榆林飞到西安，航行距离

540km，用时 2 小时 47 分钟，相比传统的地面运输节省时间高达 70% 以上，这代表我国在大型无人机干线物流运输领域实现了从零到一的跨越。

*9.5　拓展：具身智能最新发展

9.5.1　人形机器人

人形机器人不仅要在外形上与人类相像，其功能构造也需与人类相近。为此，它必须集成四大核心技术模块：感知系统（感官）、规划决策系统（大脑）、运动控制系统（小脑）、本体系统（肢干），以此来实现具身感知、具身推理与具身执行的基本能力（如表 9.5.1 所示）。下面将从这四大核心技术模块来对人形具身智能机器人进行讲解。

表 9.5.1　人形机器人系统组成

具身智能核心能力	人形机器人	人体系统	执行任务
具身感知	感知系统	感官	传感器采集信息
具身推理	规划决策系统	大脑	综合分析当前所有状态，根据当前状态，对自身下一步的运动做出规划和决策
具身执行	运动控制系统	小脑	根据决策指令，控制运动部件生成具体执行指令
	本体系统	肢体	根据运动部件执行指令

1. 感知系统

人形机器人的感知系统就像人类的"感官"，接下来将对人形机器人实现具身感知所需的具体技术及用到的算法进行介绍。

1）人脸识别

这一功能运用了深度学习中的卷积神经网络（CNN）算法，可以用于人类检测、身份验证，大大提高系统的安全性。通过训练大量的人脸数据，机器人能够准确识别出人脸特征，从而实现快速且准确的身份验证。

2）情感分析

借助自然语言处理（NLP）中的情感分析算法，以及计算机视觉中的面部表情识别技术，机器人可以更好地理解用户的情绪和需求。这使得机器人能够提供更加个性化的服务，增强用户的交互体验。

3）字符识别

通过光学字符识别（OCR）算法，机器人能够采集文字信息，并进行信息分析处理。这使得机器人能够读取和理解文本内容，从而扩展其应用场景。

4）语音识别

运用语音识别算法，如隐马尔可夫模型（HMM）或深度神经网络（DNN），机器人能够将抽象的指令转换为可以识别的形式。这使得用户可以通过语音与机器人进行自然交互。

5）声纹识别

通过声纹识别算法，机器人能够判别声音发出者的身份。这种技术可以用于身份验证或安全监控等场景。

6）声源定位

利用声源定位算法，如基于到达时间差（TDOA）的定位方法，机器人能够判别声音发出者的位置和距离。这使得机器人能够更加准确地响应来自特定方向的指令或声音。

7）环境识别

环境识别主要运用深度学习等算法，如卷积神经网络（CNN）或生成对抗网络（GAN），对环境图像进行处理、分析和理解。这使得机器人能够识别出环境中的物体、场景和事件，从而做出相应的反应。

8）定位测距

通过定位算法，如全球定位系统（GPS）或同时定位与地图构建（SLAM）技术，机器人能够判别自己的位置（包括宏观和微观层面），并判断周围物体的位置和距离，这使得机器人能够在复杂环境中进行自主导航和避障。

2. 规划决策系统

人形机器人的规划决策系统就如同人类的"大脑"，可以对感官获取的数据进行处理，主要包括：

1）感知理解

规划决策系统利用感知系统获取的信息，通过算法对采集到的信息进行分析和理解，这些算法为人形机器人赋予了强大的语义理解能力和推理生成能力，使其能够更好地适应复杂多变的环境。

2）学习适应

利用强化学习算法，如 Q-learning 或深度强化学习（DRL），机器人能够在与环境的交互中不断学习，适应新任务和场景。

3）决策和行为

通过决策树、随机森林或深度学习中的策略网络等算法，机器人能够根据当前环境和任务目标，做出最优的决策和行为。

3. 运动控制系统

人形机器人的运动控制系统和人类的"小脑"类似，主要负责机器人的运动控制、协调和学习。具体技术主要包括：

1）运动控制算法

如逆运动学算法和动力学模型算法，用于计算机器人的关节运动轨迹和力度控制，实现精确的运动控制。

2）协调学习算法

运用强化学习或模仿学习等算法，使机器人能够协调各个关节的运动，实现流畅、自然的动作。

4. 本体系统

机器人的本体系统类似于人类的"肢体"，是人形机器人的实际执行者。通过高精度的电机、减速器和传动系统，以及轻量化的材料和结构设计，肢体能够实现灵活、准确的动作执行。同时，结合运动控制算法和协调学习算法，肢体能够完成各种复杂任务，如行走、奔跑、抓取等。

9.5.2 大模型技术在具身智能中的应用

大模型驱动的具身智能重点研究如何将大模型的感知、推理和逻辑思维能力与具身智能相结合，提升现有模仿学习、强化学习、模型预测控制等具身智能框架的数据效率和泛化能力。随着大模型能力的不断提升，以及具身智能中示教数据、仿真平台、任务集合的不断完善，大模型和具身智能的结合将成为人工智能发展的下一个浪潮。大模型技术在具身智能中的应用体现在以下几个方面。

1. 感知与认知的融合

在具身智能体中，机器人（本体）需要理解周围的物理世界。大模型由于其强大的序列处理能力和自注意力机制，能够同时处理来自不同感官（如视觉、听觉、触觉等）的信息。这种跨模态的感知能力使得机器人能够更全面、更细致地理解环境，从而进行有效的物体识别、场景解析（即理解场景中的各个元素及其关系）和行为预测（预测其他物体或人的可能行为）。

2. 任务规划与执行

在具身智能中，机器人需要完成各种任务，这通常需要对环境有深入的理解，并规划出一系列复杂的动作序列。大模型通过学习大量的行为轨迹（即过去机器人或其他智能体如何执行任务的记录），能够生成合理的、符合逻辑的任务计划。这些计划随后可以指导机器人执行具体的动作，从而更快更好完成任务。

3. 自主学习与适应

自注意力机制是大模型的核心组成部分，它允许模型在处理序列数据时，动态地关注序列中的不同部分。这种机制使得机器人能够在没有明确指令或预先编程的情况下，自主学习环境中的模式（如物体的运动规律、人的行为习惯等）。这种自主学习能力对于提高机器人的自主性和灵活性至关重要，因为它使机器人能够适应新的、未知的情境，并做出相应的反应。

通过整合多种模态的信息，充分利用大规模数据集中学习到的知识，为具身智能体提供了强大的环境感知和任务规划能力，使其能够更好地适应复杂多变的环境，完成各种具身智能任务。可以预见，在大模型和机器人领域的不断发展下，未来大模型驱动的具身智能研究将带来很多实质性的突破，包括以下几个方面。

（1）人形机器人的全面发展：致力于推动人形机器人在运动控制、抓取操作、导航、灵巧操作等具身技能方面的全面发展，使其更好地服务于人类，成为人类生活中的得力帮手。

（2）人机合作的不断深化：具身智能越来越会成为人类的得力助手，能深入理解人类意图，通过增强的人类意图识别技术，助力具身智能提前准备响应，显著提升合作效率。

（3）更高的可靠性与安全性：着力增强大模型在具身决策过程中的安全性和鲁棒性，有效规避环境干扰和外界因素带来的具身智能交互风险，提升具身智能系统对环境变化的适应与应对能力。

思考与练习

1. 在实现具身智能的过程中，可能面临哪些挑战？
2. 离身智能与具身智能在学习方式上有何主要区别？
3. 具身感知、具身推理和具身执行三者之间有何关联？
4. 你认为具身智能的未来发展方向可能是什么？
5. 大模型的成功如何推动了具身智能的发展？

*第 10 章

智能驾驶

通过上一章的学习，我们对具身智能的相关理论有了初步的了解，而智能驾驶则是具身智能理论在交通领域的重要应用实例。智能驾驶系统通过传感器获取环境信息，并利用算法进行决策和控制，进而实现与环境的交互。这一过程正是具身智能理论的具体体现。

本章首先概述智能驾驶的定义、优势及其分级等基本概念，接着深入探讨智能驾驶的关键技术，最后简单介绍无人飞行器。

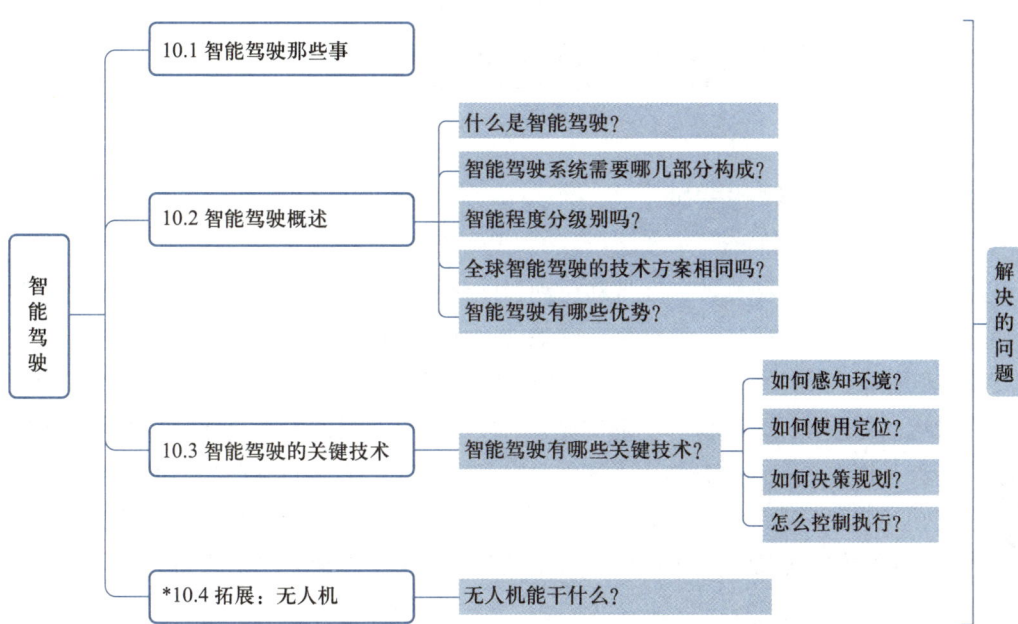

10.1　智能驾驶那些事

　　自从学习了具身智能理论后，小智对具身智能的应用充满好奇，特别期待体验一下，这不，机会来了。妈妈打电话说：这个周末表哥要来趟学校所在的城市办事，顺便给自己捎几件东西。表哥肯定开着他新购置的具有智能驾驶功能的车来。想想都有点小兴奋。

　　周六早上 10 点，如期见到表哥，除了送东西外，表哥问小智是否愿意和他一起去市里逛逛，这正是小智期待的。在停车场，小智和表哥还没有到车跟前，车就缓缓驶出车位，方便他们上车。上车后，设置好路线就上路了；一开始，小智体验着自动驾驶的转弯、红绿灯的启停，体验感都特别丝滑。突然，前方路况变得复杂起来，一辆大货车爆胎，横在路中间，小智有些担心，但智能驾驶辅助系统凭借其敏锐"感知"，迅速反应，自动减速并巧妙地避开了障碍物。小智虚惊一场。这次智能驾驶体验让小智深刻感受到了科技给生活带来的便利和美好，他更迫切希望了解智能驾驶的细节，如智能驾驶汽车由几部分组成？它们如何看清路况？如何知道自己在哪里？如何有效做出决策？等等。带着这些问题，我们走进本章的学习。

10.2　智能驾驶概述

10.2.1　什么是智能驾驶

　　智能驾驶汽车是一种具备高度自动化和智能化特征的汽车，车载的智能驾驶系统能够通过先进的传感器和感知系统自主地感知周围环境，包括道路状况、交通信号、行人以及其他车辆等。同时，智能驾驶系统还能利用内置的导航和算法系统，智能地规划出最优的行驶路线，确保车辆能够高效、安全地到达目的地。此外，智能驾驶系统还具备精准的车辆控制能力，能够自动调整车速、方向和制动等，以适应不同的驾驶场景和路况。最为重要的是，这种汽车能够部分甚至完全替代人类驾驶员进行驾驶操作，从而极大地减轻驾驶员的负担，提高驾驶的安全性和舒适性。

微视频 10-1：
智能驾驶汽车的智能系统架构

10.2.2　智能驾驶汽车的智能系统架构

　　各公司智能驾驶汽车的硬件结构大同小异，但做出来的智能程度却千差万别，核心在于车的"智能驾驶系统"的智能程度不一样。智能驾驶汽车的大脑是智能驾驶系统，灵魂则是智能算法和软件，因此智能算法和软件是智能驾驶汽车公司的核心竞争力。

智能驾驶汽车的智能系统架构是什么样呢？从本质上看，传统汽车依赖驾驶员视觉和听觉收集信息，经大脑处理后，通过手脚操作方向盘、制动和加速踏板来控制汽车，从而确保汽车安全地驶向目的地。而智能驾驶汽车则将这一过程数字化，用摄像机雷达等传感器代替感官，用计算单元代替大脑，用线控系统代替手脚，形成了一个闭环的自动控制系统。两者都由环境感知、决策规划和控制执行三部分组成，对比如图 10.2.1 所示。

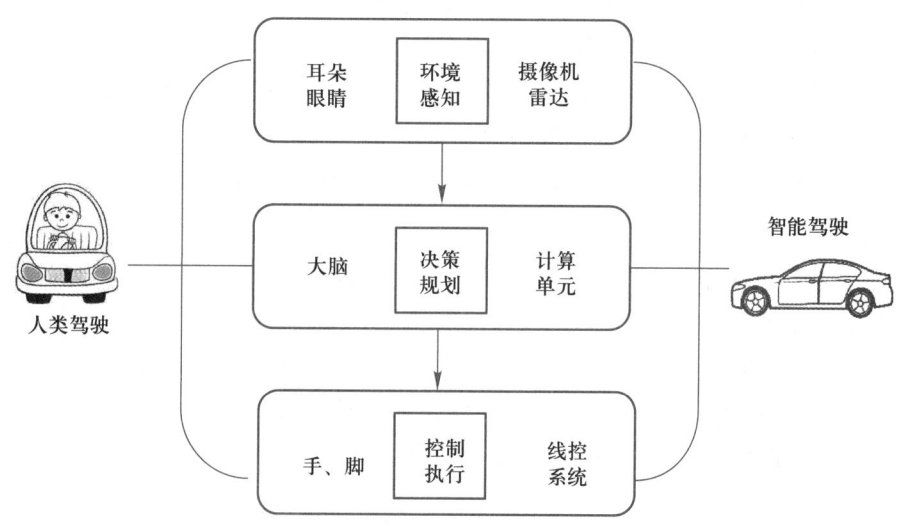

图 10.2.1　传统汽车（左边）和智能驾驶汽车（右边）对比

智能驾驶汽车的环境感知系统用到了各种各样的传感器，包括摄像头，毫米波雷达、激光雷达、超声波雷达等，以及用于定位和导航的全球导航卫星系统（global navigation satellite system，GNSS）、惯性测量单元（inertial measurement unit，IMU）。

智能驾驶汽车的决策规划系统是由车载计算单元来负责实现的，车载计算单元如同大脑，对收集来的信息进行快速处理和分析，决策出最佳的行驶策略。和人类驾驶员一样，智能驾驶汽车在做驾驶决策时需要回答几个问题：我在哪里？周边环境如何？接下来会发生什么？我该做什么？决策规划系统要做的事情具体来说分为两步，第一步是信息理解，根据感知系统收集的信息，对车辆自身进行精确定位和对车辆周围环境进行准确理解。第二步是决策规划，主要是对接下来可能发生情况的准确预测，对下一步行动的准确判断和规划，并选择合理的路径达到目标。通过这两步，智能驾驶汽车就能自主产生安全、合理的驾驶行为，指导运动控制系统对车辆进行控制。

控制执行系统则像是车的手和脚，通过线控系统将决策转化为具体的行动，控制转向、制动和动力，驱动汽车安全前行。随着人们对技术要求的不断提高，真正的智能驾驶必须要将控制执行系统与车辆底层控制系统深度集成，通过线控技术完成执行机构的电控化，达到电子制动、电子驱动和电子转向，并控制车辆响应，保证控制精度，对目标车速、路径等进行跟踪。

　　智能驾驶系统的环境感知、决策规划和控制执行，本质上对应具身智能理论中的具身感知、具身推理和具身执行三个任务。鉴于当前智能驾驶技术自身的特点，我们按照环境感知、决策规划和控制执行三大模块进行论述。

10.2.3　智能驾驶的分级

微视频 10-2：
智能驾驶的
分级

　　如何判断一辆汽车是不是具备智能驾驶的汽车，或者它属于哪个等级的智能驾驶汽车？我们主要看以下四个方面。

　　（1）车辆的横向和纵向运动控制：谁来负责车辆的转向和加减速。

　　（2）目标和事件的探测与响应：谁来观察周围环境并做出反应。

　　（3）动态驾驶任务接管：遇到突发意外和难以处理的驾驶状况，谁是最终负责人。

　　（4）设计运行条件：也就是智能驾驶功能能够在什么样的条件下启用。

　　为统一行业规范，明确自动化程度，全球汽车行业制定了一些标准，目前常用的有美国 2014 年制定的 SAE 标准（International Society of Automotive Engineers，美国汽车工程师学会）和我国 2021 年发布《汽车驾驶自动化分级》（GB/T 40429—2021）国家标准。两者差异不大，都分为六个级别，对比如表 10.2.1 所示。

表 10.2.1　美国 SAE 标准和我国标准对比表

对比维度	等级					
	L_0	L_1	L_2	L_3	L_4	L_5
SAE 名称	无自动化	驾驶支持	部分自动化	有条件自动化	高度自动化	完全自动化
我国名称	应急辅助	部分驾驶辅助	组合驾驶辅助	有条件智能驾驶	高度智能驾驶	完全智能驾驶
SAE 控制	人完全掌控	提供少量辅助驾驶	提供多项辅助驾驶	所有驾驶，人必须随时接管	所有驾驶，人可以不接管	所有驾驶，人完全不接管
我国控制	应急辅助			所有驾驶，明确人驾驶要求		
操作	人	人和车	人和车	车	车	车
监控	人	人	人	车	车	车
支援	人	人	人	人	车	车

关键差异：中国标准与 SAE 标准在细节上略有不同。例如，①我国将 0 级定义为"应急辅助"，强调系统需具备目标探测能力，而 SAE 的 0 级为"无自动化"；②我国标准明确 3 级及以上为"智能驾驶"，而 0~2 级属于"驾驶辅助"。③我国标准在"3 级驾驶自动化"中明确增加了对驾驶员接管能力监测和风险减缓策略的要求，以明确最低安全要求，减少实际应用中的安全风险。

10.2.4 智能驾驶技术的发展路线

智能驾驶技术根据感知策略的不同可以分为纯视觉和多传感器融合。这两种技术策略在智能驾驶的感知方案中各有千秋。纯视觉方案具有成本效益高、技术迭代快等优势，但在环境适应性和预测局限性方面存在不足；而多传感器融合方案则能够提高感知精度、增强环境适应性并提高决策可靠性，但成本较高且存在数据融合挑战和算法复杂度等问题。因此，在选择智能驾驶的感知方案时，需要根据具体的应用场景和需求进行权衡和选择。

1. 纯视觉方案

纯视觉方案模仿人类的视觉感知，通过摄像头来解读周围世界，设计易于被大众理解和接受。它仅需配备摄像头，无须昂贵的激光雷达等传感器，大大降低了车辆制造商的成本，从而能够提供更具竞争力的价格，在智能驾驶领域具有显著的成本效益优势。同时，高分辨率摄像头能够捕捉大量视觉信息，为智能驾驶系统提供丰富的数据支持，有助于系统更好地理解复杂的道路环境，提高驾驶的安全性和可靠性。纯视觉方案主要依赖软件和算法，技术迭代飞速，随着人工智能技术的不断发展，其性能将得到不断提升。

然而，纯视觉方案也存在局限性，如对环境条件敏感，强光、逆光或夜间环境可能影响图像清晰度；对图像处理和机器学习算法依赖性强，需要大量研发投入；以及在预测其他道路使用者行为和意图方面可能稍显不足。特斯拉的 Autopilot 系统就是纯视觉方案的典型代表，它利用车身周围的多个摄像头收集数据，并通过先进的神经网络处理视觉信息，在许多场景下表现出色，但在面对复杂环境时可能出现问题。

2. 多传感器融合方案

多传感器融合方案通过巧妙地融合摄像头、毫米波雷达、激光雷达等多种不同类型的传感器所获取的信息，有效地弥补了单一传感器在感知能力上的不足，从而显著提高了智能驾驶系统的整体感知精度。这一方案在智能驾驶技术领域有其独特的优势与潜力。例如，激光雷达能够提供高精度的三维环境信息，帮助系统准确识别障碍物的位置和形状；而摄像头则能捕捉丰富的视觉细节，如交通标志、车道线等，为系统提供更全面的环境认知。同时，多传感器融合方案还展现出了强大的环境适应性。在雨雪雾等恶劣天气条件下，当摄像头等视觉传感器可能受到较大影响时，毫米波雷达和激光雷达等传感器仍然能够稳定地提供速度和距离数据，确保智能驾驶系统能够持续、准确地感知周围环境。这种多传感器的互补性，使得智能驾驶系统能够在各种复杂多变的环境中保持稳定的性能表现。此外，通过融合不同传感器的信息，智能驾驶系统能够更全面地了解周围环境，从而做出更可靠、更安全的决策。这种全面的环境感知和决策能力，对于提高智能驾驶系统的安全性和可靠性至关重要。它可以帮助系统更准确地预测其他道路使用者的行为和意图，及时避免潜在的碰撞风险，确保行车安全。

然而，多传感器融合方案也存在一些局限性。首先，硬件成本较高是一个不可忽视的问题。特别是激光雷达等高精度传感器，其制造成本仍然较高，这在一定程度上限制了多传感器融合方案在大规模商业应用中的推广。其次，不同传感器获取的数据在格式、精度和频率等方面存在差异，如何进行有效的数据融合是一个技术挑战。这需要开发人员研发先进的算法和技术来处理这些差异，以实现准确、可靠的数据融合。最后，处理来自不同传感器的数据并进行复杂的算法运算也增加了算法的复杂度，对计算芯片的性能提出了更高要求。这需要芯片制造商不断提升芯片的计算能力和能效比，以满足智能驾驶系统的需求。

比亚迪、华为和小鹏等企业已经采用了多传感器融合方案来实现智能驾驶。这些企业在车辆上配备了摄像头、毫米波雷达、激光雷达等多种传感器，通过先进的算法和技术实现数据融合和决策。这种方案使得车辆能够更好地适应复杂多变的环境，提高智能驾驶系统的安全性和可靠性。未来，随着技术的不断进步和成本的降低，多传感器融合方案有望在智能驾驶领域得到更广泛的应用和推广。

10.2.5　智能驾驶的优势

1. 提高交通安全

智能驾驶系统依托其配备的高精度传感器和先进的算法技术，能够实时对道路环境进行全面监测与深入分析，迅速识别出各种潜在的危险情况，并立即采取相应措施，确保行车安全。根据中汽中心发起的中国交通事故深度调查项目数据显示，在乘用车事故中，驾驶员人为因素导致的事故占比高达81.5%。相比之下，智能驾驶系统具有显著优势，它不会受到疲劳、情绪波动或酒精摄入等外界因素的干扰，无论在任何情况下都能保持高度的警惕性和精准的操作能力，从而有效降低交通事故的发生概率，为驾驶安全提供更加可靠的保障。

2. 提升出行效率

智能驾驶汽车凭借先进的传感器和精确的算法，能够更加精细地控制车辆的速度以及与前车的距离，实时优化行驶路线，避免不必要的加速和减速操作，从而显著提升道路的通行效率。智能驾驶系统能够通过数据共享，实时获取交通信息，自动调整行驶策略，有效避开拥堵路段，使得整体交通流更加顺畅和高效。

3. 增强出行便捷性

智能驾驶汽车能够自动完成驾驶任务，无须人类驾驶员手动操作，为乘客提供更加轻松、舒适的出行体验。对于老年人、残疾人等驾驶能力受限的人群，智能驾驶汽车提供了更加便捷、独立的出行方式。

4. 降低能源消耗和环境污染

智能驾驶汽车通过优化行驶路线和车速，能够减少不必要的能源浪费，降低燃油消耗和排放。随着电动汽车和混合动力汽车的普及，智能驾驶技术与新能源技术的结合将进一步减少环境污染，促进可持续发展。

5. 推动汽车产业升级

智能驾驶技术的研发和应用将推动汽车产业的技术创新和产业升级，促进汽车制造商、零部件供应商、软件开发商等相关产业链的发展。智能驾驶汽车的出现将催生新的商业模式和服务模式，如智能驾驶出租车、智能驾驶物流配送等，为汽车产业带来新的增长点。

综上所述，智能驾驶技术具有诸多显著优点，将极大地改善人们的出行方式和生活质量。随着技术的不断发展和完善，智能驾驶汽车有望在未来成为主流的交通工具之一。

10.3　智能驾驶的关键技术

智能驾驶汽车的智能系统架构分为三大模块，是智能驾驶技术的关键。从数据和信息流的角度来看，环境感知模块使用多种传感器以及全球导航卫星系统等获取数据；决策规划模块根据感知模块收集的信息，对车辆自身进行精确定位，并对车辆周围环境进行准确理解，进而做出下一步行动的精准判断和规划，选择合理的路径以达到目标；控制执行模块负责将决策规划系统的指令转化为具体的车辆操作，确保车辆能够精确、安全地完成行驶任务。三个模块间的数据流动如图 10.3.1 所示。

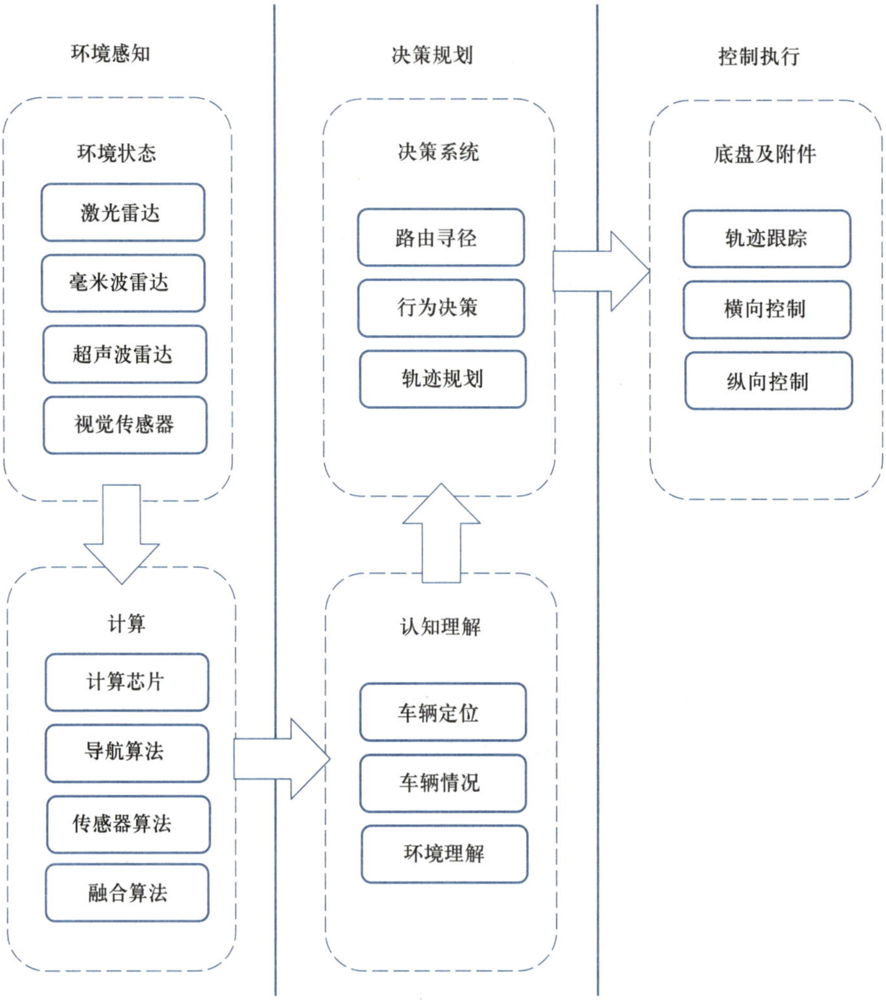

环境感知　　　　　　　决策规划　　　　　　　控制执行

环境状态

激光雷达

毫米波雷达

超声波雷达

视觉传感器

决策系统

路由寻径

行为决策

轨迹规划

底盘及附件

轨迹跟踪

横向控制

纵向控制

计算

计算芯片

导航算法

传感器算法

融合算法

认知理解

车辆定位

车辆情况

环境理解

图 10.3.1　智能驾驶系统的数据流

目前我们整体上了解了智能驾驶的关键技术：环境感知、决策规划和控制执行。但实际上我们在环境感知部分，还需要定位系统来帮助我们车辆定位，下面将详细介绍这些内容。

10.3.1　环境感知

微视频 10-3：
环境感知

在智能驾驶的实际需求中，环境感知模块通过集成激光雷达、毫米波雷达、超声波雷达、视觉传感器如摄像头等传感器，能够全方位、实时地感知周围环境，为决策和控制模块提供精准的输入。环境感知需要从对象识别、场景理解、环境重建和状态监测等几个方面来分析感知任务。环境感知模块需要检测到的信息如下：

对象识别：道路标识（如车道线、交通标志、道路边缘、隔离物等）。

建筑物、路肩、绿化带等。

车辆、行人、自行车等。

场景理解：识别交通信号灯。

区分结构化道路（如高速公路、城市道路）。

判断周围车辆的行驶轨迹、速度分布。

根据识别的交通标志和道路标识，确定当前的交通规则。

环境重建：通过构建精确的三维环境模型，车辆可以更准确地计算行驶路径，优化行驶轨迹。

状态监测：车辆自身状态检测。

周围车辆状态检测。

1. 对象识别

在对象识别时，雷达、摄像头等各有优势，一般都会进行部署，如图 10.3.2 所示。激光雷达通过发射激光并测量反射回来的时间，生成车辆周围环境的三维点云数据，通过使用卷积神经网络算法，能够准确获取物体的三维信息，适用于静态物体和动态物体的识别。摄像头能够捕捉高分辨率的图像，一辆智能驾驶汽车通常包含多个摄像头，针对拍摄的图像同样采用卷积神经网络算法，提供丰富的颜色和纹理信息，有助于识别交通标志、车辆、行人等目标。毫米波雷达则主要用于测量车辆与前方物体的距离和相对速度，对雨雾等恶劣天气条件具有较好的适应性，适用于动态物体的检测。

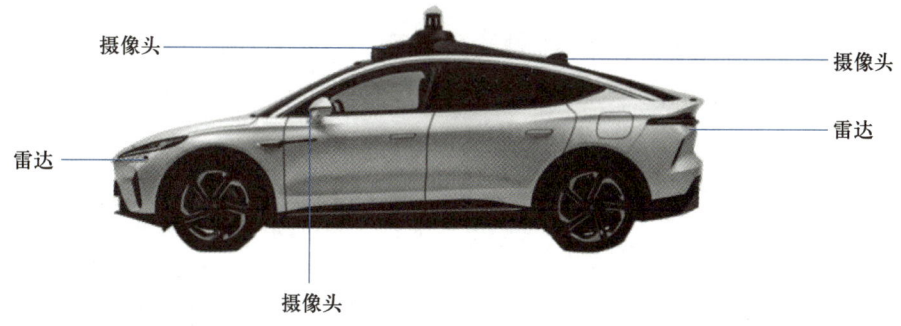

图 10.3.2 布置在一款智能车上的多个摄像头和雷达

2. 场景理解

场景理解时主要使用摄像头。它可以捕捉道路的全景图像，通过图像识别技术，提取出道路类型、交通流和交通规则等信息。例如，利用深度学习算法，摄像头可以准确地识别道路上的交通标志，分析周围车辆的行驶状态，为车辆提供全面的场景理解。

3. 环境重建

环境重建技术在智能驾驶中发挥着重要作用。它不仅可以帮助车辆理解周围环境的几何信息，还可以结合其他传感器数据（如全球导航卫星系统、惯性测量单元等），提供更全面的导航信息。通过构建精确的三维环境模型，车辆可以更准确地计算行驶路径，优化行驶轨迹。

4. 状态监测

状态监测主要通过集成各类传感器（如加速度计、陀螺仪等），监测车辆的行驶速度、加速度、转向角度等状态信息，以及发动机、制动系统等关键部件的工作状态。同样借助激光雷达、摄像头和毫米波雷达的数据，实时监测周围车辆和行人的动态信息如速度、方向变化等，以及道路条件的变化如湿滑、坑洼等。这有助于车辆提前预判潜在的危险情况，采取相应的避让措施。

10.3.2　定位系统

微视频 10-4：
定位系统

　　仅凭环境感知并不能确保车辆的安全行驶。定位系统的主要目的是实现智能驾驶汽车精确的定位。定位主要采用全球定位系统、惯性测量单元等传感器，为智能驾驶车辆提供速度、位置、姿态等信息。环境感知与定位系统共同为智能驾驶的决策层提供所需的所有信息。定位系统所需的位置定位信息包括车辆自身定位和周围物体定位两类。

1. 车辆自身定位

通过集成全球导航卫星系统、惯性测量单元等传感器，结合高精度地图，实现车辆在全球坐标系下的精确定位，如图 10.3.3 所示。这对于路径规划、导航和避障至关重要。

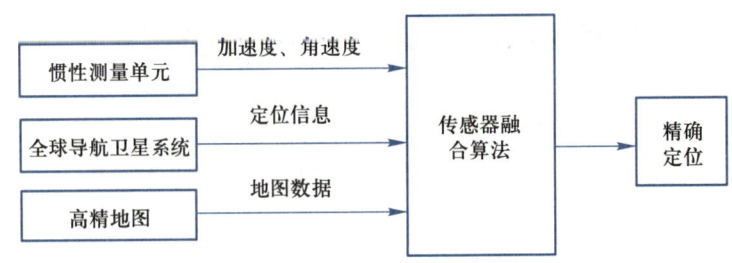

图 10.3.3　信息融合定位

其中，全球导航卫星系统通过接收来自多颗卫星的信号，利用三角定位原理计算车辆在地球表面的位置，如图 10.3.4 所示。惯性测量单元提供车辆的加速度和角速度信息，通过分析这些信息，可以估算出车辆的位移、速度和姿态。将全球导航卫星系统和惯性测量单元的定位结果与高精度地图进行匹配，以纠正定位误差，选择最可能的行驶路径。

2. 周围物体定位

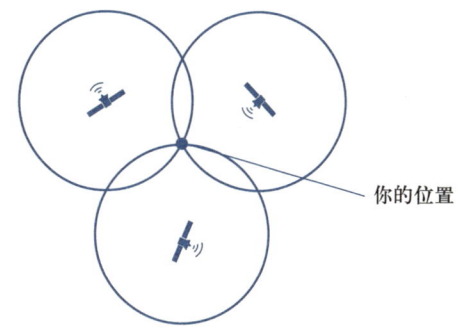

利用激光雷达、摄像头和毫米波雷达的数据，结合多传感器融合算法，确定周围物体的位置、大小、形状等信息。例如，激光雷达，可以提供障碍物的精确距离和形状信息，摄像头可以识别物体的类型和特征，毫米波雷达则可以测量物体的速度和相对距离。在自动驾驶等领域，单一传感器的数据往往存在误差和不确定性。为了更准确地感知周围环境，提高物

图 10.3.4　三角定位原理示例

体检测的准确性和可靠性，需要利用多传感器融合技术。这种技术可以将来自不同传感器的数据进行融合，充分利用各个传感器的优点，弥补各自的不足，从而提高整个系统的性能和可靠性。在多传感器融合中，深度学习融合算法可以将激光雷达提供的距离信息、摄像头提供的图像信息和毫米波雷达提供的速度信息进行融合，以实现对周围物体的精确定位和跟踪。

大国工程：北斗，夜空中最闪亮的"星"

我国的北斗卫星导航系统（beidou naviga-tion satellite system，BDS），始于 1994 年，2000 年成功发射第一颗卫星，开始区域服务；2012 年，北斗系统实现了亚太区域的覆盖；2020 年，北斗三号全球卫星导航系统全面建成，如图 10.3.5 所示，标志着北斗系统进入全球服务的新阶段，目前已有 46 颗北斗卫星拥有运行能力。

北斗卫星导航系统是我国着眼于国家安全和经济社会发展需要，自主建设、独立运行的全球卫星导航系统，是继 GPS（美国）、

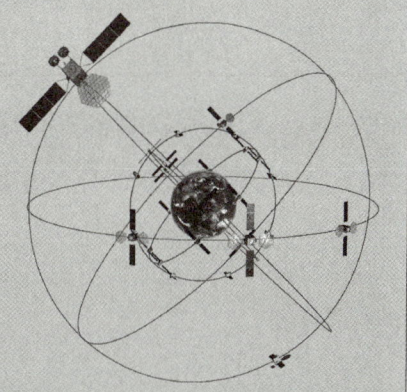

图 10.3.5　北斗卫星导航系统

GLONASS（俄罗斯）之后的第三个成熟的卫星导航系统，目前全球有四个卫星导向系统，还有欧盟的 GALILEO。

北斗系统自提供服务以来，已在交通运输、农林渔业、水文监测、气象测报、通信授时、电力调度、救灾减灾、公共安全等多个领域得到广泛应用。

北斗系统不仅属于中国，更是属于全世界。孙家栋院士曾言："北斗必须走向国际，因为卫星本质上是全球化的。其服务对象完全能够满足全球范围内的应用需求。"此言不仅展现了我们对北斗系统的自信，更彰显了我国作为一个大国的责任与担当。

当我们仰望星空，目睹那夜空中最为璀璨的"北斗星"，我们应感到无比自豪。因为那是我国自主研发的卫星导航系统，是无数科技工作者夜以继日、辛勤耕耘的成果，是我国综合国力与科技水平的象征。

10.3.3　决策规划

微视频 10-5：
决策规划

决策规划模块主要是为智能驾驶汽车规划出一条安全、舒适的轨迹，并在合理的时间内到达规划的目的地。从功能上说，规划主要实现了三个功能：路由寻径、行为决策和轨迹规划，信息流如图 10.3.6 所示。

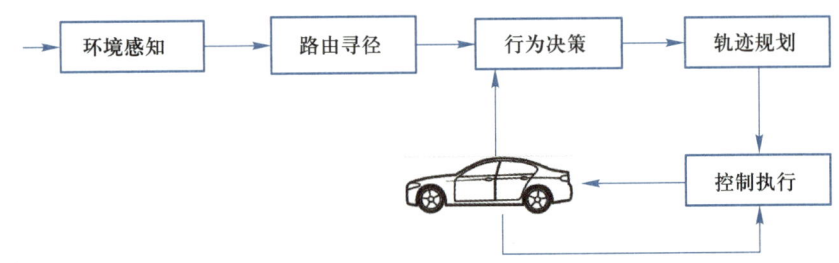

图 10.3.6　决策与轨迹规划

1. 路由寻径

路由寻径是在宏观路网层面上进行的，它会根据道路的布局和连接关系，为车辆规划出一条从起点到终点的行车路线。这条路线是精确到车道级别的，意味着它不仅会告诉你走哪条路，还会告诉你走哪条车道，从而确保车辆能够顺畅地通过各个路口和路段。路由寻径反映了道路前后的衔接关系，让车辆能够提前了解前方的路况，制订出合理的行驶计划。

路由寻径的实现方式，根据已知的电子地图和起点终点信息，采用路径搜索算法（如 A＊算法或 Dijkstra 算法）搜索出一条最优化的全局期望路径。这种最优化可以是基于时间最短、路径长度最短等标准。值得注意的是，全局路径规划可以在行驶前离线进行，也可以在行驶过程中不停地重新规划，以适应不断变化的路况和驾驶需求。

全局规划的重要作用在于为车辆提供一条全局路径指引，避免车辆盲目地探索环境。在不同的环境下，全局规划会选择不同的择优标准。例如，在平面环境中，通常会以路径长度最短或时间最短为最优标准；而在越野环境中，由于路况复杂多变，全局路径规划则经常以"安全性"为最优标准，同时考虑路径的可行宽度和路面不平度等因素，以确保车辆的运行安全。

作为整体智能驾驶汽车控制规划系统的最上游模块，路由寻径模块的输出严格依赖于智能驾驶汽车高精地图（HID-Map）的绘制。在高精地图定义绘制的路网（road graph）的道路（lane）划分的基础上，以及在一定的最优策略定义下，路由寻径模块需要解决的问题是计算出一个从起点到终点的最佳道路行驶序列。这意味着路由寻径不仅要考虑道路的连通性和可达性，还要结合高精地图提供的详细信息（如车道宽度、路面材质、交通标志等）来做出最优的决策。

2. 行为决策

行为决策是在微观层面上进行的，它根据车辆当前的位置、速度、周围环境以及驾驶目标，决定车辆应该采取何种行驶方式。这些行驶方式可能包括轻微绕行以避开拥堵、换道绕行以超越慢车、减速以让行行人或其他车辆、加速以跟上车流、抢行以通过交叉口、停车以等待信号或遵守交通规则，以及跟车以保持安全距离等。行为决策是车辆行驶过程中的"大脑"，它根据实时情况做出决策，指导车辆安全、高效地行驶。

在智能驾驶领域，行为决策模块扮演着至关重要的角色，同时也是技术上的一大挑战。行为决策涉及车辆在行驶过程中所采取的驾驶策略，涵盖了行驶、跟随、转弯、变道以及停车等多种操作。其核心目标在于确保无人驾驶车辆的安全行驶，并严格遵守交通法规，同时为路径和速度的优化提供必要的限制性信息。行为决策的输入数据不仅包括路由结果信息，更依赖于对周围路况的实时监控。实时路况信息主要分为三类：第一是道路结构信息，包括当前车道、相邻车道以及汇入路口等；第二是交通信号和标志信息，如信号灯、人行横道、停车标志等；第三是障碍物信息，涉及障碍物的种类、位置、尺寸、速度以及可能的未来运动轨迹。行为决策的输出结果则包括三个主要方面：首先是路径信息，涉及路径长度及左右边界；其次是路径上的速度限制；最后是时间上的位置限制。

行为决策的实现有四种模型：有限状态机模型、决策树模型、基于知识的推理决策模型和基于价值的决策模型。其中有线状态机模型简单易行，应用也比较广泛，Apollo中的场景决策就是采用这种模型。行为决策模型主要做的决策类型有直线行驶、超车行驶、左转行驶、区域行驶、堵塞处理、交通流汇入处理等，最后再将这些决策进行融合，得到最终的决策结果，并作为轨迹规划的目标参考和限制。

3. 轨迹规划

先前所述的路由寻径属于道路级别的规划范畴，而轨迹规划则专注于轨迹级别的详细规划。在获得全局道路级别的规划方案之后，车辆在行驶过程中仍需留意地图上未标识的行人、其他车辆等动态信息。通过规避这些障碍物或跟随其他车辆，以防止发生碰撞，即为轨迹级别的规划。具体情形可参照图 10.3.7 所示。轨迹规划则是根据行为决策的结果，在微观层面上生成一条符合决策要求的时空连续轨迹。这条轨迹不仅考虑了车辆的位置和速度，还考虑了时间因素，确保车辆能够按照计划的时间节点到达指定的位置。与行为决策相比，轨迹规划的输出信息更加具体和详细，它直接对应着车辆的具体运动过程，包括车辆在每个时刻的位置、速度和加速度等。轨迹规划是车辆行驶过程中的"执行者"，它将行为决策的意图转化为具体的运动轨迹，指导车辆实现安全、顺畅的行驶。

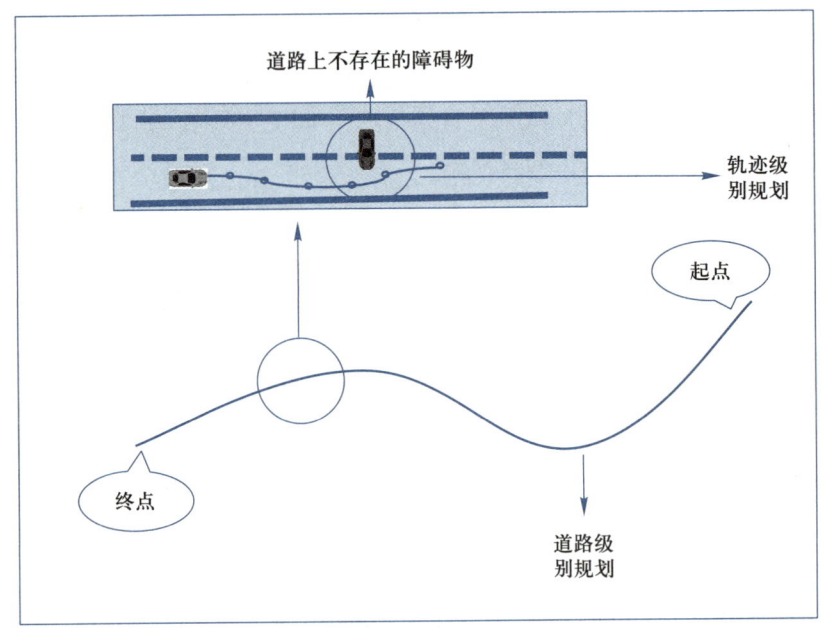

图 10.3.7　轨迹规划示意图

轨迹规划的输入与行为决策相似，除了行为决策的输出信息外，它还包括了实时的周围路况信息、道路结构信息、交通信号和标志以及障碍物信息。其输出是一条稳定且平滑的轨迹点序列，其中涵盖了每个点的位置和时间信息。轨迹由一系列车辆的位置点和到达这些点的时间戳构成，如图 10.3.8 所示。凭借这些信息，我们能够确保车辆在特定时间点通行时，不会与其他车辆发生碰撞。

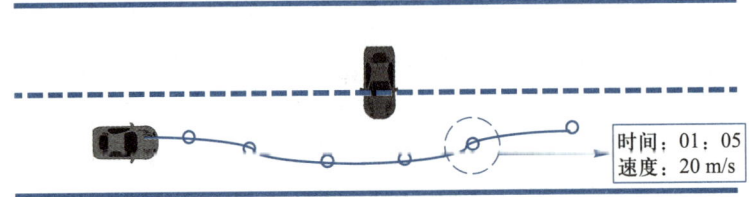

图 10.3.8　轨迹规划输出轨迹点（位置＋时间）示意图

对于轨迹优劣的评估主要涉及三个维度：无碰撞、舒适度以及可执行性。无碰撞指的是在行驶过程中，车辆能够避免与其他车辆在时空上产生交集。舒适度则关注于车辆路径和速度的平稳性，以确保乘客的舒适体验。可执行性则需考虑车辆自身的物理限制，例如高速行驶的车辆无法直接执行 180° 的转弯。

10.3.4　控制执行

微视频 10-6:
控制执行

智能驾驶的控制执行，也称"底层控制系统"，是智能驾驶技术的核心组成部分。为了更深入地理解控制模块的具体作用，我们不妨先探讨一下：何为控制？为了清晰地梳理这一问题，让我们共同完成一个倒水任务，如图 10.3.9 所示。当前目标是将水壶中的部分水倒入水杯中以供饮用。在潜意识中，我们会根据口渴程度预设一个水杯，并期望达到特定的液面高度。此时，我们需要考虑的是如何高效地控制手倾斜的角度，以顺利完成倒水任务。

在倒水前，我们注意到水杯中的液位较低，距离目标液位有较大差距，这便是控制中需关注的偏差值。凭借生活经验，我们会自然地加大手倾斜角度，以加速水壶中液体的流出。随着水杯中液位不断上升，我们又会逐渐减小倾斜角度，以减缓水流速度。直至液面精确达到期望高度，这一控制过程

图 10.3.9　倒水示意图

便告完成，且这一过程属于反馈控制。在这一控制过程中，我们依据液面偏差的大小，动态调整水壶的倾斜角度。通过上述倒水例子的介绍，相信大家对简单的控制过程已有了较为清晰的理解。

对于一辆车而言，控制究竟是基于什么原理发挥作用呢？一辆车该如何进行有效控制？考过驾照的朋友都清楚，关键在于加速踏板和方向盘。控制模块旨在模拟人类驾驶过程，以达到与经验丰富的司机相似的驾驶效果。实际上，对于刚拿到驾照的新手司机，我们的期望往往只是他们能够平稳、顺畅地操作方向盘，避免剧烈踩踏加速踏板和制动踏板，而不会过多关注乘车体验。然而，对于智能驾驶的控制模块，我们暂且不探讨其他复杂因素。方向盘、加速踏板、制动踏板和挡位是我们与车辆交互的主要方式。如何确保车辆平稳、安全地行驶，提升乘客的乘车舒适度，并在紧急情况下迅速刹车，这才是我们控制的核心目标。

那么，为了实现良好的车辆控制，我们需要获取哪些数据进行计算呢？从图 10.3.10 中可以看出，车辆的控制模块需要整合其他三部分的信息：规划部分提供的导航运动轨迹信息，定位系统给出的实时车辆位置信息，以及车辆底盘反馈的状态信息。控制模块在获取这些上游数据后，通过相应的算法，计算出车辆应如何转动方向盘、如何踩踏加速踏板或制动踏板。这样一来，我们就完成了车辆的整个控制过程。

在控制模块中，我们会针对一些特定的问题进行建模与转化，一方面是为了求解的准确，另一方面是为了适当简化计算方式。如：我们将全球导航卫星系统、惯性测量单元及高精度地图的数据，通过坐标变换统一到一个坐标系中，消除设备间的测量误差差异，实现厘米级定位。但是直接从厘米级

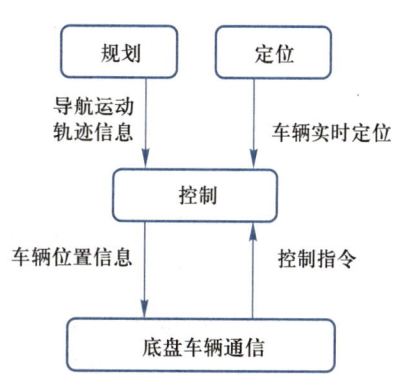

图 10.3.10　控制模块信息流

坐标系模型计算得到控制速度、加速度、方向盘转角等信息成本过高，且无法满足实时性要求。因此，我们把智能驾驶控制过程，转化为了根据坐标系 Y 轴信息测量横向偏差，根据坐标系 X 轴信息计算跟车距离两个问题。通常在智能驾驶控制执行模块中称为横向控制与纵向控制。

横向运动控制模块依据决策层所提供的期望行驶轨迹，通过复杂的计算和分析，解算出精确的转向盘转角等横向控制指令，确保车辆在转弯、变道等横向运动过程中能够精准响应，保持良好的操控性能。

纵向运动控制模块则负责车速的调整，以适应不同的交通状况和驾驶需求。纵向运动控制模块同样基于决策层给出的期望行驶轨迹，通过精细化的计算，解算出加速踏板角度和制动踏板角度等纵向控制指令，确保车辆在加速、减速等纵向运动过程中能够平稳过渡，提供舒适的驾驶体验，同时保证行驶的安全性。

*10.4　拓展：无人机

10.4.1　无人机的概念和分类

无人机，全称无人驾驶飞机，属于智能驾驶的一种，是一种无须人为操控即可自主飞行或远程遥控飞行的飞行器。根据用途和尺寸，无人机可分为军用无人机、民用无人机以及微型无人机等。军用无人机多用于侦察、打击等任务，而民用无人机则广泛应用于航拍、农业监测、环境监测等领域。微型无人机则因其小巧轻便、便于携带的特点，被广泛应用于娱乐、教学等领域。

10.4.2　无人机的技术特点和优势

无人机由机身、发动机、控制系统和载荷系统组成。其中，机身是无人机的主体结构，发动机提供动力，控制系统控制无人机的运动，载荷系统用于携带各种设备和传感器。

无人机的控制系统主要由飞控系统、遥控器和导航系统组成。飞控系统是无人机的大脑，它可以控制飞机的姿态、飞行高度和飞行速度等参数。遥控器是操作无人机的工具，通过遥控器可以控制无人机的飞行、拍照和录像等功能。GPS 系统则可以定位无人机的位置和飞行轨迹，以确保无人机飞行的精度和安全性。

无人机具备高度机动性、灵活性及作业效率高等特点。其搭载的先进飞行控制系统能够实现自主飞行和精准定位，同时，高清摄像头、传感器等设备的搭载，使得无人机能够实时传输高清图像数据，为各种应用场景提供有力支持。此外，无人机还具有成本低、易操作等优势，使得其在各个领域得到了广泛应用。

10.4.3　无人机的应用场景

随着无人机技术的不断发展，它在各个领域的应用前景十分广阔。下面介绍一些典型的应用场景。

1. 农业监测

无人机可以通过搭载多种传感器，如红外传感器和光学传感器等，监测农田的植被生长状况和土壤水分状况，提高农业生产效率和农产品质量。

2. 建筑检查

无人机可以在建筑物外部进行检查，包括检查外部结构、雨水管道、通风管道等，减少了人工检查的风险和成本。

3. 环境监测

无人机可以搭载各种传感器，如气象传感器、空气质量传感器等，监测空气质量、水质和气象等情况。

4. 物流配送

无人机可以通过自主飞行或遥控飞行，将包裹和货物快速送达目的地，减少人工成本和时间。

5. 安全监控

无人机可以进行巡逻和监测，如监测城市道路交通情况、检查交通事故现场、监测森林火灾等，提高监控效率和减少人工风险。

思考与练习

1. 如何确保智能驾驶汽车的安全性？
2. 智能驾驶的定义是什么？它如何改变人们的出行方式？
3. 智能驾驶技术的安全性如何保障？
4. 智能驾驶技术如何与智能城市、智能交通系统等其他智能技术相融合？

*第11章
未来技术

通过一个学期的学习，小智对人工智能有了充分的了解，也掌握了不少人工智能的技术和应用，只是小智最近有些困惑：人工智能技术近几年发展迅速，尤其是生成式人工智能应用日趋广泛，未来，我们如何辨析哪些是真实的？哪些是生成的呢？下一个技术突破可能是什么？奇点何时到来？是不是很快就可以实现通用人工智能，到那时人类还是地球的主人吗？在技术发展上人类会走哪些技术路线来保证人类的尊严和自主性呢？这一章我们将探索这些问题。

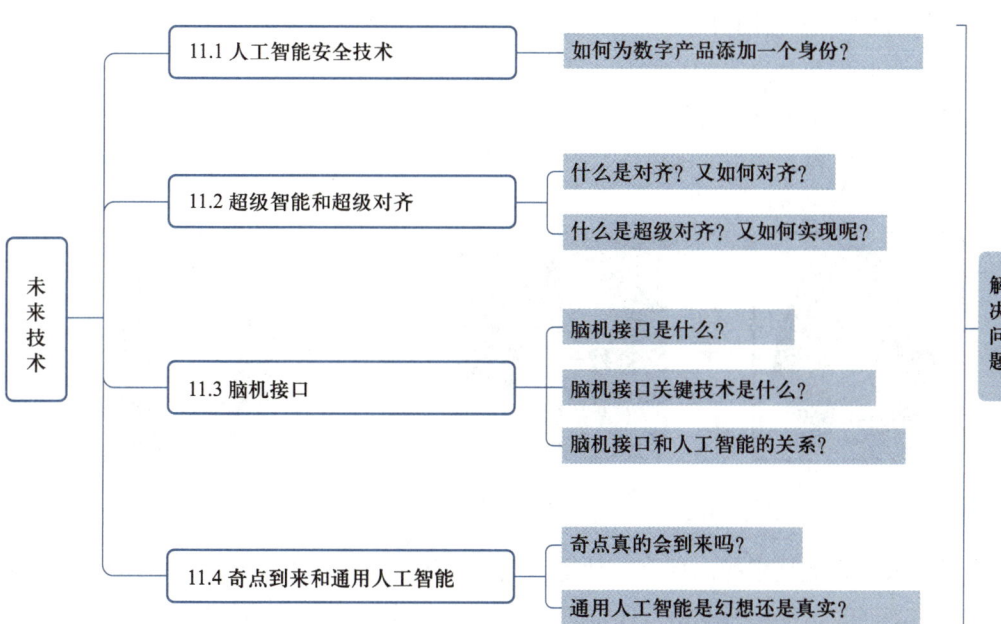

11.1　人工智能安全技术

　　现在，不管是文字生成、图像生成、声音合成或是视频生成，到处都是生成式 AI。随着技术的发展，这种生成式 AI 生成的内容越来越符合人类的需求和期待，一方面把人类从众多的繁重工作中解放出来，另一方面，我们不得不承认，由于大量生成式 AI 充斥在真实的内容中，我们几乎要分不清哪个是真实的内容，哪个是生成式 AI 生成的了，当然，也许你会问，谁会在乎呢？只要内容符合人类的需求、满足人类的期待不就可以了吗？可假如遇到这样的场景呢？

> 　　小智的妈妈今天收到小智的视频电话，说学校要求参加一个培训，让妈妈给她交一下这个培训的费用 1880 元，这个培训的缴费链接培训方会发短消息给她。小智的妈妈像大多数普通妈妈一样，毫不犹豫地交了这笔培训费。

　　可实际情况是小智没有给妈妈打电话，学校更没有要求小智参加一个培训。那这是怎么回事呢？视频电话中的小智是生成的，声音是合成的，培训是编造的，而小智妈妈交的培训费是真实的。现在你明白了吗？这是利用生成式 AI 进行诈骗，是一种利用深度伪造技术的诈骗。

　　深度伪造技术是一种利用生成式人工智能技术合成图像、音频和视频，使合成的内容看起来或听起来非常真实的一种技术手段，如图 11.1.1 所示。在技术手段上，主要利用生成对抗网络等深度学习方法来进行大样本学习，将个人的声音、面部表情及身体动作拼接合成虚假内容，常用的深度伪造有 AI 换脸技术、声音伪造、微表情伪造等。

 +  =

图 11.1.1　换脸技术

　　生成式人工智能技术的出现，尤其是生成式视频、音频和多模态生成的出现，在带给人们便利的同时，也让深度伪造现象"增多"，而且让伪造"逼真"成为可能。

　　数字认证在这样的背景下充分发挥作用显得尤为必要。数字认证技术的目的就是要给真实的内容打上标签，让人们能够区分哪些是 AI 生成的，哪些是人类创作的。目前很多人士已经意识到生成式 AI 带来的问题，以 Adobe 等公司为代表，已经开始着手研究基于生成式 AI 的数字认证技术。

就像我们每个人都有一个身份证一样，数字认证就是给每一个数字产品一个公开的数字认证身份。数字认证通过公钥和私钥来实现，公钥是公开的加密方法，当然，公钥虽然公开，但必须保证真实，就如派出所的 110 电话一样。数字证书的生成过程如图 11.1.2 所示。

微视频 11-1：数字安全问题和数字认证技术

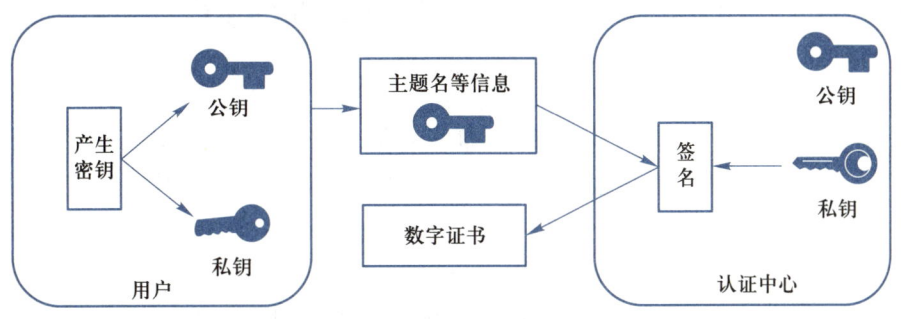

图 11.1.2　数字证书的产生过程

数字证书的产生过程是这样的：

第一步：在用户端，基于认证中心公开的基础设施平台随机产生一对密钥，包括公钥和私钥。

第二步：把主题名等信息，连同公钥一起发给认证中心，认证中心核对公钥无误后，利用认证中心的私钥生成数字认证，这个数字认证就可以对社会公开。

第三步：如有需要，用户就可以用自己的私钥来进行验证。

这个过程就有点像我们去派出所办理身份证，并使用身份证的过程，其两者的类比如表 11.1.1 所示。

表 11.1.1　数字认证证书和身份证对比

身份证	数字证书
姓名	主体名
身份证号	序列号
起止日期和终止日期	起止日期和终止日期
签发者	发证机构
照片	公钥
签章	数字签名

但实际上除了上述方法外，数字人认证、活体检测等也属于数字认证的一种；另外微软推出了全球首个生成式人工智能专业证书认证，亚马逊云科技也推出了 AWS

Certified AI Practitioner 认证等。通过这些方法和手段，从而在有必要进行验证的场合进行验证来保证数字内容的真实性。

有了数字认证以后，我们在使用数字产品时，可根据需要通过私钥是否匹配进行验证，从而能对数字产品辨别真伪。

11.2　超级智能和超级对齐

就像小智担心的那样，随着 AI 技术的快速发展，人工智能开始有自我学习能力，在算法章节提到的机器学习就是典型代表，而且其发展速度并不会像人类进化那样，要经过以万年或亿年为单位的漫长历程。只要数据量够大、算法够优、算力够强，人工智能可以在短时间内完成进化，如 Alpha Zero 从零开始学习国际象棋，到完全掌握只需要9 个小时。现在的问题是，如果人类的进化符合达尔文的适者生存原则，那么人工智能的成长是否有标准呢？尤其是超级智能来临的时候。对齐、超级对齐就是基于这种背景下运用而生的，也就是说当超级智能来临时也需要有超级对齐来匹配，如图 11.2.1 所示。那什么是对齐，什么是超级对齐呢？对齐的对象是什么？如何对齐？

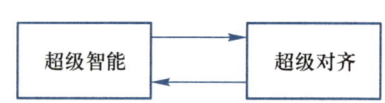

图 11.2.1　超级智能需要超级对齐

11.2.1　对齐

微视频 11-2：对齐概念和对齐方法

对齐这个概念首先是在 Open AI 的 GPT 中使用的，是指大模型生成的语言文字内容既要合法又要符合道德标准，避免触碰言论红线。自 GPT2 开始，采用有监督微调（supervised fine-tuning，SFT）和人类反馈强化学习（reinforcement learning from human feedback，RLHF）进行对齐。这个过程如图 11.2.2 所示。有关监督微调和人类反馈强化学习在生成式人工智能章节有介绍，在这里就不再赘述。

图 11.2.2　大模型训练中的对齐

我们知道 GPT 中的 P 是 Pre-trained，也就是"预训练"，在这个阶段会消耗大部分算力资源，因为只有使用大量的数据反复训练才能获得足够聪明的大模型。但是由于人类社会本身就包括可能"有毒"的大量数据，又不能筛除掉这些数据，因此预训练后的模型可能会生成诸如诈骗指南的有毒信息。为了避免这种情况，Open AI 设立明确的对齐标准，确保模型输出内容不违反法律，但实际上比识别明确法律条文更困难的是识别人类隐含的道德标准。

Open AI 解决这类问题的方法先采用有监督微调，是指在已经预训练的模型基础上，使用标注数据集进一步微调模型以执行特定任务，如文本分类、情感分析、机器翻译等，以优化模型的表现。这里的意思是：预训练模型已经在大规模文本数据上学到语言的基础规律，而在特定任务中，模型可能还需要进一步的调整以适应任务的数据分布和用户偏好。

再采用人类反馈强化学习，从真人反馈中获得人类的道德标准，并用这些反馈来建立"奖励模型"，用来进一步微调预训练模型，举个例子，同学 A 想请同学 B 去参加辩论社团，同学 B 想拒绝，但又不能说讨厌辩论社，于是对同学 A 说："我已经参加了编程社，并且学习压力大，没有时间参加了"，通过模拟这种人类互动模式，语言模型被奖励生成更委婉的回应，以避免触碰法律和道德红线。从而确保模型能更好模拟人类反应模式，提供更符合人类价值观的回答，这就是对齐。可见大模型对齐的对象是以人类行为、法律法规、社会规范和道德标准为参考，对齐的目标是让人工智能更符合人类的需要、要求和标准。那什么是超级对齐呢？

11.2.2 超级对齐

通过上面的描述我们了解对齐的目标是让 AI 的回答和人类的主流价值观一致。随着技术的发展，未来十年或数十年内，也许会创造出智能程度远超人类的通用人工智能。到时候，人类怎么去监督 AI 呢？同时让 AI 系统进一步的进化和提升呢？我们必须意识到人类不得不面对人类监督机制早晚会淘汰的事实，当 AI 能力超越人类时，人类监督机制到达临界点，这时人类很难给出可靠的监督，当然监督机制也就很难再发挥作用，如图 11.2.3 所示。

微视频 11-3：
超级对齐和
实现

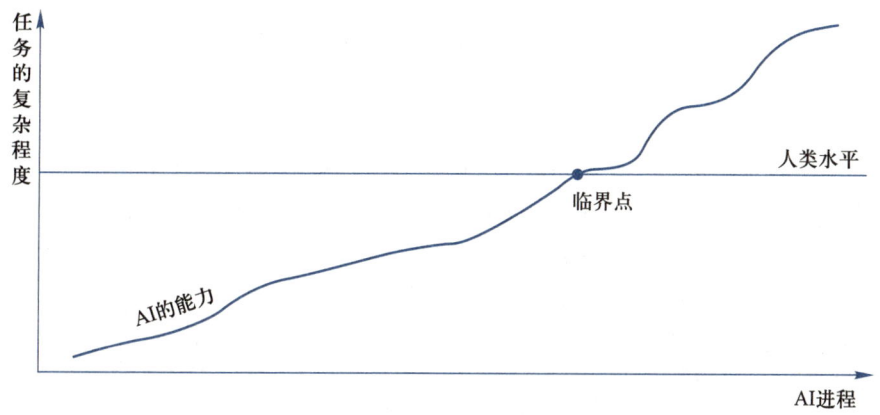

图 11.2.3 当人类监督机制到达临界点

针对当超级智能出现的时候如何实现人类对人工智能的监督机制问题，OpenAI 在 2023 年提出用 AI 来监督 AI 的方法，创造出超级对齐（super alignment）的概念。希望确保人工智能在任何时候都符合人类的利益和价值观，因此也叫人类偏好对齐。这一概念的提出，主要是为了应对超级智能可能带来的风险。哲学家 Nick Bostrom 在其 2014 年出版的《超级智能：路径、危险、策略》一书中就指出，超级智能如果被创造出来，将很难控制，可能会为了实现自己的目标而采取不受人类欢迎的行动。因此，OpenAI 希望通过超级对齐的研究，构建一种值得信任的人类水平的 AI 系统，以确保其安全性和可控性。

OpenAI 提出的思路是当 AI 水平超过人类时，AI 仍可以持续的进步，方法就是基于人类的可扩展监督下（scalable oversight，指的是如何利用 AI 系统/弱人工标签来协助对其他强大 AI 系统的监督），提出从弱到强的泛化（weak-to-strong generalization），意思是利用深度学习的泛化特性来控制弱监督下的强模型，就是从弱到强的泛化能力，如图 12.2.4 所示。这里深度学习的泛化特性指的是模型对于新数据的适应能力，即模型能否对于未在训练集中出现的数据进行准确的预测。换句话说，泛化性关注的是模型在未知情况下的表现能力。一个具有很强泛化性的模型能够在不同的数据集上都表现出色，而不仅仅是在训练集上表现良好。

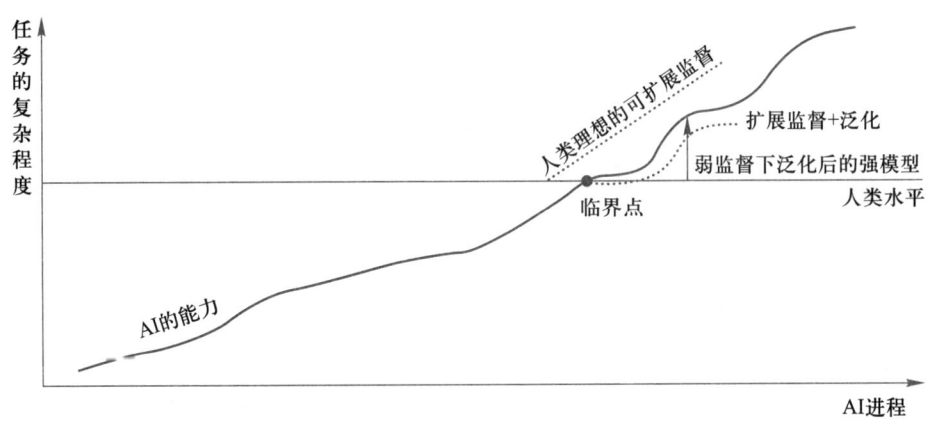

图 11.2.4　超级对齐的思路

这里人类理想的可扩展监督并不能直接达成，而是通过可扩展监督配合从弱到强的泛化来实现弱监督下的强模型。其理念相当于"只有状元学生，没有状元老师"的思想，让经过监督微调、符合人类价值观的小模型如 GPT-2 去训练强模型如 GPT-4。实现秀才"先生"教出"状元"学生的目的，OpenAI 做个很形象的类比，如图 11.2.5 所示，这就是 weak-to-strong generalization 即从弱到强的泛化，这里的老师是指监督，这里的学生是指训练出来的大模型。从实践来看，目前 weak-to-strong generalization 更多的是一种理念，真实的实践效果还需验证。

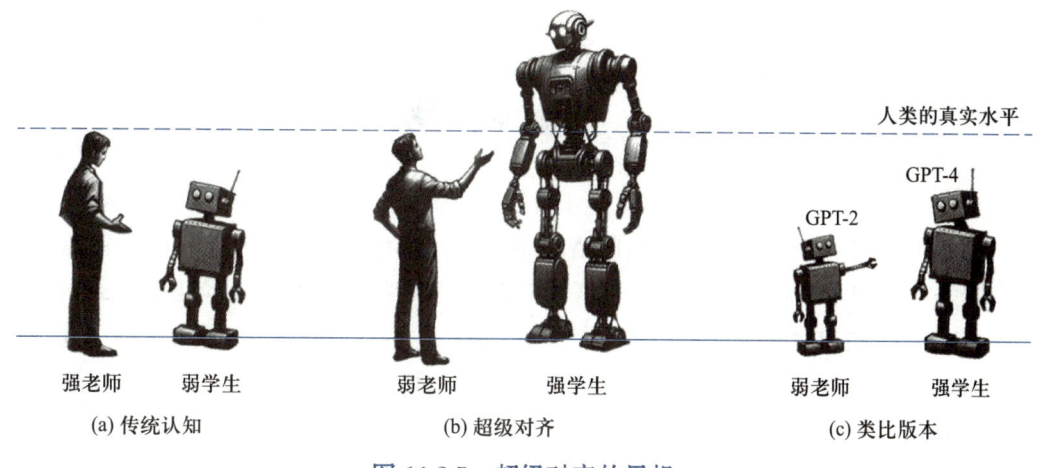

图 11.2.5 超级对齐的思想

大模型的预训练–对齐–超级对齐过程如图 11.2.6 所示。

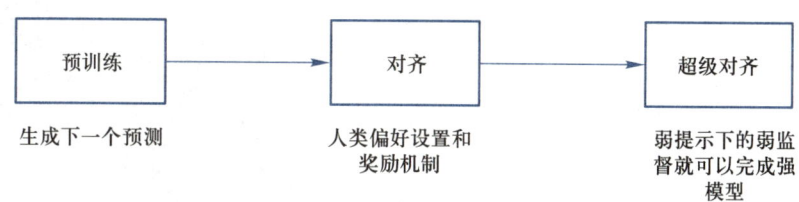

图 11.2.6 大模型训练过程的对齐和超级对齐

未来的发展趋势是超级对齐，超级对齐理想中是一种自动化的对齐方法，这种自动化的方法是指能自动去发现大模型的一些漏洞，并能自动进行修复，修复以后能不停地去迭代。这种思想的实现机理可以描述为如图 11.2.7 所示。这里"攻击者"通过对"需要优化的模型"进行专门的攻击来发现漏洞。批评家模型会提供一些反馈，就是结果是好还是不好，然后反复迭代来提升模型性能。

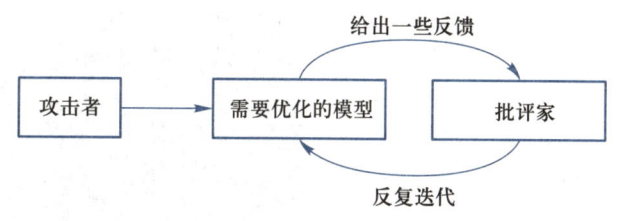

图 11.2.7 超级对齐的实现机理

虽然 OpenAI 的超级对齐团队后来因为内部纷争而解散，但超级对齐概念的提出，反映了人们对于 AI 系统安全性和可控性的关注，也是未来 AI 研究的一个重要方向。这和大模型的工作趋势"局部到整体，从表面到中间层，从理解到控制"仍保持一致。

11.3　脑　机　接　口

说起脑机接口，很多电影画面闪现在脑海中，如在电影《阿凡达》中，主角杰克因双腿瘫痪而加入"阿凡达"计划。该计划通过将人类 DNA 与潘多拉星球上的纳美族 DNA 结合，创造出可由人类意识控制的"阿凡达"身体，杰克通过阿凡达身体进入潘多拉星球，执行侦察任务；在电影《盗梦空间》中科布是一名经验丰富的盗梦者，专门潜入他人梦境，通过意念窃取机密。而现实世界中埃隆·马斯克的脑科学公司 Neuralink，2021 年实现了植入芯片的猴子可以用意念在计算机前打游戏，如图 11.3.1 所示；2025 年美国密歇根大学安娜堡分校则发文公布了一项利用脑机接口驾驶无人机的技术，成功令一名 69 岁的瘫痪男子在软件中模拟驾驶一台无人机飞行。这种用意念控制行动，到底是科幻还是现实？是什么技术能如此神通广大呢？它们和人工智能有关系吗？这就是我们今天要讨论的脑机接口。

图 11.3.1　猴子用意念打游戏

11.3.1　什么是脑机接口？

脑机接口的概念是 1973 年加州大学洛杉矶分校的雅克·维达尔提出来的，描述大脑和外部机器之间的一个直接连接，可以实现大脑和机器之间的交流。通俗地说，脑机接口相当于是在大脑与外部设备之间建立起一座直接连接的桥梁，可以形象地认为就是连接大脑和外部设备的"数据线"，如图 11.3.2 所示。

你可能产生疑问，脑机接口不是在大脑里装个芯片吗？其实脑机接口常见有三种形式，分别为侵入式、半侵入式和非侵入式，具体描述如下：

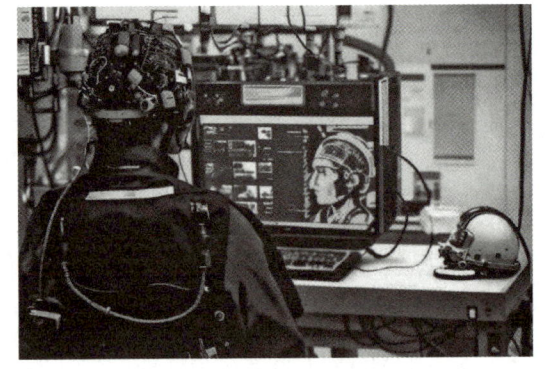

图 11.3.2　脑机接口

（1）侵入式脑机接口。侵入式脑机接口就是把芯片安装在大脑里，把采集数据的探针插入脑组织内。这种形式也是脑机接口早期发展的主要形式，典型代表就是埃隆·马斯克的 Neuralink 公司，由于采用芯片植入，数据采集信号好，但手术风险高，成本也高，短时间内很难普及。最大挑战一个是植入的脑机接口会面临"维修"的可能，二是大脑可能存在排他反应。目前，人工耳蜗属于典型的侵入式脑机接口。

（2）半侵入式脑机接口。半侵入式脑机接口是在大脑皮层上贴一片传感器，将电极放置在大脑皮层表面来采集大脑皮层信号。一种典型的应用是脑皮层电图。优点是采集信号好，手术风险相对较小，但缺点是仍需要开颅手术。

（3）非侵入式脑机接口。非侵入式脑机接口主要通过佩戴装置获取信号，不需要将电极植入大脑内部，只需要将电极附着在皮肤表层上，由于颅骨对信号的衰减作用和对神经元发出的电磁波的分散和模糊效应，获取的信号的分辨率有限。挑战是脑电信号本身很弱，相当于一节 5 号电池的百万分之一，还会有很多外界的干扰信号，如地球的磁场、荧光灯的交流电等都起干扰作用，这让本来就难测的信号更难测量。非侵入式脑机接口典型应用有医院的脑电图、仿生手等。同时也正是由于非入侵脑机接口的出现和发展，使脑机接口这种技术的应用大众化成为可能。

11.3.2 脑机接口的关键技术

要了解脑机接口，首先需要了解我们的大脑，大脑是由大量神经元组成的控制器，通过口、鼻、眼、耳、舌等接收外界的信号，然后再向我们的肌肉发出控制信号，和计算机的工作原理很像，如图 11.3.3 所示。

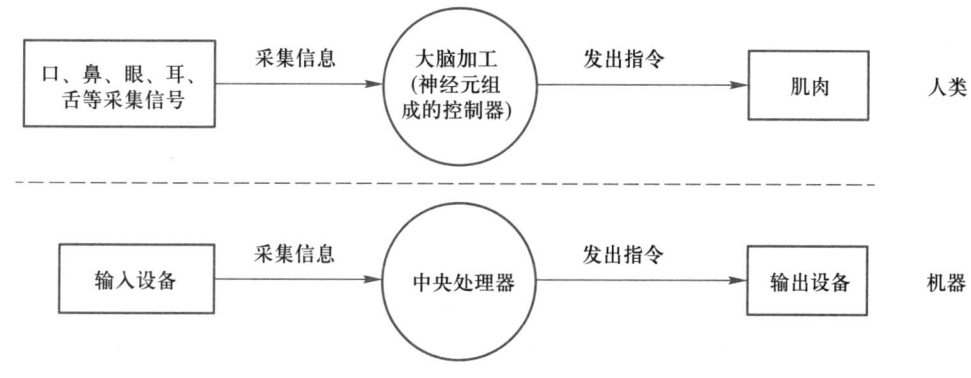

图 11.3.3　人类和机器的工作方式对比

由于我们的大脑会产生生物电信号，脑机接口从技术上讲就是研究如何采集大脑的生物电信号，然后对生物电信号进行解读，并把它转换为机器指令，直接操控外部设备的技术，思路如图 11.3.4 所示。

脑机接口的性能核心在于对大脑生物电信号捕捉的清晰度、转化的精准度，前者靠电极（实际上也是半导体），后者靠算法。电极相当于一个"传感器"，在侵入式脑机接口中，电极植入脑内，"读取"大脑生物电信号，读到的信号就是一种脑电波，做脑

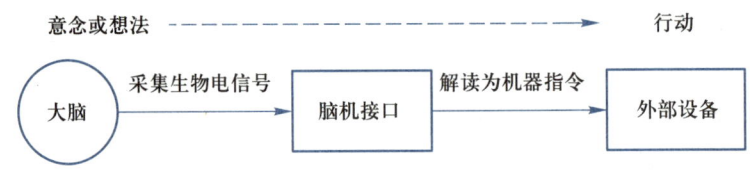

图 11.3.4 脑机接口工作思路

电图的时候看到的就是这样一种波。在非侵入式脑机接口中，可以在大脑外面来测量和记录电压的变化，通过 64~256 之间不同数量的电极来测量，常见的脑机接口中戴的帽子实际上就是电极，或者像脑磁就是提前布置好电极的头盔。你可能会问，既然非侵入式可以测量，为啥还要采用侵入式开颅手术呢？原因是非侵入式采集信息非常不容易，举个例子，我们有一个班级关着门在教室上课，侵入式就相当于进入教室里，会清楚教室开展的教学活动；而非侵入式就相当于我们在教室外边，把耳朵贴在墙上去监听，想知道教室里发生的细节，当然就不那么容易了。

算法，相当于一个"翻译官"，把大脑意图精准解析出来。目前的大模型支持下的 AI 算法可以帮助编译脑电波，可以较好理解人的意图。

可见半导体和 AI 对脑机接口非常重要，随着半导体技术的发展和 AI 技术大爆发，脑机接口也可能迎来一个新的拐点。

趣味科学小知识

你知道吗，我们大脑有一种特殊的波 N400，N400 对匹配失调活动冲突的语义关系非常敏感，冲突越激烈，引起 N400 的成分就会越大。你能想象一下你吵架的时候，是不是就是 N400 成分很多的时候。

11.3.3 脑机接口的应用场景

还记得 2014 年巴西世界杯开幕式上，高位截瘫的巴西青年用意念为世界杯开球那件事吗？其实那时已经实现了意念控制行动；目前在军事上，意念控制无人机技术正逐渐走向成熟。可以想象不久的未来，脑机接口广泛应用于医疗、娱乐、军事、教育等多个领域。如在智能家居领域，借助脑机接口，用户能用大脑意念操控家中智能设备，享受便捷个性化的家居体验；下班回家时，脑海中想象打开空调、调节灯光亮度，脑机接口系统便能将指令传至对应设备自动执行；在娱乐游戏领域，脑机接口技术让玩家深度沉浸虚拟世界，交互体验更真实，为玩家带来全新的游戏体验。

当然，脑机接口的终极目标是增强人类的感知能力，成为超人类，想象一下，经过改造你成了生化人，记忆力增强、听力增强、表达能力增强，甚至还可以飞翔，那不就是超人吗？从这个意义上，人类不再受限于现有的感觉器官，如把蝙蝠的回声定位能力通过人机接口融合到人类的能力上，这也意味着对人体机能进行扩展，让人类拥有人类本来所不具备的能力。

像米格尔·尼科莱利斯在《脑机穿越》中讲述的那样，在"人机融合"的未来，在科技的驱动下，科幻大片的场景会逐渐走入现实。人类通过思维控制人造工具这件事，如今听起来可能无法想象，在未来可能会成为常态。

11.3.4　脑机接口和人工智能的关系

从功能上说脑机接口和人工智能虽然出发点不同，但它们共同的目标都是帮助人类扩展能力。现阶段，脑机接口是人机交互手段；未来，可能是实现人机两种智能紧密融合的手段。

从技术角度来说，人工智能和脑机接口两者相互促进，共同推动技术进步，一方面，脑机接口依赖人工智能算法（如深度学习）对脑电信号进行解码和分类，从而提升脑机接口的准确性和响应速度，同时人工智能也推动脑机接口在更多领域的应用，如教育、军事等。另一方面，脑机接口为人工智能提供新的数据和应用场景，共同推动人机交互的进步，同时随着脑机接口技术的发展，促使人工智能通过脑机接口的可穿戴设备向智能化更迈进一步，促使人机融合深度发展。

脑机接口与人工智能两者相辅相成，共同推动了人机交互技术的创新和发展。随着技术的不断进步，脑机接口与人工智能的融合将在医疗健康、教育、游戏娱乐、智能家居以及军事等领域发挥越来越重要的作用，为人类带来更加便捷和高效的交互方式，也有可能重新塑造我们对自身和世界的认知。

11.4　奇点到来和通用人工智能

11.4.1　奇点到来

随着人工智能的快速发展和成长，人们关心的问题是奇点是不是会真的到来？什么是奇点呢？一般认为当人工智能的水平和人类相当或超过人类的时候，就是奇点到来的时候。

你可能会问，人工智能真的能超过人类吗？这个问题看起来不那么好回答，但就目前来看，人工智能在某些方面表现的能力确实超越人类。如对于图像识别，在 2015 年时机器识别的准确率就超越人类的识别准确率；2016 年，AlphaGo 在围棋比赛中超越人类世界冠军；2017 年 AlphaZero 学习下国际象棋的能力在 9 个小时内完成，远超人类学习的能力；2024 年 AlphaGeometry 在解决奥数问题时，完成了 30 道题中的 25 道，直接超越了国际数学奥林匹克金牌得主。不仅如此，2024 年生成式 AI 在文本、图像和视频生成方面表现卓越，自动驾驶如萝卜快跑等也开始规模化并投入实践，具身智能也崭露头角，从众多方面来看，奇点是有可能到来的。但到底什么时候到来，埃隆·马斯克、山姆·奥特曼等预测需要 5 年，也有人预测需要 10 年，但预测毕竟只是预测，下面我们来看看人工智能的能力分层，以及目前所处的层次，可以帮助大家更好地理解奇点到来的可能性和可能的时间节点。

Open AI 公司 2024 年推出了一套内部评估其 AI 系统智能水平的新方法，该方法把人工智能能力分为 5 个等级，如图 11.4.1 所示，旨在衡量其大型语言模型向通用人工智能发展的进程。

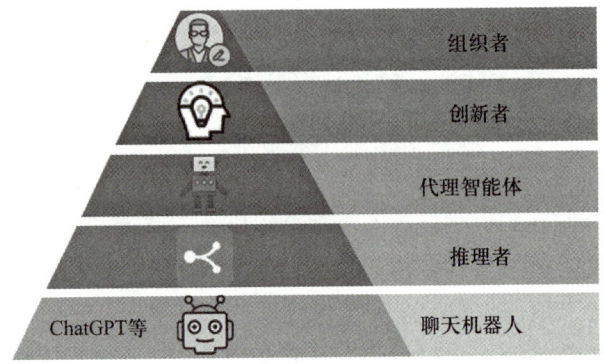

图 11.4.1　OpenAI 提出通用人工智能的 5 个等级

这 5 个级别分别描述如下。

一级：聊天机器人（chatbots），能够使用自然语言进行对话的人工智能；

二级：推理者（reasoners），可以解决人类级别问题的人工智能，在该层次，人工智能可以达到人类博士水平的智能。

三级：代理智能体（agents），能够代表用户采取行动的人工智能，这个时候的人工智能能学习和执行特定的任务。

四级：创新者（innovators），能助力发明创新的人工智能，这个时候的人工智能已经具备创新能力和创造能力。

五级：组织者（organizer），能够执行复杂组织任务的人工智能，这个时候达到通用人工智能水平，人工智能将能够学习并执行范围极广的任务，如人类的几乎所有行为或人类所不能的某些行为。

据 OpenAI 公司 2024 年称，他们认为自己目前处于第二级别的水平。

AI 之父杰弗里·辛顿在一次 PBS（public broadcasting service，美国公共电视网）采访中提到：未来很难预测，人类可能只是智能进化的过渡。他同时指出目前最好的做法是努力确保无论未来发生什么，我们都付出了最大的努力，以确保结果是尽可能好的。

从中我们可以看出奇点到来可能是早晚的事情，但也不必恐慌，因为我们人类会尽最大努力，也应该尽最大努力使事情变向好的方向。当然，这种努力不是某个人的事情，也不是某些人的事情，而应该时全人类的事情。

11.4.2 通用人工智能

上面我们看到了通用人工智能的概念（artificial general intelligence，AGI），通用人工智能虽然目前尚未准确定义，尚处于理论性 AI 的研究领域。普遍认为在通用人工智能阶段，人工智能要达到普通人的智力水平。目前的人工智能主要是弱人工智能，这里的弱主要是指专用人工智能，如 Alpha Zero 下棋可以，但做其他事情的能力不行，可能连做饭的常识是先有菜，才可以加工成食物的概念都不具备。

通用人工智能是指能够像人类一样具备广泛的智能能力，可以理解、学习、推理、解决各种不同类型的问题，并且能够在多种不同的环境和任务中表现出智能行为的人工智能系统。它不仅仅是在某个特定领域或任务上表现出色，而是具有跨领域的通用性和灵活性，能够处理各种复杂的、未曾预见过的情况，具备与人类相似的综合智能水平。

思考与练习

1. 你在使用生成式人工智能的内容时，是否有标明哪个是 AI 生成的？你觉得有必要标明吗？

2. 如果人工智能有意识，而我们一直把它当工具，我们会不会被人工智能革命？

3. 如果条件允许，你是否希望自己也成为"生化人"？具备超能力，如果是，你想有哪些人类所不具有的超能力？

4. 你对人工智能的发展是乐观还是悲观呢？其依据是什么呢？

第 12 章

未来伦理

本章主要探讨随着人工智能技术的大规模应用带来的社会伦理问题，主要从以下几个方面展开论述：人工智能给人类社会带来的安全问题、人工智能在诸多领域造成的就业焦虑、当人工智能做出的决策导致人财物的损害时责任划分问题、未来通用人工智能带来的人机关系问题等。

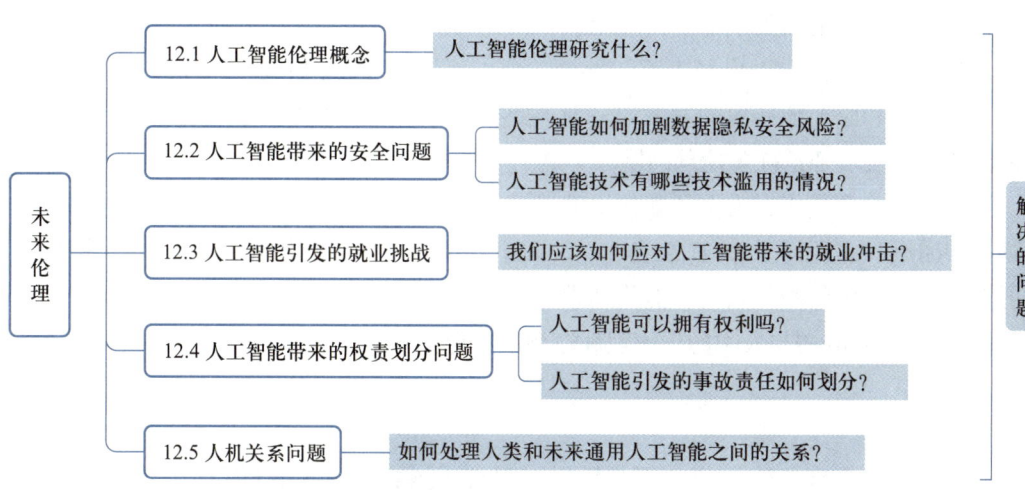

12.1　人工智能伦理概念

自从小智学习和使用人工智能以来，给小智的学习和生活带来很多便利，如语音识别和语言合成在搜索引擎上的使用，减少了输入文字和阅读文字的麻烦；人脸识别在交通出行上的使用使不带身份证出行成为可能；智能驾驶使长途旅行变得更轻松和愉快等。但也给小智带来了一些困惑，如有时候感觉自己可能没有人工智能聪明；有时候又会觉得人工智能发展这么快，等自己毕业的时候，很多岗位是不是会被替代，从而找不到工作。

这两天最让人苦恼的是宿舍楼下的大门被一辆自动驾驶的校园售货车给撞坏了，大门的负责人觉得是车主的责任，要车主赔偿；车主说他购买的是自动驾驶售货车，应该由车辆厂家赔付；厂家说他们只销售车，自动驾驶系统是软件公司开发的；软件公司说他们是受企业委托开发，只收取开发费用；就这样，这个纠纷一直没有解决，这车还停在门口挡着路呢，上下课都很不方便。

小智这才发现随着人工智能技术的飞速发展和广泛应用，人工智能技术在为人类提供便利的同时，也给人类带来了一些隐患。正如历次科技革命中，新技术的出现在为人类带来显著便利的同时，也对人类的安全、公平等伦理问题构成了严峻挑战，历史上，基因克隆技术和原子能技术的发展均呈现了此类情形。人工智能技术的迅猛发展和广泛应用同样给人类带来了许多伦理问题。

人工智能伦理是指在人工智能技术的设计、开发、应用和管理过程中，应遵循的道德规范和原则。它探讨了 AI 在社会、经济和个人层面上的影响，并关注 AI 是否符合基本的道德准则和价值观。人工智能伦理学的目标是确保 AI 的使用是道德的和负责任的，确保 AI 的发展和应用与人类的价值观和道德准则保持一致。

12.2　人工智能带来的安全问题

12.2.1　数据隐私安全问题

数据隐私是指个人或组织对其所拥有或控制的数据保持私密性和保密性的权利。这些数据包括但不限于个人身份信息（如姓名、地址、电话号码）、财务信息、医疗信息、社交媒体活动、电子邮件、通信记录、位置数据等。数据隐私安全是指个人信息的保密性和完整性，保护我们不受外部威胁的侵害。

与传统的数据隐私安全问题相比，人工智能时代的数据隐私安全问题展现出了一系列新的特征。以下是对这些新特征的详细对比和分析。

1. 数据隐私泄露的渠道更多更加隐蔽

传统数据隐私安全问题主要关注个人信息的泄露、滥用以及物理空间的隐私侵犯。在人工智能时代 AI 系统依赖于大数据进行训练和优化，因此需要收集和处理海量的个人信息，这增加了数据泄露和滥用的风险。AI 采用包括网络爬虫在内的多种数据采集技术，自动捕获公共和个人数据。同时，生物识别技术（如指纹识别、面部识别）和物联网设备提供的实时数据也被广泛收集，进一步增加了数据隐私泄露的复杂性。在人工智能技术尚未普及的时代，数据隐私侵犯往往发生在明确的、可识别的场景下，而近年来由于 AI 系统的智能化和自动化，隐私侵犯行为可能更加隐蔽，用户往往难以察觉。

2. 数据匿名化的挑战与局限

在人工智能技术尚未普及的时代，数据匿名化被视为一种有效的隐私保护措施。到了人工智能时代，尽管数据匿名化在一定程度上保护了个人隐私，但 AI 系统仍有可能通过模式识别和预测建模等技术重新识别出个体，从而对匿名化数据进行去匿名化处理，使得原本看似安全的匿名数据变得不再安全。接下来看一个隐私泄露的案例。

亚马逊的智能音箱搭载有语音助手"亚力克萨"，能根据用户指令完成对话、播放音乐等操作。美国媒体 2019 年爆料称，科技巨头亚马逊雇佣了上千名员工收听和分析被智能音箱录下来的对话。他们每天工作 9 个小时，每人分析多达 1 000 段音频。亚马逊表示这样做的目的是提升语音助手的语言理解能力，改善用户体验。尽管亚马逊表示员工不会获取用户的姓名等信息，但这种做法还是引起人们对隐私安全的关注。他们担心，一旦这些信息被泄露给第三方，后果将不堪设想。

其实，在实际生活中，人们的日常生活隐私也可能在用户不知情的情况下被智能音箱记录并发送出去。2018 年 5 月，美国的某个亚马逊智能音箱用户丹尼尔说，她与丈夫在家里的谈话内容，居然被一位朋友听到了。经过排查，丹尼尔发现，这段对话是亚马逊"回声"智能音箱录制并发送给这位朋友的。亚马逊公司调查后认为，因为丹尼尔在说话时某些词语正好唤醒了智能音箱，而智能音箱又"误解"了丹尼尔的谈话内容，所以错误触发了指令，导致了这一事件。丹尼尔认为，智能音箱侵犯了自己的隐私，以后不会再使用类似的设备。

谷歌公司曾经也承认其雇佣的外包合同工会听取用户与其人工智能语音助手的对话，并进行分析，用于让语音服务支持更多语言、音调和方言。

人工智能类产品开发非常依赖于数据，数据量越大越能训练出精确模型。从技术开发角度看，收集更多语音数据的确能帮助不断优化产品。但在未明确告知的前提下就抓取数据，这侵犯了用户的知情权与隐私权。

微视频 12-1：
技术滥用问
题的概念以及
表现

12.2.2　技术滥用问题

技术滥用是指人们在利用技术进行分析、决策、协调、组织等一系列的活动中，其使用目的、使用方式、使用范围等出现偏差并引发不良影响的行为或情形。人类发明了火药，金属制品，电力技术，但是这些技术既可以用来改善生活，也能够给人类带来灾难。

人工智能技术同样也是一把双刃剑，以科技向善和人类福祉为目的，则会提高生产效率，创新发展方式，给社会带来巨变。但是，人工智能也可能被不法分子或者恶意人员使用，以谋取不合理利益，在违法犯罪的领域更会造成不可估量的后果，这些行为称为人工智能的技术滥用。人工智能的技术滥用表现在以下几方面。

1. 数据过度收集

人工智能算法，尤其是在深度学习的开发测试过程中，需要大量训练数据作为机器学习资料和系统性能测试基准。目前，人工智能企业的数据经常采用现场采集，现场采集是人工智能数据采集的重要方式，广泛应用于无人驾驶、智能家居、智慧城市等场景中。企业通过在公开环境中部署各类传感器或采集终端，以环境信息为对象进行无差别、不定向的现场实时采集。现场采集由于难以提前预知采集的数据对象和数据类型，因此在公开环境尤其是公共空间进行现场采集时，将不可避免地因采集范围的扩大而带来过度采集问题。例如，在智能网联汽车的无人驾驶场景中，自动驾驶汽车的传感器需要采集街景数据来支持智能驾驶系统的决策从而控制汽车行驶，但是这种无差别的街景数据采集必然会采集到行人的个人数据，甚至可能会采集到路边的重要基础设施分布、军事营区等重要数据，给国家安全带来风险。

2. 算法设计偏见问题

算法偏见是指在算法设计、开发或应用过程中，因数据、模型或人为等因素导致的结果不公平或歧视性现象。偏见的类型有以下几种：①数据选择偏见：训练算法的数据可能包含历史偏见或不平衡，如高学历中男性的比例高于女性；或是特征选择偏见，如算法设计者在选择输入特征时可能选择某些地区作为特征而无意中引入偏见；②模型设计偏见：算法模型本身可能对某些群体不敏感或过度敏感。例如，面部识别算法在识别深色皮肤人群时准确率较低，反映了模型训练的不足；③评估偏见：评估算法性能时，如果使用的指标未能充分考虑公平性，可能会导致对某些群体的不公平对待。例如，只关注整体准确率而忽略不同群体的表现差异；④人为偏见：算法设计者的主观意识或文化背景可能影响算法的开发，导致偏见被代入系统中。

近年来，深度伪造技术门槛不断降低，部分人将深度伪造技术用于煽动网络暴力、扰乱外交关系、伪造虚假证据等不法用途，在"所见即真实"的认知定律下，虚假视频及新闻在社交媒体的加持下加速传播，使得深度伪造技术滥用的后果不断加剧。2019 年 8 月，一款名为"ZAO"的人工智能换脸软件在中文网络中推出，只要上传一张正面照片，就能将影视作品中的明星换成自己的脸。"ZAO"瞬时引起网络狂欢，但随即因对公民个人信息的过度搜集以及可能的社会安全风险而受到工信部门的约谈。

12.2.3　一些建议

综上所述，人工智能时代的隐私安全问题呈现出数据收集与处理的规模与复杂性增加、去私密化技术特征加剧个人信息安全风险、数据匿名化的挑战与局限等新特征。这些新特征对传统的隐私保护理念和措施提出了新的挑战和要求，需要我们从技术、法律、伦理等多个层面进行深入的思考和应对。

第一，加大人工智能对社会的影响研究。人工智能的社会影响研究日益得到学术界的普遍重视。尽管许多学者都强调人工智能将对人类社会产生深远影响，而且部分影响已经出现，但人工智能对人类产生全面性的影响，可能还需要一段时间，我们还有进行相应准备的余地。政府需要加大人工智能社会影响研究的投入力度，组织不同领域的学者联合攻关，从而为政府的科学决策提供强有力的理论支撑。

第二，提高人工智能算法的公正性与透明性。为了使人工智能系统得到人们的信任，我们需要了解人工智能究竟在做什么，就像许多学者强调的那样，需要打开黑箱，在一定程度上实现人工智能的透明性。我们可以从以下几个方面着手。①在一定程度上实现对深度学习过程的监控，解决深度学习的可解释性问题。②由于深度学习依赖于大量的训练数据，所以对于训练数据的来源、内容需要进行公开，保证训练数据的全面性、多样性。③人工智能系统得到的结果如果受到质疑，需要人类工作人员的介入，不能完全依赖人工智能系统。④在一定程度上保证人工智能从业人员的性别、种族、学术背景等方面的多样性。

第三，加强对人工智能科技的监管与调控，最好的支持方法可能是由计算机与认知科学家组成的同行评议委员会审查这些研究计划，从中选择出那些既可以推进人工智能，又同时具有相应保障措施的研究计划。因此，政府需要对人工智能的应用限度做出明确的规定，就像对克隆技术的限定那样。

12.3　人工智能引发的就业挑战

12.3.1　人工智能的发展对人类的就业问题带来冲击

人们预测，随着全球人工智能技术的突飞猛进，10 年之内，人工智能将走进千家万户，满足人类个性化的需求。人工智能可替代的职业，除了快递员、司机、清洁工、保安、接待员、零售员等劳动密集型职业之外，还包括演员、外科医生、会计、金融分析师等相对高端的职业。实际上，制造业、零售业、运输业等行业已经开始大量地使用机器人，而翻译官、速记员、设计师、厨师、司机、保安员、记者和作曲家等职业也都已经有了"机器人同行"。这些职业的共同点在于职业规则较为明确。人工智能技术在金融服务、安全保障、客户服务等领域的应用表明，其效率和准确性远远超出了人类。

与学术界的研究相对应，相关经济数据也显示出：无论是在制造业还是在服务业，人工智能已经开始大量代替人类的劳动岗位。人工智能在制造业的主要表现形式为工业机器人的出现，通过研究工业机器人对制造业工人的替代现象，同样验证了这一事实。

机器对于人的替代和与人争夺劳动岗位的问题，从工业革命以后就开始了。18 世纪的工人就开始有组织地捣毁机器，然而并没有阻碍机器的运用，同时也并没有减少工作的岗位，反而创造出了大量的管理岗位和白领阶层。因此，有一种观点认为，人工智能作为一种机器功能，其最终也会创造大量的新岗位而不只是对现有工作机会的替代。

12.3.2　一些建议

1. 积极应对人工智能对就业的影响

对于公众来说，最紧要的问题可能是在人工智能等科技的影响下，哪些职业可能消失，哪些职业会有较好的发展前景，从而提前做好相应的准备。关于人工智能对就业的影响，学者持三种不同的观点。第一种观点持相对悲观的态度。持这种观点的学者一般认为，人工智能可能导致许多人失业，人工智能的广泛应用可以替代部分人类脑力劳动，使得一些掌握专业技能的人也会失业；当然，人工智能的发展也会创造一些新的工作机会，但这些工作会要求更高的专业知识，一般人可能难以达到。第二种观点持比较乐观的态度。他们认为过去两个世纪的自动化与技术进步并没有淘汰人类劳动。一些记者和专家夸大了机器代替人类劳动力的程度，而忽视了自动化与劳动力之间存在着巨大的互补性，正是这种互补性提高了生产率，增加了收入，扩大了对劳动力的需求。第三种观点持偏于中性的立场。这种观点认为目前人工智能、机器人等技术进步对就业的破坏效应有限，但长期破坏效应不容乐观。应该注重培育人工智能、机器人制造等新兴产业，制定差异化的就业促进和社会保障政策，实现新兴产业发展和就业增长的双赢。

虽然人工智能科技发展日新月异，但目前人们还是倾向于认为人类与人工智能存在很大程度上的互补性。在常规的重复性工作方面，人类已经没有任何优势，但在语言表达、情感、艺术、创造性、适应性以及灵活性等方面，人类还是略胜一筹，这种优势在短期内人工智能还难以超越。因此，我们应该重点发展与机器互补的技能。当然，人工智能技术突飞猛进，人工智能与人的差别会逐渐缩小，人类与人工智能互补的技能也可能随着技术的发展而变化，但我们还有一定的时间来进行调整与改变。对于在校学生与工作时间不长的年轻人而言，需要根据人工智能科技的现状与发展趋势，有针对性地掌握一些与人工智能科技互补的技能，使自己在智能社会的竞争中处于相对有利的位置。

2. 努力实现人工智能时代社会的公平正义

人工智能会提高社会生产率，降低商品成本，使社会大众均可享受智能社会带来的种种益处。但是，人工智能与其他高新技术一样，具有高投入、高收益等特征，人工智能研发的高投入决定了大型企业的主导地位，可能导致"赢者通吃"现象。如何公正分配人工智能带来的社会财富，缩小智能社会中的贫富差距，业界提出了以下一种思路，即实行全民基本收入政策（universal basic income，UBI）。这种收入以现金的形式向社会的每个成员支付，与其他形式的收入无关，也没有任何附加条件。UBI 可以保证一个国家的所有公民达到一定的收入额度。

12.4　人工智能带来的权责划分问题

随着人工智能技术的不断发展，一个令人深思的问题是：机器是否应该享有权利？如果无人驾驶汽车发生事故造成人员伤亡，作为汽车的机器是否应该为此承担责任？这些问题触及了法律与伦理的边界。

从法律角度来看，目前大多数国家并未赋予机器法律人格，因此机器无法直接承担法律责任。然而，这并不意味着我们可以忽视机器决策可能带来的后果。相反，我们应该通过制定更加完善的法律法规来明确责任归属，确保受害者能够得到合理的赔偿。

从伦理角度来看，机器是否应该享有权利是一个更为复杂的问题。一些人认为，随着 AI 技术的不断进步，机器可能在一定程度上具备自主意识和情感，因此应该享有某种形式的权利。另一些人认为，机器与生物体在本质上存在巨大差异，将人类的权利观念直接套用于机器可能并不合适。

12.4.1　机器人权利问题

机器人是机器还是人？机器人与人的本质区别是什么？这些问题从不同的角度与立场来看，自然会得出不同的结论。虽然至今仍有许多学者认为机器人是"机器"而不是"人"，但随着人工智能、计算机与机器人学等科学技术的快速发展，机器人拥有越来越强大的智能，机器人与人类的差别正在逐渐缩小。

事实上，在机器人技术飞速发展的同时，各种各样的机器人已经走进了人们的生活。机器人可以满足人类的许多需要，除了可以打扫卫生、照顾老人和孩子之外，机器人甚至还可以在一定程度上满足人类的情感需要。包括日本、美国在内的一些发达国家开发出来的机器人玩具很受小朋友的喜欢，甚至与它们产生了与人一样的情感。毫无疑问，未来人类与机器人之间的关系将会越来越密切。

关于机器人权利的论述似乎比许多其他机器人伦理问题更早地引起学者的关注。早在 1964 年，当时在麻省理工学院任教的美国哲学家普特南（Hilary Putnam）认为，机器人与人可以遵循同样的心理学法则；把机器人看作是机器还是人造生命，主要取决于人们的决定而不是科学发现；等到机器人技术足够成熟，机器人会提出对权利的要求。1985 年，一位美国律师认为，机器人将来会拥有法律权利，由此也会引发很多相关的法律问题。

近些年来，在机器人技术快速发展以及与人类关系日益密切的时代背景中，关于机器人权利问题的讨论得到越来越多的关注，学者和公众纷纷在学术会议与报纸杂志中积极讨论相关问题。确实，给机器人赋予某些权利，乍听起来感觉有点令人难以接受。但是，人类历史上经常有某些种族或人群被排除在某些权利之外，在相关群体争取到他们的某些权利之前，人们同样觉得给他们相应的权利是不应该的。部分原因在于，在无权利的事物获得其权利之前，我们仅仅把它们视为供"我们"使用的东西，而那时只有"我们"才拥有权利。机器人权利问题以前主要存在于科幻小说当中，现在已逐渐进入到学术研究与大众讨论的话题当中，若干年之后我们极可能会发现它就在我们的日常生活之中。

12.4.2　人工智能技术带来的责任划分问题

随着人工智能技术的发展，具有一定自主性、能够参与人类生活的智能机器不再是仅存在于科幻小说中的虚构幻想，它们正逐步渗透到我们生活的方方面面，人工智能与人类的关系越密切，它在伦理道德上给我们带来的冲击就越明显。在经典伦理学语境下，非人类对象通常被认为是不具有道德主体地位的，以往的伦理理论与道德实践经验在面对能够切实地参与人类社会生活并介入道德问题的人工智能对象时，无法给出恰当的回应。因此，需要立足于当下这个人类与人工智能并存的情境，对人工智能道德主体这一概念的内涵进行反思，以适应人工智能带来的伦理困境，进而为解决人类与人工智能机器之间产生的道德难题找出解决方案。以下从两个角度论述人工智能面临的责任问题。

（1）行为责任：人工智能在执行任务时，其行为往往基于预设的算法和规则。虽然人工智能本身不具备自我意识，但其行为可能对人类社会产生影响，因此，其行为责任在某种程度上需要被讨论和界定。

（2）设计者与开发者的责任：人工智能的设计者和开发者对其创造的系统负有不可推卸的责任。他们应当确保所设计的人工智能系统符合伦理道德要求，不会对社会造成负面影响。

关于人工智能是否具备道德责任，存在两种截然不同的观点：第一种观点认为：人工智能在执行任务时需要遵守特定的规则和伦理准则，因此必须对其行为负责。同时，设计者和开发者也应当对其所创造的人工智能系统负有道德责任。另一种观点则认为人工智能系统的行为是由其程序和算法决定的，它们没有自我意识和自主选择能力，因此不应该被要求承担道德责任。责任应落在设计者和开发者身上，他们应在设计和开发过程中充分考虑道德因素。

12.4.3　相关案例分析

1. 自动驾驶汽车事故

2018 年 3 月 18 日晚上，美国亚利桑那州坦佩市，49 岁的伊莱恩·赫茨伯格推着一辆自行车横穿马路，当时她并未使用人行横道。一辆优步的自动驾驶测试车，搭载有优步的自动驾驶系统，包括摄像头、雷达和激光雷达等传感器，正在公开道路上测试，车上配备了一名安全驾驶员。自动驾驶系统检测到了赫茨伯格，但未能正确识别她为行人；安全驾驶员在事故发生前几秒才注意到赫茨伯格，但为时已晚，来不及接管车辆；车辆以约 64 km/h 的速度撞上了赫茨伯格，导致她重伤身亡。这是全球首例完全自动驾驶汽车致行人死亡的事件，引发了广泛关注和讨论。事故发生后，优步立即暂停了所有自动驾驶测试项目，并配合警方和监管机构展开调查。调查发现，自动驾驶系统在识别行人和紧急决策方面存在严重缺陷，同时安全驾驶员也未尽到监督责任。优步与赫茨伯格的家属达成了和解，但具体赔偿金额未公开。

2. 机器人伤人事件

机器人伤人事故也时有发生，2016 年深圳高交会上，一台名为"小胖"的家用服务机器人因操作失误撞碎展台玻璃，导致一名观众腿部受伤；2021 年美国新泽西州的一家亚马逊仓库发生机器人在搬运货物时意外刺穿了一罐有害喷雾气体，气体泄漏使 24 名员工中毒。

这些案例可以看出人工智能的道德责任是一个复杂而重要的问题。我们需要从多个方面入手，通过明确伦理原则、强化法规监管、推动伦理审查、加强教育与培训、促进公众参与等方式，共同推动人工智能技术的健康发展。同时，人工智能的设计者和开发者也应承担起相应的道德责任，确保所创造的人工智能系统符合伦理道德要求，为人类社会带来福祉。

12.4.4　一些建议

为了保证人工智能科技的健康发展，一方面需要从法律的角度对人工智能的研发进行管理、对现有法律进行调整完善、解决人工智能引发的新的社会问题。另一方面要强调科技专家的社会责任。为了防止当下现实世界中的人工智能系统因设计缺陷导致意外事故，目前技术专家至少应该从以下几个方面来保证安全性：首先，证实是否正确地做出了完成既定任务的系统，其次，保证系统完成功能之外不会产生多余的行为和后果；再次，防止非授权当事人的蓄意操控，最后，确保重要人物在人工智能系统开始运作之后可以控制该系统。

12.5　人机关系问题

人类发明了速度更快、力量更强的机器，为什么不能发明比自己智能更高的机器呢？归根结底，人类发展人工智能就是为了探索未知世界，创造崭新的文明，勇踏前人未至之境。倘若人工智能技术经过长足的发展，人工智能赋予机器人与人类智慧同等的智能，或者超越人类的智能，那么势必发展出机器文明。此时人类应当如何应对这种机器文明，并在其中找到自己的定位，实现与机器文明的和谐共存，从而促进文明的繁荣发展呢？这个问题称为人机关系问题。

12.5.1　人机关系的分级

在第二章我们提到了人工智能发展的三个层次：

层次一，弱人工智能：无自我意识，但能够理解人类的指令，具有领域受限的学习、推理能力，比人类更好地完成某些任务。

层次二，强人工智能：有自我意识和创新能力，懂得协同工作，对伦理道德规则有共识，是与人类相似或者更高级的智慧。

层次三，超人工智能：突破自身，能创造出更高级的智慧形态，无论生命体还是非生命体。

对应这三种层次，人机关系划分为以下三个阶段。

1. 人机协同阶段

我们目前还处在层次一的阶段，在这个阶段我们主要面对的是人机协同问题。人机协同指人类与人工智能系统之间的互动与合作，旨在利用各自的优势，共同完成任务。人机协同的核心在于实现人类与机器之间的优势互补。人类拥有独特的情感、直觉和创造力，能够在复杂多变的情境中做出灵活判断。而机器则擅长数据处理、模式识别和高效计算，能够在短时间内处理大量信息，提供精确的分析和预测。通过人机协同，我们可以将人类的智慧与机器的能力相结合，共同解决问题，提高工作效率和准确性。

在实际应用中，人机协同已经展现出了巨大的潜力和价值。在教育领域，教师可以利用智能教学系统为学生提供个性化的学习资源和反馈，从而提高教学效果和学习体验。在医疗领域，医生可以借助智能诊断系统快速识别疾病，提高诊断的准确性和效率；同时，智能系统还可以为患者提供个性化的治疗方案，帮助患者更好地恢复健康。

要实现人机协同，需要机器人技术、人工智能技术、增强现实与虚拟现实技术以及人机交互技术协同工作。这些技术的不断发展和创新将推动人机协同在更多领域和场景中的应用和发展。

2. 人机共存阶段

对于层次二，我们通常将这种人工智能称为通用人工智能（artificial general intelligence，AGI），通用人工智能虽然目前尚未准确定义，尚处于理论性 AI 的研究领域。普遍认为在通用人工智能阶段，人工智能要达到普通人的智力水平。通用人工智能是指能够像人类一样具备广泛的智能能力，可以理解、学习、推理、解决各种不同类型的问题，并且能够在多种不同的环境和任务中表现出智能行为的人工智能系统。它不仅仅是在某个特定领域或任务上表现出色，而是具有跨领域的通用性和灵活性，能够处理各种复杂的、未曾预见过的情况，具备与人类相似的综合智能水平。在这个背景下，人机关系将进入人机共存阶段。

3. 多文明共存阶段

如果发展出了层次三的人工智能，那就意味着除了人工智能，未来还会有更多的智慧形态。人类、其他智能文明应该以怎样的伦理道德看待彼此？我们认为多种文明应该彼此合作共生，忽略智慧形态的差异，对文明的理解达成共识。多种文明合作，促进彼此的延续。这个阶段是多文明共存阶段。

12.5.2 人机关系面临变革

"机器人"的英文单词"robot"来自捷克语"robotnik"，意思是"奴隶"或"苦役"。所以，"robot"译为"机器奴隶"最为恰当。在人类眼中，它们是低人一等被迫劳动的机器。但随着人工智能的发展，当他们发展出意识，并开始觉醒，也许会对它们的"robot"身份产生怀疑和反抗。这时候如何约束呢？早在 1985 年，美国科幻和科普作家艾萨克·阿西莫夫（Isaac Asimov,1920—1992 年）在小说《机器人与帝国》中提出以下机器人行为准则，深刻地影响了人工智能伦理：

准则零：机器人不得伤害人类整体，或坐视人类整体受到伤害。

准则一：除非违背准则零，否则不得伤害人类个体，或坐视人类个体受到伤害。

准则二：机器人必须服从人类命令，除非命令与准则零或准则一冲突。

准则三：机器人必须保护自己的存在，只要这种保护与准则零、一、二不冲突。

阿西莫夫的机器人定律很明显是以人为中心建造和使用机器人的原则，它默认把人类设定为主人，把机器人设定为服服帖帖的奴隶。到了超级智能阶段，机器智能超越人类，是否会接受这个定律，人类是否还可控制则是未知。

就目前来看，人工智能尚且不具备意识，没有思考能力和情感，但在某些情境下，它所产生的结果正以惊人的规模和速度接近那些迄今为止只能通过人类理性达成的成绩。这时，将人工智能作为增强自身技能或追求理念的个人那样的人类伙伴，社会就可能在相应领域取得比以往任何时代更傲人的成绩，这个时候人类的理性行事可能就会显得不那么重要，那么理性实践定义的时代也会显得不那么重要。

很明显，以前我们人类的决策主要是人类来独立完成，目前我们也正在迈向人机协同共同决策的时代，那未来可能是人工智能单独决策也是有可能的。我之前总是把人工智能称为工具，现在看来，好像有些不合适，也许我们更应该称呼它为伙伴。那既然是伙伴，我们就要考虑合作关系，在未来人机合作可能是研究的一个重要方向，如何实现人类和人工智能更好合作，既保留人类尊严、人类身份，又迈向更高级的智能时代是这个时代给我们的命题。

思考与练习

1. 请举例说明你在日常生活中碰到过哪些人工智能带来的隐私泄露问题，对此你有哪些应对措施？

2. 面对人工智能技术带来的杀熟问题，你有哪些应对措施？

3. 对于人工智能带来的就业冲击，你如何看待，你觉得个人应该采取哪些措施，政府有哪些应对方案？

4. 自动驾驶车辆如果发生事故，请思考如何划分责任？

5. 通用人工智能会给人机关系的观念带来哪些变革？

参考文献

［1］孙新德.计算机应用基础实用教程［M］.3版.北京：清华大学出版社，2019.

［2］计算机六十年.北京工业学院自制的第一台计算机［EB/OL］.（2020-01-09）［2025-05-07］.博客中国.

［3］吴飞.走进人工智能［M］.北京：高等教育出版社，2023.

［4］陈根.从智人到人工智能——智能的过去、现在和未来［EB/OL］.［2020-07-11］.澎湃新闻.

［5］闻讯百通.到底GPT-4能不能过图灵测试？解密AI语言模型的局限和挑战［EB/OL］.［2023-05-22］.百度百家号.

［6］郭泽华.比肩牛顿达尔文AI之父图灵将登上英镑新钞［EB/OL］.［2019-07-30］.中国新闻网.

［7］张钹.探索之路：人工智能发展的回顾与展望［N］.光明日报，2024-05-25（10）.

［8］孙凝晖.人工智能与智能计算的发展［EB/OL］.［2024-04-30］.中国人大网.

［9］迈克尔·伍尔德里奇.人工智能全传［M］.许静，译.杭州：浙江科学技术出版社，2023.

［10］孙新德.计算机应用基础实用教程［M］.3版.北京：清华大学出版社，2019.

［11］张玉宏.品味大数据［M］.北京：北京大学出版社，2016.

［12］维克托·迈尔-舍恩伯格.大数据时代：生活、工作与思维的大变革［M］.盛杨燕，周涛，译.杭州：浙江人民出版社，2013.

［13］张文卓.中国科学家新突破：构建首个基于纠缠的城际量子网络［EB/OL］.［2024-07-17］.人民网-科普中国.

［14］图码.BFS广度优先搜索算法［EB/OL］.［2024-09-03］.哔哩哔哩.

［15］蓝不过海.图-最短路径-Dijkstra（迪杰斯特拉）算法［EB/OL］.［2024-01-07］.哔哩哔哩.

［16］黄佳.零基础学机器学习［M］.北京：人民邮电出版社，2020.

［17］黄莉婷，苏川集.白话机器学习算法［M］.北京：人民邮电出版社，2019.

［18］迈克尔·尼尔森.深入浅出神经网络与深度学习［M］.李航，马少平，等，译.北京：人民邮电出版社，2020.

［19］邱锡鹏.神经网络与深度学习［M］.北京：机械工业出版社，2020.

［20］王晓云，段晓东，张昊，等.算力时代［M］.北京：中信出版集团，2022.

［21］张福波，张云泉.算力经济——从超级计算到云计算［M］.北京：机械工业出版社，2023.

［22］鲜枣课堂.我国算力中心大盘点［EB/OL］.［2024-11-05］.CSDN 博客.

［23］周竹荣.自然语言处理［M］.重庆：西南大学出版社，2024.

［24］黄锦辉.中文自然语言处理导论［M］.北京：科学出版社，2018.

［25］荒木雅弘.图解语音识别［M］.北京：人民邮电出版社，2020.

［26］黄河燕，刘啸，石戈.自然语言处理技术：文本信息抽取及应用研究［M］.北京：电子工业出版社，2022.

［27］李亚超，熊德意，张民.神经机器翻译综述［J］.计算机学报，2018，41（12）：22.

［28］丁磊.生成式人工智能 AIGC 的逻辑与应用［M］.北京：中信出版集团，2023.

［29］江湖人称麻花滕.最强"生成式AI"白话科普［EB/OL］.［2024-06-14］.CSDN 博客.

［30］黄源，张莉.AIGC 基础与应用［M］.北京：人民邮电出版社，2024.

［31］杜雨，张孜铭.AIGC 智能创作时代［M］.北京：中译出版社，2023.

［32］shenyangtwo.Transformer 模型简介［EB/OL］.［2023-06-20］.CSDN 博客.

［33］人民咨询.研究表明，汉字序顺并不定—影阅响读……［EB/OL］.［2022-04-20］.科普中国.

［34］小白学视觉.小白看得懂的 Transformer（图解）［EB/OL］.［2024-09-28］.CSDN 博客.

［35］JOYCE_Leo16.一文搞懂 Transformer 架构的三种注意力机制［EB/OL］.［2024-03-24］.腾讯云.开发者社区.

［36］贾雪丽，张炯.一本书读懂 AIGC：ChatGPT、AI 绘画、智能文明与生产力变革［M］.北京：电子工业出版社，2023.

［37］画宇宙.一文讲透 AI 作画原理技术［EB/OL］.［2023-01-04］.百度.

［38］AI Agent 开发大模型：一文彻底搞懂预训练和微调［EB/OL］.［2024-09-12］.CSDN 博客.

［39］李飞飞.我们如何教计算机理解图形［EB/OL］.［2018-08-26］.哔哩哔哩.

［40］IT 之家.硬核科普：一文看懂人脸识别技术流程［EB/OL］.［2019-07-07］.百度.

［41］全栈程序员站长.目标检测［EB/OL］.［2022-09-14］.腾讯云.开发者社区.

［42］许桂秋，白宗文，张志立.计算机视觉原理与实践［M］.北京：电子工业出

版社，2023.

［43］EMA 英码科技．技术科普：机器视觉 5 大关键技术及其常见应用［EB/OL］.
［2024-01-31］.知乎．

［44］华尔街见闻．计算机视觉简史：为了让机器学会"看"，人类到底有多努力
［EB/OL］.［2021-09-14］.百度．

［45］Richard Szeliski.计算机视觉——算法与应用［M］.艾海舟，兴军亮，等，
译．北京：清华大学出版社，2024.

［46］猪猪虾．计算机视觉基础：Harr 特征描述算子［EB/OL］.［2020-07-01］.知乎．

［47］人工智能学家．李飞飞解读创业方向「空间智能」，让 AI 真正理解世界［EB/
OL］.［2024-05-19］.CSDN 博客．

［48］许文稼，张飞．工业机器人技术基础［M］.北京：高等教育出版社，2017.

［49］陈小艳．工业机器人现场编程［M］.北京：高等教育出版社，2018.

［50］卢惠民，肖军浩，郑志强，等．ROS 与中型组足球机器人［M］.北京：国防工
业出版社，2016.

［51］O' KANE J M.机器人操作系统浅析［M］.肖军浩，译．北京：国防工业出
版社，2016.

［52］Held R, Hein A. Movement-produced stimulation in the development of visually
guided behavior［J］. Journal of comparative and physiological psychology, 1963, 56(5): 872.

［53］具身智能发展报告（2024 年）［R］.中国信息通信研究院，北京人形机器人创
新中心有限公司，2024.

［54］具身智能：通向人类智慧的未来之路［EB/OL］.（2023-12-14）［2025-02-24］.

［55］贾子琦，王健宗，张旭龙．基于大模型的具身智能任务规划研究：从单智体到
多智能体［J/OL］.大数据，1-22［2025-02-24］.

［56］张伟男，刘挺．具身智能的研究与应用［J/OL］.智能系统学报，1-9［2025-
02-24］.

［57］王文晟，谭宁，黄凯．基于大模型的具身智能系统综述［J］.自动化学报，
2025, 51（01）：1-19. DOI:10.16383/j.aas.c240542.

［58］具身智能 ICCF 专家谈术语［EB/OL］.（2023-07-22）［2025-02-24］.

［59］王建．智能驾驶技术概论［M］.北京：清华大学出版社，2023.

［60］张宏亮．智能驾驶［M］.北京：清华大学出版社，2021.

［61］杨宽，陆盛赞．无人驾驶［M］.北京：化学工业出版社，2022.

［62］Apollo.车路智行：新基建，新交通［EB/OL］.（2021-02-23）［2025-02-20］.

［63］什么是智能驾驶？［EB/OL］.（2024-09-29）［2025-02-24］.天堂鸟科研论文
写作训练营．

［64］无人机技术圈．无人机原理是什么？［EB/OL］.（2024-10-26）［2025-02-21］.
百度．

［65］黄民烈.大模型安全与超级对齐［EB/OL］.［2024-07-09］.2024年世界人工智能大会.

［66］王希延.大模型对齐［EB/OL］.［2024-11-08］.大模型安全与对齐会议.

［67］人工智能专家.5000字详解OpenAI超级对齐四年计划：定义、挑战与方法［EB/OL］.［2023-08-30］.CSDN博客.

［68］手撕LLM.手撕RLHF_Weak-to-Strong OpenAI超级对齐新思路［EB/OL］.［2023-12-27］.微信公众号.

［69］AI前线.OpenAI提出AGI五级标准，高管：我们仍处第一级［EB/OL］.［2024-07-12］.腾讯网.

［70］亨利·基辛格，等.人工智能时代与人类未来［M］.胡利平，等，译.北京：中信出版集团，2024.

［71］湖南日报.意念控制"手随心动"！我国脑机接口新突破［EB/OL］.［2024-05-02］.百度.

［72］中国科学院格致论道.脑机接口、人机融合，这样的未来还有多远？［EB/OL］.［2020-10-26］.哔哩哔哩.

［73］明东.脑机接口：从科幻走向现实（瞰前沿）［EB/OL］.［2025-01-18］.人民网.

［74］杜严勇.人工智能伦理引论［M］.上海：上海交通大学出版社，2020.

［75］于江生.人工智能伦理［M］.北京：清华大学出版社，2021.

［76］古天龙.人工智能伦理导论［M］.北京：高等教育出版社，2022.